FACEBOOK
सक्सेस Story

फेसबुक सबसे बड़ा सामाजिक जनसंचार माध्यम (सोशल मीडिया) ब्रांड है। फेसबुक संभवतः ऐसा ब्रांड है, जो सोशल मीडिया शब्दावली सुनते ही अधिकांश ग्राहकों के दिमाग में सबसे पहले आता है।

अपनी स्थापना के ठीक आठ वर्षों बाद, फेसबुक इंकॉरपोरेटेड ने 1 फरवरी, 2012 को प्रारंभिक सार्वजनिक प्रस्ताव (इनिशियल पब्लिक ऑफर/आई.पी.ओ.) दाखिल किया था। याद रहे कि 2012 में फेसबुक की आय 5 अरब डॉलर थी, लेकिन 17 मई को नैस्डेक में उसे 38 डॉलर प्रति शेयर मूल्य पर पर सूचीबद्ध किया गया था, अर्थात् फेसबुक इंकॉरपोरेटेड का बाजार मूल्य 105 अरब डॉलर आँका गया था, जो बिल्कुल नई सूचीबद्ध सार्वजनिक कंपनी के लिए उस तिथि का सबसे बड़ा मूल्यांकन था। अगले दिन जब सार्वजनिक कारोबार शुरू हुआ था, तब शेयर भाव 45 डॉलर तक उछले थे, लेकिन बाजार बंद होने तक 38.23 डॉलर पर आ टिका था। कंपनी ने आई.पी.ओ. से 16 अरब डॉलर की पूँजी हासिल की थी और मार्क जुकेरबर्ग की व्यक्तिगत स्वामित्व-हिस्सेदारी का बाजार मूल्य 19 अरब डॉलर हो गया था।

वरिष्ठ पत्रकार **प्रदीप ठाकुर** को भारत के प्रमुख मीडिया समूहों (दिल्ली प्रेस, अमर उजाला व दैनिक जागरण) में विभिन्न संपादकीय पदों पर काम करने और विविध विषयों पर लिखने व विश्लेषण प्रस्तुत करने का दो दशक से भी अधिक समय का अनुभव प्राप्त है। उनकी अंग्रेजी में प्रकाशित कृतियाँ हैं : 'टाटा नैनो : द पीपल्स कार', 'कैरीइंग धीरूभाई', 'विजन फॉरवर्ड : मुकेश अंबानी', 'द शाइनिंग स्टार ऑफ अमेरिका एंड द वर्ल्ड : बराक ओबामा', 'द किंग ऑफ स्टील : लक्ष्मी एन. मित्तल', 'अन्ना हजारे : द फेस ऑफ इंडिया अगेंस्ट करप्शन', 'एंजेलीना जोली : इज शी द मोस्ट पॉवरफुल सेलिब्रिटी' और 'टाइगर इन द वुड्स : द स्टोरी ऑफ नं. 1 स्पोर्ट्स-ब्रांड टाइगर वुड्स'।

FACEBOOK
सक्सेस Story

(विश्व के लोगों को परिवार के रूप में जोड़नेवाली कंपनी की शिखरगाथा)

प्रदीप ठाकुर

प्रभात पेपरबैक्स
www.prabhatbooks.com

Facebook और अन्य ब्रांड जिनका उल्लेख इस पुस्तक में किया गया है, वे Facebook व संबंधित कंपनियों के अधिकृत ट्रेडमार्क हैं और उनकी कंपनी ही इन लोगो और ब्रांड की असली स्वामी है। यह पुस्तक Facebook की अधिकृत पुस्तक नहीं है और इस पुस्तक में दी सारी सामग्री लेखक ने अपनी व्यक्तिगत जानकारी के आधार पर लिखी है।

प्रकाशक

प्रभात पेपरबैक्स

4/19 आसफ अली रोड, नई दिल्ली-110002

फोन : 23289777 • हेल्पलाइन नं. : 7827007777

इ-मेल : prabhatbooks@gmail.com ❖ वेब ठिकाना : www.prabhatbooks.com

संस्करण

प्रथम, 2018

मूल्य

दो सौ पचास रुपए

अ.मा.पु.स. 978-93-5266-313-2

मुद्रक

आर-टेक ऑफसेट प्रिंटर्स, दिल्ली

★

FACEBOOK SUCCESS STORY
by Pradeep Thakur

Published by **PRABHAT PAPERBACKS**
4/19 Asaf Ali Road, New Delhi-110002

ISBN 978-93-5266-313-2

₹250.00

मेरी पूर्णकालिक लेखन-यात्रा को
संभव बनानेवाली धर्मपत्नी किरण और
मुझे हमेशा उत्साहित रखनेवाले
सुपुत्रों—प्रभाकर, पुष्कर व भास्कर
को
सस्नेह समर्पित

भूमिका

फेसबुक सबसे बड़ा सोशल मीडिया ब्रांड है। फेसबुक संभवत: ऐसा ब्रांड है, जो 'सोशल मीडिया' शब्दावली सुनते ही अधिकांश ग्राहकों के दिमाग में सबसे पहले आता है। मई 2015 में 'फोर्ब्स' पत्रिका ने 54 प्रतिशत की भारी बढ़त के साथ फेसबुक का ब्रांड मूल्यांकन 36.50 अरब डॉलर किया था और 2015 की 'विश्व के सबसे मूल्यवान् ब्रांड' सूची में दसवें स्थान पर रखा था, लेकिन अगले दो वर्षों में फेसबुक के ब्रांड मूल्य में क्रांतिकारी उछाल आया था। मई 2017 में 44 प्रतिशत बढ़त के साथ फेसबुक का ब्रांड मूल्य 73.5 अरब डॉलर के स्तर पर पहुँच चुका था और 'फोर्ब्स' की 2017 की 'विश्व के सबसे मूल्यवान् ब्रांड' सूची में कोकाकोला (56.4 अरब डॉलर), आई.बी.एम. (33.3 अरब डॉलर), मैकडोनॉल्ड्स (40.3 अरब डॉलर), सैमसंग इलेक्ट्रॉनिक्स (38.2 अरब डॉलर), टोयोटा (41.1 अरब डॉलर) एवं जनरल इलेक्ट्रिक (37.9 अरब डॉलर) को पीछे धकेलकर एप्पल (170 अरब डॉलर), गूगल (101.8 अरब डॉलर) व माइक्रोसॉफ्ट (87 अरब डॉलर) के बाद चौथे स्थान पर आ गया था।

अपनी स्थापना के ठीक आठ वर्षों बाद फेसबुक इंकॉरपोरेटेड ने 1 फरवरी, 2012 को प्रारंभिक सार्वजनिक प्रस्ताव (इनीशियल पब्लिक ऑफर/आई.पी.ओ.) दाखिल किया था। याद रहे कि वर्ष 2012 में फेसबुक की आय 5 अरब डॉलर थी, लेकिन 17 मई को नैस्डेक में उसे 38 डॉलर प्रति शेयर मूल्य पर सूचीबद्ध किया गया था, अर्थात् फेसबुक इंकॉरपोरेटेड का बाजार मूल्य 105 अरब डॉलर आँका गया था, जो बिल्कुल नई सूचीबद्ध सार्वजनिक कंपनी के लिए उस तिथि का सबसे बड़ा मूल्यांकन था। अगले दिन जब सार्वजनिक कारोबार शुरू हुआ था, तब शेयर भाव 45 डॉलर तक उछला था; लेकिन बाजार बंद होने तक 38.23 डॉलर पर आ टिका था। कंपनी ने आई.पी.ओ. से 16 अरब डॉलर की पूँजी हासिल की थी और मार्क जुकरबर्ग की व्यक्तिगत स्वामित्व हिस्सेदारी का बाजार मूल्य 19 अरब डॉलर हो गया था।

हालाँकि, शुरुआत उत्साहजनक नहीं रही थी, लेकिन 14 जुलाई, 2015 को फेसबुक का बाजार पूँजीकरण (मार्केट कैपिटलाइजेशन) 250 अरब डॉलर के कीर्तिमान स्तर पर पहुँच गया। इस तरह 'स्टैंडर्ड ऐंड पूअर्स 500 सूचकांक' में प्रारंभिक सार्वजनिक प्रस्ताव (आई.पी.ओ.) आने के केवल तीन वर्षों में फेसबुक इतना बड़ा बाजार मूल्य हासिल करनेवाली पहली कंपनी बन गई। इससे पहले इस सूचकांक में सबसे तेज गति से बाजार मूल्य बढ़ाने का कीर्तिमान गूगल के पास था, जिसे आई.पी.ओ. के बाद इस स्थिति में पहुँचने में आठ वर्ष लग गए थे। इसके साथ ही फेसबुक 'स्टैंडर्ड ऐंड पूअर्स 500 सूचकांक' में वॉलमार्ट व प्रॉक्टर ऐंड गैंबल (पी. ऐंड जी.) को पछाड़कर नौवें स्थान पर पहुँच गई थी। इतना ही नहीं, उस दिन फेसबुक शेयर के भाव अपनी आमदनी से 87 गुना अधिक 90.10 डॉलर प्रति शेयर के स्तर पर चले गए थे, जो 'स्टैंडर्ड ऐंड पूअर्स 500 सूचकांक' के औसत मूल्य से पाँच गुना अधिक थे। दीर्घकालीन अवधि में फेसबुक के प्रति निवेशकों के भरोसे का कारण यह भी है कि वह पिछले तीन वर्षों में अपने राजस्व को 5 अरब डॉलर से बढ़ाकर 17.92 अरब डॉलर कर चुकी थी और दूसरे तेजी से बढ़ रहे अनुप्रयोग सेवाओं—इंस्टाग्राम, व्हाट्सएप्प व मैसेंजर एप्प पर भी विज्ञापन प्रकाशित करने की योजना पर अमल कर रही है। जी हाँ, वर्ष 2016 में फेसबुक इनकॉरपोरेटेड का राजस्व 27.63 अरब डॉलर के स्तर पर पहुँच चुका था। जून 2017 में उसके सक्रिय मासिक यूजर्स की संख्या 2 अरब से अधिक हो चुकी थी और वह अपनी सेवाओं में तेजी से विस्तार कर रही थी।

मुझे विश्वास है कि फेसबुक की अपार सफलता की कहानी हमारे सभी सुधी पाठकों के लिए प्रेरणादायी सिद्ध होगी।

—प्रदीप ठाकुर

अनुक्रम

संस्थापक की पृष्ठभूमि व शुरुआती कारनामे

'फेसबुक' इंटरनेट पर स्थित एक निःशुल्क सोशल नेटवर्किंग सेवा है, जिसके माध्यम से इसके सदस्य अपने मित्रों, परिवार व परिचितों के साथ संपर्क रख सकते हैं। यह अमेरिकी बहुराष्ट्रीय कंपनी फेसबुक इनकॉरपोरेशन (मेनलो पार्क, कैलिफोर्निया) द्वारा संचालित है। इसके उपयोगकर्ता नगर, विद्यालय, कार्यस्थल या क्षेत्र के अनुसार गठित किए हुए नेटवर्क में शामिल हो सकते हैं और आपस में विचारों का आदान-प्रदान कर सकते हैं। इसका नाम कुछ अमेरिकी विश्वविद्यालयों में छात्रों की निर्देशिका के लिए प्रचलित शब्द 'फेसबुक' पर आधारित है। 4 फरवरी, 2004 को हार्वर्ड विश्वविद्यालय के कंप्यूटर विज्ञान के छात्र मार्क जुकरबर्ग ने इसकी स्थापना की थी। तब इसका नाम 'द फेसबुक' था।

विश्वविद्यालय छात्रों के बीच दोस्ती व संवाद स्थापित करने के लिए शुरू हुई इस सोशल नेटवर्किंग सेवा ने ऐतिहासिक तेजी से लोकप्रियता हासिल की थी। कुछ ही महीनों में यह अमेरिका की सीमा को लाँघकर यूरोपीय देशों में लोकप्रिय हो गई थी। हिंदी सहित दुनिया की तमाम प्रमुख भाषाओं में इसकी सेवा उपलब्ध है। वेब-यातायात निगरानी कंपनी 'एलेक्सा इंटरनेट' के ताजे आँकड़ों (23 जनवरी, 2014) के मुताबिक 1.28 अरब पंजीकृत उपयोगकर्ताओं के साथ यह दुनिया की सबसे बड़ी सोशल नेटवर्किंग सेवा है, जबकि गूगल के बाद दूसरी सबसे बड़ी इंटरनेट सेवा कंपनी है।

आइए, हम आपको इस कंपनी की अद्भुत कहानी-यात्रा पर ले चलते हैं।

बाल-प्रतिभा जुकरबर्ग का परिवार व शिक्षा

फेसबुक के संस्थापक मार्क इलियट जुकरबर्ग का जन्म 14 मई, 1984 को व्हाइट प्लेंस (वेस्टचेस्टर काउंटी, न्यूयॉर्क, संयुक्त राज्य अमेरिका) में हुआ था। यह न्यूयॉर्क सिटी से करीब 51 कि.मी. उत्तर में स्थित है। वह दंत चिकित्सक डॉ. एडवर्ड जुकरबर्ग

व मनोचिकित्सक करेन केंप्नर की दूसरी संतान हैं। वह अपनी तीन बहनों—रैंडी (बड़ी), डोना व अरिएल्ले के साथ न्यूयॉर्क सिटी के लगभग 16 कि.मी. उत्तर में स्थित एक ग्रामीण इलाके डॉब्स फेरी (वेस्टचेस्टर काउंटी के पश्चिमी भाग में बसे शहर ग्रीनबर्ग का हिस्सा) में पले-बढ़े थे। डोना के जन्म के साल भर बाद सन् 1987 में एडवर्ड जुकरबर्ग ने व्हाइट प्लेंस के मुकाबले काफी शांत इलाके डॉब्स फेरी में अपना स्थायी निवास खरीदा था और उसी के भूतल में दंत चिकित्सालय भी स्थानांतरित कर लिया था।

डॉब्स फेरी का कुल क्षेत्रफल 8.3 वर्ग कि.मी. है, जिसका 6.2 वर्ग कि.मी. भूमि और 1.8 वर्ग कि.मी. पानी है। यह पश्चिम में हडसन नदी से घिरा है तो पूर्व में हडसन नदी की सहायक नदी 'सॉ मिल' से। गाँव के बीचोबीच पश्चिम से पूर्व की ओर विकर्स क्रीक (खाड़ी) गुजरती है, जिसका मुख्य जलस्रोत 76 एकड़ में फैले जंगली उद्यान—जुहरिंग नेचर प्रिजर्व में स्थित विशाल तालाब टॉडस पोंड है। सार्वजनिक बस सेवा के अलावा डॉब्स फेरी रेलवे स्टेशन से होती हुई दैनिक यात्री रेल-सेवा गुजरती है, जिससे ग्रैंड सेंट्रल टर्मिनल (मिडटाउन मैनहट्टन, न्यूयॉर्क सिटी) तक पहुँचने में एक्सप्रेस रेलगाड़ी से 37 मिनट तथा स्थानीय रेलगाड़ी से 43 मिनट का समय लगता है।

डॉ. एडवर्ड जुकरबर्ग का जीवन न्यूयॉर्क सिटी में ब्रुकलिन (मैनहट्टन के बाद दूसरी सबसे घनी आबादीवाले क्षेत्र) के पेड़ों की पंक्तियोंवाले सामुदायिक इलाके फ्लैटबुश में गुजरा था। उसके डाकिया पिता जैक जुकरबर्ग ऑस्ट्रियाई-यहूदी व माता मिर्रीयम हॉलैंडर पोलैंड-यहूदी मूल के विस्थापित परिवारों से ताल्लुक रखते थे। एडवर्ड की कहानी एक ऐसे जुनूनी परिवार की कहानी है, जिसने कुछ खास करने के लिए लगातार संघर्ष किया था। कम आमदनी के बावजूद जैक जुकरबर्ग अपने बेटे का शौक पूरा करने के लिए अपने आस-पड़ोस में सबसे पहला रंगीन टी.वी. घर लाए थे। एडवर्ड घर के ड्रॉइंग रूम में रखे टी.वी. के सामने घंटों चिपका रहा करता था। वह पढ़ने-लिखने में काफी तीव्र बुद्धि का छात्र था। उसने हाई स्कूल में गणित व विज्ञान में उत्कृष्ट प्रदर्शन किया था और कंप्यूटर विज्ञान की पढ़ाई करना चाहता था; लेकिन उस जमाने में यहूदी माता-पिता अपने बच्चे को चिकित्सक (डॉक्टर) बनाने का सपना देखा करते थे। लिहाजा एडवर्ड ने सन् 1975 में को न्यूयॉर्क सिटी विश्वविद्यालय के ब्रुकलीन कॉलेज (ब्रुकलीन, न्यूयॉर्क) से स्नातक-जीव विज्ञान (बी.एस.-बायोलॉजी) की उपाधि हासिल की थी।

'न्यूयॉर्क' मैगजीन (6 मई, 2012) से बातचीत में डॉ. एडवर्ड जुकरबर्ग ने अपने जीवन के पुराने पन्ने को पलटा था, "न्यूयॉर्क शहर में यहूदियों के बीच पलते-बढ़ते यदि आपके पास आधा दिमाग होता तो माता-पिता चाहते थे कि आप चिकित्सक या दंत चिकित्सक बनें। मैं वास्तव में गणित का लड़का था; लेकिन उस वक्त कंप्यूटर प्रोग्रामिंग

में बहुत सी नौकरियाँ नहीं थीं। जैसा कि आप पढ़ते हैं, बड़े कमरे के आकार के कंप्यूटर होते थे। वे उनमें से कुछ पंच कार्ड पर काम करते थे। (हँसते हुए) मेरे माता-पिता कहा करते थे कि वह मेरे समय का उचित उपयोग नहीं था। यह तीव्र बुद्धिवाले चतुर लड़कों के लिए नहीं था।''

कॉलेज ऑफ डेंटिस्ट्री अपने मजबूत नैदानिक प्रशिक्षण, उत्कृष्ट अनुसंधान प्रतिष्ठा क्रम तथा रोगियों के व्यापक व विविध जमावड़े के लिए जाना जाता था।

1970 के दशक के मध्य का यह वही वक्त था, जब लॉस अल्टोस (सिलिकॉन वैली, कैलिफोर्निया) में स्टीव जॉब्स अपने पिता के गैरेज में स्टीव वोज्निअक के साथ मिलकर सर्किट बोर्ड आधारित पर्सनल कंप्यूटर 'एप्पल-I' बना रहा था और दूसरी तरफ हार्वर्ड की पढ़ाई छोड़कर बिल गेट्स अपने दोस्त पॉल एलन के साथ दुनिया के पहले पर्सनल कंप्यूटर 'अल्टेयर 8800' के लिए कंप्यूटर कार्यक्रम भाषा-बेसिक का दुभाषिया अल्टेयर बेसिक बना रहा था। लेकिन एडवर्ड जुकरबर्ग के लिए अपने संघर्षरत यहूदी परिवार की आर्थिक सुरक्षा व माता-पिता का सपना सबसे बड़ा सवाल था। उसे हर हाल में ऐसे पेशे को चुनना था, जिससे तत्काल आमदनी शुरू हो जाए और उसके परिवार को प्रतिष्ठा मिले। इसीलिए उसने न्यूयॉर्क यूनिवर्सिटी (एन.वाई.यू.) कॉलेज ऑफ डेंटिस्ट्री (मिडटाउन मैनहट्टन, न्यूयॉर्क सिटी) में दाखिला लिया था। यह दंत चिकित्सा महाविद्यालय अपने मजबूत नैदानिक प्रशिक्षण (क्लिनिकल ट्रेनिंग), उत्कृष्ट अनुसंधान प्रतिष्ठा क्रम (रिसर्च रैंकिंग) तथा रोगियों के व्यापक व विविध जमावड़े के लिए जाना जाता था।

अब एडवर्ड को अपने बेहतर पेशेवर जीवन की उम्मीद बँधने लगी थी और उसके मन में जीवन साथी की तलाश शुरू हो गई थी। इसी दौरान उसे ब्रुकलिन कॉलेज में पढ़ रही अंतर स्नातक छात्रा (जीव-विज्ञान) करेन कंपनर के साथ अपरिचित प्रेम-मुलाकात (ब्लाइंड डेट) पर जाने का मौका मिला था। दोनों ने एक-दूसरे को पसंद कर लिया था। करेन के पिता सिडनी कंपनर का संबंध ऑस्ट्रियाई-यहूदी मूल के बुल्गेरिया के धनाढ्य कारोबारी परिवार से था। 9 सितंबर, 1944 की ऐतिहासिक समाजवादी क्रांति/सत्ता-पलट के बाद वहाँ यहूदी मूल के नागरिकों की प्रताड़ना तेज हो गई थी। इसी कारण करेन के पिता का परिवार भी विस्थापित होकर न्यूयॉर्क (अमेरिका) में आ बसा था।

सन् 1978 में दंत शल्य चिकित्सक (डॉक्टर ऑफ डेंटल सर्जरी/डी.डी.एस.) की उपाधि हासिल करने के बाद एडवर्ड जुकरबर्ग ने सन् 1979 में ब्रुकलिन वीए हॉस्पिटल में जनरल प्रैक्टिस रेजिडेंसी पूरा किया था और ब्रुकलिन में ही अपना दंत चिकित्सालय शुरू कर लिया था। इसी के आसपास वर्ष 1979 में उन्होंने करेन से शादी भी कर ली थी। उस वक्त करेन न्यूयॉर्क मेडिकल कॉलेज (वलहैला, माउंट प्लेजेंट, वेस्टचेस्टर

काउंटी) में मनोचिकित्सा (साइकेट्री) की पढ़ाई कर रही थी। लिहाजा एडवर्ड ने करेन की कॉलेज आने-जाने की सुविधा के मद्देनजर नजदीकी शहर व्हाइट प्लेंस (वेस्टचेस्टर काउंटी) में एक अपार्टमेंट किराए पर ले लिया था और दोनों वहीं रहने लगे थे। ब्रुकलिन से व्हाइट प्लेंस की दूरी करीब 52 कि.मी. है। अगले कई वर्षों तक एडवर्ड को रोजाना वहाँ से ब्रुकलिन आना-जाना पड़ता था सन् 1982 में रैंडी जुकरबर्ग पैदा हुई थी, जिसके दो वर्ष बाद 1984 में मार्क इलियट जुकरबर्ग और उसके तीन वर्ष बाद 1986 में डोना जुकरबर्ग का जन्म हुआ था। इस बीच, अपने लगातार बड़े हो रहे परिवार और अपने चिकित्सालय के लिए एडवर्ड पर स्थायी आवास चुनने का दबाव बना हुआ था। एडवर्ड को व्हाइट प्लेंस से 16 कि.मी. दूर स्थित ग्रामीण इलाका डॉब्स फेरी बहुत शांत व अच्छा लगा था, जो नदियों, पहाड़ियों, जंगलों व उद्यान से घिरा हुआ था। लिहाजा उसने वहाँ ठेके पर घर का निर्माण कार्य शुरू करवा दिया था। सन् 1987 में घर तैयार हो गया था और एडवर्ड-करेन अपने बच्चों सहित नए घर में रहने लगे थे।

एडवर्ड ने डॉब्स फेरी (2 रसेल प्लेस, नॉर्थफील्ड एवेन्यू) निवास भूतल को अत्याधुनिक दंत चिकित्सालय में बदल दिया था। वह खुद प्रतिबद्ध गोताखोर व तैराक थे। उन्होंने चिकित्सालय को जलीय आकृतियों—मूँगा के भित्ति चित्रों (म्यूरल) एवं दो परीक्षण-कक्षों के बीच एक 200 गैलन की मछली टंकी (फिश टैंक) से सजाया था। करेन अब बाकायदा अनुज्ञा-पत्रधारी (लाइसेंस होल्डर) मनोचिकित्सक थी और उसने चिकित्सालय प्रबंधक का काम सँभाल लिया था। कुछ सालों बाद करेन ने करीब साल भर तक अपने मनोचिकित्सक के पेशे में लौटने की कोशिश की थी; लेकिन अपने बच्चों की देखभाल के लिए उसे अपने पेशे को लगभग पूरी तरह त्याग देना पड़ा था।

असल में, परिवार हमेशा कसकर बुना हुआ था। घर व दंत चिकित्सालय के बीच महज एक बैठकखाने का फर्क था। यह डॉ. जुकरबर्ग को अपने परिवार व रोगियों दोनों के बीच खास तरह की नजदीकियाँ प्रदान करता था। इस व्यवस्था ने व्यक्तिगत व पेशेवर प्रौद्योगिकियों के बीच एक सहजीवी संबंध बनाने में भी मदद की थी। बच्चे अकसर बैठक कक्ष में प्रतीक्षा कर रहे रोगियों एवं चिकित्सालय के अंदर-बाहर घूमा करते थे। उन पर चिकित्सा उपकरणों का भी काफी प्रभाव पड़ा था, खासतौर पर मार्क व अरिएल्ले पर। डॉ. जुकरबर्ग हमेशा से शुरुआती प्रौद्योगिकियों को अपनानेवालों में से थे। उन्होंने सन् 1981 में ही पहला घरेलू कंप्यूटर 'अटारी-800' खरीदा था। जब उन्होंने अपना घर खरीदा था तो उन्होंने उसमें इंटरनेट लगवाया था। हालाँकि उस वक्त डायल-अप कनेक्शन काफी धीमा था, फिर भी उन्होंने ऑनलाइन बैंकिंग सेवा के जरिए अपने भुगतान की शुरुआत की थी। उस वक्त कंप्यूटर काफी महँगा हुआ करता था; वर्ष लेकिन 1985 में जब पहली बार दंत चिकित्सालय प्रबंधन सॉफ्टवेयर आया था तो डॉ. जुकरबर्ग उसे

अपने चिकित्सालय प्रबंधन हेतु उपयोग करने लगे थे। लिहाजा जब वेस्टचेस्टर काउंटी के अधिकांश बच्चे पूरे परिवार के बीच धीमे डायल-अप कनेक्शन को साझा कर रहे थे तो जुकरबर्ग परिवार चिकित्सालय में मौजूद पूर्णकालिक हाईस्पीड ब्रॉडबैंड, पर्सनल कंप्यूटर, प्रिंटर, स्कैनर व अन्य नेटवर्किंग सुविधाओं का बेधड़क इस्तेमाल कर रहा था।

विलक्षण बाल प्रतिभा—मार्क एक विलक्षण बाल प्रतिभा के थे। प्राथमिक शिक्षा के दौरान ही उनकी कंप्यूटर में काफी रुचि थी। महज दस साल की उम्र में डॉ. जुकरबर्ग ने मार्क को उसका पहला पर्सनल कंप्यूटर (पी.सी.) क्वांटेक्स 486 डीएक्स (इंटेल 486 माइक्रोचिप पर आधारित) खरीद दिया था। उन्होंने मार्क को सबसे पहले बुनियादी कंप्यूटर कार्यक्रम भाषा (प्रोग्रामिंग लैंग्वेज) अटारी सिखाई थी, जो 1990 के दशक में आर्केड कंप्यूटर गेम्स, घरेलू वीडियो गेम कंसोल, घरेलू कंप्यूटरों पर खासतौर पर खेल खेलने के लिए इस्तेमाल होती थी। डॉ. जुकरबर्ग ने बहुत जल्द भाँप लिया था कि कंप्यूटर प्रोग्रामर बनने के उनके अधूरे सपने को मार्क पूरा कर सकता था। लिहाजा उन्होंने मार्क को स्टीफन आर. डेविस की आम लोगों को कंप्यूटर कार्यक्रम भाषा सी++ सिखानेवाली पुस्तक 'सी++ फॉर डमीज' (जॉन विले ऐंड संस) भेंट की थी। मार्क के लिए वह पुस्तक वरदान साबित हुई। उसने उस पुस्तक से खुद-ब-खुद कंप्यूटर कार्यक्रम बनाना शुरू कर दिया था।

वर्ष 1995 में मार्क्स को डॉब्स फेरी (नॉर्थफील्ड एवेन्यू) से करीब 2.2 कि.मी. स्थित आर्डस्ले (ग्रीनबर्ग शहर का हिस्सा) स्थित आर्डस्ले मिडिल स्कूल में पाँचवीं कक्षा में भरती कराया गया था, तभी डॉ. जुकरबर्ग ने उसके लिए एक स्थानीय सॉफ्टवेयर डेवलपर डेविड न्यूमैन को निजी शिक्षक नियुक्त किया था। सन् 1996 में महज 12 साल की उम्र में मार्क अपने पिता के चिकित्सालय के लिए अंतर-कार्यालय संचार सॉफ्टवेयर कार्यक्रम 'जुकनेट' तैयार करने में सक्षम हो गया था, जिसके जरिए नेटवर्क कंप्यूटरों पर त्वरित संदेश (इंस्टेंट मेसेज) भेजा जा सकता था। आज यह एक मामूली सी बात लगती है, लेकिन उस वक्त यह एक बड़ी खोज-सी थी। याद रहे कि अमेरिका की सबसे प्रभावशाली इंटरनेट सेवा कंपनी 'अमेरिका ऑनलाइन' (ए.ओ.एल.) ने साल भर बाद वर्ष 1997 में ए.ओ.एल. इंस्टेंट मेसेंजर (ए.आई.एम.) की पेशकश की थी।

वर्ष 1999 में आर्डस्ले हाई स्कूल में नौवीं कक्षा में दाखिल होने के बाद मार्क का कंप्यूटर ज्ञान इतना हो गया था कि घर के पास में ही स्थित मर्सी कॉलेज (डॉब्स फेरी) ने उसे स्नातक स्तर के कंप्यूटर विज्ञान वर्ग में पढ़ाई करने की इजाजत दे दी थी।

लेकिन मार्क की विलक्षण शैक्षणिक प्रतिभा के मद्देनजर आर्डस्ले हाई स्कूल में कंप्यूटर विज्ञान व गणित की पढ़ाई का स्तर ज्यादा ऊँचा नहीं था। इसके अलावा, डॉ. जुकरबर्ग अपने बेटे को भविष्य में बड़े निजी विश्वविद्यालयों में दाखिल करवाने के

लिहाज से एक विश्व स्तरीय शैक्षणिक माहौल देना चाहते थे। लिहाजा ग्यारहवीं में मार्क को फिलिप्स एक्सेटर एकेडमी (एक्सेटर, रॉकिंगम काउंटी, न्यू हैंपशायर) में दाखिल कराया था। यह संयुक्त राज्य अमेरिका में सबसे पुराने व नामचीन निजी विद्यालयों (उच्चतर माध्यमिक विद्यालय) में से एक है। सन् 1781 में धनाढ्य अमेरिकी व्यापारी व स्कूलों के शुरुआती संरक्षक डॉ. जॉन फिलिप्स व उनकी पत्नी एलिजाबेथ ने इस विद्यालय की स्थापना की थी। 2.51 वर्ग कि.मी. (लगभग 619 एकड़) में फैला हुआ, 127 खूबसूरत भवनों की शृंखलावाला यह विशाल विद्यालय परिसर अपने आप में एक शहर जैसा है। वह परिसर एक्सेटर नदी के किनारे पर बसा है, जहाँ से वह स्कुआमस्कॉट नदी में बदल जाती है।

एक्सेटर में विज्ञान (गणित, खगोल-विज्ञान व भौतिकी) के अलावा मार्क ने भाषा, साहित्य, दर्शन, इतिहास, कला, पुरातत्त्व एवं अन्य संस्कृति विषयों में अव्वल दर्जा प्राप्त किया था। हार्वर्ड के अपने नामांकन आवेदन में मार्क ने बाकायदा उल्लेख किया था कि वह फ्रेंच, हिब्रू, लैटिन व प्राचीन यूनानी पढ़ व लिख सकता है। वह तलवारबाजी टीम का कप्तान भी था।

'सिनेप्स मीडिया प्लेयर' का विकास—बारहवीं की अंतिम तिमाही में एक्सेटर की परंपरा के मुताबिक मार्क को भी एक स्वतंत्र परियोजना पर काम करना था। उसने अपने सहपाठी एडम डी. एंजेलो के साथ मिलकर ऑनलाइन एमपी 3 संगीत-वादन सॉफ्टवेयर कार्यक्रम 'सिनेप्स मीडिया प्लेयर' की रचना की थी। इस कार्यक्रम में उपयोगकर्ता की सुनने की आदतों को जानने तथा उसके मुताबिक संगीत-वादन सूची (म्यूजिक प्ले लिस्ट) तैयार करने के लिए कंप्यूटर विज्ञान की उच्च प्रौद्योगिकी व विशेषज्ञता प्राप्त शोध विषय—कृत्रिम बुद्धि (आर्टिफिशियल इंटेलिजेंस) का इस्तेमाल किया गया था।

मार्क जुकरबर्ग का हार्वर्ड विश्वविद्यालय (कैंब्रिज, मैसाचुसेट्स) व एडम डी. एंजेलो का कैलिफोर्निया इंस्टीट्यूट्स ऑफ टेक्नोलॉजी/कैलटेक (पासाडेना, कैलिफोर्निया) में दाखिला सुनिश्चित हो गया था। लिहाजा, सितंबर 2002 में जब दोनों एक्सेटर में पढ़ाई पूरी करने बाद अपने विश्वविद्यालयों के लिए रवाना हुए थे तो उन्होंने अपने अनुप्रयोग सॉफ्टवेयर की गुणवत्ता व उपयोगकर्ता अनुभव को परखने का फैसला किया था। इसके लिए प्रौद्योगिकी-केंद्रित समाचार वेबसाइट— स्लैश डॉट ऑर्ग (डाइस होल्डिंग्स इनकॉरपोरेशन, अर्बनडेल, आयोवा द्वारा संचालित) सबसे उपयुक्त माध्यम था। उन्होंने अपना कार्यक्रम वेबसाइट को भेज दिया था।

हालाँकि मार्क जुकरबर्ग व एडम डी. एंजेलो ने यह सब कौतूहलवश किया था, लेकिन जारी किए जाने के करीब सात महीनों बाद यह चमत्कारी रूप से कारगर

अनुप्रयोग (एप्लीकेशन/एप्प) सॉफ्टवेयर साबित हुआ था। पी.सी. मैगजीन ने उसे 5 में से 3 अंक दिए थे और स्लैश डॉट ऑर्ग ने भी इसकी तारीफ में आलेख लिखा था। इसके बाद अमेरिका की सबसे बड़ी इंटरनेट सेवा कंपनी अमेरिका ऑनलाइन (ए.ओ.एल.), विंडोज परिचालन प्रणाली पर लोकप्रिय अनुप्रयोग 'विनएम्प मीडिया प्लेयर' बनानेवाली कंपनी नुलसॉफ्ट (सेडोना, एरिजोना) व सॉफ्टवेयर महारथी कंपनी माइक्रोसॉफ्ट—सभी ने इस अनुप्रयोग को खरीदने में तथा दोनों प्रतिभाशाली विकासकर्ताओं को नौकरी पर रखने में रुचि दिखाई थी।

हार्वर्ड विश्वविद्यालय के दैनिक छात्र अखबार 'हार्वर्ड क्रिमसन' (अंक 23, अक्तूबर 2003) से बातचीत में मार्क जुकरबर्ग ने दावा किया था कि उन कंपनियों में से एक ने सिनेप्स मीडिया प्लेयर को 9.5 लाख डॉलर में खरीदने का प्रस्ताव किया था; लेकिन कंपनी की शर्त थी कि दोनों विकासकर्ता तीन साल के लिए उसकी सेवा में रहें। जाहिर है कि दोनों ने ऐसा करने की बजाय अपनी पढ़ाई को जारी रखना और उक्त प्रस्ताव को ठुकराना बेहतर समझा था। इस घटना के बाद मार्क जुकरबर्ग व एडम डी. एंजेलो को पक्का भरोसा हो गया था कि ये कंपनियाँ उनकी महान् सॉफ्टवेयर रचनाओं की चीर-फाड़ कर डालेंगी। लिहाजा, दोनों ने इंटेलीजेंट मीडिया ग्रुप का गठन किया था और करीब 12 हजार डॉलर की साझा राशि से 'सिनेप्स मीडिया प्लेयर' का पेटेंट दाखिल करा लिया था।

हार्वर्ड में जुकरबर्ग का अस्त-व्यस्त सहजीवन

नामांकन के बाद पहले साल में ही मार्क जुकरबर्ग हार्वर्ड विश्वविद्यालय के विशाल छात्र समुदाय के बीच प्रोग्रामिंग प्रोडिजी (कंप्यूटर प्रोग्रामिंग की अद्‌भुत प्रतिभा) के रूप में जाना जाने लगा था। अपने घुँघराले भूरे बाल, छोटा कद, दुबला गोरा शरीर और गहन अंतर्मुखी चेहरे के साथ मार्क महज 15 वर्ष का लगता था; जबकि उसकी असल उम्र 19 वर्ष हो चुकी थी। उसका पहनावा भी निराला था। वह जाड़े के मौसम में भी ढीले-ढाले बैगी जींस, टी-शर्ट व रबर के चप्पलों में घूमा करता था। उसकी टी-शर्ट पर बहुत ही दिलचस्प चित्र या वाक्यांश लिखे होते थे, जिनमें सबसे खास था कोड मंकी (कूट लिपि बंदर)।

वह अजनबियों के बीच बिल्कुल गुपचुप-सा दिखता था। इसका मतलब यह नहीं कि वह मुखर नहीं था। वह बोलनेवाले की तरफ बिल्कुल एकटक, काफी देर तक देखता रह सकता था। इसका मतलब यह नहीं था कि वह सामनेवाले की बात सुन रहा हो। हो सकता था कि वह देख तो आपकी तरफ रहा हो, लेकिन आपको सुनने की बजाय कुछ और ही सोच रहा हो। असल में, शांत-सा दिखना उसके स्वभाव का हिस्सा था।

वरिष्ठ अमेरिकी प्रौद्योगिकी पत्रकार और 'द फेसबुक इफेक्ट' के लेखक डेविड किर्कपैट्रिक के मुताबिक मार्क, जुकरबर्ग अत्यंत सचेत विचारक व नितांत तर्कशील व्यक्ति हैं।

उसके इस स्वभाव से सामनेवाला व्यक्ति धोखे में रह सकता था कि वह उसे ही ध्यानपूर्वक सुन रहा था। लेकिन यदि कोई लंबी हाँकता था और उसमें मार्क की रुचि नहीं होती थी तो वह अपनी आंतरिक ध्यान-मुद्रा में चला जाता था। जब सामनेवाला व्यक्ति बोलना बंद करता था कि तो वह बस, हाँ कहकर दूसरे विषय को छेड़ देता था। यही कारण था कि नजदीकी मित्र भी मार्क के चेहरे से यह भाँप नहीं पाते थे कि उसके दिमाग में क्या चल रहा था। कुल मिलाकर मार्क एक अबूझ पहेली-सा था। वह जब बोलता था तो अकसर टेढ़ा ही बोलता था और उसके विचारों से सामनेवाले को जबरदस्त झटका भी लग सकता था।

इसका मतलब यह भी नहीं था कि वह दूसरों के विचारों की कद्र नहीं करता था। वरिष्ठ अमेरिकी प्रौद्योगिकी पत्रकार और 'द फेसबुक इफेक्ट' (वर्जिन बुक्स, 2011) के लेखक डेविड किर्कपैट्रिक के मुताबिक, मार्क जुकरबर्ग अत्यंत सचेत विचारक व नितांत तर्कशील व्यक्ति हैं। उनकी लिखावट सुव्यवस्थित, अति सतर्क व बहुत छोटी है और वह उसका इस्तेमाल लंबी विवेचनाओं को अपनी स्मरण पुस्तिका (नोटबुक) भरने के लिए करते हैं।

इतना ही नहीं, मार्क जुकरबर्ग अपनी भोली-भाली शक्ल-सूरत व शरारती मुसकान से लड़कियों को भी अपनी तरफ आकर्षित करने में पूरी तरह सक्षम थे। वह शायद ही कभी बिना प्रेमिका (गर्लफ्रेंड) के रहे हों। लड़कियाँ उनके आत्मविश्वास, उनकी हँसी-मजाक की लुभावनी शैली तथा उनके उपेक्षा-भाव को काफी पसंद करती थीं। उनके चेहरे से आमतौर पर आत्मसंतुष्टि झलकती थी, मानो वह कह रहे हों कि मैं जानता हूँ कि मैं क्या कर रहा हूँ। विश्वविद्यालय के अपने दोस्तों व प्रेमिकाओं के बीच वह बस, 'ज्यूक' उपनाम से पुकारे जाते थे। उनके पाठ्यक्रम का मुख्य विषय कंप्यूटर विज्ञान था; लेकिन अन्य विषयों में मनोविज्ञान शामिल था। प्रथम वर्ष बीतते-बीतते उनके कंप्यूटर विज्ञान के सहपाठी उन्हें अद्भुत कंप्यूटर कार्यक्रम निर्माता मानने लगे थे और उन्हें दिल से चाहते थे। वह हमेशा दूसरों से अलग बहुत कुछ करते रहते थे।

खैर, मार्क जुकरबर्ग के कारनामे को ठीक प्रकार से समझने के लिए ऐतिहासिक हार्वर्ड विश्वविद्यालय के विकास और उसके शैक्षणिक माहौल को जानना भी जरूरी है।

हार्वर्ड विश्वविद्यालय—पूर्वोत्तर संयुक्त राज्य अमेरिका में मैसाचुसेट्स प्रांत की राजधानी तथा सबसे बड़े नगर बोस्टन के ठीक उत्तर में चार्ल्स नदी के पास बसा है कैंब्रिज। शहर के संस्थापकों ने कैंब्रिज को इंग्लैंड में नैतिकतावादी धर्म-शास्त्र के

महत्त्वपूर्ण केंद्र कैंब्रिज विश्वविद्यालय के सम्मान में नामित किया था। कुल 18 वर्ग कि.मी. में फैला कैंब्रिज दुनिया के सबसे प्रमुख विश्वविद्यालयों में से दो—हार्वर्ड विश्वविद्यालय एवं मैसाचुसेट्स इंस्टीट्यूट्स ऑफ टेक्नोलॉजी (एम.आई.टी.) का निवास-स्थल है।

हार्वर्ड विश्वविद्यालय एक निजी शोध विश्वविद्यालय है। यह पूर्वोत्तर अमेरिका के आठ विश्वविद्यालयों के समूह 'इवी लीग' का सबसे पुराना सदस्य है। वास्तव में, इवी लीग की स्थापना इन संस्थानों की खेल टोलियों के बीच प्रतिस्पर्धा आयोजन के लिए गई थी; लेकिन अब यह अनौपचारिक संगठन शैक्षिक उत्कृष्टता, चुनिंदा दाखिला प्रक्रिया एवं सामाजिक कुलीनता का प्रतीक बन चुका है। इवी लीग के बाकी सात सदस्य हैं—ब्राउन विश्वविद्यालय (प्रोविडेंस, रोड आइलैंड), कोलंबिया विश्वविद्यालय (अपर मैनहट्टन, न्यूयॉर्क सिटी), कॉर्नेल विश्वविद्यालय (इथाका, न्यूयॉर्क), डार्टमाउथ कॉलेज (हनोवर, न्यू हैंपशायर), प्रिंस्टन विश्वविद्यालय (प्रिंस्टन, न्यू जर्सी), पेनसिल्वेनिया विश्वविद्यालय (फिलाडेल्फिया, पेनसिल्वेनिया) तथा एल विश्वविद्यालय (न्यू हैवन, कनेक्टिकट)। कॉर्नेल विश्वविद्यालय के अलावा बाकी सभी सात संस्थान संयुक्त राज्य अमेरिका के औपनिवेशिक काल के दौरान स्थापित किए गए थे।

हार्वर्ड विश्वविद्यालय की स्थापना सन् 1636 में औपनिवेशिक मैसाचुसेट्स कानून के तहत हुई। शुरुआत में यह 'न्यू कॉलेज' या 'द कॉलेज ऑफ न्यू टाउन' के नाम से जाना जाता था। 13 मार्च, 1639 को इसका नाम बदलकर 'हार्वर्ड कॉलेज' रखा गया। यह नाम जॉन हार्वर्ड के नाम पर रखा गया, जिसने संस्थान को सुचारु रूप से चलाने के लिए 400 किताबोंवाले एक पुस्तकालय सहित 779 पौंड स्टर्लिंग की धनराशि भी दान में दी थी। पहली बार मैसाचुसेट्स के संविधान-1780 में 'हार्वर्ड' के साथ 'यूनिवर्सिटी' शब्द जोड़ा गया। चार्ल्स विलियम इलियट के 40 साल के अध्यक्षीय कार्यकाल (1869-1909) में हार्वर्ड आधुनिक शोध विश्वविद्यालय बन गया था। 20वीं शताब्दी के दौरान दानराशि में लगातार बढ़त होती गई। नामचीन प्राध्यापकों ने विश्वविद्यालय के पाठ्यक्रम दायरे का विस्तार किया और हार्वर्ड की अंतरराष्ट्रीय ख्याति बढ़ती चली गई। हार्वर्ड के पूर्व छात्रों में अब तक 47 नोबेल पुरस्कार और 48 पुलित्जर पुरस्कारों सहित 32 राज्य प्रमुख (पाँच अमेरिकी राष्ट्रपति भी) और 62 अरबपति शामिल हो चुके हैं।

वर्ष 2013 में हार्वर्ड में छात्रों की कुल संख्या 21,000 (हार्वर्ड कॉलेज के स्नातक पाठ्यक्रमों में 6,700 और परास्नातक व पेशेवर पाठ्यक्रमों में 14,500) के ऊपर चली गई थी। इसमें करीब 7,000 विदेशी छात्र थे। 2,400 प्राध्यापकों/संकाय सदस्यों सहित संबद्ध शिक्षण कार्यक्रमों में 10,400 से अधिक अकादमिक नियुक्तियाँ थीं। हार्वर्ड के 65 फीसदी छात्रों को छात्रवृत्ति दी जाती थी। हार्वर्ड शिक्षण लागत के रूप में छात्रवृत्ति

प्राप्त छात्रों को औसतन सिर्फ 11,500 डॉलर की सालाना राशि का भुगतान करना पड़ रहा था; जबकि विश्वविद्यालय की औसत अनुदान राशि 46,000 डॉलर थी। वर्ष 2007 से 2013 के बीच हार्वर्ड का कुल वित्तीय अनुदान करीब 70 फीसदी बढ़कर 9.66 करोड़ डॉलर से 16.66 करोड़ डॉलर के स्तर पर पहुँच चुका था। वर्ष 2013-14 के शिक्षण-सत्र में बिना छात्रवृत्ति के हार्वर्ड कॉलेज का शिक्षण शुल्क 38,891 डॉलर था; जबकि आवास, भोजन व अन्य छात्रवास सुविधाओं सहित इसकी कुल लागत 59,950 डॉलर थी। वित्त वर्ष 2013 में विश्वविद्यालय की कुल आय 4.20 अरब डॉलर थी और उसका कुल खर्च भी उतना ही था; लेकिन दानराशि के रूप में 32.30 अरब डॉलर की रकम प्राप्त हुई थी।

हार्वर्ड विश्वविद्यालय ग्यारह अलग शैक्षिक इकाइयों—दस संकायों तथा रेडक्लिफ इंस्टीट्यूट्स फॉर एडवांस्ड स्टडी में आयोजित किया जाता है। इसके पास कुल 5,083 एकड़ की भू-संपत्ति है। इनमें कैंब्रिज स्थित मुख्य परिसर (210 एकड़), बोस्टन स्थित एल्सटन परिसर (360 एकड़) एवं चिकित्सा परिसर (21 एकड़) सहित मैसाचुसेट्स के विभिन्न इलाकों में कुल 4,500 एकड़ की भू-संपत्तियाँ शामिल हैं।

हार्वर्ड का मुख्य परिसर कैंब्रिज में हार्वर्ड यार्ड पर स्थित है। यह मैसाचुसेट्स की राजधानी बोस्टन के मुख्य नगर-केंद्र स्थित राज्यसभा से ठीक उत्तर-पश्चिम में 4.8 कि.मी. की दूरी पर है। हार्वर्ड यार्ड बाड़ से घिरा 22.4 एकड़ जमीन का घास क्षेत्र है, जिसमें 27 फाटक हैं। यह हार्वर्ड विश्वविद्यालय परिसर का सबसे पुराना हिस्सा, इसका ऐतिहासिक केंद्र व इसका आधुनिक चौराहा है। यह मुख्य रूप से मैसाचुसेट्स एवेन्यू, कैंब्रिज स्ट्रीट, ब्रॉडवे व क्विंसी स्ट्रीट से घिरा है। यार्ड के केंद्र में एक विस्तृत घास क्षेत्र है, जो विडनर लाइब्रेरी, मेमोरियल चर्च, यूनिवर्सिटी हॉल व सेवेर हॉल से घिरा है। सेवेर हॉल को टरसेंटेनरी थिएटर (त्रि-शताब्दी रंगशाला) भी कहा जाता है, जो सत्र प्रारंभ वार्षिक समारोहों, दीक्षांत समारोहों एवं अन्य रंगमंचीय गतिविधियों के लिए इस्तेमाल होता है।

विडनर लाइब्रेरी का पूरा नाम 'हैरी एल्किंस विडनर मेमोरियल लाइब्रेरी' है, जो सन् 1907 में हार्वर्ड कॉलेज के स्नातक व पुस्तक संकलक हैरी एल्किंस विडनर के सम्मान में है। 14-15 अप्रैल, 1912 की रात में ब्रिटिश यात्री जहाज आर.एम.एस. टाइटैनिक के डूबने की आधुनिक इतिहास की सबसे भीषण समुद्री आपदा में मरनेवाले 1,500 यात्रियों में हैरी विडनर, उनके पिता एवं एक सहयोगी भी शामिल थे। चेरबर्ग (फ्रांस) से क्वींस टाउन (कोभ, आयरलैंड) होते हुए न्यूयॉर्क सिटी के लिए रवाना हुए उस दुर्भाग्यपूर्ण जहाज में हैरी की माता एलेनोर एल्किंस विडनर भी सवार थीं, लेकिन वह बाल-बाल बच गई थीं। विडनर परिवार (फिलाडेल्फिया, पेनसिल्वेनिया) संयुक्त राज्य अमेरिका

के सबसे धनी परिवारों में से एक था। एलेनोर विडनर ने अपने पढ़ाकू बेटे हैरी की याद में इस विशाल पुस्तकालय का निर्माण शुरू करवाया था, जो वर्ष 1915 में पूरा हुआ था। इस पुस्तकालय में कुल 35 पुस्तक संस्करणों का संग्रह है। इसकी अलमारियों की शृंखला 92 कि.मी. लंबी है, 6 कि.मी. गलियारे में दस के स्तरों पर फैली हुई है। यह दुनिया की सबसे पुरानी व सबसे बड़ी शैक्षिक पुस्तकालय प्रणाली हार्वर्ड यूनिवर्सिटी लाइब्रेरी का मुख्य केंद्र है। इस प्रणाली से हार्वर्ड के कुल 73 पुस्तकालय जुड़े हुए हैं, जिनमें से कुल 1.80 करोड़ पुस्तक संस्करणों का संग्रह है। संग्रह में संस्करणों की संख्या के आधार पर हार्वर्ड यूनिवर्सिटी लाइब्रेरी लाइब्रेरी कांग्रेस एवं बोस्टन पब्लिक लाइब्रेरी के बाद अमेरिका का तीसरा सबसे बड़ा पुस्तकालय है।

हार्वर्ड यार्ड के पश्चिमी तीसरे हिस्से, जिसे 'ओल्ड यार्ड' भी कहा जाता है, के चारों ओर प्रथम वर्ष के छात्र (फ्रेशमैन) के विशाल शयनकक्षों का समूह है। इनमें मैसाचुसेट्स हॉल के ऊपरी तलों सहित विगल्सवर्थ हॉल, वेल्ड हॉल, ग्रायस हॉल, मैथ्यू हॉल, स्ट्रॉस हॉल, मॉवर हॉल, होलिस हॉल, स्टफटन हॉल, लियोनेल हॉल, होलवरदी हॉल, कनाडाय हॉल व थायर हॉल शामिल हैं। इन्हीं के बीच हार्वर्ड में तीसरी सबसे पुरानी इमारत होल्डेन चैपल है। इस इमारत में तीन समूह गायन मंडलियों—हार्वर्ड ग्ली क्लब (60 केवल पुरुष आवाजोंवाली मंडली), रेडक्लिफ कोरल सोसायटी (60 केवल महिला आवाजोंवाली मंडली) एवं हार्वर्ड रेडक्लिफ कॉलेजियम म्यूजिकल (60 पुरुष-महिला आवाजोंवाली मंडली) के दफ्तर हैं, जो सामूहिक रूप से 'होल्डन क्वायर' के नाम से जाना जाता है। इसी के आसपास फिलिप्स ब्रूक्स हाउस (सामुदायिक छात्र सेवा को समर्पित), वड्र्सवर्थ हाउस (विद्वान् संचार कार्यालय), हार्वर्ड विश्वविद्यालय पुस्तकालयाध्यक्ष कार्यालय, मुख्य आचार-संहिता (प्रोटोकॉल) अधिकारी यूनिवर्सिटी मार्शल का कार्यालय, लोएब हाउस (हार्वर्ड शासी निकाय का कार्यालय) तथा कई प्राध्यापकों के कार्यालय बने हुए हैं।

विश्वविद्यालय के द्वितीय वर्ष (सोफोमोर), तृतीय वर्ष (जूनियर) एवं उत्तर तृतीय/चतुर्थ वर्ष (सीनियर) के स्नातक छात्र बारह आवासीय भवनों में रहते हैं। इनमें से नौ भवन—एडम्स हाउस, डनस्टर हाउस, एलियट हाउस, किर्कलैंड हाउस, लेवेरेट हाउस, लोवेल हाउस, माथर हाउस, क्विंसी हाउस, जॉन विंथ्रोप हाउस—हार्वर्ड यार्ड के दक्षिण में चार्ल्स नदी के किनारे या उसके पास हैं। अन्य तीन भवन—कैबोट हाउस, करीअर हाउस व फोर्जहेईमर हाउस—हार्वर्ड यार्ड के 800 मीटर पश्चिम में रेडक्लिफ क्वाडेंगल (पूर्व में रेडक्लिफ कॉलेज का आधिकारिक आवासीय परिसर) में स्थित हैं। इन सभी भवनों में छात्रों के शयन-कक्षों, भोजनालय व पुस्तकालय के अलावा छात्रावास परिचालकों व अनुशिक्षकों (ट्यूटर्स) के कक्ष भी हैं। सन् 1928 में एल विश्वविद्यालय

के पूर्व छात्र एडवर्ड हर्कनेस की 1.10 करोड़ डॉलर की उपहार राशि से इन भवनों का निर्माण शुरू हुआ था, जो सन् 1930 में पूरा हुआ था। एडवर्ड हर्कनेस उस वक्त जॉन डी. रॉकफेलर, हेनरी क्ले फ्रिक, एंड्रयू कार्नेगी, जॉर्ज फिशर बेकर व विलियम रॉकफेलर के बाद अमेरिका के छठे सबसे धनी व्यक्ति थे। असल में, उन्होंने दान का यह फैसला एल विश्वविद्यालय में ऐसी ही परियोजना शुरू करने में असफल रहने के बाद लिया था।

कैंब्रिज में हार्वर्ड विश्वविद्यालय के मुख्य केंद्र हार्वर्ड यार्ड के ठीक सामने मैसाचुसेट्स एवेन्यू, ब्राटल स्ट्रीट व जॉन एफ. केनेडी स्ट्रीट के चौराहे पर एक बड़ा त्रिकोणीय क्षेत्र है हार्वर्ड स्क्वायर। यह हार्वर्ड छात्रों सहित पश्चिमी कैंब्रिज, बोस्टन के भीतरी पश्चिमी व उत्तरी उपनगरीय इलाके के निवासियों का वाणिज्यिक केंद्र है। हार्वर्ड स्क्वायर के नीचे बना है हार्वर्ड एम.बी.टी.ए. स्टेशन, जो रेड लाइन भूमिगत रेल व बस सेवा के जरिए सार्वजनिक परिवहन प्रदान करता है। यह ग्रेटर बोस्टन (बोस्टन व आसपास) क्षेत्र में बस, भूमिगत रेल, यात्री रेल व नौका मार्गों का संचालन करनेवाली सरकारी संस्था मैसाचुसेट्स बे ट्रांसपोर्टेशन अथोरिटी (एम.बी.टी.ए.) का तीसरा सबसे व्यस्ततम (बोस्टन के डाउनटाउन क्रॉसिंग व साउथ स्टेशन) स्टेशन है।

कैंब्रिज परिसर के सामने चार्ल्स नदी के पार आलस्टोन (बोस्टन नगर का पश्चिमी इलाका) में हार्वर्ड विश्वविद्यालय का 358 एकड़ का दूसरा विशाल परिसर है, जहाँ हार्वर्ड बिजनेस स्कूल, हार्वर्ड स्टेडियम सहित खेल-कूद की तमाम सुविधाएँ हैं। हार्वर्ड स्टेडियम 30,323 सीटोंवाला यू (U) आकार का विशाल फुटबॉल स्टेडियम है, जिसे सन् 1987 में अमेरिका के राष्ट्रीय ऐतिहासिक स्थलों में शुमार किया गया था। चार्ल्स नदी पर एक पैदल यात्री पुल है जॉन डब्ल्यू. वीक्स ब्रिज, जो हार्वर्ड के दोनों मुख्य परिसरों को जोड़ता है।

कैंब्रिज परिसर की 5.3 कि.मी. दक्षिण एवं बोस्टन के मुख्य नगर-केंद्र डाउनटाउन बोस्टन के 5.3 कि.मी. दक्षिण-पश्चिम में हार्वर्ड विश्वविद्यालय का तीसरा 21 एकड़ का परिसर स्थित है। इस परिसर को लॉन्गवुड मेडिकल ऐंड एकेडमिक एरिया (एल.एम.ए.) कहा जाता है, जहाँ हार्वर्ड मेडिकल स्कूल, हार्वर्ड स्कूल ऑफ डेंटल मेडिसिन तथा हार्वर्ड स्कूल ऑफ पब्लिक हेल्थ मौजूद हैं। हार्वर्ड के कैंब्रिज परिसर को लॉन्गवुड परिसर से जोड़ने के लिए मैसाचुसेट्स एवेन्यू (बोस्टन) से होती हुई निजी आवागमन (शटल) बस चलती है, जो मैसाचुसेट्स इंस्टीट्यूट्स ऑफ टेक्नोलॉजी (एम.आई.टी., कैंब्रिज), बैक बे (बोस्टन) में भी रुकती है।

किर्कलैंड हाउस का अस्त-व्यस्त सह-जीवन—द्वितीय वर्ष में मार्क जुकरबर्ग को चार्ल्स नदी के तट पर बने किर्कलैंड हाउस छात्रावास में जगह मिली थी। हार्वर्ड में छात्रावास की जगह व सह-निवासी का चयन लॉटरी विधि से होता है। इस चार

मंजिला इमारत का निर्माण सन् 1934 में पूरा हुआ था। इसका नाम वर्ष 1810-1828 तक हार्वर्ड विश्वविद्यालय के अध्यक्ष रहे जॉन थार्नटन किर्कलैंड के सम्मान में रखा गया था। हालाँकि इसका मूल रूप भवन 220 छात्रों के सुविधापूर्ण निवास को ध्यान में रखकर तैयार किया गया था, लेकिन बाद में उसमें 365 बेड लगा दिए गए थे। भवन के कक्षों को गरम रखने के लिए प्रसारित गरम जल प्रणाली का इस्तेमाल किया जाता है, जो हरेक कक्ष में नियंत्रित की जा सकती है।

यह हार्वर्ड में सबसे छोटे छात्रावास सदनों में से एक है, लेकिन इसमें व्यायामशाला, बैठकखाना, खेल कक्ष, संगीत कक्ष और छात्रों के रंगमंच एवं अन्य प्रदर्शन योजनाओं के लिए पर्याप्त रिक्त स्थान है। भवन के तहखाने में स्थित 24 घंटे खुली रहनेवाली किर्कलैंड हाउस कंप्यूटर लैब मैकिनटोश, अन्य पर्सनल कंप्यूटरों, लेजर प्रिंटर, स्कैनर, फैक्स, फोटोकॉपियर आदि से पूरी तरह सुसज्जित है। किर्कलैंड हाउस के ठीक बगलवाले भवन हिक्स हाउस में स्थित उसका विशेष पुस्तकालय एक अद्‍भुत संसाधन है। यह निवासी छात्रों के लिए शांतिपूर्ण अध्ययन के लिए दिन भर खुला रहता है, जहाँ किताबों की लंबी सूचियों के अलावा भारी संख्या में फिल्में व कंप्यूटर गेम्स भी उपलब्ध हैं। एलियट हाउस के साथ इसका रसोईघर साझा है। लिहाजा, यहाँ के छात्रों को दो विशाल भोजनालयों (डाइनिंग हॉल) की सुविधा उपलब्ध है। यह विश्वविद्यालय परिसर में सबसे अच्छे भोजन के लिए जाना जाता है।

किर्कलैंड हाउस के पास में ही 1,000 सीटोंवाला बहूद्‍देश्यीय अंतर्वासी खेल क्षेत्र मॉल्किन एथलेटिक सेंटर है, जहाँ हार्वर्ड की तलवारबाजी, पुरुष व महिला वॉलीबॉल, कुश्ती की टोलियाँ अभ्यास करती हैं।

जुकरबर्ग को तीसरी मंजिल पर तीन अन्य छात्रों सहित जो दो कमरों का समूह (सुइट) एच 33 मिला था, वह संयोगवश किर्कलैंड हाउस में सबसे छोटा था। दोनों के हरेक कमरे में दो बिस्तरोंवाली बहुमंजिला चारपाई (बंक बेड) व छोटी मेज लगी हुई थी। जुकरबर्ग रूम पार्टनर था क्रिस ह्यूजेस और साथ के दूसरे कमरे में दो अन्य छात्र डस्टिन मोस्कोवित्ज व बिली ओल्सन रह रहे थे। फेसबुक की स्थापना व विस्तार में जुकरबर्ग के अलावा क्रिस ह्यूजेस व डस्टिन मोस्कोवित्ज भी अहम भूमिका अदा करने वाले थे।

नॉर्थ कैरोलिना प्रांत के पश्चिमी इलाके के सबसे बड़े नगर हिकॉरी में पला-बढ़ा क्रिस ह्यूजेस (जन्म : 26 नवंबर, 1983) अखबार विक्रेता पिता एवं सरकारी स्कूल शिक्षिका की एकमात्र संतान है। हिकॉरी अमेरिका का एक गहरा रूढ़िवादी नगर है। उसके माता-पिता जर्मन भिक्षु व धर्मशास्त्री मार्टिन लूथर के अनुयायी थे। लिहाजा ह्यूजेस भी लूथरवादी ईसाई परंपराओं के बीच बड़ा हुआ था। हाई स्कूल में पढ़ते हुए उसने अपने परिवार की रूढ़िवादी परंपरा को त्यागने और कुछ अलग करने का दृढ़ निश्चय किया

बोस्टन से 40 कि.मी. उत्तर स्थित छोटे शहर ऐंडोवर में 500 एकड़ के विशाल परिसर में निर्मित फिलिप्स एकेडमी अमेरिका के सबसे पुराने व महँगे वरिष्ठ माध्यमिक आवासीय विद्यालयों में गिनी जाती है।

था। उसने अपने माता-पिता की जानकारी के बिना ही फिलिप्स एकेडमी (ऐंडोवर, मैसाचुसेट्स) में नामांकन आवेदन कर दिया था। बोस्टन से 40 कि.मी. उत्तर स्थित छोटे शहर ऐंडोवर में 500 एकड़ के विशाल परिसर में निर्मित फिलिप्स एकेडमी अमेरिका के सबसे पुराने व महँगे वरिष्ठ माध्यमिक आवासीय विद्यालयों में गिनी जाती है। वर्ष 2014 के शिक्षण सत्र में इसका वार्षिक शिक्षण शुल्क 42,700 डॉलर (आवास सहित) था। ह्यूजेस जैसे सामान्य परिवार के बच्चे के लिए यहाँ पढ़ना आसान नहीं था; लेकिन उसे इस संस्था की उदारवादी छात्रवृत्ति योजना का सहारा मिला था और उसने नौवीं से बारहवीं तक की पढ़ाई यहीं से की थी। लेकिन यहाँ पढ़ते हुए ह्यूजेस के बोल-चाल, रहन-सहन सहित समूचे व्यक्तित्व में बदलाव आ चुका था। वह अपने परिवार व शहर की रूढ़िवादी परंपराओं को त्यागकर पूर्ण उदारवादी हो गया था। हार्वर्ड में उसका मुख्य विषय इतिहास व साहित्य था।

मोस्कोवित्ज का जन्म 22 मई, 1984 को फ्लोरिडा प्रांत के बड़े शहर गिनेसविले में हुआ था। कुछ समय बाद उसके मनोवैज्ञानिक पिता ने अपना सेवा-व्यवसाय पास के बड़े शहर ओकाला में स्थानांतरित कर लिया था। मोस्कोवित्ज ने स्थानीय वैनगार्ड हाई स्कूल से पढ़ाई पूरी करने के साथ दो वर्षों का इंटरनेशनल बेक्कालॉरेट डिप्लोमा प्रोग्राम (आई.बी.डी.पी.) भी किया था। आई.बी.डी.पी. उच्च शिक्षा में प्रवेश के लिए एक अंतरराष्ट्रीय स्तर पर स्वीकार्य योग्यता है। हार्वर्ड में मोस्कोवित्ज का मुख्य विषय अर्थशास्त्र था।

'द फेसबुक इफेक्ट' (वर्जिन बुक्स, 2011) में डेविड किर्कपैट्रिक लिखते हैं कि जुकरबर्ग व क्रिस ह्यूजेस दोनों में से कोई भी बंक बेड पर ऊपर-नीचे नहीं सोना चाहता था, लिहाजा उसे खोलकर कमरे में अलग-अलग बिछा दिया था। लिहाजा, वहाँ कोई और चीज रखने की जगह नहीं बची थी। ऐसा ही दूसरे कमरे के साथियों ने भी कर लिया था। लिहाजा दोनों कमरों को जोड़नेवाले कॉमन रूम में सभी ने अपनी-अपनी मेजें लगा रखी थीं। उनके बीच में कुछ आराम कुरसियाँ रखी हुई थीं। कुल मिलाकर उस सुइट का हाल अस्त-व्यस्त था। जुकरबर्ग को काम करते हुए बीयर या ऊर्जा पेय रेड बुल पीने या फिर कुछ और चीजें खाते रहने की आदत-सी थी; लेकिन वह बोतल व डिब्बे आदि को कूड़ेदान में रखने की बजाय मेज के नीचे या फिर बगल की मेज पर ढेर लगाता रहता था। मोस्कोवित्ज की प्रेमिका जब कभी उनके सुइट में आती थी तो वह थोड़ा-बहुत सँभाल कर देती थी, वरना हफ्तों तक सबकुछ जहाँ-का-तहाँ पड़ा रहता था।

जुकरबर्ग की माँ ने भी एक बार यह हाल देखा था तो उसने अन्य सह-निवासी छात्रों से अपने बेटे की लापरवाही के लिए माफी माँगी थी और सफाई दी थी कि बचपन में आया की देखरेख में पलने के कारण उसकी ऐसी आदत हो गई थी।

खैर, खरगोश-पालन बाड़े जैसे छोटे कमरों के चलते खासतौर पर तीन सह-निवासी लड़कों के बीच अनायास ही नजदीकियाँ पनप गई थीं, जो शायद ज्यादा खुले-डुले कमरों में न पनप पाती। जुकरबर्ग स्वभाव से स्पष्टवादी था, कभी-कभी बेरहम ईमानदार भी; शायद ये खसियातें उसने अपनी माँ से हासिल की थीं। वह भले ही अल्पभाषी था, लेकिन स्वभाव से नेतृत्वकर्ता था। इसका सबूत उसके द्वारा लगातार शुरू की गई नई परियोजनाओं एवं लीक से हटकर बढ़ाए गए कदमों से भी मिलता है। सीधे बात करना इस सुइट के निवासियों की आदत व नियम बन गया था। वे लोग आपस में कुछ भी ढक-छुपाकर नहीं रखते थे। चूँकि सभी को अपनी खूबियों व स्थितियों का पता था, लिहाजा वे दूसरे की ताकत को चुनौती देकर ख्वाहमख्वाह का विवाद नहीं करते थे, बल्कि वे एक-दूसरे की परियोजना में भरपूर सहयोग देने की कोशिश करते थे।

उनके बीच इंटरनेट एक बारहमासी विषय-वस्तु था, चूँकि मोस्कोवित्ज ने कंप्यूटर प्रोग्रामिंग का विधिवत् प्रशिक्षण नहीं लिया था, इसलिए उसका कंप्यूटर ज्ञान गहरा नहीं था; लेकिन कंप्यूटर व इंटरनेट उसकी स्वाभाविक चाहत थी। लिहाजा वह जुकरबर्ग से लगातार सवाल-जवाब करता रहता है कि इंटरनेट पर क्या उचित था या अनुचित; एक अच्छी वेबसाइट के लिए क्या जरूरी था या क्या नहीं; या फिर जिस तरह आधुनिक जीवन के हर क्षेत्र में इंटरनेट घुसता चला जा रहा था, उसमें क्या कुछ होने वाला था या क्या नहीं। बिली ओल्सन भी उन दोनों की बहस में शुरू से हिस्सा लेता रहा था। सत्र की शुरुआत में क्रिस ह्यूजेस की कंप्यूटर में कोई भी दिलचस्पी नहीं थी; लेकिन ज्यों-ज्यों समय बीतता गया था और जुकरबर्ग, मोस्कोवित्ज व ओल्सन के बीच कंप्यूटर कार्यक्रमों तथा इंटरनेट को लेकर लगातार चर्चाओं का सिलसिला गहराता गया था, उसकी रुचि भी जाग्रत् होती चली गई थी। अगले तीन महीनों बाद वह भी अपने विचारों के साथ उन तीनों की बहस में सक्रिय भागीदारी करने लगा था। लिहाजा, सत्र के मध्य में जुकरबर्ग जब भी कोई नई कंप्यूटर कार्यक्रम परियोजना शुरू करता था तो तीनों के पास वैकल्पिक सुझाव होते थे कि उसे वह कार्यक्रम कैसे बनाना चाहिए।

कुल मिलाकर, किर्कलैंड हाउस की सुइट संख्या एच-33 का कॉमन रूम कोई साधारण कक्ष नहीं रह गया था। वहाँ इवी लीग की चार विशेषाधिकार प्राप्त प्रतिभाओं के बीच प्रभावशाली विचारों का अभिसरण हो रहा था। वे कंप्यूटर व इंटरनेट के जिन गंभीर मुद्‌दों पर चर्चाएँ कर रहे थे, वे उस वक्त सामान्य-सी लगती थीं; लेकिन निकट भविष्य में उसके खास नतीजे आने वाले थे। हार्वर्ड में जुकरबर्ग ही कोई अकेला छात्र

नहीं था, जो अपने हॉस्टल के कमरे में उद्यमशीलता के नए मानक गढ़ रहा था। यह विश्वविद्यालय प्रतिभाशाली व विशेषाधिकार प्राप्त छात्रों का दुनिया का सबसे बड़ा केंद्र था, जहाँ का हर छात्र अपनी जिंदगी में कुछ खास करने की कोशिशों में जुटा हुआ था। आमतौर पर हार्वर्ड में यह मान लिया जाता है कि वहाँ के छात्र भविष्य में दुनिया पर राज करने वाले हैं; लेकिन जुकरबर्ग, मोस्कोवित्ज व ह्यूजेस की ऐसी कोई सचेत मंशा नहीं थी। वे तो महज अध्ययनशील लड़के थे, जिन्हें अपने विचारों पर बहस करने में आनंद आता था। उन्हें पता नहीं था कि जल्द ही उनके अनौपचारिक विचार-मंथन से एक ऐसा विचार निकलकर सामने आने वाला था, जिसमें सचमुच दुनिया को बदल देने की क्षमता व संभावना थी।

'फेसमैश' का बवाल व जुकरबर्ग की कुख्याति

किर्कलैंड हाउस की माथा-पच्ची का पहला प्रभावी नतीजा सितंबर 2003 में देखने को मिला था, जब जुकरबर्ग ने एक अनोखे अनुप्रयोग 'कोर्समैच' का शुभारंभ किया था। जैसा कि इसके नाम से स्पष्ट होता है, यह पाठ्यक्रम-मिलान करने का इंटरनेट-आधारित अनुप्रयोग कार्यक्रम था। यह इंटरनेट-आधारित सोशल नेटवर्किंग की दिशा में जुकरबर्ग का पहला कदम था। इस अनुप्रयोग के जरिए आसानी से यह पता कर सकता था कि हार्वर्ड के नए शिक्षा-सत्र में पाठ्यक्रमों की व्यवस्था किस प्रकार से हुई थी और किस वर्ग में किन छात्रों ने पंजीकरण कराया था। यह अनुप्रयोग काफी लोकप्रिय हुआ था, क्योंकि सभी जानना चाहते थे कि उसके सहपाठी, खासतौर पर सुंदर लड़कियाँ, किस वर्ग में बैठने वाली थीं।

जाहिर है कि सत्र शुरू होने के साथ ही इसकी जरूरत भी खत्म हो चुकी थी; लेकिन इससे जुकरबर्ग को अपनी अगली परियोजना के लिए जबरदस्त जानकारियाँ मिली थीं। इसी बीच, 21 सितंबर को संयुक्त राज्य अमेरिका से युवा महिलाओं की छात्रवृत्ति प्रतियोगिता 'मिस अमेरिका-2003' की घोषणा हुई थी। दो पूर्व छात्राओं के हिस्सा लेने के चलते इस वार्षिक सुंदरता प्रतियोगिता में हार्वर्ड के छात्र-छात्राओं ने कुछ ज्यादा ही रुचि दिखाई थी। छात्रों के इस जुनून से जुकरबर्ग के दिमाग में एक विचार कौंधा था कि यदि हार्वर्ड छात्र-छात्राओं की ऑनलाइन सौंदर्य प्रतियोगिता कराई जाए तो वह काफी लोकप्रिय साबित होगा। जाहिर है कि जुकरबर्ग के साथियों ने भी इस क्रांतिकारी विचार पर तत्काल मुहर लगा दी थी।

लगातार दो महीने की मेहनत से जुकरबर्ग ने एक वेबसाइट कार्यक्रम फेसमैश.कॉम तैयार कर लिया था। जुकरबर्ग ने इस वेबसाइट की रचना शतरंज के खिलाड़ियों के ऑनलाइन मूल्यांकन की तर्ज पर की थी। इस वेबसाइट पर उपयोगकर्ताओं को समान

लिंग के दो अलग-अलग चेहरों की यह तुलना करने के लिए आमंत्रित किया गया था कि कौन सा एक ज्यादा सुंदर था। योजना के मुताबिक, यह प्रतियोगिता कई दौर में संपन्न होनी थी। मतलब, विजेताओं की अन्य विजेताओं के साथ तुलना करते हुए अंतिम विजेताओं की घोषणा की जानी थी।

फेसमैश वेबसाइट पर तुलना के लिए प्रदर्शित तसवीरों को हार्वर्ड विश्वविद्यालय द्वारा अपने छात्रावास सदनों के निवासियों के लिए तैयार की गई अलग-अलग छात्र निर्देशिकाओं (स्टूडेंट डायरेक्टरी) से उतारा गया था। अमेरिका के कुछ विश्वविद्यालयों की इन छात्र निर्देशिकाओं को ही बोलचाल की भाषा में 'फेसबुक' कहा जाता है। अधिकांश तसवीरों में संबंधित छात्र-छात्राओं की सूरतें अच्छी नहीं दिखती थीं। हकीकत में वे तसवीरें बेढंगी थीं, जिन्हें गैर-पेशेवराना अंदाज में संबंधित छात्रावास सदन की वेबसाइट पर डाला गया था। जाहिर है कि इन तसवीरों को देखकर संबंधित छात्र/छात्रा की सुंदरता का अनुमान नहीं लगाया जा सकता था। ऐसे में तुलना या मतदान का गलत हो जाना भी पहले से ही तय था। ये तसवीरें विभिन्न छात्रावास सदनों में आयोजित पहले मुलाकात-सम्मेलन के दौरान पहचान-पत्र के लिए खींची गई थीं। इन तसवीरों को संबंधित सदन के प्रशासकों व छात्रों की आपसी पहचान के लिए इंटरनेट पर डाला गया था। चित्रों के अंकीयकरण (डिजिटलाइजेशन) में तकनीकी सावधानियाँ नहीं बरती गई थीं।

जुकरबर्ग ने नौ छात्रावास सदनों की वेबसाइटों से इन सभी चित्रों को डाउनलोड किया था। अपनी अद्‍भुत कंप्यूटर कार्यक्रम निर्माण क्षमता के जरिए वह किसी भी वेबसाइट के सिक्योरिटी लॉक को खोलने और उसमें घुसने में सक्षम था। हालाँकि बिना इजाजत के ऐसा करना गैर-कानूनी काम था, लेकिन जुकरबर्ग ने महज अपनी प्रौद्योगिकी कुशलता को आजमाने तथा अपने कौतूहल को शांत करने के लिए यह तरीका अपनाया था। उसे कतई उम्मीद नहीं थी कि उसका यह प्रौद्योगिक कारनामा एक गलत मोड़ ले लेगा, उसके खिलाफ सामाजिक संगठन खड़े हो जाएँगे और उसका हार्वर्ड का भविष्य भी खतरे में पड़ सकता था। विश्वविद्यालय के छात्र समाचार-पत्र 'हार्वर्ड क्रिमसन' ने इस कारनामे को गुरिल्ला कंप्यूटिंग करार दिया था, लेकिन क्रिमसन को दी गई सफाई में जुकरबर्ग ने कहा था कि वेबसाइट का निर्माण करने के पीछे उसका प्राथमिक आकर्षण कार्यक्रम बनाने तथा तसवीरों के संकलन का विज्ञान था, न कि बड़े पैमाने पर इस्तेमाल के लिए उसे प्रचारित करने की संभावना। उसने कहा था, "मैं एक प्रोग्रामर हूँ और मेरी रुचि इसके पीछे की कलन विधि (अल्गोरिद्‍म) व गणित में है।"

वेबसाइट के अंतिम परिष्करण, उसे उपयोग के लिए सार्वजनिक करने की प्रक्रिया तथा अपने विचारों को दर्ज करने के लिए जुकरबर्ग ने अपने ब्लॉग जर्नल पर लिखा था। उसके प्रमुख संपादित अंश इस प्रकार हैं—

हार्वर्ड फेसमैश। प्रक्रिया 10.28.03 (28 अक्तूबर, 2003)।

रात 8.13 बजे। मुझे अपने दिमाग पर कब्जा करने के लिए कुछ सोचने की जरूरत है। काफी आसान है। अब मुझे सिर्फ एक विचार की जरूरत है··

रात 9.48 बजे। मैं थोड़े से नशे में हूँ, झूठ नहीं बोलनेवाला। यदि यह सुबह के 10 बजे नहीं है और मंगलवार की रात है तो क्या-क्या हुआ, क्या? किर्कलैंड फेसबुक मेरे कंप्यूटर डेस्कटॉप पर खुला है और उनमें से कुछ लोगों की फेसबुक तसवीरें कुछ ज्यादा ही भयावह हैं। मैं लगभग इन चेहरों में से कुछ को कृषि से संबद्ध जानवरों के चित्रों की बगल में रखना चाहता हूँ और लोग मतदान करने दें कि कौन ज्यादा आकर्षक है। यह कोई इतना महान् विचार नहीं है और शायद मजेदार भी नहीं; लेकिन बिली (ओल्सन) फेसबुक से दो लोगों की तुलना करने और केवल कभी-कभी वहाँ पर कृषि जानवर को डालने के विचार के साथ आता है। अच्छा आह्वान है श्री ओल्सन! मुझे लगता है, वह कुछ कर रहा है।

रात्रि 11.09 बजे। हाँ, यह चालू है। मैं असल में निश्चित नहीं हूँ कि इस पूरे काम में कृषि जानवर कैसे योग्य होंगे (आप वास्तव में कभी भी कृषि जानवरों पर यकीन नहीं कर सकते।), लेकिन मैं एक साथ दो लोगों की तुलना के विचार को पसंद करता हूँ। चूँकि तसवीरों के बारे में लोगों के मूल्यांकन—मसलन, जैसा कि वे हॉटऑरनॉट.कॉम पर प्रत्येक व्यक्ति की सुंदरता का प्रतिनिधित्व करने के लिए एक संख्या का चुनाव करते हैं कि तुलना अधिक निर्विवाद हो जाएगी, यह पूरे काम को ट्यूरिंग अनुभव देता है। (मानव के बराबर बुद्धिमान व्यवहार प्रदर्शित करने की मशीन की क्षमता के परीक्षण को कंप्यूटर विज्ञान की भाषा में 'ट्यूरिंग टेस्ट' कहा जाता है)। हमें जो अन्य चीजों की जरूरत होने वाली है, वह है बहुत सारी तसवीरें। दुर्भाग्य से, हार्वर्ड केंद्रीयकृत सार्वजनिक फेसबुक नहीं रखता है; इसलिए मैं एक-एक सदन से, जो लोग उसके अंदर हैं, सभी छवियाँ हासिल करने जा रहा हूँ और उसका मतलब है—प्रथम वर्ष के छात्रों की कोई तसवीर नहीं··अफसोस।

मध्याह्न बाद 12.50 बजे। चलो, हैकिंग (कंप्यूटर प्रणाली में अनधिकृत पहुँच प्रक्रिया) शुरू करते हैं। सूची में पहले किर्कलैंड (हाउस) है। वे सबकुछ खुला रखते हैं और अपने अपाचे व्यवस्था प्रारूप (कॉन्फिगरेशन) में सूची क्रमों (इंडेक्स) की इजाजत देते हैं तो पूरे किर्कलैंड फेसबुक को उतारने के लिए बस, एक छोटा सा जादू आवश्यक है। बच्चों का खेल। (अपाचे मुक्त स्रोत वेब सॉफ्टवेयर समूह है)

मध्याह्न बाद 1.03 बजे। सूची पर अगला है एलियट (हाउस)। वे भी खुले हुए हैं, लेकिन अपाचे में कोई सूची-क्रम नहीं है। मैं खाली खोज चला सकता हूँ और यह आँकड़ा आधार (डेटाबेस) की सभी छवियों को एक पी.एच.पी. (वेबसाइट

की पटकथा भाषा) संसाधित पृष्ठ पर वापस करता है। फिर मैं पृष्ठ को सुरक्षित कर सकता हूँ और मोजिला मेरे लिए सभी छवियों को सुरक्षित करेगा। बहुत बढ़िया। ठीक साथ दे रहा है···

मध्याह्न बाद 1.06 बजे। लोवेल (हाउस) में कुछ सुरक्षा है। उनको फेसबुक का उपयोग करने के लिए एक यूजरनेम/पासवर्ड संयोजन की आवश्यकता होती है। मैं आगे बढ़ने व कहने का जा रहा हूँ कि उनके पास मुख्य फास (हार्वर्ड फैकल्टी ऑफ आर्ट्स ऐंड साइंसेज) उपयोगकर्ता आँकड़ा-आधार की पहुँच नहीं है, इसलिए उनके पास यह जानने का कोई रास्ता नहीं है कि लोगों के पासवर्ड क्या हैं और सदन वास्तव में छात्रों को पूछने नहीं जा रहा है कि उनके फास पासवर्ड क्या हैं, इसलिए इसके लिए कुछ और ही करना पड़ा था। हो सकता है कि एक ही यूजर नेम व पासवर्ड मेल हों, जो लोवेल के सभी जानते हों। ऐसा प्रबंध करना थोड़ा मुश्किल लगाता है, क्योंकि वेबमास्टर के लिए लोवेल निवासियों को बिना पूरी तरह से दिए यह बताना मुश्किल होगा कि वे यूजर नेम/पासवर्ड संयोजन का कैसे पता लगाएँ और आप चाहते हैं कि लोग जानें कि किस तरह का प्रमाणीकरण (ऑथेंटिकेशन) जरूरी था, इसलिए यह शायद वैसा न भी हो तो प्रत्येक छात्र के पास प्रमाणीकरण के लिए इस्तेमाल किया जानेवाला क्या था, जो सदन के वेबमास्टर तक पहुँच रखता हो। कोई छात्र पहचान-पत्र? संदेह की पुष्टि हो गई। मुझे खुद को लोवेल के लिए मेल खानेवाला नाम व छात्र पहचान-पत्र संयोजन के लिए समय चाहिए और मैं अंदर हूँ; लेकिन वहाँ और भी दिक्कतें हैं। तसवीरें विभिन्न पृष्ठों के गुच्छे में अलग-अलग हैं और मुझे उन सभी से गुजरने तथा हरेक को सुरक्षित करने के रास्ते में बहुत आलस हो रहा है। उसका ध्यान रखने के लिए पर्ल (गतिशील कार्यक्रम निर्माण भाषा समूह) लिपि लिखना सही जवाब जैसा लगता है। सचमुच।

मध्याह्न बाद 1.31 बजे। एडम्स (हाउस) के पास कोई सुरक्षा नहीं है, लेकिन (वह) एक पृष्ठ पर परिणामों की संख्या 20 तक सीमित करता है। मुझे जो सब करने की जरूरत है, वह समान लिपि तोड़ना है, जो मैंने अभी-अभी लोवेल पर इस्तेमाल किया था और हम तैयार हैं।

मध्याह्न बाद 1.42 बजे। क्विंसी (हाउस) का कोई ऑनलाइन फेसबुक नहीं है। क्या दिखावा है। मैं उसके बारे में कुछ नहीं कर सकता।

मध्याह्न बाद 1.43 बजे। डनस्टर (हाउस) गहन है। न केवल वहाँ कोई सार्वजनिक निर्देशिका है, बल्कि वहाँ कोई निर्देशिका ही नहीं है। आपको खोजें करनी हैं और यदि आपकी खोज के 20 से ज्यादा मिलान वापस लौटते हैं, (तो दूसरी खोज में) कुछ भी नहीं लौटता और एक बार आपको नतीजे मिलते हैं तो वे

सीधे छवियों के साथ नहीं जुड़ते। वे एक पी.एच.पी. से जुड़ते हैं, जो दुबारा निर्देश देता है या कुछ और, यह मुश्किल हो सकता है। मैं बाद में वापस आऊँगा।

मध्याह्न बाद 1.52 बजे। लेवरेट (हाउस) थोड़ा बेहतर है। वे अभी भी आपसे खोज कराते हैं, लेकिन आप एक खाली खोज कर सकते हैं और हर छात्र की तसवीरवाले पृष्ठों के जोड़ पा सकते हैं। यह थोड़ा आपत्तिजनक है कि वे आपको एक बार में एक ही तसवीर देखने देते हैं और कोई रास्ता नहीं है कि मैं तसवीरों को उतारने के लिए 500 पृष्ठों पर जाऊँ, एक समय में एक पाऊँ, तो यह निश्चित रूप से आवश्यक है कि ईमैक्स (वेब पाठ संपादक समूह) को तोड़ूँ और पर्ल लिपि को संशोधित करूँ। इस बार यह निर्देशिका को देखने तथा पता लगाने के लिए जा रहा है कि इसे रेगेक्सेस के जोड़ों के खोज के द्वारा किन पृष्ठों तक जाने की जरूरत है। (रेगेक्सेस/रेगुलर एक्सप्रेशन/नियमित अभिव्यक्ति एक वर्ण-अनुक्रम/करेक्टर सीक्वेंस है, जो सर्च पैटर्न को गढ़ता है।) फिर, यह उन सभी पृष्ठों पर जाएगा, जिनके जोड़ मिले हैं और उनमें से छवियों को उठा लेगा। लिपि संकलन पूरा करने के लिए इसे कुछ कोशिशें करनी पड़ रही हैं।…

मध्याह्न बाद 2:08 बजे। माथर (हाउस) मूल रूप से लेवरेट (हाउस) जैसा ही है, इसके अलावा कि वे अपनी निर्देशिका को कक्षाओं में बाँटते हैं। उनके फेसबुक में कोई प्रथम वर्ष का छात्र नहीं है… कितना कमजोर है। तो मैं… ।

इस तरह, 28 अक्तूबर, 2003 (मंगलवार) की रात 8 बजे से 29 अक्तूबर की सुबह 4.00 बजे तक लगातार आठ घंटे तक काम करते हुए जुकरबर्ग ने इस वेबसाइट को पूरी तरह सुसज्जित कर लिया था। जैसा कि उपर्युक्त ब्लॉग से पता चलता है कि उसने कुल 12 छात्रावास सदनों में नौ की ऑनलाइन निर्देशिकाओं तक अनधिकृत पहुँच बना ली थी, यानी उनकी वेबसाइटों को हैक कर लिया था और सारे फोटो संकलित कर लिये थे।

वैसे, ऐसा करते हुए जुकरबर्ग को एकबारगी लगा था कि वह बिना इजाजत के तसवीरें उतारकर कुछ गैर-कानूनी काम करने जा रहा था। शायद इसीलिए उसने उस वक्त वेबसाइट को लाइव (चालू) नहीं किया था। लेकिन वह स्वभाव से अड़ियल व हंगामा-पसंद था। लिहाजा, कुछ दिनों बाद इस दिशा में अंतिम कदम आगे बढ़ाने से पहले उसने इसकी विधिवत् इजाजत नहीं ली थी। जुकरबर्ग के बाद के बयानों से साफ होता है कि वह जान-बूझकर विश्वविद्यालय के निजता के नियमों को कतई तोड़ना नहीं चाहता था। हाँ, यह बात जरूर थी कि कुछ चौंकानेवाला कारनामा करने के उत्साह में उसने इसके कानूनी पहलुओं पर ज्यादा गंभीरता से विचार नहीं किया था। असल में, वह अगले कई दिनों तक वेबसाइट का ऑनलाइन परीक्षण कर उसकी तकनीकी उलझनों को ही सुलझाने में उलझा रहा था। उसने सोचा था कि वेबसाइट को तब शुरू किया जाए, जब

अधिकांश छात्र रोजाना के वर्ग कार्यक्रमों से मुक्त रहें।

लिहाजा, जुकरबर्ग ने रविवार (2 नवंबर, 2003) की दोपहर में फेसमैश.कॉम सार्वजानिक परीक्षण हेतु लाइव कर दिया था। उसने वेबसाइट के मुखपृष्ठ (होम पेज) पर लिखा था—*क्या हमने अपनी आकृतियों के लिए (हार्वर्ड में) प्रवेश किया था? नहीं। क्या हम उनके (हार्वर्ड छात्रों) द्वारा आँके जाएँगे? हाँ।* फिर उसके इंटरनेट लिंक्स (जोड़) को कुछ दोस्तों को भेज दिया था। बाद में जुकरबर्ग ने दावा किया था कि ऐसा करने के पीछे उसका इरादा सिर्फ इतना था कि वे दोस्त वेबसाइट परीक्षण कर उसे सुझाव भेज सकें। लेकिन जब उन लोगों ने एक बार उसका इस्तेमाल करना शुरू किया था तो वे खुद को रोक नहीं पाए थे। उसके तथाकथित परीक्षकों ने अपने खुद के मित्रों को सतर्क कर दिया था और फेसमैश ने भूमिगत सफलता हासिल कर ली थी।

फेसमैश.कॉम के लाइव होने के करीब एक घंटे बाद किर्कलैंड हाउस में जुकरबर्ग का एक पड़ोसी समलैंगिक छात्र यह देखकर काफी उत्साहित हो गया था कि उसकी तसवीर को पुरुषों के बीच सबसे आकर्षक आँका गया था।

फेसमैश.कॉम के लाइव होने के करीब एक घंटे बाद किर्कलैंड हाउस में जुकरबर्ग का एक पड़ोसी समलैंगिक छात्र यह देखकर काफी उत्साहित हो गया था कि उसकी तसवीर को पुरुषों के बीच सबसे आकर्षक आँका गया था। जाहिर है कि उसने अपने सारे दोस्तों को सावधान कर दिया था और फिर उन लोगों ने आगे अपने दोस्तों को···और यह सिलसिला लगातार आगे बढ़ता गया था 'हार्वर्ड क्रिमसन' (2 नवंबर, 2003) के मुताबिक, एक मुलाकात के बाद जब उस रविवार की रात को 10 बजे जुकरबर्ग अपने कमरे में लौटा था तो उसने पाया था कि फेसमैश उपयोगकर्ताओं की भीड़ ने उसके लैपटॉप को इतना उलझा दिया था कि उसने काम करना ही बंद कर दिया था। बात सिर्फ छात्रावास सदनों के छात्रों तक ही सीमित नहीं थी, बल्कि पूरे विश्वविद्यालय में फैल चुकी थी। काफी लोग वेबसाइट की तारीफ कर रहे थे तो तीखे आलोचकों की संख्या भी कम न थी। हार्वर्ड में सक्रिय दो महिला संगठनों फुएर्जा लैटिना व एसोसिएशन ऑफ ब्लैक हार्वर्ड वीमेन (ए.बी.एच.डब्ल्यू.) की सदस्याओं के पास लिंगवाद (सेक्सिज्म) व नस्लवाद (रेसिज्म) की शिकायतें भी पहुँचनी शुरू हो चुकी थीं। यह मामला हार्वर्ड के इंस्टीट्यूट ऑफ पॉलिटिक्स (आई.ओ.पी.) के छात्रों व प्राध्यापकों के बीच भी बहस का मुद्दा बन गया था। जल्द ही विश्वविद्यालय के कंप्यूटर सेवा विभाग को इसकी जानकारी मिल गई थी और उसने रात 10.30 बजे फेसमैश.कॉम की वेब पहुँच को बंद कर दिया था। तब तक 450 छात्र वेबसाइट पर पहुँच चुके थे, जिन्होंने 22,000 जोड़ी तसवीरों पर मतदान किए थे।

'हार्वर्ड क्रिमसन' संवाददाता के सवाल पर जुकरबर्ग ने कहा था, "*मुझे नहीं दिखता कि यह कैसे वापस ऑनलाइन हो सकता है। लोगों की गोपनीयता का उल्लंघन करने के मुद्दे जीतने योग्य नहीं लगते हैं। प्राथमिक चिंता का विषय लोगों की भावनाओं को आहत करना है। मैं किसी का अपमान करने के जोखिम के लिए तैयार नहीं हूँ।*" उक्त खबर के मुताबिक, फुएर्जा लैटिना की अध्यक्षा लेयला आर. ब्रावो ने सामूहिक इ-मेल सूची के जरिए अपने सदस्यों को इस वेबसाइट की समस्याओं के बारे में अपने विचारों से अवगत कराया था। ब्रावो ने क्रिमसन को कहा था, "*मैंने एक दोस्त से सुना था और मैं एक तरह से बेहद नाराज हो गई थी। मैंने सोचा था कि लोगों को पता होना चाहिए।*" क्रिमसन के मुताबिक, फुएर्जा लैटिना व ए.बी.एच.डब्ल्यू. दोनों को जुकरबर्ग की तरफ से माफीनामा इ-मेल प्राप्त हुआ था।

उक्त माफीनामा इ-मेल में जुकरबर्ग ने लिखा था कि उद्यम के पीछे उसकी दिलचस्पी मुख्य रूप से कंप्यूटर विज्ञान में थी। उसने लिखा था—"*मैं समझ गया था कि कुछ हिस्से अभी भी अधूरे थे और यह वास्तव में हार्वर्ड समुदाय को जारी करने के लिए उचित था या नहीं, के बारे में सोचने के लिए मैं कुछ और समय चाहता था। जब मैं लगभग 10 बजे एक बैठक से लौटा था, यातायात हाथ से बाहर था और काररवाई के सर्वोत्तम रास्ते के बारे में सोचने के बाद मैंने 10:30 के आसपास साइट को बंद कर दिया था।*" जुकरबर्ग ने उक्त पत्र में आगे लिखा था कि पहले उस दिन साइट ने उन आगंतुकों में से एक-चौथाई से भी कम का अनुभव किया था; लेकिन जब वह वापस अपने कमरे में गया था तो वेबसाइट पर यातायात इतना भारी था कि वह भी अपने कंप्यूटर पर लॉग ऑन नहीं कर सकता था। उसने पत्र में आगे लिखा था—"*मुझे आशा है कि आप समझेंगे। यह वैसा नहीं है जैसा कि मैंने बातों के लिए मतलब निकाला था और मैं किसी भी नुकसान के लिए माफी माँगता हूँ, जो मेरे विचार करने की उपेक्षा के नतीजे के रूप से आया है कि साइट कितनी तेजी से फैल जाएगी और उसके बाद इसके क्या परिणाम होंगे।*''' *मैं निश्चित रूप से देखता हूँ कि कैसे मेरे इरादों को गलत रोशनी में देखा जा सकता है।*"

जैसा कि अपेक्षित था, फेसमैश.कॉम अपनी शुरुआत के पहले दिन ही अप्रत्याशित रूप से लोकप्रिय व विवादित हो गया था। अगले दिन 3 नवंबर, 2003 को हार्वर्ड की अनुशासन समिति ने जुकरबर्ग सहित संबंधित सहयोगियों को 'कारण बताओ' नोटिस भेज दिया था। शुरुआती जाँच में समिति ने बाकी लोगों की गलतियों को मामूली माना था और उन्हें माफ कर दिया था; लेकिन जुकरबर्ग को गंभीर आरोपी करार देते हुए उसे परिवीक्षा (प्रोबेशन) पर डाल दिया था। जुकरबर्ग पर आरोप लगाया गया था कि वेबसाइट ने जिस तरीके से सुरक्षा (सिक्यूरिटी), स्वत्वाधिकार (कॉपीराइट) व निजता

(प्राइवेसी) मामले को निपटाया था, उससे विश्वविद्यालय की आचरण संहिता का उल्लंघन हुआ था। लिहाजा, उसे विश्वविद्यालय परामर्शदाता के सामने पेश होना पड़ा था। यह मामला करीब एक पखवाड़े तक चला था। अनुमान यही लगाया जा रहा था कि जुकरबर्ग को विश्वविद्यालय से निकाला भी जा सकता था। लेकिन महिला संगठनों से तत्काल माफी माँगकर जुकरबर्ग ने साबित कर दिया था कि उसका असल इरादा किसी की भावना को ठेस पहुँचाना या फिर विश्वविद्यालय आचार-संहिता को तोड़ना नहीं था। परामर्शदाता के सामने पेशी में भी जुकरबर्ग ने अपनी इसी भावना को साबित करने की कोशिश की थी। लिहाजा 17 सितंबर, 2003 को अंतिम सुनवाई के दौरान अनुशासन समिति ने उसे भविष्य के लिए चेतावनी देते हुए उसे आरोप-मुक्त कर दिया था और उसकी परिवीक्षा खत्म कर दी गई थी।

खैर, इस बीच छात्र अखबार 'हार्वर्ड क्रिमसन' ने इस मामले को काफी उछाला था, जिससे समूचे विश्वविद्यलय में यह मुख्य बहस का मुद्दा बना रहा था। महिला संगठनों के सदस्यों तथा अनुशासन के पैरोकारों के बीच जुकरबर्ग की छवि धूमिल जरूर हुई थी, लेकिन माफीनामे में दी गई सफाई से जुकरबर्ग के प्रति सहानुभूति की लहर भी उभरकर सामने आई थी। शायद यही असल वजह रही थी कि अंततः अनुशासन समिति ने जुकरबर्ग को माफ कर दिया था। कुल मिलाकर एक पखवाड़े के भीतर जुकरबर्ग समूचे विश्वविद्यालय में कुख्यात हो चुका था। इसमें कोई शक नहीं कि अधिकांश लोगों ने उसकी हैकिंग को आपराधिक गतिविधि माना था, लेकिन इससे यह भी साबित हो गया था कि वह समूचे हार्वर्ड में कंप्यूटर कार्यक्रम निर्माण का सबसे बड़ा उस्ताद था। खासतौर पर कंप्यूटर विज्ञान के छात्रों के बीच उसे महानायक मान लिया गया था।

□

सोशल नेटवर्किंग व फेसबुक की रणनीति

फेसमैश की दुर्घटना ने मार्क जुकरबर्ग को एकबारगी झटका तो दिया था, लेकिन इसके चलते उसने न केवल अपनी काबिलियत को साबित किया था, बल्कि हार्वर्ड का लोकप्रिय चेहरा हो गया था। अब वह जिधर से भी निकलता था, सभी उसके बारे में बात करने लगते थे। मार्क की उम्र से काफी कम दिखनेवाली सूरत व रहस्यमयी मुसकान पर तो पहले ही काफी लड़कियाँ फिदा थीं, अब उनकी संख्या में जबरदस्त इजाफा हो गया था; लेकिन जुकरबर्ग अपने लक्ष्य से भटक नहीं सकता था। नए कंप्यूटर प्रोग्रामों का निर्माण उसका जुनून था। सतही तौर पर एक उद्यम के रूप में फेसमैश दुर्घटनाग्रस्त हो चुका था; लेकिन इससे जुकरबर्ग ने बहुत कुछ सीखा था और नए कारनामे को अंजाम देने की तैयारियों में जुट गया था।

कोर्समैच व फेसमैश के कार्यक्रमों के निर्माण में उलझे रहने के चलते जुकरबर्ग द्वितीय वर्ष के पहले सत्र के काफी कम वर्गों में उपस्थित हो सका था। कंप्यूटर विज्ञान के अलावा बाकी विषय लगभग छूट-से गए थे, या यों कहें कि उसके पास बिल्कुल ही समय नहीं था कि वह उनकी तरफ ध्यान दे पाता। ज्यों-ज्यों सत्र परीक्षा का समय नजदीक आ रहा था, उसकी चिंता बढ़ती जा रही थी। इसके लिए भी उसने अपनी वेब कार्यक्रम निर्माण की क्षमता का इस्तेमाल कर अनोखा जुगाड़ बनाया था। मसलन, उसने 'ऑगस्टस का समय' नामक एक अध्ययन सहायता (स्टडी ऐड) वेब कार्यक्रम बनाया था। उसने उस वेबसाइट पर संबंधित वर्ग की कला-छवियों को एक साथ जोड़कर एक चित्रपट समूह तैयार किया था। फिर उसने अपने वर्ग के सहपाठियों को वेबसाइट पर आने, उसका उपयोग करने और हर छवि पर टिप्पणी करने के लिए इ-मेल निमंत्रण भेज दिया था। अधिकांश सहपाठियों ने उसकी अध्ययन-सहायता सामग्री की सराहना की थी और संकेत छवियों पर टिप्पणियाँ की थीं। जब उन लोगों ने इसका इस्तेमाल कर लिया तो जुकरबर्ग ने एक शाम लगाई, अपने सहपाठियों की टिप्पणियों की छँटनी की और उस विषय की सत्र-परीक्षा में अव्वल स्थान हासिल किया।

इसके अलवा, जुकरबर्ग ने दूसरों लोगों की परियोजनाओं पर भी काम किया था। फेसमैश की घटना के बाद एसोसिएशन ऑफ हार्वर्ड ब्लैक वीमेन से भी उसकी नजदीकी हो गई थी और उसने संगठन की खुद की वेबसाइट बनाने में मदद की थी।

हार्वर्ड कनेक्शन से विचार चुराने का आरोप

फेसमैश मामले के चर्चा में आते ही हार्वर्ड के तीन वरिष्ठ छात्रों ने अपनी सोशल नेटवर्किंग परियोजना 'हार्वर्ड कनेक्शन' के विकास के लिए मार्क जुकरबर्ग से संपर्क साधा था। बाद में जब फरवरी 2004 में जुकरबर्ग ने 'द फेसबुक' का शुभारंभ किया था तो उस पर हार्वर्ड कनेक्शन के विचार चुराने के आरोप लगे थे। यह बाद में जटिल कानूनी विवाद बन गया था। हालाँकि जुकरबर्ग ने अदालत से बाहर एक गोपनीय समझौते के जरिए इस विवाद को सुलझा लिया था, लेकिन उसके माथे पर लगा यह दाग अभी भी पूरी तरह से धुल नहीं सका है। तो क्या सचमुच जुकरबर्ग ने दूसरे के विचार चुराकर फेसबुक की रचना की थी?

असल में, दिसंबर 2002 से ही हार्वर्ड के तीन छात्र व दोस्त कैमरॉन विंकलेवोस, टायलर विंकलेवोस व दिव्या नरेंद्र 'हार्वर्ड कनेक्शन' नामक एक सोशल नेटवर्किंग वेबसाइट के विकास की योजना पर काम करते आ रहे थे। लेकिन तीनों में से कोई भी कंप्यूटर विज्ञान का छात्र नहीं थे, लिहाजा उन्हें समझ नहीं आ रहा था कि वे इस दिशा में कैसे आगे बढ़ें।

कैमरॉन विंकलेवोस एवं टायलर विंकलेवोस दोनों जुड़वाँ भाई हैं। उनका जन्म 21 अगस्त, 1981 को साउथेम्प्टन (न्यूयॉर्क) में हुआ था; लेकिन वे ग्रीनविच (कनेक्टिकट) में पले-बढ़े थे। उनके पिता हावर्ड विंकलेवोस पेंसिल्वेनिया विश्वविद्यालय के व्हार्टन स्कूल में बीमा विज्ञान (एक्चूरियल साइंस) के प्राध्यापक थे, जिन्होंने बाद में 'विंकलेवोस कंसल्टेंट्स' व 'विंकलेवोस टेक्नोलॉजीज' की स्थापना की थी। पारिवारिक मित्रों के प्रोत्साहन पर विंकलेवोस भाइयों ने सन् 1997 में सौगाटक नदी (दक्षिण-पश्चिमी कनेक्टिकट) पर स्थित सौगाटक रोइंग क्लब की सदस्यता ली थी और आयरलैंड निवासी प्रशिक्षक जेम्स मंगन से पेशेवर नौकायन सीखना शुरू कर दिया था। वर्ष 1999 में जूनियर वर्ल्ड रोइंग चैंपियनशिप (प्लोबडीव, बुल्गारिया) जीतकर दोनों भाइयों ने नौकायन में अपनी अंतरराष्ट्रीय पहचान कायम की थी। वर्ष 2002 में दोनों भाइयों ने हार्वर्ड में स्नातक (अर्थशास्त्र) में दाखिला लिया था और विश्वविद्यालय नौकायन दल के महान् मुख्य प्रशिक्षक कोच हैरी पार्कर की निगरानी में अंतरराष्ट्रीय प्रतियोगिताओं की तैयारियाँ शुरू की थीं। वे दोनों विश्वविद्यालय के संभ्रांत व महँगे छात्र मनोरंजन सभा ओंपोर्सलियन क्लब एवं हेस्टी पुडिंग क्लब के भी सदस्य थे। (विंकलेवोस भाइयों ने वर्ष 2008 बीजिंग ओलंपिक्स में नौकायन में चौथा स्थान हासिल किया था।)

भारतीय आप्रवासी चिकित्सक माता-पिता का ज्येष्ठ पुत्र दिव्य नरेंद्र (जन्म 18 मार्च, 1982) न्यूयॉर्क सिटी के बेसाइड (क्वींस) में पला-बढ़ा था। टाउनसेंड हैरिस हाई स्कूल (फ्लशिंग, क्वींस) से बारहवीं करने के बाद उसने सैट (शैक्षिक आकलन परीक्षण) में अच्छे अंक हासिल किए थे और वर्ष 2002 में हार्वर्ड विश्वविद्यालय में स्नातक-अनुप्रयुक्त गणित (बी.ए. एप्लाइड मैथमेटिक्स) में दाखिल हुआ था।

जनवरी 2003 में कैमरॉन विंकलेवोस, टायलर विंकलेवोस व दिव्य नरेंद्र ने 'हार्वर्ड कनेक्शन' वेबसाइट के विकास का काम हार्वर्ड परास्नातक कंप्यूटर विज्ञान (वर्ष 2002-03) के छात्र संजय मविनकुर्वे को सौंपा था। संजय ने हार्वर्ड से ही स्नातक-कंप्यूटर विज्ञान (वर्ष 1999-2002) का पाठ्यक्रम भी पूरा किया था और उसे एक बेहतरीन कंप्यूटर कार्यक्रम निर्माता माना जाता था, लेकिन वर्ष 2003 की वसंत ऋतु में पाठ्यक्रम पूरा होने के बाद संजय ने गूगल में काम शुरू कर दिया था। लिहाजा 'हार्वर्ड कनेक्शन' का विकास बीच ही में अटक गया था। चूँकि विंकलेवोस भाइयों का पूरा ध्यान अपने नौकायन प्रशिक्षण में लगा रहता था, इसलिए वेबसाइट की लगभग सारी जिम्मेदारी दिव्य नरेंद्र की थी। वह विश्वविद्यालय की सामाजिक गतिविधियों में काफी सक्रिय था। दिव्य ने इस काम के लिए अपने दोस्त विक्टर गाओ को चुना था। गाओ वर्ष 2002-04 पाठ्यक्रम में स्नातक—जैव रसायन व अभिकलनी तंत्रिका विज्ञान (बी.ए.-बायोकेमिस्ट्री 3 कम्प्यूटेशनल न्यूरोसाइंस) की पढ़ाई कर रहा था। गाओ ने 'हार्वर्ड कनेक्शन' में हिस्सेदारी के प्रस्ताव में कोई रुचि नहीं दिखाई थी। गाओ ने उस वेबसाइट के कार्यक्रम विकास को आगे बढ़ाया था, जिसके लिए उसे 400 डॉलर का भुगतान भी किया गया था; लेकिन जुलाई 2003 में व्यक्तिगत कारणों से गाओ ने वह काम छोड़ दिया था। उसके बाद कैमरॉन-टायलर-दिव्य की तिकड़ी ने अपने सपने को पूरा करने के लिए नए कंप्यूटर उस्ताद की खोज शुरू की थी। लेकिन तीन महीनों की लगातार कोशिश के बाद वे किसी योग्य उम्मीदवार को ढूँढ़ पाने में बुरी तरह असफल साबित हुए थे और 'हार्वर्ड कनेक्शन' की कार्यक्रम विकास की प्रक्रिया पूरी तरह से ठप्प पड़ी हुई थी।

वैसे जब 3 नवंबर, 2003 को 'हार्वर्ड क्रिमसन' ने फेसमैश संबंधी खबर प्रकाशित की थी तो उस पर दिव्य नरेंद्र की नजर पड़ी थी। खबर पढ़ते ही दिव्य ने भाँप लिया था कि मार्क जुकरबर्ग वेब प्रौद्योगिकी का जबरदस्त कलाकार था और उसे पिछले कई महीनों से योग्य प्रोग्राम डेवलपर की अपनी तलाश पूरी होती नजर आई थी। उसने जब यह खबर विंकलेवोस भाइयों को सुनाई थी तो उनकी आँखों में उम्मीद की किरणें झिलमिलाने लगी थीं। तीनों ने अपनी परियोजना के लिए जुकरबर्ग को पटाने का फैसला किया था। दिव्य ने अपने दोस्त विक्टर गाओ की मदद से जुकरबर्ग से संपर्क साधा था और इ-मेल भेजा था कि वे लोग उसे अपनी परियोजना में शामिल करना चाहते थे। जुकरबर्ग ने उनकी परियोजना

में रुचि दिखाई थी। उसके बाद दिव्य एवं जुकरबर्ग के बीच इ-मेल व फोन पर बातचीत का सिलसिला शुरू हो चुका था। लेकिन फेसमैश का बवाल अभी थमा नहीं था और जुकरबर्ग परिवीक्षण पर चल रहा था। लिहाजा, जुकरबर्ग सीधी मुलाकात के लिए दिव्य के आग्रह को टालता रहा था। 18 नवंबर को जब 'हार्वर्ड क्रिमसन' में विश्वविद्यालय प्रशासन द्वारा जुकरबर्ग को माफ कर दिए जाने की खबर छपी थी तो दिव्य ने एक बार फिर से जुकरबर्ग पर मुलाकात का दबाव बनाना शुरू किया था।

बाद में किए गए दावे के मुताबिक जुकरबर्ग को 'हार्वर्ड कनेक्शन' पसंद आई थी और उसने अपने काम के बदले उस परियोजना में हिस्सेदारी हासिल करने का मौखिक समझौता किया था।

आखिरकार 25 नवंबर, 2003 की शाम को किर्कलैंड हाउस के भोजनालय में कैमरॉन-टायलर-दिव्य तिकड़ी के साथ जुकरबर्ग की पहली मुलाकात संभव हुई थी। तीनों ने जुकरबर्ग के सामने अपनी गोपनीय योजना को विस्तार से साझा किया था। यह हार्वर्ड के छात्रों के लिए ऑनलाइन डेटिंग सेवा परियोजना थी, जिसे बाद में अन्य विश्वविद्यालयों के बीच विस्तार किया जाना था। बाद में किए गए दावे के मुताबिक जुकरबर्ग को 'हार्वर्ड कनेक्शन' पसंद आई थी और उसने अपने काम के बदले उस परियोजना में हिस्सेदारी हासिल करने का मौखिक समझौता किया था। उसके बाद जुकरबर्ग को उक्त वेबसाइट के विकास के काम को अंतिम स्वरूप देने के लिए सर्वर का पासवर्ड बताया गया था।

पाँच दिनों बाद, 30 नवंबर को, कैमरॉन विंकलेवोस को भेजे इ-मेल में जुकरबर्ग ने कहा था कि उसे नहीं लगता था कि परियोजना को पूरा करने में कोई कठिनाई आने वाली थी। जुकरबर्ग ने लिखा था—

"मैंने तुम्हारी भेजी सभी सामग्रियों को पढ़ा और ऐसा लगता है कि इसे लागू होने में बहुत लंबा वक्त लेना चाहिए। लिहाजा जब मैं कल रात सभी मूल कार्य-प्रणालियों को चालू कर लूँगा, उसके बाद हम उस बारे में बात कर सकते हैं।"

अगले दिन 1 दिसंबर, 2003 को जुकरबर्ग ने दूसरा इ-मेल भेजा था—*"मैंने दो पंजीकरण पृष्ठों में से एक को एक साथ रखा तो अब मेरे पास अपनी प्रणाली (कंप्यूटर) पर सबकुछ काम कर रहा है। जैसे ही मैं सामग्री की मरम्मत करूँगा और यह पूरी तरह से काम करना शुरू कर देगा, मैं तुम्हें सूचित करता रहूँगा।"*

4 दिसंबर, 2003 को जुकरबर्ग ने लिखा था—*"खेद है, मैं आज रात संपर्क योग्य नहीं था। मुझे अभी तुम्हारे तीन चूक गए फोन मिले हैं। मैं एक समस्या-समूह पर काम कर रहा था।"*

10 दिसंबर, 2003 को जुकरबर्ग ने लिखा था—*"यह सप्ताह अब तक बहुत व्यस्त रहा है, इसलिए मुझे इस साइट पर ज्यादा काम करने का या यहाँ तक कि वास्तव में इसके*

बारे में सोचने का भी मौका नहीं मिला है। मुझे लगता है कि जब तक हमारे पास चर्चा करने के लिए ज्यादा कुछ नहीं होता, बैठक स्थगित करना सबसे अच्छा रहेगा। मैं कल भी वास्तव में व्यस्त हूँ, तो मुझे नहीं लगता कि मैं किसी भी तरह तब मिलने में सक्षम रहूँगा।'' एक सप्ताह बाद उसने लिखा था—'' *खेद है, मैं पिछले कुछ दिनों से संपर्क योग्य नहीं था। मैं मूल रूप से एक सी.एस. (कंप्यूटर विज्ञान) समस्या-समूह पर काम करते हुए पूरे समय प्रयोगशाला में रहा हूँ, जिसे मैं अभी भी समाप्त नहीं कर सका हूँ।''*

इस मेल के मिलने पर 'हार्वर्ड कनेक्शन' के तीनों सह-संस्थापक बुरी तरह परेशान हो चुके थे। उन्हें पक्का विश्वास हो चुका था कि जुकरबर्ग बहानेबाजी कर रहा था। लिहाजा 17 दिसंबर, 2003 को वे जुकरबर्ग से मिलने उसके किर्कलैंड हाउस स्थित कमरे में जा धमके थे। कैमरॉन-टायलर-दिव्य तिकड़ी के बाद के दावे के मुताबिक, उस मुलाकात के दौरान भी जुकरबर्ग ने उस परियोजना में अपनी रुचि को सुनिश्चित किया था और उन्हें आश्वस्त किया था कि वेबसाइट का काम लगभग पूरा हो चुका था। तथाकथित तौर पर जुकरबर्ग ने अपने कक्ष के ह्वाइट बोर्ड पर वेबसाइट की कार्यक्रम कूट-लिपि को लिखा था और उन लोगों को समझाया था कि वह कैसे उस काम को पूरा करने वाला था। कैमरॉन, टायलर और दिव्य ने इसे पहला अवसर बताया था, जब उन्होंने अपनी वेबसाइट के बारे में जुकरबर्ग को कोई काम करते देखा था।

8 जनवरी, 2004 को जुकरबर्ग ने लिखा था कि वह (उस) सप्ताह पूरी तरह से काम से लदा हुआ था; लेकिन उसने कुछ बदलाव किए थे, जो उसके कंप्यूटर पर बहुत अच्छे चलते लग रहे थे। उसने कहा था कि वह आनेवाले मंगलवार, 13 जनवरी, 2004 से साइट के बारे में चर्चा कर सकता था।

इसी बीच, 11 जनवरी, 2004 को जुकरबर्ग ने वेब ज्ञानक्षेत्र नाम (डोमेन नेम)—द फेसबुक.कॉम को पंजीकृत करा लिया था। 12 जनवरी को जुकरबर्ग ने अपने हिस्सेदार एडुअर्डो सवेरिन को इ-मेल किया था कि साइट द फेसबुक.कॉम लगभग पूरी हो चुकी थी और उन्हें विपणन रणनीति पर चर्चा करनी चाहिए।

दो दिनों बाद, 14 जनवरी, 2004 को जुकरबर्ग की भेंट 'हार्वर्ड कनेक्शन' के सह-संस्थापकों से हुई थी; लेकिन उसने कथित तौर पर द फेसबुक.कॉम को पंजीकृत करने या प्रतिस्पर्धी सोशल नेटवर्किंग वेबसाइट के बारे में कभी कोई उल्लेख नहीं किया था। इसके उलट, जुकरबर्ग ने 'हार्वर्ड कनेक्शन' वेबसाइट के विकास की प्रगति का प्रतिवेदन किया था। कथित तौर पर जुकरबर्ग ने कैमरॉन, टायलर व दिव्य को बताया था कि वह उस पर काम करना जारी रखेगा और उन्हें इसी सप्ताह बाद में इ-मेल करेगा।

4 फरवरी, 2004 को जुकरबर्ग ने हार्वर्ड छात्रों के सोशल नेटवर्किंग वेबसाइट द फेसबुक.कॉम का शुभारंभ कर दिया था। इसकी वेब नेटवर्क की बनावट इस तरह से

की गई थी कि जरूरत पड़ने पर इसका विस्तार देश के अन्य विश्वविद्यालयों में भी हो सकता था।

कैमरॉन, टायलर व दिव्य के बाद के बयानों के मुताबिक—उन्हें 'हार्वर्ड क्रिमसन' में 6 फरवरी, 2004 को छपी खबर से पता चला था कि द फेसबुक.कॉम का शुभारंभ हो चुका था। विक्टर गाओ ने दावा किया था कि जुकरबर्ग ने 'हार्वर्ड कनेक्शन' को एक पंजीकरण के साथ अधूरा व गैर-कार्यात्मक छोड़ दिया था, जो पिछले सिरों से संबंध स्थापित नहीं करता था।

10 फरवरी, 2004 को कैमरॉन, टायलर व दिव्य ने सामूहिक रूप से जुकरबर्ग को उल्लंघन पत्र लिखकर द फेसबुक.कॉम की गतिविधि को तत्काल रोकने की माँग की थी। उन्होंने इस मामले को विश्वविद्यालय की सम्मान-संहिता (ऑनर कोड) व छात्र नियमावली का उल्लंघन करार दिया था और इस संबंध में हार्वर्ड प्रशासन समिति एवं तत्कालीन विश्वविद्यालय अध्यक्ष लैरी समर्स दोनों को अलग शिकायतें भेजी थीं। दोनों ने इसे विश्वविद्यालय के अधिकार-क्षेत्र से बाहर का मामला बताया था और जुकरबर्ग के खिलाफ सीधी काररवाई से मना कर दिया था। अध्यक्ष समर्स ने 'हार्वर्ड कनेक्शन' के संस्थापकों को सलाह दी थी कि वे अपने मामले को अदालत में ले जा सकते थे।

29 नवंबर, 2003 से 4 फरवरी, 2004 के बीच जुकरबर्ग ने 'हार्वर्ड कनेक्शन' के सह-संस्थापकों के साथ कुल 52 इ-मेल के आदान-प्रदान किए थे और कई व्यक्तिशः बैठकों में शामिल रहा था। इस समयावधि में जुकरबर्ग 'हार्वर्ड कनेक्शन' टोली से बाहर के लोगों के साथ भी कई इलेक्ट्रॉनिक त्वरित संदेश संचार (इंस्टेंट मेसेज कम्युनिकेशन) में लगा रहा था। इस घटना के करीब छह वर्षों बाद 5 मार्च, 2010 को जुकरबर्ग के कंप्यूटर हार्ड-ड्राइव से रहस्यमय तरीके से खास इलेक्ट्रॉनिक त्वरित संदेश सावर्जनिक हो गए थे। 20 सितंबर, 2010 को 'द न्यू यॉर्कर' समाचार-पत्रिका ने एक आलेख में फेसबुक के इस रहस्यमय तरीके से बाहर आए त्वरित संदेश की प्रामाणिकता की पुष्टि की थी।

विश्वविद्यालय प्रशासन से निराशा, द फेसबुक.कॉम की आशातीत सफलता और 'हार्वर्ड कनेक्शन' के संस्थापकों की खुद की असफलताओं ने उन्हें इतना ईर्ष्यालु बना दिया था कि उन्होंने असल घटना के करीब छह महीने बाद सितंबर 2004 में जुकरबर्ग व द फेसबुक.कॉम को अदालती मुकदमे में घसीट लिया था। मुकदमे में जुकरबर्ग पर सोशल नेटवर्किंग वेबसाइट निर्माण का मौखिक समझौता तोड़ने तथा विचारों की प्रतिलिपि करने और मूल स्रोत कूटलिपि का गैर-कानूनी इस्तेमाल करने का आरोप लगाया गया था।

याद रहे कि इस बीच 'हार्वर्ड कनेक्शन' का नाम बदलकर कनेक्टयू (ConnectU) कर दिया गया था, जिसको भारी ताम-झाम के साथ 21 मई, 2004 को बाजार में उतारा गया था। लेकिन तब तक बहुत देर हो चुकी थी। जुकरबर्ग काफी आगे निकल चुका था।

तमाम विश्वविद्यालयों में लोकप्रियता के नए कीर्तिमान बनाते हुए फेसबुक लगातार नई ऊँचाइयों को छूने लगा था।

जुकरबर्ग का तर्क था कि द फेसबुक.कॉम की बनावट संरचना व कार्यात्मक कूटलिपि का 'हार्वर्ड कनेक्शन' से कोई लेना-देना नहीं था। यह उसके पक्ष में सबसे ठोस तकनीकी प्रमाण था कि उसने किसी प्रकार की कोई चोरी नहीं की थी। लेकिन दोनों पक्षों के बीच इ-मेल का आदान-प्रदान, व्यक्तिशः मुलाकातें यह साबित करने लिए काफी थीं कि आरोप को सिरे से खारिज नहीं किया जा सकता था। लिहाजा, कानूनी जाँच-प्रक्रियाओं का लंबा दौर चला था।

फिर 28 जून, 2008 को 'न्यूयॉर्क टाइम्स' की खबर आई थी कि दोनों पक्षों के बीच कुल प्रभावी बंदोबस्त मूल्य करीब 6.50 करोड़ डॉलर (2 करोड़ डॉलर नकद और 12,53,326 फेसबुक शेयर) पर अदालत के बाहर समझौता हो गया था, जिसमें कनेक्टयू.कॉम की खरीद तथा उसको बंद किया जाना भी सुनिश्चित किया गया था। मई 2010 में कनेक्टयू द्वारा फेसबुक पर शेयर मूल्यांकन में हेरा-फेरी करने का आरोप लगाने की खबर आई थी। आरोप के मुताबिक, फेसबुक ने बंदोबस्त शेयरों का मूल्यांकन सिर्फ 1.10 करोड़ डॉलर किया था, जबकि उसका वास्तविक मूल्य 4.50 करोड़ डॉलर होना चाहिए था। इस तरह कुल प्रभावी बंदोबस्त मूल्य सिर्फ 3.10 करोड़ डॉलर किया गया था, न कि 6.50 करोड़ डॉलर।

इस बीच प्रौद्योगिकी समाचार विश्लेषण वेबसाइट 'वेंचरबीट' (19 मई, 2010) ने यहाँ तक अनुमान लगाया था कि अदालत बंदोबस्त राशि के अंतर को संयोजित करती तो प्रभावी मूल्यांकन 46.60 करोड़ डॉलर तक भी पहुँच सकता था। इसके बाद 26 अगस्त, 2010 को 'न्यूयॉर्क टाइम्स' में खबर छपी थी कि समर्थक बाजार (सेकेंडरी मार्केट) में फेसबुक का मूल्यांकन 76 डॉलर प्रति शेयर की दर पर किया जा रहा था, जिसके हिसाब से कुल प्रभावी बंदोबस्त मूल्य 12 करोड़ डॉलर होना चाहिए था। खैर, अंततः मई 2011 में अपील अदालत ने विंकलेवोस बंधुओं एवं दिव्य नरेंद्र के दावे को खारिज कर दिया था। पहले तो उन लोगों ने इसके खिलाफ सर्वोच्च न्यायालय का दरवाजा खटखटाने की बात कही थी, लेकिन 22 जून, 2011 को जेडनेट.कॉम ने खबर प्रकाशित की थी कि उन्होंने अपना इरादा बदल दिया था।

खैर, यह निपटारा आसान नहीं था। जुकरबर्ग को अभी भी नैतिकता के आधार पर घसीटने का सिलसिला जारी है। इसका एक ही कारण है कि फेसबुक लगातार नई ऊँचाइयों को छूता चला जा रहा है और जुकरबर्ग अपने प्रतिस्पर्धियों को लगातार मात देता चला जा रहा है। कैसे ? इस जवाब के लिए एक बार फिर से कहानी के पिछले सिरे को पकड़ना होगा।

ऑनलाइन सोशल नेटवर्किंग का विकास

याद रहे कि 25 दिसंबर, 1990 को ब्रिटिश कंप्यूटर वैज्ञानिक टिमोथी जॉन टिम बर्नर्स ली द्वारा वर्ल्ड वाइड वेब की शुरुआत के बाद इंटरनेट का तूफानी गति से विस्तार हुआ था; लेकिन ऑनलाइन सोशल नेटवर्किंग सेवाओं को विकसित होने में एक दशक से भी ज्यादा वक्त लग गया था।

वर्ष 1983 में नौकरी छोड़कर बोहनेट ने उम्र में 11 साल बड़े अपने सहयोगी कार्यकर्ता तथा घोषित समलैंगिक न्यायाधीश रैंड श्रेडर के साथ सहजीवन संबंध कायम कर लिया था।

जिओसिटीज.कॉम—इंटरनेट पर सोशल नेटवर्क बनाने की पहली ठोस कोशिश करने का श्रेय समलैंगिक अधिकार कार्यकर्ता डेविड सी.बोहनेट (जन्म : 2 अप्रैल, 1956; शिकागो, इलिनोइस) को जाता है। वर्ष 1994 के अंत में बोहनेट ने जॉन रेजनर के साथ मिलकर एक छोटी वेब होस्टिंग व विकास कंपनी 'बेवर्ली हिल्स इंटरनेट' (बेवर्ली हिल्स, लॉस एंजिल्स काउंटी, कैलिफोर्निया) की स्थापना की थी और जिओसिटीज (Geo Cities).कॉम का विकास शुरू किया था।

बचपन से ही बोहनेट की कारोबार व कंप्यूटर में रुचि थी। इसलिए उसने वर्ष 1978 में दक्षिणी कैलिफोर्निया विश्वविद्यालय (लॉस एंजिल्स, कैलिफोर्निया) में उपलब्ध खास पाठ्यक्रम स्नातक विज्ञान—व्यवसाय प्रशासन व कंप्यूटर विज्ञान की उपाधि हासिल की थी। उसके बाद वर्ष 1980 में बिजनेस के रॉस स्कूल (मिशिगन विश्वविद्यालय, एन. आर्बर, मिशिगन) से एम.बी.ए. किया था। शिकागो में हाईस्कूल की पढ़ाई के दौरान ही बोहनेट समलैंगिक हो चुका था और उसे सामाजिक बहिष्कार का सामना करना पड़ा था। वर्ष 1978 में इंडियाना के छोटे शहर के कैथोलिक परिवार से ताल्लुक रखनेवाले उसके सहपाठी और पहले समलैंगिक प्रेमी ने सामाजिक प्रताड़ना के चलते आत्महत्या कर ली थी। उसके बिछोह में बोहनेट समलैंगिक अधिकार आंदोलन में सक्रिय हो गया था। मिशिगन में पढ़ाई के दौरान उसने यूनिवर्सिटी ऑफ मिशिगन लेस्बियन ऐंड गे मेल प्रोग्राम ऑफिस (अब स्पेक्ट्रम सेंटर) की स्थापना में अहम भूमिका अदा की थी।

पढ़ाई पूरी करने के बाद बोहनेट लॉस एंजिल्स लौट आया था और वहाँ संचार माध्यम निगरानी संगठन—ग्लाड (गे ऐंड लेस्बियन अलायंस अगेंस्ट डिफेमेशन) एवं समलैंगिक चिकित्सालय—लॉस एंजिल्स गे ऐंड लेस्बियन सेंटर (हॉलीवुड) में सक्रिय हो गया था। वर्ष 1980 से 1983 तक उसने दुनिया की पाँच सबसे बड़ी लेखांकन सेवा कंपनियों में से आर्थर ऐंडरसन में सूचना प्रणाली सलाहकार के रूप में सेवाएँ दी थीं, लेकिन वहाँ रहते हुए प्रकट रूप में समलैंगिक नहीं रह सकता था। लिहाजा, वर्ष 1983 में नौकरी छोड़कर बोहनेट ने उम्र में 11 साल बड़े अपने सहयोगी कार्यकर्ता तथा घोषित

समलैंगिक न्यायाधीश रैंड श्रेडर के साथ सहजीवन संबंध कायम कर लिया था। वर्ष 1993 की एड्स महामारी में श्रेडर की मृत्यु हो गई थी। उस वक्त समलैंगिक विवाह को कानूनी मान्यता नहीं मिली थी। लिहाजा, बाकी अन्य यौन साझेदारों की तरह उसे भी श्रेडर का विवाहित साथी होने का कानूनी लाभ नहीं मिला था। हाँ, उसे श्रेडर की कुल 3.86 लाख डॉलर की बीमा राशि जरूर मिली थी।

बोहनेट कारोबारी व सॉफ्टवेयर विशेषज्ञ तो था ही और अब पूँजी भी मिल गई थी। लिहाजा, उसने समलैंगिक समुदाय की आवाज को बुलंद करने के काम को ध्यान में रखते हुए इंटरनेट पर एक सामुदायिक मंच विकसित करने का फैसला किया था और जिओसिटिज.कॉम की शुरुआत की थी। इसने यूजर्स को कई तरह की नवीन गतिविधियों—स्वतंत्र रूप से अपने स्वयं के वेब पेज बनाने, अपनी रुचि के समुदायों को संगठित करने, दूसरे लोगों या समुदायों के साथ ऑनलाइन संबंध स्थापित करने, अपने जुनूनों को प्रकट करने तथा दूसरों के साथ साझा करने और इलेक्ट्रॉनिक वाणिज्य (ई-कॉमर्स) आयोजित करने का ऑनलाइन मंच प्रदान किया था। सन् 1997 तक यह इंटरनेट की पाँचवीं सबसे अधिक सर्च की जानेवाली वेबसाइट बन गई थी। अगस्त 1998 में 17 डॉलर प्रति शेयर मूल्य पर इसका प्रारंभिक सार्वजनिक प्रस्ताव (आई.पी.ओ./इनीशियल पब्लिक ऑफर) लाया गया था, जो जल्द ही 100 डॉलर मूल्य पर कारोबार करने लगा था।

वर्ष 1998 के अंत तक जिओसिटिज, ए.ओ.एल. व याहू के बाद वर्ल्ड वाइड वेब पर तीसरी सबसे अधिक सर्च की जानेवाली वेबसाइट बन चुकी थी। डॉट कॉम बुलबुले के चरम पर जनवरी 1999 में याहू ने 3.57 अरब डॉलर मूल्य के शेयर हस्तांतरण सौदे में जिओसिटीज को अधिगृहीत करने का ऐलान किया था। खरीद प्रक्रिया पूरी होने बाद 28 मई, 1999 को इसका नाम बदलकर 'याहू! फॉर जिओसिटीज' किया गया था, लेकिन डॉट कॉम बुलबुला फटने तथा अन्य ऑनलाइन सोशल नेटवर्किंग सेवाओं का मुकाबला न कर पाने के चलते यह लगातार घाटे की चपेट में आती चली गई थी। अंतत: 26 अक्तूबर, 2009 को जब याहू ने इसकी अमेरिकी सेवा को बंद करने का ऐलान किया था, तब भी उसके अमेरिकी यूजर्स द्वारा तैयार वेब पृष्ठों की संख्या करीब 3.80 करोड़ थी। इसका जापानी संस्करण अभी भी चालू है। जिओसिटीज की बिक्री से बोहनेट को करीब 30 करोड़ डॉलर की कमाई हुई थी और उसने वर्ष 1999 में डेविड बोहनेट फाउंडेशन की स्थापना की थी, जो दुनिया भर में सामाजिक सुधार आंदोलनों को अनुदान देता है।

द ग्लोब.कॉम—कॉर्नेल विश्वविद्यालय (इथाका, न्यूयॉर्क) के दो छात्रों स्टीफन पीटरनॉट व टोड क्रिजेलमैन ने 1 अप्रैल, 1995 को द ग्लोब (theGlobe).कॉम की शुरुआत की थी। पहले महीने में इस वेबसाइट ने 44 हजार आगंतुकों को आकर्षित किया तथा पहली सालगिरह पर कंपनी में कॉर्नेल के करीब 17 कंप्यूटर विज्ञान छात्र काम कर

रहे थे। अपनी लोकप्रियता व इंटरनेट की संभावना के प्रति निवेशकों के उत्साह का फायदा उठाकर इसके संस्थापकों ने वर्ष 1997 में 2 करोड़ डॉलर का उद्यम पूँजी निवेश हासिल किया था। 13 नवंबर, 1998 को 9 डॉलर प्रति शेयर मूल्य पर इसका आई.पी.ओ. आया था; लेकिन पहला कारोबार ही 87 डॉलर पर हुआ था, जो देखते-देखते 97 डॉलर की ऊँचाई पर अंत में 63.50 डॉलर पर बंद हुआ था, यानी पहले कारोबारी दिन में ही द ग्लोब के कारोबारी शेयर के भाव में 606 फीसदी का ऐतिहासिक उछाल दर्ज किया गया था। 31 लाख प्रस्तावित शेयरों से कंपनी ने 2.79 करोड़ डॉलर की पूँजी हासिल की थी। पहले ही दिन कंपनी का बाजार मूल्यांकन 84 करोड़ डॉलर और दोनों संस्थापकों की व्यक्तिगत हिस्सेदारियों का मूल्यांकन 10-10 करोड़ डॉलर के स्तर पर पहुँच गया था। डॉट कॉम बुलबुले के फटने से आए गंभीर आर्थिक संकट, संस्थापकों की फिजूलखर्ची और गेमिंग एवं अन्य कारोबार में भटकाव ने द ग्लोब को दोबारा खड़ा होने का मौका नहीं दिया। मायस्पेस.कॉम के यूजर्स को अनचाहे संदेश भेजने संबंधी कानूनी चक्कर में उलझने के बाद 13 मार्च, 2007 को वेबसाइट ने अपनी सेवाएँ बंद कर दी थीं।

इसी दौर में त्रिपोड.कॉम (लाइकोस समूह) ने भी अच्छा बाजार बनाया था; लेकिन इन सभी ऑनलाइन सामुदायिक मंचों ने मुख्य रूप से ऑनलाइन बातचीत (चैटिंग)/त्वरित संवाद (इंस्टेंट मेसेज), उपयोग में आसान प्रकाशन-उपकरण के जरिए व्यक्तिगत वेब पेज बनाने की सुविधा और मुफ्त या सस्ते वेब स्थान मुहैया कराकर लोगों को आपस में जोड़ने की कोशिशें की थीं। कुछ अन्य मंच, जैसे कि क्लासमेट.कॉम ने कुछ अलग तरीका अपनाया था और लोगों को इ-मेल पते के जरिए एक-दूसरे से जुड़ने की सुविधा दी थी। 1990 के दशक के अंत तक यूजर्स रूपरेखा (यूजर प्रोफाइल) सोशल नेटवर्किंग मंचों की प्रमुख विशेषता बन गई थी, जिसके जरिए यूजर्स को अपनी रुचि के ऑनलाइन दोस्तों की सूची बनाने और नए दोस्तों को खोजने की सुविधा प्रदान की जाने लगी थी।

सिक्सडिग्रीज.कॉम—वर्ष 1997 में ब्रुकलिन (न्यूयॉर्क सिटी) निवासी एंड्रयू वेनरेइच ने सिक्सडिग्रीज.कॉम के साथ ऑनलाइन सोशल नेटवर्किंग सेवाओं की विकास प्रक्रिया में एक नई पीढ़ी की शुरुआत की थी। पेंसिल्वेनिया विश्वविद्यालय (फिलाडेल्फिया, पेंसिल्वेनिया) से स्नातक-अमेरिकी इतिहास व फोर्डहैम विश्वविद्यालय (न्यूयॉर्क सिटी) से वकालत की पेशेवर उपाधि 'जूरिस डॉक्टर' (जे.डी.) हासिल करने के बाद वेनरेइच ने वकालत के अलावा हेर्त्जटेक ग्रुप में उपाध्यक्ष व मेरिल लिंच ऐंड कंपनी में वित्तीय विश्लेषक के रूप में काम किया था।

एंड्रयू वेनरेइच ने सिक्सडिग्रीज.कॉम को मशहूर अमेरिकी सामाजिक मनोवैज्ञानिक स्टेनली मिल्ग्राम के जुदाई के छह स्तर (सिक्स डिग्रीज ऑफ सेपरेशन) सिद्धांत के आधार पर तैयार किया था। इस सिद्धांत के मुताबिक, दुनिया में हर व्यक्ति या हर चीज,

परिचय के रास्ते में, किन्हीं भी अन्य व्यक्ति से छह या उससे कम कदमों की दूरी पर है। लिहाजा, किन्हीं भी दो लोगों को जोड़ने के लिए अधिकतम छह कदमों में दोस्त के दोस्त के बयानों की शृंखला बनाई जा सकती है। असल में, हंगरी के लेखक फ्रिगएस करिंथी ने अपनी लघु कथा 'चेंस' (1929) में इस सिद्धांत का प्रतिपादन किया था।

सिक्सडिग्रीज.कॉम पहली ऐसी ऑनलाइन सेवा थी, जो यूजर्स को अपने जाननेवालों के साथ रिश्तों की पहचान करने और फिर स्थापित संबंधों के जरिए उन लोगों का पता लगाने की अनुमति देती थी, जिन्हें वे नहीं जानते थे। हालाँकि उस वक्त इस तरह की विशेषतावाली अन्य ऑनलाइन सेवाएँ भी थीं, लेकिन सिक्सडिग्रीज पहला सोशल मीडिया नेटवर्क था, जो यूजर्स को अपनी व्यक्तिगत रूपरेखा (प्रोफाइल) की रचना करने, अपनी दोस्त-सूची प्रदर्शित करने और अपने दोस्तों की दोस्त-सूचियों को खोजने का मौका देता था। एंड्रयू वेनरेइच ने इस सॉफ्टवेयर कूटलिपि को नेटवर्किंग डेटाबेस व प्रणाली निर्माण की विधि व तंत्र शीर्षक से बाकायदा पेटेंट कराया था। आमतौर पर सिक्सडिग्रीज पेटेंट नाम से जाना जानेवाला पहला पेटेंट था, जिसने एक व्यक्ति विशेष को सोशल नेटवर्किंग प्रणाली की आधारभूत संकल्पना (बेसिक कांसेप्ट) का स्वामित्व प्रदान कर दिया था। लेकिन उस वक्त सोशल नेटवर्किंग कारोबार विकसित हो रहा था और एंड्रयू वेनरेइच इस पेटेंट की भविष्य की अनमोल संभावनाओं का सही अनुमान नहीं लगा सका था। वर्ष 1999 के अंत में, जब सिक्सडिग्रीज 35 लाख पंजीकृत यूजर्स के साथ करीब 100 कर्मचारियोंवाली बड़ी कंपनी का आकार ले चुका था, उस वक्त डॉट कॉम बुलबुला अपने चरम पर पहुँच रहा था। ऐसे में, युवा वयस्कों व कॉलेज छात्रों पर केंद्रित विज्ञापन, विपणन व व्यापार सेवा कंपनी यूथ स्ट्रीम मीडिया नेटवर्क (मेडिसन एवेन्यू, मैनहट्टन, न्यूयॉर्क सिटी) को सिक्सडिग्रीज में भारी कारोबारी संभावना नजर आई थी। 15 दिसंबर को यूथ स्ट्रीम मीडिया ने 12.50 करोड़ डॉलर मूल्य के शेयर हस्तांतरण सौदे के जरिए सिक्सडिग्रीज के अधिग्रहण का ऐलान किया था। इस सौदे के कुछ महीनों बाद 10 मार्च, 2000 को डॉट कॉम बुलबुला फटने का सिलसिला शुरू हो चुका था और जल्द ही यूथ स्ट्रीम ने इस वेबसाइट को बंद करने का फैसला कर लिया था। 10 नवंबर, 2003 को सोशल नेटवर्किंग के दूरदर्शी निवेशक मित्रों रीड हॉफमैन (लिंक्डइन) व मार्क पिंकस (जिंगा व ट्राइब.नेट) ने एक नीलामी प्रक्रिया के जरिए महज 7 लाख डॉलर में सिक्सडिग्रीज पेटेंट को खरीद लिया था।

मेकआउटक्लब.कॉम—लॉस एंजिल्स में रहनेवाले एक संगीतकार, कलाकार व वेब डिजाइनर गिब्बी मिलर ने 9 अगस्त, 1999 को मेकआउटक्लब.कॉम की शुरुआत की थी, जो एक समान संगीत शैली व रुचिवाले युवाओं का ऑनलाइन सामुदायिक मंच है। यह खास दर्शकों पर केंद्रित पहला सोशल नेटवर्किंग मंच माना जाता है। इसने यूजर्स को

व्यक्तिगत तसवीरों व रुचि के आधार पर प्रोफाइल तैयार करने के लिए बढ़ावा दिया था। इस अवधारणा ने ऑनलाइन सोशल नेटवर्किंग के विकास में महत्त्वपूर्ण भूमिका निभाई थी। संगीत, प्रौद्योगिकी व फैशन क्षेत्रों से जुड़े 13 से 30 वर्ष के करीब 1 लाख से अधिक युवा इसके समर्पित सदस्य हैं।

वेबसाइट ने घोषित किया था कि वह इंडीरॉक संगीत-प्रेमियों, कट्टर बच्चों, अभिलेख संग्राहकों, कलाकारों, ब्लॉगरों व निराश प्रेमियों के लिए है। जब इंटरनेट को अपनानेवालों की संख्या बढ़ रही थी और उनके व्यावसायिक दोहन की कोशिशें अपने चरम पर पहुँच चुकी थीं, तब मेकआउट क्लब समान विचारधारा वाले व्यक्तियों के बीच की दूरी को पाटने के लिए ईमानदार व भावुक विकल्प के रूप में सामने आया था। हालाँकि इसके संचालक शुरू से ही यह सफाई देते रहे हैं कि यह डेटिंग वेबसाइट नहीं थी, लेकिन जैसा कि इसके नाम से भी झलकता है, इसका परोक्ष इस्तेमाल संभोग-जोड़ीदार खोजने के लिए होता रहा था और अभी भी यह तथ्य अकसर जग-जाहिर हो रहा था।

फ्रेंडस्टर.कॉम—ऑनलाइन सोशल नेटवर्किंग सेवाओं का अब तक सबसे क्रांतिकारी मंच फ्रेंडस्टर.कॉम मार्च 2003 में आरंभ (लाइव) हुआ था। करीब साल भर पहले 22 मार्च, 2002 को इस वेबसाइट का पंजीकरण कराने के बाद कनाडा के कंप्यूटर प्रोग्रामर जोनाथन अब्राम ने इसके विकास का काम शुरू किया था। यह इतनी सहज व सुविधाजनक वेबसाइट थी कि महज तीन महीने बाद जून 2003 में इसके पंजीकृत यूजर्स की संख्या 8.35 लाख हो गई थी। अगले चार महीने बाद अक्तूबर 2003 में फ्रेंडस्टर के यूजर्स की संख्या 20 लाख से ऊपर चली गई थी और यह रोजाना 1 करोड़ पृष्ठ-दृश्य (पेज व्यू) आकर्षित करने लगी थी। उपयोग की सहूलियत के लिहाज से अब्राम की पेचीदा संजाल-प्रणाली यूजर्स पर जादुई प्रभाव छोड़ रही थी। इंटरनेट विशेषज्ञों, समाज-वैज्ञानिकों व संचार माध्यमों ने इस प्रौद्योगिक चमत्कार तथा इसके जरिए बन रहे विशाल सोशल नेटवर्क को लघु विश्व परिघटना (स्माल वर्ल्ड फेनोमेना) कहना शुरू कर दिया था। जाहिर है कि मार्क जुकरबर्ग भी एक पंजीकृत यूजर्स के रूप में इस सेवा का इस्तेमाल भी कर रहा था और उसकी बारीकियों का अध्ययन भी।

जोनाथन अब्राम ने एम.सी. मास्टर विश्वविद्यालय (हैमिल्टन, ओंटारियो, कनाडा) स्नातक-कंप्यूटर विज्ञान (1990-95) की उपाधि ली थी। कनाडा की महारथी दूरसंचार कंपनी नॉर्टेल नेटवर्क कॉरपोरेशन (14 जनवरी, 2009 को दिवालिया घोषित) में कुछ समय तक काम करने बाद वर्ष 1986 में नेटस्केप कम्युनिकेशंस (माउंटेन व्यू, कैलिफोर्निया) में सॉफ्टवेयर अभियंता के रूप में काम किया था। वहाँ पर वह करीब डेढ़ साल तक क्रांतिकारी वेब ब्राउजर—नेटस्केप नेविगेटर की कूटलिपि लिखता रहा था। इस बीच वह सिलिकॉन वैली के तत्कालीन माहौल में ढल गया था और सिलिकॉन वैली एसोसिएशन

ऑफ स्टार्टअप इंटरप्रेन्योर्स व सॉफ्टवेयर डेवलपमेंट फोरम की बैठकों में नियमित रूप से जाने लगा था। नेटस्केप छोड़ने के करीब नौ महीने बाद अब्राम ने अपनी खुद की तथाकथित सामाजिक खोज (सोशल सर्च) कंपनी 'हॉटलिंक्स' की स्थापना की थी, जो यूजर्स के पसंदीदा वेबसाइटों पर आधारित वेब पेजों को व्यवस्थित करता था। शुरुआती डेढ़ वर्षों में 'हॉटलिंक्स' ने 5 लाख से अधिक पंजीकृत यूजर्स को आकर्षित किया था, लेकिन डॉट कॉम बुलबुला फटने के बाद अब्राम की पूँजी खत्म हो गई थी और वर्ष 2001 में हॉटलिंक्स का लंदन की सॉफ्टवेयर कंपनी में विलय हो गया था। फिर अब्राम ने सिलिकॉन वैली के पालो आल्टो में शुरू हुई मोबाइल उपकरण प्रबंधन सॉफ्टवेयर कंपनी बिटफोन कॉरपोरेशन (दिसंबर 2006 में हेवलेट पैकार्ड द्वारा अधिगृहीत) में वरिष्ठ अभियांत्रिकी निदेशक के रूप में करीब साल भर तक काम किया था।

इस बीच अब्राम का ध्यान लगातार बढ़ रहे ऑनलाइन डेटिंग सेवा कारोबार की तरफ गया था। वह अग्रणी डेटिंग वेबसाइट मैच.कॉम संस्थापक गैरी क्रेमेन की सफलता से वाकिफ था। क्रेमेन ने सन् 1998 में मैच.कॉम को सेडेंट कॉरपोरेशन (न्यूयॉर्क) को बेच दिया था, जिसे वर्ष 1999 में इंटर एक्टिव कॉर्प/आई.ए.सी. (न्यूयॉर्क, अब 40 से अधिक ऑनलाइन ब्रांडों की बहुराष्ट्रीय कंपनी) ने अधिगृहीत कर लिया था। वर्ष 2002 में ऑनलाइन डेटिंग कारोबार करीब 30 करोड़ डॉलर के स्तर पर पहुँच चुका था। अपनी स्थापना के करीब आठ सालों बाद वर्ष 7.60 करोड़ डॉलर का वार्षिक राजस्व हासिल कर मैच.कॉम न केवल मजबूत आर्थिक आधार पर खड़ा हो गया था, बल्कि ऑनलाइन डेटिंग कारोबार के एक-चौथाई हिस्से पर कब्जा जमा चुका था। कुल मिलाकर ऑनलाइन डेटिंग के बारे में सांस्कृतिक धारणा तेजी से बदल रही थी। अब्राम ने पाया था कि सामान्य आदमी, जिन्हें अजीब व हताश नहीं कहा जा सकता था, भी मैच.कॉम का इस्तेमाल करने के बारे में बात करने लग पड़े थे।

लिहाजा, अब्राम के दिमाग में एक नए सॉफ्टवेयर के विचार ने कुलबुलाना शुरू किया था, जो किसी भी तरह से व्यक्ति विशेष की ऑनलाइन व ऑफलाइन पहचानों को एकीकृत करनेवाला हो। याद रहे कि उस वक्त ऑनलाइन समुदायों के बीच व्यक्तिगत पहचान को छुपाने के लिए अधिकांश लोग छद्म नामों से खुद को पंजीकृत करते थे, यानी एक व्यक्ति विशेष की ऑनलाइन व ऑफलाइन (असल) पहचान अलग-अलग होती थी। अब्राम को लगा था कि अब वह वक्त आ चुका था, जब लोग—खासतौर पर युवा छात्र समुदाय—अपनी वास्तविक पहचान के साथ ऑनलाइन समुदाय की ओर आकर्षित होगा, यानी ऑनलाइन व ऑफलाइन समुदायों का एकीकरण होगा और लोग जमीनी नजदीकियों को ज्यादा तरजीह देंगे।

ऐसे में, 22 मार्च, 2002 को अब्राम ने फ्रेंड्स्टर.कॉम को पंजीकृत करा लिया था

और इस विचार को सही दिशा में विकसित करने की तैयारियों में जुट गया था। गरमियों में जब एक दिन वह अपने एक दोस्त के साथ सांता क्लारा पार्क में टहलते हुए बातचीत कर रहा था तो फ्रेंड्स्टर की मूल अवधारणा व सॉफ्टवेयर संरचना पूरी तरह से स्पष्ट होकर सामने आई थी—हरेक व्यक्ति का अपना मानक मुखपृष्ठ (स्टैंडर्ड होमपेज) होगा, बिल्कुल मैच.कॉम की तरह; लेकिन सिर्फ अपनी रुचियों व अच्छे चेहरों को विज्ञापित करने की बजाय यूजर अपनी असल जिंदगी की रूपरेखा (प्रोफाइल) को अपने असल दोस्तों के साथ जोड़ेंगे। इससे आपसी संबंधों का ऐसा ऑनलाइन नेटवर्क निर्माण होगा, जो असल जिंदगी का आईना होगा। उसके दोस्त को भी वह विचार पसंद आया था; और अब्राम ने तत्काल काम शुरू कर दिया था।

तीन महीने में प्रस्तावित सॉफ्टवेयर का कार्यशील प्रारूप (वर्किंग प्रोटोटाइप) तैयार हो चुका था। उसने अपने दोस्त के असफल हो चुकी डॉट.कॉम कंपनी के सर्वर पर उस सॉफ्टवेयर को स्थापित किया था और अपने करीब 20 नजदीकी मित्रों को उसके प्रायोगिक उपयोग के लिए आमंत्रित किया था। अब्राम निश्चित नहीं था कि नतीजा कैसा आएगा, लेकिन वह शुरुआती कल्पना से कहीं ज्यादा मोहक साबित हुआ था।

आनेवाले समय में 16 जून, 2003 को अब्राम ने खुद को आविष्कारक व फ्रेंड्स्टर इनकॉरपोरेशन, सैन फ्रांसिस्को को संपत्ति-भागी (असाइनी) घोषित करते हुए पेटेंट का आवेदन दाखिल कर दिया था। 27 मई, 2006 को प्रमाणित हुए उस अमेरिकी पेटेंट (क्रम संख्या 7069308) का शीर्षक था— सोशल नेटवर्किंग के भीतर उनके रिश्तों पर आधारित ऑनलाइन कंप्यूटर प्रणाली में यूजर्स को जोड़ने की व्यवस्था, विधि व उपकरण। ऑनलाइन डेटिंग औजार के रूप में इसने मैच.कॉम के ऊपर एक संभावित सुधार का प्रतिनिधित्व किया था। इसके जरिए संभावित जोड़ीदार के आम जान-पहचानवाले लोगों का पता लगाना आसान था। लिहाजा उपयोगकर्ता जोड़ीदार को अजीब अवांछित इ-मेल भेजने की बजाय आपसी दोस्त के जरिए परिचय का विकल्प चुन सकते थे; लेकिन जोड़ीदार अनुप्रयोग (डेटिंग एप्लीकेशन) के अलावा अब्राम का सॉफ्टवेयर एक शुद्ध विचार के रूप में भी काफी सम्मोहक था।

फ्रेंड्स्टर की असल खूबसूरती हर दृष्टि से उसकी व्यापक व संपूर्ण सोशल नेटवर्क प्रौद्योगिकी थी। जब भी कोई यूजर खुद पंजीकृत कर अपने मुखपृष्ठ व रूपरेखा बनाता था, फ्रेंड्स्टर का सर्वर-नेटवर्क चार स्तर जुदाई (फोर डिग्री सेपरेशन) सिद्धांत का इस्तेमाल कर तत्काल अन्य यूजर्स के साथ उस एकमात्र यूजर्स के संबंध की गणना कर लेता था और उसके सामने हजारों-हजार व्यक्तियों से जुड़ने का विकल्प पेश कर देता था। चूँकि नए यूजर्स के शामिल होने तथा एक-दूसरे के साथ जुड़ते ही नेटवर्क लगातार बदलता रहता था, इसलिए फ्रेंड्स्टर सर्वर प्रणाली की गणना-प्रक्रिया को भी उसी तेजी से उड़ान

भरनी पड़ती थी। अंततः यह प्रणाली अरबों गणनाएँ करती थी और यूजर्स के सामने बहुत साफ समझ पेश करती थी कि वे अपने सामाजिक समूह तथा ज्यादा बड़ी दुनिया में खुद को कैसे शामिल कर सकते थे। कुल मिलाकर, ऐसा लगाता था कि अब्राम ने एक ऐसे सॉफ्टवेयर की रचना की थी, जो यूजर्स को बताता था कि वे कौन थे।

इस बीच, कार्यशील सॉफ्टवेयर प्रारूप हाथ में आते ही अब्राम ने इस परियोजना को आगे बढ़ाने के लिए जरूरी बीज वित्त-पोषण (सीड फंडिंग) का जुगाड़ देखना शुरू कर दिया था। इसके लिए उसने 28 नवंबर, 2002 के कृतज्ञता दिवस (थैंक्सगिविंग डे) के मौके को चुना था। उसकी पूर्व कंपनी 'हॉटलिंक्स' के उपाध्यक्ष मेलिसा लॉयड व उसके पति ने उसे अपने सन वैली (इडाहो) शीतकालीन आरामगाह पर रात्रिभोज के लिए आमंत्रित किया था। (पश्चिमीगाह अमेरिका के इडाहो प्रांत में समुद्र तल से 5,920 फीट की ऊँचाई पर बसा सन वैली अमेरिकी धनाढ्यों का लोकप्रिय शीतकालीन आश्रय-स्थल व पर्यटन केंद्र है।) हालाँकि अब्राम के मेजबान को उसकी कारोबारी योजना पूरी तरह समझ नहीं आई थी, फिर भी उन्होंने उसमें कुछ हजार डॉलर के निवेश करने पर सहमति दे दी थी। अगले कुछ महीनों में अब्राम ने करीब एक दर्जन मित्र निवेशकों से कुल 4 लाख डॉलर का इंतजाम कर लिया था और मार्च 2003 में फ्रेंड्स्टर को चालू कर दिया था।

लेकिन यूजर्स की संख्या में तूफानी बढ़त, उनके द्वारा किए जा रहे संवादों की मात्रा एवं लगातार व्यस्त यातायात को सँभालना एक गंभीर अभियांत्रिक चुनौती बनकर सामने आया था। फ्रेंड्स्टर के भंडारण आधारभूत ढाँचा यानी सर्वर-नेटवर्क को लगातार विस्तार की जरूरत थी, ताकि समूची प्रणाली में हर समय एक टेराबाइट से अधिक की अनायास पहुँच स्मृति (रैम/रैंडम एक्सेस मेमोरी) क्षमता मौजूद रहे। यह समस्या दो-तरफा थी। अब्राम ने अपनी नेटवर्क प्रणाली की आधारभूत कार्यक्रम संरचना को इतने बड़े यातायात को ध्यान में रखकर तैयार नहीं किया था, अतः उसे नई जरूरतों के मुताबिक संशोधित किया जाना जरूरी हो गया था। दूसरी समस्या सर्वर-नेटवर्क में लगातार विस्तार की थी, जो एक महँगा सौदा था। इसके लिए जितना धन चाहिए था, वह था नहीं। लिहाजा यातायात व प्रणाली का असंतुलन बढ़ता जा रहा था। सन् 2003 के अंत में साइट पर सामग्री डालने का समय एक मिनट से भी ज्यादा हो गया था और यूजर्स की शिकायतें आम होने लगी थीं।

इस समस्या को संभवतः खत्म किया जा सकता था, यदि अब्राम के मूल सॉफ्टवेयर में इतना संशोधन हो जाता कि वह दूर के संबंधों की गणना को नजरअंदाज कर दे, यानी वह सिर्फ दोस्तों के बीच के संबंधों की गणना करे। लेकिन फ्रेंड्स्टर के इंजीनियर रोजाना की दिक्कतों को दूर करने में इतने व्यस्त थे कि वे पीछे मुड़कर यह देखने की जहमत नहीं उठाना चाहते थे कि असल में कौन सी चीज उन्हें परेशान कर रही थी। जहाँ तक इस मसले पर अब्राम द्वारा खुद ध्यान देने का सवाल था तो उसका ध्यान अन्य कारोबारी

जरूरतों में भटका हुआ था। मसलन, कर्मचारियों की बहाली, निवेशकों का चयन, नई साझेदारियों की खोज और सबसे अधिक समय खपानेवाला काम—जन-संपर्क (पब्लिक रिलेशन) संबंधी गतिविधियाँ। मार्च से लेकर अक्तूबर 2003 तक फ्रेंड्स्टर समूचे संचार माध्यमों में छाया रहा था। 'टाइम' पत्रिका ने इसे सन् 2003 के सर्वश्रेष्ठ आविष्कारों में से एक घोषित कर दिया था, तो 'एंटरटेनमेंट वीकली' ने अपने सालाना ब्रेकआउट स्टार्स (बाधाओं को तोड़कर बाहर निकलनेवाले सितारे) विशेषांक में अब्राम को वर्ष का सबसे दोस्ताना आदमी कहा था।

चूँकि जन-संपर्क सहायता व विपणन के लिए कोई अधिकारी नहीं था, इसलिए चाहे टी.वी. टॉक शो पर उपस्थित रहना हो या फिर संवाददाताओं से बातचीत—सबकुछ खुद अब्राम ही सँभाल रहा था। संचार-माध्यमों की व्याप्तियाँ काफी उत्साहजनक थीं और इस मुफ्त के प्रचार ने फ्रेंड्स्टर के उपयोगकर्ता-आधार तथा तेजी से बढ़ रहे ऑनलाइन विज्ञापन बाजार के आकर्षण को बढ़ाने में बेशक महत्त्वपूर्ण योगदान किया था; लेकिन इसने अब्राम के सारे ध्यान पर एकाधिकार भी जमा लिया था। लेकिन इन व्यस्तताओं ने अब्राम को यह सोचने की जरा सी भी फुरसत नहीं दी थी कि वह अपने खुद के मूल सॉफ्टवेयर की मामूली कमी समझने की कोशिश करे और उसकी पहचान कर उसे दूर कर सके। यदि अब्राम ने तकनीकी बारीकियों को अपनी नजर से नहीं हटने दिया होता तो वेबसाइट के कार्य-प्रदर्शन में नाटकीय सुधार हुआ होता और फिर छोटी समस्या अभियांत्रिकी की गंभीर चुनौती बनकर सामने न आ पाती। लेकिन इस छोटी सी दिखनेवाली गलती ने अब्राम के सौभाग्य पर परदा डाल दिया था और उसे आसमान की ऊँचाइयों से सीधे इतिहास के कूड़ेदान में फेंक दिया था।

अब्राम यही मान बैठा कि पर्याप्त धन व योग्य पेशेवरों की बदौलत ये समस्याएँ अपने आप दूर हो जाएँगी। इसलिए उसका ध्यान इन्हीं दो चीजों के जुगाड़ में लगा रहा था। जुलाई 2003 में उसने राम श्रीराम (गूगल के देवदूत निवेशक), पीटर थिएल (पे-पाल का सह-संस्थापक) व टिम कूगले (1995 से 2001 तक याहू के सी.ई.ओ.) से कुल 10 लाख डॉलर का निवेश जुटाया था। तीन महीने बाद, अक्तूबर 2003 में गूगल ने 3 करोड़ डॉलर में फ्रेंड्स्टर को अधिगृहीत करने का प्रस्ताव रखा था; लेकिन अब्राम के जादुई आविष्कार की विशाल बाजार संभावनाओं पर सिलिकॉन वैली की महारथी उद्यम पूँजी कंपनी क्लेइनेर पेर्किन्स कॉफील्ड ऐंड बायर्स ने गिद्ध दृष्टि गड़ाई हुई थी। उसने अन्य उद्यम पूँजी कंपनी बेंचमार्क कैपिटल के साथ गिरोहबंदी कर फ्रेंड्स्टर का मूल्यांकन 5.30 करोड़ डॉलर कर दिया था। जाहिर है कि यह मूल्यांकन गूगल के मुकाबले लगभग दो गुना था और अब्राम उन शातिर उद्यम पूँजीपतियों का शिकार हो गया था। दोनों कंपनियों ने संयुक्त रूप से 1.30 करोड़ डॉलर का निवेश किया था और पहले चरण में ही परोक्ष रूप

अगस्त 2003 में उसके संस्थापक ब्रैड ग्रीनस्पैन व उसके शीर्ष सहयोगियों क्रिस डेवॉल्फ व टॉम ऐंडरसन को फ्रेंड्स्टर की क्रांतिकारी सोशल नेटवर्किंग प्रणाली में जबरदस्त संभावना नजर आई थी।

में अब्राम को अपने नियंत्रण में ले लिया था। सिलिकॉन वैली में इस सौदे को इंटरनेट कारोबार के एक बार फिर से गरम होने तथा एक नए युग—सोशल नेटवर्किंग युग की शुरुआत के रूप में देखा गया था। लेकिन यह अब्राम के लिए ऐतिहासिक दुर्भाग्य साबित होने वाला था और इस घटना के नौ महीने बाद अप्रैल 2004 में फ्रेंड्स्टर के मुख्य कार्यकारी अधिकारी (सी.ई.ओ.) पद से हटाकर कंपनी से बाहर का रास्ता दिखा दिया गया था।

तब तक मायस्पेस.कॉम ने फ्रेंड्स्टर को पीछे धकेल दिया था। उसके बाद फेसबुक की लोकप्रियता ने उसे कभी आगे नहीं बढ़ने दिया और धीरे-धीरे वह दक्षिण-पूर्व एशियाई बाजारों में सिमटता चला गया। नवंबर 2009 में ऑनलाइन भुगतान सेवा-प्रदाता मलेशियाई कंपनी 'एमओएल ग्लोबल' ने फ्रेंड्स्टर का अधिग्रहण कर लिया था और उसका मुख्यालय कुआलालंपुर (मलेशिया) में स्थानांतरित हो गया था। जून 2011 में ऑनलाइन सामाजिक खेल (सोशल गेमिंग) मंच के रूप में बाजार में उतारा गया था, जब उसके पंजीकृत यूजर्स की संख्या 11.5 करोड़ (90 फीसदी दक्षिण-पूर्व एशियाई देशों से) थी।

माइस्पेस.कॉम—लॉस एंजिल्स-आधारित इंटरनेट विपणन कंपनी ई-यूनिवर्स (बाद में इंटरमिक्स मीडिया) के अधिकांश कर्मचारी फ्रेंड्स्टर का इस्तेमाल कर रहे थे। अगस्त 2003 में उसके संस्थापक ब्रैड ग्रीनस्पैन व उसके शीर्ष सहयोगियों क्रिस डेवॉल्फ व टॉम ऐंडरसन को फ्रेंड्स्टर की क्रांतिकारी सोशल नेटवर्किंग प्रणाली में जबरदस्त संभावना नजर आई थी। इस समूह ने फ्रेंड्स्टर की सबसे अधिक लोकप्रिय विशेषताओं की नकल करने का फैसला किया था। तीव्र वेब अनुप्रयोग विकास मंच 'कोल्डफ्यूजन' का इस्तेमाल कर सिर्फ कुछ दिनों के भीतर माइस्पेस.कॉम का पहला संस्करण बाजार में उतारे जाने के लिए तैयार हो गया था। इसे संचालित करने के लिए ई-यूनिवर्स के पास सारी आधारभूत संरचनाएँ—वित्त, मानव संसाधन, तकनीकी विशेषज्ञता, बैंडविड्थ व सर्वर क्षमता पहले से ही मौजूद थी। लिहाजा 15 अगस्त, 2003 को माइस्पेस को प्रायोगिक परीक्षण के लिए चालू कर दिया गया था। ई-यूनिवर्स के कर्मचारियों ने खुद को वेबसाइट के शुरुआती यूजर्स के रूप में पंजीकृत किया था और आपस में अधिक-से-अधिक दोस्त बनाने की होड़-सी शुरू कर दी थी। ई-यूनिवर्स के पास पहले से ही करीब दो करोड़ यूजर्स व इ-मेल ग्राहक मौजूद थे, जिन्हें माइस्पेस सोशल नेटवर्किंग मंच पर लाने का तूफानी सिलसिला शुरू हो गया था।

गौरतलब है कि वर्ष 1996 में कैलिफोर्निया विश्वविद्यालय (वेस्टवुड, लॉस एंजिल्स,

कैलिफोर्निया) से राजनीति-विज्ञान में स्नातक करने के बाद ब्रैड ग्रीनस्पैन ने वर्ष 1998 में ई-यूनिवर्स की स्थापना की थी। डॉटकॉम बुलबुले के उफान का फायदा उठाकर सन् 1999 में कंपनी सार्वजनिक हो गई थी और ऑनलाइन विपणन कारोबार में जबरदस्त विस्तार किया था; लेकिन डॉट कॉम बुलबुला फटने के बाद कंपनी की वित्तीय स्थिति खस्ता हो गई थी। वर्ष 2003 की शुरुआत में कंपनी लेखांकन धोखाधड़ी की जाँच के दायरे में आ गई थी। इसके आलावा, कंपनी अनचाहे इ-मेल विपणन संबंधी विवादों में घिरी हुई थी। ऐसे में, माइस्पेस.कॉम के जरिए कंपनी ने खुद को दोबारा से खड़ा कर लिया था। मूल कंपनी के संस्थापक चेयरमैन के नाते ब्रैड ग्रीनस्पैन ने ही इस माइस्पेस.कॉम को नेतृत्व प्रदान किया था, लेकिन असल कार्यकारी कमान सह-संस्थापक व मुख्य कार्यकारी अधिकारी (सी.ई.ओ.) क्रिस डेवोल्फ को सौंपी गई थी।

बाहर से शांतचित्त व्यक्तित्व का मालिक डेवोल्फ अंदर से खुर्राट कारोबारी था। पोर्टलैंड (ओरेगन) में पले-बढ़े डेवोल्फ ने अपने शिक्षक माता-पिता के नक्शे-कदम पर चलने की बजाय महत्त्वाकांक्षी कारोबारी भविष्य को अपनाने का दृढ निश्चय किया था। यही कारण था कि उसने पहले वाशिंगटन विश्वविद्यालय (सिएटल, वाशिंगटन) से स्नातक वित्त (फाइनेंस) किया था और फिर दक्षिणी कैलिफोर्निया विश्वविद्यालय (लॉस एंजिल्स, कैलिफोर्निया) से एम.बी.ए. की उपाधि हासिल की थी। एम.बी.ए. में उसका मुख्य विषय 'विपणन व उद्यमशीलता अध्ययन' था और उसने इन कलाओं का अपने पेशेवर जीवन में बहुत ही बारीकी से इस्तेमाल किया था। फोटो, संगीत व डिजिटल दस्तावेजों के लिए निःशुल्क ऑनलाइन भंडारण स्थान मुहैया करानेवाली शुरुआती कंपनी एक्सड्राइव (लॉस एंजिल्स) के कर्मचारी के रूप में वह ऑनलाइन मार्केटिंग के आक्रामक रूपों—इ-मेल विज्ञापन, पॉपअप विज्ञापन का गुरु बन गया था।

डॉट कॉम बुलबुला फटने के बाद वर्ष 2001 में एक्सड्राइव दिवालिया हो गई थी, जिसके बाद डेवोल्फ ने टॉम ऐंडरसन के साथ मिलकर ऑनलाइन प्रत्यक्ष विपणन (डायरेक्ट मार्केटिंग) कंपनी 'रिस्पांसबेस' की स्थापना की थी। रिस्पांसबेस.कॉम अपने यूजर्स को लहराते झंडे (वेविंग फ्लैग) के रूप में कंप्यूटर कर्सर (कंप्यूटर चित्रपट पर चलाया जानेवाला सूचक) डाउनलोड का मौका देता था। यह एक क्रांतिकारी विज्ञापन सॉफ्टवेयर कार्यक्रम था, जिसके जरिए यूजर्स की इंटरनेट गतिविधियों पर नजर रखी जा सकती थी और फिर उन गतिविधियों के मुताबिक उन्हें पॉप-अप (उछलकर सामने आनेवाला) विज्ञापन दिखाता था। वर्ष 2002 में ई-यूनिवर्स ने रिस्पांसबेस.कॉम अधिगृहीत कर लिया था और क्रिस डेवोल्फ व टॉम ऐंडरसन दोनों उसके प्रमुख कर्मचारी के रूप में ब्रैड ग्रीनस्पैन के नेतृत्व में कंपनी में महत्त्वपूर्ण भूमिका निभाने लगे थे।

माईस्पेस.कॉम के सह-संस्थापक व अध्यक्ष के रूप टॉम ऐंडरसन ने क्रिस डेवोल्फ

की आक्रामक विपणन योजनाओं को कार्यान्वित करने में जबरदस्त भूमिका निभाई थी। एक कारोबारी का बीटा ऐंडरसन एक कुख्यात कंप्यूटर हैकर रहा था। उसने सन् 198 5 में सैन पास्कुआल हाई स्कूल (एस्कॉण्डिडो, कैलिफोर्निया) में पढ़ते हुए छद्म नाम लॉर्ड फ्लैटहेड से (बिल लैंडरेथ के साथ मिलकर) चेस मैनहट्टन बैंक (अब जे.पी. मॉर्गन चेस बैंक, शिकागो, इलिनोइस) की सुरक्षा प्रणाली को ध्वस्त करने के सनसनीखेज कारनामे को अंजाम दिया था; हालाँकि संघीय जाँच ब्यूरो (एफ.बी.आई.) ने उसके सारे कंप्यूटर उपकरणों को जब्त कर लिया था, लेकिन 14 साल का नाबालिग होने के नाते उसकी गिरफ्तारी नहीं हुई थी। इसलिए इस घटना की सारी बदनामी व कानूनी काररवाई अकेले बिल लैंडरेथ को झेलनी पड़ी थी; जबकि तथाकथित तौर पर बैंक की सुरक्षा कूटलिपि को तोड़ने का असल काम ऐंडरसन ने किया था। हाई स्कूल के बाद ऐंडरसन ने कैलिफोर्निया विश्वविद्यालय (बर्कले) से अंग्रेजी व भाषण कला में स्नातक किया था। कुछ समय तक 'स्वांक' नामक बैंड में प्रमुख गायक की भूमिका अदा करने के बाद वह एक बार फिर से पढ़ाई की ओर आकर्षित हुआ था। उसने कैलिफोर्निया विश्वविद्यालय (वेस्टवुड, लॉस एंजिल्स, कैलिफोर्निया) से स्नातक, आलोचनात्मक फिल्म अध्ययन की उपाधि हासिल की थी। वर्ष 2000 में जब वह पढ़ ही रहा था तो अपनी आर्थिक जरूरतों को पूरा करने के लिए एक्सड्राइव में उत्पाद परीक्षक (प्रोडक्ट टेस्टर) व विज्ञापन लेखक (कॉपीराइटर) के रूप में शामिल हुआ था। यहीं पर उसकी मुलाकात क्रिस डेवोल्फ से हुई थी और वह उसका शिष्य बन गया था।

वर्ष 2003 की शुरुआत में कंपनी लेखांकन धोखाधड़ी की जाँच के दायरे में आ गई थी। कंपनी को वित्त वर्ष 2002 व 2003 की आय फिर से घोषित करने के लिए मजबूर किया गया था और ब्रैड ग्रीनस्पैन को दुबारा से अधिशेष चुकाने के लिए कहा गया था। इस मामले में अंततः निदेशक मंडल के दबाव में ब्रैड ग्रीनस्पैन को ई-यूनिवर्स के चेयरमैन व सी.ई.ओ. पद से इस्तीफा देना पड़ा था। यह वह वक्त था, जब अमेरिकी संसद् में इ-मेल स्पैम, जिसे कूड़ा (जंक) इ-मेल या अवांछित थोक (बल्क) इ-मेल भी कहा जाता है, का मुद्दा गरम था और उसे रोकने के लिए एक कारगर कानून लाने की तैयारी चल रही थी। यह कैनस्पैम अधिनियम-2003 (अवांछित अश्लीलता व विपणन आक्रमण नियंत्रण अधिनियम/ कंट्रोलिंग दि असाल्ट ऑफ नॉन-सोलिसिटेड पोर्नोग्राफी ऐंड मार्केटिंग एक्ट) के रूप में सामने आया था, जिस पर 16 दिसंबर, 2003 को राष्ट्रपति जॉर्ज डब्ल्यू. बुश ने हस्ताक्षर किए थे।

ऐसे माहौल में क्रिस डेवोल्फ व टॉम ऐंडरसन ने माईस्पेस.कॉम की योजना ई-यूनिवर्स के कर्मचारियों के सामने रखी तो उसे चौतरफा समर्थन मिला था। माइस्पेस.कॉम डोमेन मूल रूप से योरजेड (YourZ).कॉम इनकॉरपोरेशन के स्वामित्व में था, जिसे वर्ष 2002

में क्रिस डेवोल्फ ने 99 डॉलर में खरीदा था, तब उसने इसे ऑनलाइन डाटा संग्रहण व साझेदारी वेबसाइट के रूप में इस्तेमाल करने के लिए सोचा था। तमाम आधारभूत ढाँचे के साथ ही ई-यूनिवर्स के पास कंप्यूटर कार्यक्रम निर्माताओं की तेज-तर्रार टोली थी। लिहाजा अगस्त 2003 में अंतिम फैसला होते ही वेबसाइट के निर्माण पर तेजी से काम शुरू हुआ था।

सह-संस्थापक व मुख्य प्रौद्योगिकी अधिकारी (सी.टी.ओ.) के रूप में अबेर व्हिटकॉम्ब ने माइस्पेस की सॉफ्टवेयर वास्तु कला में अभिन्न भूमिका निभाई थी। उसने उस वक्त के डाटाबेस-आधारित गतिशील सर्वर भाषाओं में सबसे तेज कोल्डफ्यूजन का उपयोग किया था। यह एक संबंधपरक आँकड़ा-आधार प्रबंधन प्रणाली (रिलेशनल डाटाबेस मैनेजमेंट सिस्टम) माइक्रोसॉफ्ट एस.क्यू.एल. सर्वर व कंप्यूटर परिचालन प्रणाली (ऑपरेटिंग सिस्टम) माइक्रोसॉफ्ट विंडोज पर आधारित था। इसके विपरीत, फ्रेंड्स्टर में जावा प्रोग्रामिंग भाषा-आधारित जावा सर्वर पेजेज (जे.एस.पी.) प्रौद्योगिकी का इस्तेमाल हो रहा था। यही कारण था कि संख्या में करीब दस गुना बड़ी प्रोग्राम डेवलपर्स की टीम भी माइस्पेस के विकास की गति का मुकाबला कर पाने में कामयाब नहीं हो सकी थी। माइस्पेस मंच को स्थिरता प्रदान करने में तकनीकी विशेषज्ञ टोआन नगुएन की भी महत्त्वपूर्ण भूमिका रही थी।

हालाँकि क्रिस डेवोल्फ व टॉम ऐंडरसन ने एक अंतरराष्ट्रीय सोशल नेटवर्क के रूप में माईस्पेस.कॉम को विकसित किया था, लेकिन अभिनेताओं, संगीतकारों व कलाकारों की सेवा के रूप में उसकी शुरुआत स्थानीय स्तर पर दक्षिणी कैलिफोर्निया (ग्रेटर लॉस एंजिल्स व ग्रेटर सैन डिएगो) से की थी। अपनी मूल भावना में इस वेबसाइट ने खुद को स्थानीय संस्कृति से जोड़े रखते हुए उपभोक्ता-संस्कृति से प्रेरित युवाओं पर अपना ध्यान केंद्रित किया था, जो अपनी भावनाओं को प्रकट करने, दोस्तों से घुलने-मिलने तथा अपना समुदाय बनाने के दीवाने-से हो रहे थे। शुरुआत में स्थानीय बैंड व क्लब मालिकों (विशेष रूप से इंडी रॉक बैंड) ने माईस्पेस पर अपनी रूपरेखा (प्रोफाइल) बनाने में रुचि दिखाई थी, जिसे कंपनी ने प्राथमिक विपणन उपकरण (मार्केटिंग टूल) के रूप में इस्तेमाल किया था।

माइस्पेस.कॉम को जल्द ही संजाल-प्रभाव (नेटवर्क इफेक्ट) का अनुभव होना शुरू हो गया था। करीब चार महीने के शुरुआती परीक्षण-संचालन के बाद जनवरी 2004 में माईस्पेस ने खुद की आधिकारिक शुरुआत की घोषणा की थी और अगले ही महीने फरवरी में उसके पंजीकृत यूजर्स की संख्या 10 लाख से ऊपर चली गई थी। ऑनलाइन यातायात मूल्यांकन सेवा नेल्सन नेटरेटिंग्स (नेल्सन होल्डिंग) के मुताबिक 1 मार्च, 2004 को पृष्ठ दृश्य (पेज व्यू) मामले में माइस्पेस ने फ्रेंड्स्टर को पीछे छोड़ दिया था। माइस्पेस

के प्रति आकर्षण का सबसे बड़ा कारण था उसका खुलापन। वह यूजर को अपने पृष्ठ पर संपूर्ण नियंत्रण और उस पर लगभग कुछ भी डालने की आजादी प्रदान करता था। प्रत्येक रूपरेखा (प्रोफाइल) अपने मालिक के लिए एक खाली कैनवास की तरह थी और उस अर्थ में 'माइस्पेस' शब्द उपयोगकर्ता को उसकी अपनी मरजी का सबकुछ करने का योरस्पेस प्रदान करता था। इसके अलावा, फ्रेंड्स्टर की गलतियों का फायदा भी माइस्पेस को मिला था। मसलन, फ्रेंड्स्टर ने रूपरेखा मानक को पूरा न करने के चलते बैंड का पंजीकरण खारिज कर दिया था, जिससे संगीत-प्रेमियों का बहुत बड़ा समुदाय माइस्पेस पर आ गया था। इसके अलावा, इस अफवाह ने भी यूजर्स की भगदड़ को बढ़ावा दिया कि जल्द ही फ्रेंड्स्टर अपनी सेवा के लिए शुल्क लागू करने जा रहा था। इन सबसे ऊपर फ्रेंड्स्टर की प्रणालीगत सुस्ती उसके लिए अभिशाप बन गई थी और उतावले किशोर व युवा यूजर्स ने ज्यादा तेज माइस्पेस को अपना मंच बना लिया था।

याद रहे कि फरवरी 2004 में रिचर्ड रोजेनब्लाट ने ब्रैड ग्रीनस्पैन की जगह ई-यूनिवर्स के चेयरमैन व सी.ई.ओ. का पद-भार सँभाला था और अगले माह मार्च में कंपनी का नाम बदलकर 'इंटरमिक्स मीडिया' कर दिया गया था। वुडलैंड हिल्स (सैन फर्नांडो वैली, लॉस एंजिल्स) में पले-बढ़े रोजेनब्लाट ने कैलिफोर्निया विश्वविद्यालय (लॉस एंजिल्स) से स्नातक और उसके अंतर्गत आनेवाले यू.एस.सी. गोल्ड स्कूल ऑफ लॉ से वकालत की पेशेवर उपाधि जे.डी. (जूरिस डॉक्टर) हासिल की थी। उसने अक्तूबर 1994 में ई-वाणिज्य भंडार मंच 'आईमॉल' (iMall) की सह-स्थापना की थी और वर्ष 1996 में उसका सी.ई.ओ. बन गया था। जुलाई 1999 में आईमॉल को 56.55 करोड़ डॉलर में एक्साइट.कॉम को बेचने के बाद उसने कुछ समय तक वहाँ उपाध्यक्ष (ई-वाणिज्य) पद पर काम किया था। उसके बाद वह ग्रेट डोमेन का उप-चेयरमैन व संस्थापक निवेशक बन गया था, जो जल्द ही माध्यमिक डोमेन बाजार की अग्रणी कंपनी बन गई थी। अक्तूबर 2000 में वेरिसाइन इनकॉरपोरेशन ने 10 करोड़ डॉलर में ग्रेट डोमेन को अधिगृहीत कर लिया था। इस बीच अगस्त 2000 में बेचने रोजेनब्लाट ने डॉ. कूप (Dr. Koop).कॉम—संयुक्त राज्य अमेरिका के सर्वाधिक लोकप्रिय सर्जन जनरल (1982-89) चार्ल्स एवेरेट कूप की कंपनी के अंतरिम सी.ई.ओ. का पद-भार सँभाला था। हालाँकि रोजेनब्लाट ने कंपनी को घरेलू स्वास्थ्य देखभाल एवं पोषण उत्पाद सेवा कंपनी के रूप में विकसित करने की कोशिश की थी, लेकिन डॉट कॉम बुलबुले के फटने के बाद वह दिसंबर 2001 में दिवालिया हो गई थी। उसके बाद ऑनलाइन सामुदायिक खेल मंच 'सुपरडूड्स.नेट' का सी.ई.ओ. बन गया था, जहाँ यूजर्स को खुद का सुपर हीरो चरित्र बनाने तथा खेल में हिस्सा लेने का मौका दिया जाता था।

कुल मिलाकर, रोजेनब्लाट की अनुभवी कमान में क्रिस डेवोल्फ व टॉम ऐंडरसन ने

माइस्पेस को न केवल यूजर्स के बीच लोकप्रिय बनाया था, बल्कि उसे आर्थिक सफलता के रास्ते पर भी आगे बढ़ा दिया था। मार्च 2004 में माइस्पेस ने 1.35 लाख डॉलर प्रति माह का राजस्व दर्ज किया था; लेकिन ज्यादा विज्ञापन राजस्व विज्ञापन बटोरने के लालच में डेवोल्फ से एक रणनीतिक चूक हो गई थी कि उसने मायस्पेस के पंजीकृत सदस्यों की रूपरेखा को सार्वजनिक कर दिया था। यह भविष्य में मायस्पेस के लिए काफी नुकसानदेह साबित होने वाली थी। क्योंकि इससे यूजर्स समूहों की नियंत्रित विशिष्टता खत्म हो गई थी। लेकिन यह बात उस वक्त किसी को समझ नहीं आई थी, क्योंकि मंच के सार्वजनिक होने से वेबसाइट पर गैर-पंजीकृत दर्शकों का यातायात भी बढ़ा था, जिससे विज्ञापनदाताओं को लुभाने में आसानी हो रही थी। ऐसे में, जब मैचनेट.कॉम (मशहूर डिजिटल उद्यमी जोए शापिरा द्वारा संचालित डेटिंग वेबसाइट) की तरफ से 4 करोड़ डॉलर का अधिग्रहण प्रस्ताव आया था तो रोजेनब्लाट की पारखी नजर ने भाँप लिया था कि उसे निकट भविष्य में माइस्पेस की अच्छी कीमत मिलने जा रही थी, और उसने उस प्रस्ताव को टाल दिया था।

अगस्त 2004 में माइस्पेस पर रोजाना 23 हजार नए यूजर्स जुड़ रहे थे, जबकि उसके समानांतर 90 हजार पंजीकृत यूजर उस पर मौजूद रहते थे। ऐसे में, जब अक्तूबर 2004 में फ्रेंडस्टर की तरफ से 50:50 हिस्सेदारी पर विलय का प्रस्ताव आया था तो रोजेनब्लाट ने मायस्पेस के लिए 80 फीसदी हिस्सेदारी का प्रस्ताव रखकर सौदे को असंभव बना दिया था। नवंबर 2004 में माइस्पेस के पंजीकृत यूजर्स की संख्या 50 लाख हो गई थी और वह पहली बार मासिक लाभ की स्थिति में आ गई थी। तब महारथी बहुराष्ट्रीय अमेरिकी केबल फिल्म कंपनी वियाकॉम (वीडियो ऐंड ऑडियो कम्युनिकेशंस का संक्षेप) का 3 से 4 करोड़ डॉलर के बीच माइस्पेस को अधिगृहीत करने का प्रस्ताव आया था, लेकिन रोजेनब्लाट ने 4.60 करोड़ डॉलर के मूल्यांकन पर सिलिकॉन वैली की उद्यम पूँजी कंपनी रेडपॉइंट वेंचर्स को 1.15 करोड़ डॉलर में इंटरमिक्स मीडिया की 25 फीसदी हिस्सेदारी बेचने का फैसला किया था।

दिसंबर 2004 में न्यूयॉर्क के अटॉर्नी जनरल इलियट स्पिट्जर द्वारा कंपनी के खिलाफ स्पाइवेयर (जासूसी सॉफ्टवेयर) एवं इ-मेल स्पैम के जरिए गोपनीयता उल्लंघन का दावा ठोंकने की तैयारी की खबर आम होने लगी थी। ब्रैड ग्रीनस्पैन पर ऐसा ही एक अलग मुकदमा चालू हो गया था। फरवरी 2005 में माइस्पेस का यातायात प्रति सप्ताह 6 फीसदी की दर से बढ़ रहा था। दूसरी तरफ, 'फेसबुक' भी सोशल नेटवर्किंग बाजार में तेजी से अपना दखल बढ़ाता जा रहा था। ऐसे में, क्रिस डेवोल्फ ने मार्क जुकरबर्ग से मुलाकात की थी और दोनों कंपनियों के विलय का प्रस्ताव रखा था। लेकिन जुकरबर्ग ने इसके लिए 7.50 करोड़ डॉलर की माँग रख दी थी और मामला टल गया था। अप्रैल 2005 में माइस्पेस पर आगंतुकों का मासिक औसत 1.35 करोड़ पहुँच गया था। इलियट स्पिट्जर

ने 5 करोड़ डॉलर के मुआवजा भुगतान का दावा करते हुए कंपनी के खिलाफ मुकदमा ठोंक दिया था; जबकि इंटरमिक्स मीडिया के पास कुल नकदी 75 लाख डॉलर ही थी। इस गंभीर कानूनी संकट से निपटने के लिए रोजेनब्लाट ने महसूस किया था कि उसके सामने कंपनी की हिस्सेदारी या फिर पूरी कंपनी बेचने के अलावा कोई विकल्प नहीं था। लिहाजा, उसने उचित ग्राहक की तलाश शुरू कर दी थी।

जून 2005 में माइस्पेस पर विशिष्ट आगंतुकों का मासिक औसत 1.77 करोड़ हो गया था। ए.ओ.एल. सहित वियाकॉम व अंतरराष्ट्रीय मीडिया महारथी रूपर्ट मर्डोक के न्यूज कॉरपोरेशन ने माइस्पेस को खरीदने में रुचि दिखाई थी; लेकिन अधिग्रहण की दौड़ में न्यूज कॉरपोरेशन ने आक्रामक तेजी दिखाई थी और 58 करोड़ डॉलर की आश्चर्यजनक कीमत पर इंटरमिक्स मीडिया सहित माइस्पेस का खरीद सौदा पटा लिया था। 75 लाख डॉलर का मुआवजा भुगतान कर इंटरमिक्स मीडिया ने इलियट स्पिट्जर से मुकदमा निपटा लिया था। ब्रैड ग्रीनस्पैन को भी अपने मामले में 7.40 लाख डॉलर के मुआवजा भुगतान करने तथा जासूसी सॉफ्टवेयर के खिलाफ अभियान में 50 हजार डॉलर दान देने के लिए सहमत होना पड़ा था।

17 जुलाई, 2005 को इस ऐतिहासिक सौदे की घोषणा हुई थी। इसमें मायस्पेस की मूल्यांकन हिस्सेदारी करीब 32.70 करोड़ डॉलर आँकी गई थी, जो साल भर बाद तीन गुना से ज्यादा हो जाने वाली थी; लेकिन माइस्पेस के कार्यकारी संस्थापकों को शेयर हिस्सेदारी के बदले सिर्फ 2.14 करोड़ डॉलर की ही प्राप्ति हुई थी। डेवोल्फ को इंटरमिक्स मीडिया में हिस्सेदारी के बदले 15 लाख डॉलर मिले थे। हालाँकि रेडपॉइंट वेंचर्स इस गुपचुप सौदे से नाराज हुआ था, लेकिन उसे नवंबर 2004 में किए गए 1.15 करोड़ डॉलर के उद्यम पूँजी निवेश के बदले 6.50 डॉलर मिला था। दो वर्षों के लिए डेवोल्फ व ऐंडरसन ने 3 करोड़ डॉलर (हरेक) व अबेर व्हिटकोंब सहित कुछ अन्य प्रमुख लोगों ने 1.5 डॉलर (हरेक) के रोजगार अनुबंध पर हस्ताक्षर किए थे। इस सौदे में ब्रैड ग्रीनस्पैन को सबसे अधिक 4.80 करोड़ डॉलर मिला था। इस सौदे में सबसे अहम भूमिका अदा करनेवाले रिचर्ड रोजेनब्लाट को 2.30 करोड़ डॉलर प्राप्त हुआ था। उसके बाद रोजेनब्लाट ने सामाजिक विषय-वस्तु कंपनी 'डिमांड मीडिया' (सांता मोनिका, कैलिफोर्निया) की स्थापना की थी, जो ईहाउ (eHow) जैसी वेबसाइट का संचालन करती है।

खैर, अगले तीन वर्षों में फेसबुक ने आखिरकार माइस्पेस को पछाड़ दिया था। उसके ठीक पहले 22 अप्रैल, 2009 को न्यूज कॉरपोरेशन ने क्रिस डेवोल्फ को सी.ई.ओ. पद से मुक्त करने तथा उसकी जगह फेसबुक के तत्कालीन मुख्य परिचालन अधिकारी (सी.ओ.ओ.) ओवेन वान नाटा की नियुक्ति का ऐलान कर दिया था। अब तक इस कारोबार में रूपर्ट मर्डोक की रुचि खत्म होती चली गई थी और जून 2011 में स्पेसिफिक

मीडिया ग्रुप एवं अमेरिकी गायक-गीतकार-अभिनेता जस्टिन टिंबरलेक ने संयुक्त रूप से महज 3.50 करोड़ डॉलर में माइस्पेस को खरीद लिया था। इस बीच, लगातार छँटनी के चलते कर्मचारियों की संख्या 1,600 से घटकर 200 पर आ गई थी और उसके सोशल नेटवर्किंग का दायरा संगीत उद्योग तक सीमित होता चला गया था। हालाँकि माइस्पेस अभी भी बेवर्ली हिल्स (लॉस एंजिल्स काउंटी, कैलिफोर्निया) स्थित अपने पुराने मुख्यालय से संचालित हो रहा है, लेकिन जून 2014 में कुल इंटरनेट यातायात मूल्यांकन क्रम में वह अमेरिका में 414वें तथा विश्व में 1,017वें स्थान पर गिर चुका था।

द फेसबुक की अवधारणा, शुभारंभ व रणनीति

मार्क जुकरबर्ग पर यह कहावत सटीक बैठती है कि कुछ दुश्मनों के बिना आपको करोड़ों मित्र नहीं मिल सकते। तमाम अध्ययनों से पता चलता है कि हार्वर्ड में आने से पहले ही जुकरबर्ग के दिमाग में सोशल नेटवर्किंग संबंधी ऑनलाइन विकल्प पेश करने के विचारों की कुलबुलाहट शुरू हो गई थी। उसकी यह सोच वर्ष 2003 की गरमी की छुट्टियों में तब और भी पक्की हो गई थी, जब वह हार्वर्ड बिजनेस स्कूल के छात्रावास में एक्सेटर एकेडमी के अपने दो पूर्व सहपाठियों—एडम डी. एंजेलो व कैंग-जिंग के साथ रह रहा था। एंजेलो कैलटेक का छात्र था, जबकि कैंग-जिंग हार्वर्ड में जुकरबर्ग के साथ ही कंप्यूटर विज्ञान पढ़ रहा था। तीनों के पास कंप्यूटर कार्यक्रम निर्माण करने की काफी कमाई करनेवाली ग्रीष्मकालीन नौकरियाँ थीं, लेकिन किसी का भी उसमें मन नहीं लग रहा था; खासतौर पर जुकरबर्ग का अपनी प्रेमिका से संबंध-विच्छेद हो गया था। तीनों के पास मौज-मस्ती करते हुए नए विचारों पर माथा-पच्ची करने का भरपूर वक्त था। सभी इंटरनेट की अगली क्रांतिकारी सॉफ्टवेयर रचना के बारे में सोच रहे थे और इस चिंतन के केंद्र में सोशल नेटवर्किंग ही था।

पिछले साल कैलटेक में दाखिला लेने के बाद ही एडम डी. एंजेलो ने छात्रावास से अपनी खुद की उत्तेजक परियोजना—बडी जू (Buddy Zoo) शुरू कर चुका था। इस वेबसाइट पर यूजर्स को खुद के ए.ओ.ल. इंस्टेंट मेसेंजर (ए.आई.एम.)—ए.ओ.एल. (अमेरिका ऑनलाइन) की त्वरित संदेश सेवा की मित्र-सूची (बडी लिस्ट) को डालने और दूसरों की सूची के साथ तुलना करने के लिए आमंत्रित किया गया था। आप देख सकते थे कि किसने किन मित्रों को साझा किया था और अपने सामाजिक संबंधों का विस्तार कर सकते थे। उस वक्त ए.आई.एम. अमेरिकी युवाओं सहित काफी संख्या में वयस्कों के बीच भी सबसे लोकप्रिय संचार सेवा थी। लाखों यूजर्स ने खुद को बडी जू पर पंजीकृत कराया था और एडम डी. एंजेलो को अचानक ऑनलाइन सेलेब्रिटी (इंटरनेट पर मशहूर व्यक्ति) की सूची में भी आने का मौका मिला था; लेकिन वह उस संभावनाशील परियोजना को

व्यावसायिक रूप प्रदान करने में असफल रहा था। यातायात सँभालने के लिए बडी जू की लगातार बढ़ रही सर्वर लागत एवं अन्य कार्यक्रम-निर्माण संबंधी चुनौतियों को पूरा कर पाना अकेले एंजेलो के बूते के बाहर की बात थी। वह इस परियोजना के लिए कोई निवेशक नहीं जुटा सका था और बडी जू का सपना ठोस आकार लेने से पहले ही टूट चुका था; लेकिन इस प्रौद्योगिकी दुर्घटना ने एक निश्चित दिशा की तरफ इशारा किया था।

जाहिर है कि जुकरबर्ग ने इस घटना से भी बहुत कुछ सीखा था। लिहाजा, गरमी की छुट्टियों के बाद उसने 'कोर्समैच' की रचना की थी, जो काफी सफल रहा था। उसके बाद उसने 'फेसमैश' की रचना की थी, जो जोरदार प्रभाव के बावजूद दुर्घटनाग्रस्त हो चुका था। हैरान होने की जरूरत नहीं कि अनुशासनात्मक काररवाई से बाल-बाल बचने के बाद जुकरबर्ग अकेला-सा हो गया था। फेसमैश में बढ़-चढ़कर सुझाव देनेवाले सह-निवासी मित्रों का उत्साह ठंडा पड़ चुका था और वे अपने पाठ्यक्रमों को पूरा करने में जुट गए थे। लेकिन जुकरबर्ग जुनूनी हैकर था। अगले एक माह के दौरान बीतते दिनों के साथ उसकी बेचैनी बढ़ती चली गई थी। अपने पाठ्यक्रम व 'हार्वर्ड कनेक्शन' के विचारों के बीच उसके दिमाग में अगली परियोजना ठोस आकार लेती जा रही थी। लिहाजा, शीतकालीन अवकाश (20 दिसंबर, 2003 से 2 जनवरी, 2004) के दौरान उसने नई वेबसाइट कूटलिपि रचना (कोडिंग) का काम तेज कर दिया था। एक अलग परियोजना पर काम शुरू किया था। अवकाश से लौटने के बाद 11 जनवरी, 2004 को वह ज्ञानक्षेत्र पंजीकरण करनेवाली सबसे बड़ी कंपनियों में से एक 'रजिस्टर.कॉम' पर गया था और अपने क्रेडिट कार्ड से 35 डॉलर का भुगतान कर एक वर्ष के ली वेब पता/नाम—'द फेसबुक.कॉम' (thefacebook.com) का स्वत: ऑनलाइन पंजीकरण करा लिया था।

जुकरबर्ग ने इस वेबसाइट के लिए कोर्समैच व फेसमैश के अलावा उस वक्त विश्वविद्यालय छात्रों के बीच लोकप्रिय सोशल नेटवर्किंग सेवा फ्रेंड्स्टर से विचार उधार लिये थे। वह खुद भी फ्रेंड्स्टर पर पंजीकृत सदस्य था, जैसा कि हम जानते हैं कि उस वक्त तक अन्य सोशल नेटवर्क की तरह फ्रेंड्स्टर भी यूजर्स को अपने दोस्तों के नेटवर्क के जरिए मुख्य रूप से अंतरंग-जोड़ीदार खोजने का ही मंच था। जाहिर है कि यह हार्वर्ड में भी काफी लोकप्रिय हुआ था; लेकिन वर्ष 2003 के अंत तक तकनीकी गड़बड़ियों के चलते आई सुस्ती के चलते फ्रेंड्स्टर का आकर्षण कमजोर पड़ना शुरू हो गया था। इसका फायदा उठाकर देश के हिस्सों में माइस्पेस की लोकप्रियता तूफानी गति से बढ़ रही थी; लेकिन हार्वर्ड में वह अपनी खास जगह नहीं बना सका था।

फेसमैश की दुर्घटना के बाद हार्वर्ड प्रशासन ने भी घोषणा की थी कि वह जल्द ही सभी छात्रावास सदनों के अलग-अलग फेसबुक को एकीकृत कर एक खोजने योग्य सामूहिक ऑनलाइन मंच (वेबसाइट) तैयार करेगा; लेकिन इस दिशा में कोई ठोस

काम नहीं हो रहा था। अभी भी 'फ्रेशमैन रजिस्टर' नाम से प्रकाशित होनेवाली छात्र निर्देशिका ही लोकप्रिय थी, जबकि उसमें सिर्फ नए दाखिला लेनेवाले छात्रों की तसवीरों को ही शामिल किया जाता था। इसकी प्रतियों की जबरदस्त माँग थी, खासतौर पर लड़के इन निर्देशिकाओं में सबसे खूबसूरत लड़कियों की तसवीरों पर घेरा लगाते थे और आपस में तुलना कर उन पर व्यापक टिप्पणियाँ की जाती थीं। लेकिन अब छात्रों को समूचे विश्वविद्यालय के ऑनलाइन एकीकृत फेसबुक का अभाव काफी खटकने लगा था। फ्रेंड्स्टर के उपयोग के बाद वे समझ चुके थे कि ऑनलाइन फेसबुक पर क्या-क्या किया जा सकता था। यह भी बहुत साफ था कि ऑनलाइन निर्देशिकाएँ तैयार करना कोई बड़ी बात भी नहीं थी। यदि सिलिकॉन वैली या सैन फ्रांसिस्को में बैठा कोई उद्यमी इस काम को कर सकता था तो हार्वर्ड प्रशासन क्यों नहीं?

'फ्रेशमैन रजिस्टर' नाम से प्रकाशित होनेवाली छात्र निर्देशिका ही लोकप्रिय थी, जबकि उसमें सिर्फ नए दाखिला लेनेवाले छात्रों की तसवीरों को ही शामिल किया जाता था।

छात्रों की यह भावना आश्चर्यजनक रूप से सामने आने लगी थी। 11 दिसंबर, 2003 को छात्र समाचार-पत्र 'हार्वर्ड क्रिमसन' ने इस मुद्दे पर बाकायदा संपादकीय प्रकाशित किया था। उस आलेख का शीर्षक था—'खुश चहरे को ऑनलाइन करो', जिसमें समूचे विश्वविद्यालय के इलेक्ट्रॉनिक फेसबुक की जरूरत पर बल देते हुए लिखा गया था कि यह सभी के लिए मददगार व मनोरंजक होगा। संपादक ने बाकायदा यह भी उल्लेख किया था कि यह सब तकनीकी रूप से कैसे संभव हो सकता था। साथ ही ऐसी प्रणालियों में अपनी सूचनाओं पर छात्रों के खुद के नियंत्रण की जरूरत पर काफी जोर दिया गया था।

उस समय जुकरबर्ग गणित में ग्राफ थ्योरी की कक्षा में हिस्सा ले रहा था। सभी इसी मुद्दे पर चर्चा कर रहे थे। शीतकालीन छुट्टियों से ठीक पहले, जब उस कक्षा के सभी छात्र एक रात्रिभोज के लिए इकट्ठे बाहर गए थे, तो लगातार इसी मुद्दे पर बहस चलती रही थी कि एक सार्वभौमिक फेसबुक की जरूरत थी। जाहिर है कि इस दिशा में कुछ कर पाने की सबसे ज्यादा उम्मीद जुकरबर्ग से ही की थी; लेकिन उसने किसी को कुछ भी नहीं बताया कि वह इस मुद्दे पर पहले से ही काम कर रहा था। उसके मन में अब यह बात पूरी तरह से साफ हो गई थी कि इस काम को अंजाम तक पहुँचाने का असल मौका सामने आ चुका था, जिसमें ज्यादा देरी करना उचित नहीं होगा। लिहाजा, शीतकालीन छुट्टियों के दौरान अपने डोब्स फेरी निवास के एकांत में उसने कार्यक्रम-संरचना को अंतिम रूप दे दिया था।

वेबसाइट पर डाली जानेवाली सूचनाओं के स्वत्वाधिकार से जुड़े कानूनी मुद्दे

सबसे अहम थे, जो कि फेसमैश की दुर्घटना के कारण बने थे; लेकिन 'हार्वर्ड क्रिमसन' के उक्त संपादकीय में जुकरबर्ग को इस समस्या का भी हल मिल गया था। उस लेख में सुझाया गया था कि यदि वेबसाइट खुद को उन्हीं छात्रों तक ही सीमित रखे, जो स्वेच्छा से अपनी तसवीर डालते हों तो फेसमैश को घेरनेवाली अधिकांश समस्याओं को खत्म किया जा सकता है। जुकरबर्ग ने इस बार यही रणनीति बनाई थी कि उसकी वेबसाइट अपनी तरफ से कोई सामग्री नहीं डालेगी; जो भी करना है, खुद यूजर ही करेगा और उसके लिए वही जिम्मेदार भी होगा। वास्तविक सूचनाओं पर आधारित विश्वसनीय निर्देशिका बनाने की जुकरबर्ग की ललक के साथ मिलकर यह अंतर्दृष्टि फेसबुक की मूल अवधारणा (कोर कॉन्सेप्ट) बन गई थी। हार्वर्ड के छात्रों के लिए शुरू की जानेवाली यह सेवा फ्रेंड्स्टर की तरह अंतरंग-जोड़ीदार खोजनेवाली डेटिंग वेबसाइट नहीं थी। यह सहपाठियों व उनसे जुड़ी घटनाओं पर नजर रखने की साधारण समस्या को दूर करनेवाला बुनियादी संचार उपकरण था।

जुकरबर्ग ने 'फेसबुक' के लिए ऑनलाइन त्वरित संवाद सेवा—ए.आई.एम. (ए.ओ.एल. इंस्टेंट मेसेंजर) से प्रेरणा ली थी। ए.आई.एम. यूजर्स द्वारा अपनी रचनात्मकता को दिखाने के लिए अकसर इस्तेमाल किए जानेवाले छोटे व सारगर्भित वाक्यांशों से जुकरबर्ग काफी प्रभावित था। हालाँकि उसमें लिखने की काफी कम जगह होती थी, फिर भी उसके जरिए यूजर राजनीतिक बयानबाजी, मजाक व जरूरी सूचनाओं का आदान-प्रदान करते थे। यह ए.आई.एम. संवाद जुकरबर्ग के लिए इतना ज्यादा महत्त्वपूर्ण था कि उसने काफी पहले इसके लिए एक सचेतक अनुप्रयोग (अलर्ट एप्लीकेशन) की भी रचना थी। यह अनुप्रयोग ए.आई.एम. नेटवर्क के यूजर्स को उनके मित्रों द्वारा संवाद बदले जाने की स्थिति में तत्काल सचेतक संवाद भेजता था। जाहिर है कि जुकरबर्ग ने इस अनोखे अनुप्रयोग को भी फेसबुक का हिस्सा बनाया था। याद रहे कि उसने मिडिल स्कूल में पढ़ते समय जुकनेट सॉफ्टवेयर की रचना की थी, जो उसके पिता के चिकित्सालय में त्वरित संवाद (उसके एक साल बाद वर्ष 1997 में ए.आई.एम. सेवा शुरू हुई थी) भेजने का अनुप्रयोग था। इन्हीं विरासती प्रौद्योगिकियों का मिला-जुला इस्तेमाल आजकल फेसबुक पर मित्रों के स्टेटस अपडेट की सूचना के लिए किया जाता है।

कोर्समैच व फेसमैश दोनों का संचालन किर्कलैंड हाउस के इंटरनेट व जुकरबर्ग के लैपटॉप से हुआ था; लेकिन कोर्समैच की सफलता ने लैपटॉप के हार्ड ड्राइव को खा लिया था, जिसमें जुकरबर्ग ने बहुत सारा डाटा खो दिया था। फेसमैश के मामले में प्रशासनिक समिति के सामने जो मुसीबत आई थी, उसका एक बड़ा कारण यह था कि उसने उसकी मेजबानी (होस्टिंग) के लिए हार्वर्ड के इंटरनेट नेटवर्क का इस्तेमाल

किया था। इसलिए इस बार उसने ज्यादा गंभीर तरीका अपनाया था। उसने ऑनलाइन खोज की थी और उसे एक इंटरनेट होस्टिंग कंपनी मैनेज.कॉम मिल गई थी, जहाँ उसने अपने क्रेडिट कार्ड से 85 डॉलर प्रतिमाह की दर पर एक कंप्यूटर सर्वर के स्थान का भुगतान करना शुरू कर दिया था। यानी, अब द फेसबुक.कॉम का सॉफ्टवेयर कार्यक्रम व अन्य डाटा वहीं पर निवास करेगा। यह द फेसबुक.कॉम होगा, न कि हार्वर्ड.एडू. नेटवर्क। वैसे, वह निश्चित नहीं था कि इस परियोजना का अंत क्या होगा, लेकिन उसके अवचेतन मन में यह पक्की धारणा थी कि यह संक्षिप्त मनोरंजन से कुछ ज्यादा होगा। क्या? पता नहीं।

यहाँ यह तथ्य भी सामने आता था कि जुकरबर्ग ने सोचा था कि कुछ असामान्य घटना हो सकती थी। लिहाजा, उसने व्यापार की समझ रखनेवाले सहपाठी एडुअर्डो सवेरिन के साथ भी एक सौदा किया था। उसने शुरुआती छोटे निवेश व व्यापारिक मामले को सँभालने के बदले में सवेरिन को द फेसबुक.कॉम में एक-तिहाई हिस्सा देने का प्रस्ताव किया था। दोनों ने इस परियोजना में एक-एक हजार डॉलर का निवेश करने का फैसला किया था।

एडुअर्डो लुइज सवेरिन साओ पाउलो (ब्राजील) में एक धनाढ्य यहूदी ब्राजीली परिवार में पैदा (19 मार्च, 1982) हुआ था। उसका परिवार बाद में रियो डी जेनेरियो में स्थानांतरित हो गया था। एडुअर्डो के पिता उद्योगपति थे, जो निर्यात, वस्त्र, नौवहन (शिपिंग) व रियल एस्टेट आदि कारोबार में सक्रिय थे। वर्ष 1993 में यह उजागर हुआ था कि पिता की संपत्ति के चलते एडुअर्डो का नाम एक कुख्यात अपहरण गिरोह की फिरौती-सूची में आ चुका था। नतीजतन, परिवार रहने की सुरक्षित जगह खोजने के लिए संयुक्त राज्य अमेरिका में प्रवास कर गया था और कुछ समय बाद मियामी (फ्लोरिडा) में बस गया था। सवेरिन ने मियामी में गुलिवर प्रीपरेटरी स्कूल से बारहवीं की थी, फिर हार्वर्ड विश्वविद्यालय में स्नातक-अर्थशास्त्र पाठ्यक्रम में दाखिल हुआ था। वह हार्वर्ड के महँगे व प्रतिष्ठित छात्र क्लब फीनिक्स-एस.के. क्लब का सक्रिय सदस्य होने के साथ ही विश्वविद्यालय के छात्र निवेश संगठन हार्वर्ड इन्वेस्टमेंट एसोसिएशन का अध्यक्ष भी था। वह एक बेहतरीन शतरंज खिलाड़ी था और अपने सहपाठियों के बीच अद्भुत गणित-प्रतिभा (मैथ जीनियस) के रूप में जाना जाता था। हाल में ही सवेरिन ने ब्राजील के सुस्त अंतरंगी व्यापार (इनसाइडर ट्रेडिंग) नियमों का फायदा उठाया था और तेल उद्योग में रणनीतिक निवेश के माध्यम से 3 लाख डॉलर की कमाई की थी। 'हार्वर्ड क्रिमसन' ने उसकी इस कामयाबी को जमकर प्रचारित किया था। वह वैश्विक यहूदी महाविद्यालय बिरादरी अल्फा एप्सिलॉन पाई (हार्वर्ड शाखा) में भी सक्रिय था, जहाँ उसकी दोस्ती मार्क जुकरबर्ग से हुई थी।

द फेसबुक.कॉम का शुभारंभ व रणनीति—बुधवार, 4 फरवरी, 2004 की दोपहर में जुकरबर्ग ने अपने लैपटॉप पर मैनेज.कॉम पर अपने खाते को खोला था, फिर उसके एक खास वेब लिंक पर क्लिक किया था और द फेसबुक.कॉम चालू (लाइव) हो गया था। इस वेबसाइट के मुख्य चित्रपट पर लिखा गया था—

''द फेसबुक.कॉम एक ऑनलाइन निर्देशिका है, जो महाविद्यालयों में सोशल नेटवर्क के माध्यम से लोगों को जोड़ती है। हमने हार्वर्ड विश्वविद्यालय के लोकप्रिय उपभोग के लिए द फेसबुक.कॉम को खोल दिया है। आप द फेसबुक.कॉम का उपयोग कर सकते हैं—अपने विद्यालय (महाविद्यालय) में लोगों की खोज के लिए अपने वर्ग के लोगों का पता लगाएँ, अपने दोस्त के दोस्तों को देखें, अपने सोशल नेटवर्क के प्रत्यक्षीकरण (विजुअलाइजेशन) को देखें।''

जुकरबर्ग ने खुद के नाम के आगे यूजर संख्या-4 का नामपत्र चिपकाया था। (पहले तीन खातों को परीक्षण के लिए सुरक्षित रखा गया था।) छात्रावास सह-निवासियों क्रिस ह्यूजेस को यूजर संख्या-5 व डस्टिन मोस्कोवित्ज को यूजर संख्या-6 का नामपत्र आवंटित किया गया था, जबकि एडुअर्डो लुइज सवेरिन को उपयोगकर्ता संख्या-7 मिला था।

जुकरबर्ग के सहपाठी व दोस्त एंड्रयू मैककोलम ने इस वेबसाइट के प्रतीक चिह्न (लोगो) की बनावट (डिजाइन) तैयार की थी। इसके लिए उसने मशहूर अमेरिकी फिल्म अभिनेता अल्फ्रेडो जेम्स अल पचीनो की तसवीर का इस्तेमाल किया था, जो उसे इंटरनेट पर मिल गया था। पचीनो को खासतौर पर 'गॉडफादर' (फिल्म शृंखला) के काल्पनिक माफिया सरगना चरित्र माइकल कोरलियॉन की भूमिका के लिए जाना जाता है। मैककोलम ने पचीनो की उस तसवीर को अंकीय माध्यम (डिजिटल मीडिया) के प्राथमिक घटकों—शून्य व एक अंकों से फॉग (ढकने की ग्राफिक प्रक्रिया) किया था। जी हाँ, यह एक ऐतिहासिक तथ्य है कि द फेसबुक पर प्रदर्शित पहला चेहरा माफिया सरगना का ही था। आखिर इस तसवीर के जरिए क्या कहने की कोशिश की गई थी? जाहिर है, जुकरबर्ग ने हार्वर्ड समुदाय में खुद की लोकप्रिय कुख्यात छवि को कलात्मक अंदाज में पेश किया था और खुला संकेत दिया था कि वह द फेसबुक पर अपनी पुरानी हैकिंग गतिविधियों को जारी रखने वाला था।

बस, शुरू होते ही द फेसबुक का सॉफ्टवेयर बहुत तेजी से फैलने लगा था। शुरुआती यूजर्स में जुकरबर्ग के किर्कलैंड हाउस छात्रावास सदन के पड़ोसी ही थे। उन्होंने अपने जानकार छात्रों को इस मंच पर शामिल होने और उनका दोस्त बनने के लिए निमंत्रण इ-मेल भेज दिया था। आगे इ-मेल प्राप्त करनेवाले छात्रों ने अपने जानकारों को निमंत्रण इ-मेल भेज दिया। किसी ने किर्कलैंड हाउस की करीब 300 छात्रों की समूची डाक-सूची (मेलिंग लिस्ट) पर इ-मेल भेज दिया था। कई खाते

लगभग तत्काल ही खुल गए थे। जल्द ही यह सिलसिला संक्रामक (वायरल) विस्फोट की शक्ल ले चुका था। शुरू होने के चार दिनों बाद रविवार तक 650 हार्वर्ड छात्र द फेसबुक.कॉम पर पंजीकृत हो चुके थे। सोमवार को 300 और छात्र उस समुदाय में हो गए थे। हार्वर्ड के तमाम छात्रावासों के भोजनालयों व कक्षाओं में द फेसबुक.कॉम मुख्य चर्चा का विषय बन गया था।

लोग इसके इस्तेमाल से खुद को रोक नहीं पा रहे थे। वेबसाइट पर खुद को दर्ज करने (साइन अप) करने के लिए हरेक को अपनी एक तसवीर तथा कुछ निजी सूचनाओं के साथ अपनी रूपरेखा (प्रोफाइल) तैयार करनी पड़ती थी। निजी सूचनाओं को भरने के लिए लटकती सूची (ड्रॉपडाउन मेनू) खुलती थी। इसके जरिए आप अपने रिश्ते की स्थिति का संकेत दे सकते थे। लटकती सूची में इसके लिए तीन विकल्प मौजूद थे। अकेला, एक संबंध में व खुले संबंध में, जिनमें से किसी एक पर क्लिक करना होता था। इस सूची में आप अपना फोन नंबर, ए.आई.एम. यूजर नेम, इ-मेल पता भी भर सकते थे। इस सूची में 'कोर्समैच' से प्रेरित सुविधा को भी शामिल किया गया था, जिसमें आप अपने पाठ्यक्रमों की जानकारियाँ भर सकते थे। लटकती सूची में अन्य जानकारियाँ भरने के विकल्प भी दिए गए थे। पसंदीदा किताबें, फिल्म व संगीत, आप किन क्लबों में हैं, राजनीतिक संबद्धता—बहुत उदार/उदारवादी/रूढ़िवादी/अति रूढ़िवादी/ बेपरवाह व पसंदीदा उद्धरण।

याद रहे कि द फेसबुक.कॉम की अपनी कोई सूचना सामग्री नहीं थी। यह सिर्फ एक सॉफ्टवेयर प्रोग्राम था, जो अपने यूजर्स को खुद की सूचना सामग्रियाँ रचने या भरने की सुविधा देता था। निजता नियंत्रण (प्राइवेसी कंट्रोल) इस वेबसाइट की मूल बनावट का हिस्सा था; लेकिन इस मंच पर शामिल होने के लिए कड़े प्रतिबंध भी लगाए गए थे। यदि आपके पास हार्वर्ड.एडू इ-मेल पता नहीं है तो आप शामिल नहीं हो सकते और आपको अपने असली नाम का भी उपयोग करना पड़ता था। द फेसबुक.कॉम विशिष्ट बनाने के साथ-साथ यह भी सुनिश्चित करता था कि यूजर्स वही थे, जो वे वास्तव में थे। लोगों की पहचान को इस तरीके से सत्यापित करना, द फेसबुक.कॉम को अन्य प्रतिस्पर्धी मंचों—फ्रेंड्स्टर.कॉम व माइस्पेस.कॉम से मौलिक रूप से अलग करता था। द फेसबुक.कॉम पर आप निजता के विकल्पों को खुद से सुनियोजित कर सकते थे और सुनिश्चित कर सकते थे कि आपकी किन जानकारियों को कौन देख सकता था। आप इसे मौजूदा छात्रों, सिर्फ अपनी कक्षा के छात्रों या फिर सिर्फ अपने छात्रावास के निवासियों तक सीमित कर सकते थे।

एकबारगी आप स्वयं अपनी रूपरेखा तैयार कर लेते थे तो संवाद की प्रक्रिया शुरू हो जाती थी। यह बहुत सीमित था। दूसरों को अपना दोस्त बनने के लिए आमंत्रित

करने के बाद आप अपने सोशल नेटवर्क का मानचित्र देख सकते थे, जो आपसे जुड़े सभी लोगों को दिखता था। हरेक यूजर के मुखपृष्ठ पर पोक (कुरेदने) की सुविधा भी थी, जिसके जरिए दूसरे यूजर्स को कुछ निर्देशित कर सकते थे। सीधी भाषा में कहें तो इसके जरिए आप अपनी तरफ ध्यान आकर्षित करने के लिए अन्य यूजर्स/दोस्तों की तरफ उँगली कर सकते थे। जब कोई ऐसा करता था तो दूसरों के मुखपृष्ठों पर इसका संकेत दिखने लगता था। इस सुविधा का क्या मतलब था? जुकरबर्ग ने इस सवाल का वेबसाइट पर बेपरवाह सा जवाब भेजा हुआ था—*"हमने यह सोचा था कि एक सुविधा, जिसका कोई खास उद्‌देश्य नहीं था, बनाना मजेदार होगा¨तो इसके साथ आसपास गड़बड़ी फैलाएँ, क्योंकि आपको हमारी तरफ से स्पष्टीकरण नहीं मिलने वाला है।"*

जाहिर है कि जुकरबर्ग ने यह सब मजाकिया अंदाज में कहते हुए युवा मन को उकसा दिया था--आप जो चाहें, करें; हम आपसे कोई पूछताछ नहीं करनेवाले। जी हाँ, द फेसबुक की अधिकांश गतिविधि युवा वयस्कों की चाहतों के आसपास केंद्रित थी। रूपरेखा सूचना-सूची में आपसे यह भी पूछा जाता था कि आप किसमें रुचि रखते हैं? इसके दो विकल्प थे—पुरुष या स्त्री। जब आप यह विकल्प चुन लेते थे तो लटकती सूची का अगला सवाल था कि आप अकेले हैं या किसी से संबंध में या फिर खुले संबंध में इसे भरने के बाद पूछा जाता था आप किसे ढूँढ़ रहे हैं? सबसे ज्यादा अनायास खेल (रैंडम प्ले) का विकल्प चुना जाता, जिसका सीधा मतलब होता था—जो भी मिल जाए और सबसे ज्यादा पोक किसे भेजा जाता था? जाहिर है कि सुंदर लड़कियों को। यदि उसने आपके पोक का जवाब दे दिया तो आप समझ सकते थे कि वह क्या चाहती थी। आखिरकार यह महाविद्यालय था, सभी युवा थे। सबकी एक ही दिली ख्वाहिश थी। कोई खूबसूरत प्रेमिका, यानी द फेसबुक.कॉम हार्वर्ड के छात्र-छात्राओं को अपने दोस्तों की गतिविधियों की जानकारियाँ देने के अलावा मन-माफिक प्रेमिका या प्रेमी ढूँढ़ने व आजमाने का भी मौका देता था।

लेकिन द फेसबुक.कॉम कई रचनात्मक मौके भी देता था। अधिकांश छात्र-छात्राओं ने एक संपूर्ण मंच के रूप में अपनाया था। उन्होंने इस मंच पर अलग-अलग कक्षाओं के लिए कई अध्ययन-समूहों की रचना की थी, जो आपस में एक-दूसरे से विषय सामग्रियों का आदान-प्रदान करते थे। किसी मसले पर विचार-विमर्श करते थे और तमाम अध्ययन समस्याओं को आसानी से सुलझा लेते थे। जल्द ही इसके जरिए क्लबों की बैठकों या पार्टियों की सूचनाओं तथा अन्य तमाम तरह की जानकारियों का आदान-प्रदान किया जाने लगा था। कुल मिलाकर यह हार्वर्ड के छात्रों की आत्म-अभिव्यक्ति (सेल्फ एक्सप्रेशन) का ऑनलाइन औजार बन गया था, यहाँ तक कि इस ऑनलाइन मंच के विकास के प्रारंभिक चरण में भी यूजर्स ने पहचानना शुरू कर दिया था कि

उनके स्वयं के कई पहलू हैं, जिन्हें द फेसबुक.कॉम के मुखपृष्ठ पर प्रोजेक्ट किया जा सकता था।

द फेसबुक.कॉम हार्वर्ड के छात्र-छात्राओं को अपने दोस्तों की गतिविधियों की जानकारियाँ देने के अलावा मन-माफिक प्रेमिका या प्रेमी ढूँढ़ने व आजमाने का भी मौका देता था।

द फेसबुक.कॉम की कोर्समैच जैसी सुविधा भी उस वक्त छात्रों के लिए काफी मददगार साबित हुई थी, जब यह वेबसाइट शुरू हुई थी। तब छात्र अगले सत्र की कक्षाओं का चुनाव करने में मशगूल थे। हार्वर्ड में इस समयावधि को 'शॉपिंग वीक' कहा जाता था, जब सारी कक्षाएँ शुरू हो जाने के बाद छात्रों को अपनी मरजी से किसी कक्षा को जोड़ने या हटाने की छूट मिलती थी। 'कोर्समैच' की तरह इस सुविधा के जरिए कोई भी यह देख सकता था कि किस पाठ्यक्रम को अब तक किन लोगों ने चुन लिया था और फिर उस हिसाब से अपनी कक्षाओं का चयन कर सकता था। जाहिर है कि शुभारंभ के वक्त इस सुविधा ने छात्रों को द फेसबुक.कॉम के इस्तेमाल के लिए सबसे ज्यादा आकर्षित किया था। जी हाँ, यह जुकरबर्ग की शुभारंभ रणनीति थी। उसने जान-बूझकर अपनी वेबसाइट को चालू करने के लिए इस मौके को चुना था, क्योंकि उसको पहले से पता था कि कोर्समैच जैसी सुविधा छात्रों की कितनी मददगार होगी।

दूसरी तरफ, किर्कलैंड हाउस के अपने सुइट की श्वेत-पट्टिका पर अब जुकरबर्ग ने द फेसबुक.कॉम की प्रगति का ग्राफ बनाना शुरू कर दिया था। इसमें वेबसाइट की तमाम गतिविधियों—रोजाना शामिल होनेवाले यूजर्स की कुल संख्या, सुविधाओं की लोकप्रियता का मूल्यांकन और सबसे ज्यादा दोस्त बनानेवाले यूजर्स के नामों को विभिन्न सारणियों में पेश किया जाता था। शुभारंभ के पाँच दिनों बाद 9 फरवरी, 2004 को 'हार्वर्ड क्रिमसन' ने जुकरबर्ग का साक्षात्कार प्रकाशित किया था। अन्य बातों के अलावा उसने साफ किया था कि वह फेसमैश की गलतियों के प्रति सावधान था और यह भी ध्यान रख रहा था कि कोई यूजर स्वत्वाधिकार के दायरे में आनेवाली सामग्रियों को वेबसाइट पर न डाल सके। जुकरबर्ग ने साफ किया था कि उसने यह वेबसाइट राजस्व उगाही के इरादे से नहीं, बल्कि मुख्य रूप से मौज-मस्ती के लिए बनाई थी। यह बयान कभी भी जुकरबर्ग का पीछा नहीं छोड़ने वाला था।

□

तेज बढ़त का उत्साह और सिलिकॉन वैली की उम्मीदें

शुरू होने के तीन सप्ताह में द फेसबुक.कॉम के यूजर्स की संख्या 6,000 से ऊपर चली गई थी। शुरुआती कुछ दिनों में ही जुकरबर्ग ने भाँप लिया था कि उसे इस वेबसाइट को संचालित करने तथा सँभालने के लिए सहायता की जरूरत पड़ेगी। लिहाजा, उसने अपने सबसे नजदीकी सह-निवासियों से ही हाथ बँटाने को कहा था। करीब एक सप्ताह बाद उसने डस्टिन मोस्कोवित्ज के साथ सबसे पहले रोजगार-अनुबंध पर हस्ताक्षर किया था।

असल में हुआ यह था कि जुकरबर्ग की व्यस्तता को देखते हुए मोस्कोवित्ज ने खुद ही आगे बढ़कर मदद करने का प्रस्ताव रखा था। चूँकि वह प्रोग्रामिंग के बारे में कुछ भी नहीं जानता था, इसलिए जुकरबर्ग ने हँसते हुए पूछा था कि वह कैसे मदद करेगा। बस, फिर क्या था। वह कुछ ही दिनों बाद वह गतिशील कार्यक्रम निर्माण भाषा पर्ल सिखानेवाली किताब 'पर्ल फॉर डम्मीज' लेकर आया था और कहा था, अब मैं तैयार हूँ। हालाँकि द फेसबुक की कार्यक्रम भाषा जावा थी, फिर भी मोस्कोवित्ज के उत्साह को देखते हुए जुकरबर्ग ने उसे 5 फीसदी हिस्सेदारी देने का फैसला किया था। इस तरह जुकरबर्ग ने खुद की हिस्सेदारी घटा कर 65 फीसदी और सवेरिन की घटाकर 30 फीसदी कर दी थी। मोस्कोवित्ज का मुख्य काम अन्य विश्वविद्यालय परिसरों में विस्तार की अगुआई करना था। असल में दूसरे सप्ताह से ही जुकरबर्ग को अन्य विश्वविद्यालयों के विद्यार्थियों के इ-मेल आने शुरू हो गए थे कि उन्हें कब से शामिल किया जाएगा।

हार्वर्ड सहित अन्य विश्वविद्यालयों में विस्तार

वैसे तो द फेसबुक की शुरुआती अवधारणा हार्वर्ड विश्वविद्यालय की छात्र-निर्देशिका फेसबुक का विकल्प बनाना था, लेकिन शुरू से ही जुकरबर्ग ने अन्य विश्वविद्यालयों में विस्तार की अपनी मंशा को प्रकट कर दिया था। उसने द फेसबुक.कॉम

के मुखपृष्ठ पर घोषित किया था कि यह एक ऑनलाइन निर्देशिका थी, जो लोगों को महाविद्यालयों के सोशल नेटवर्क्स के जरिए जोड़ती थी। उस घोषणा में यूँ ही 'हार्वर्ड' शब्द की जगह 'महाविद्यालय' नहीं लिखा गया था, बल्कि यह जुकरबर्ग की सुनियोजित रणनीति थी कि यदि वेबसाइट हार्वर्ड में सफल हुई तो वह उसका अन्य विश्वविद्यालयों में विस्तार करेगा।

मोस्कोवित्ज ने शिद्दत के साथ जुकरबर्ग की कूटलिपि की नकल कर सीखना शुरू कर दिया था। हालाँकि वह कार्यक्रम निर्माण में तेज नहीं था, लेकिन तत्काल जाहिर हो गया कि उसमें कठिन परिश्रम करने की जबरदस्त क्षमता थी। जुकरबर्ग के उतावलेपन के उलट वह आश्चर्यजनक धैर्य के साथ अपने काम में जुटा रहता था। जल्द ही किर्कलैंड हाउस में कुछ लोगों ने मोस्कोवित्ज को 'द ऑक्स' (बैल) उपनाम से पुकारना शुरू कर दिया था। जुकरबर्ग ने बाद में कई मौकों पर इस तथ्य को उजागर किया था कि इस अवधि में द फेसबुक की सफलता में मोस्कोवित्ज की भूमिका नाजुक थी। महाविद्यालय को जोड़ने और उसकी पंजीकरण-प्रक्रिया को स्थापित करने के लिए मोस्कोवित्ज को बाकायदा हिसाब लगाना पड़ता था कि छात्रों, कर्मचारियों तथा पूर्व छात्रों के इ-मेल को कैसे संबोधित किया जाए। उसे महाविद्यालय के पाठ्यक्रमों तथा छात्रावास सदनों की सूची हासिल करनी पड़ती थी। इसके अलावा, महाविद्यालय समाचार-पत्र के साथ भी एक कड़ी स्थापित करनी पड़ती थी, जो आलेख प्रकाशित होने की स्थिति में सदस्य की रूपरेखा को प्रदर्शित करता था। इस सुविधा को बाद में हटा लिया गया था। हरेक महाविद्यालय को जोड़ने के लिए इन जानकारियों को जुटाने तथा उसकी कूटलिपि टंकित करने के लिए आधे दिन से ज्यादा का समय लगता था।

लेकिन अपने खुद के पूरे पाठ्यक्रमों के भार के बावजूद जुकरबर्ग व मोस्कोवित्ज ने बहुत तेजी से महाविद्यालयों को जोड़ने का सिलसिला तेज किया था। उन्होंने विस्तार के शुरुआती चरण में अपना ध्यान अमेरिका के ईवी लीग के सदस्यों सहित अन्य सबसे बड़े निजी विश्वविद्यालयों पर केंद्रित किया था। 25 फरवरी, 2004 को द फेसबुक.कॉम को कोलंबिया विश्वविद्यालय (मॉर्निंग साइड हाइट्स, मैनहट्टन, न्यूयॉर्क सिटी) के छात्रों के पंजीकरण के लिए खोल दिया था। अगले दिन 26 फरवरी को लेलैंड स्टैनफोर्ड जूनियर विश्वविद्यालय/स्टैनफोर्ड विश्वविद्यालय (स्टैनफोर्ड, सांता क्लारा काउंटी, कैलिफोर्निया) और अगले कुछ दिनों बाद 29 फरवरी को एल विश्वविद्यालय (न्यू हेवन, कनेक्टिकट) को भी द फेसबुक नेटवर्क से जोड़ दिया गया था; लेकिन सबसे बड़ी सफलता स्टैनफोर्ड में साबित हुई थी। पंजीकरण खोले जाने के एक सप्ताह बाद विश्वविद्यालय के छात्र समाचार-पत्र 'स्टैनफोर्ड डेली' ने लिखा था कि द फेसबुक

का जुनून समूचे विश्वविद्यालय परिसर को अपनी गिरफ्त में ले चुका था और तब तक 2,981 छात्र पंजीकृत हो चुके थे।

जुकरबर्ग को साक्षात्कार देने व सार्वजानिक भाषण से घृणा-सी थी; लेकिन उसने 'स्टैनफोर्ड डेली' को काफी वक्त दिया था। उसने समाचार-पत्र से कहा था, *''मैं जानता हूँ कि यह बकवास लगता है; लेकिन मैं लोगों के जीवन को बेहतर बनाना पसंद करूँगा, खासतौर पर सामाजिक रूप से।''* उसने यह भी कहा था कि चूँकि तब तक साइट की लागत प्रतिमाह 85 डॉलर आ रही थी, इसलिए उसे किसी प्रकार के व्यापार की जरूरत नहीं महसूस हो रही थी। उसने आगे कहा था, *''भविष्य में हम पैसा वापस पाने के लिए विज्ञापन बेच सकते हैं; लेकिन चूँकि सेवा प्रदान करना इतना सस्ता है कि हम शायद थोड़ी देर के लिए ऐसा न करने का चुनाव कर सकते हैं।''*

द फेसबुक का तेजी से विस्तार हो रहा था और सभी विश्वविद्यालयों के छात्र समाचार-पत्र जुकरबर्ग से साक्षात्कार व अन्य जानकारियों के लिए संपर्क करने लगे थे। जुकरबर्ग जानता था कि जन-संपर्क की इन गतिविधियों से द फेसबुक की लोकप्रियता बढ़ाने में मदद मिल सकती थी; लेकिन उसने तत्काल अनुमान लगा लिया था कि इस काम में न केवल काफी समय खर्च होगा, बल्कि मूल काम से ध्यान भी भटकेगा। वैसे भी, यह काम उसे पसंद नहीं था। लिहाजा, जुकरबर्ग ने इस काम के लिए एक नई नियुक्ति की थी। वह कोई और नहीं, उसका सह-निवासी क्रिस ह्यूजेस ही था। ह्यूजेस को जुकरबर्ग का नामांकित व्यक्ति (नॉमिनी) एवं द फेसबुक.कॉम का आधिकारिक प्रवक्ता (स्पोक्समैन) नियुक्त किया गया था। इस तरह, कंपनी की संस्थापक चौकड़ी पूरी हो चुकी थी। परिचालन शुरू होने का पहला महीना पूरा होते-होते द फे.सबुक.कॉम पर सक्रिय सदस्यों की संख्या 10 हजार से ऊपर पहुँच गई थी।

वैसे जुकरबर्ग अपनी यही धारणा दोहराता रहा था कि द फेसबुक.कॉम के पीछे उसका कोई गंभीर व्यापारिक इरादा नहीं था, लेकिन ज्यों ही उसने दूसरे विश्वविद्यालयों में विस्तार शुरू किया था, उसकी गहरी व्यापारिक समझ एवं रणनीतिक दूरदृष्टि की झलक मिलनी शुरू हो गई थी। आखिर उसने हार्वर्ड के बाद कोलंबिया, स्टैनफोर्ड व एल को ही क्यों चुना था? बहुत बाद में जुकरबर्ग ने जग-जाहिर किया था कि यह असल में द फेसबुक को प्रतिस्पर्धी सेवाओं के मुकाबले उतारने एवं उसकी बाजार संभावनाओं का परीक्षण करना था। उन विश्वविद्यालयों में वहाँ के छात्रों द्वारा स्थापित सेवाएँ चल रही थीं और वहाँ के छात्र फ्रेंड्स्टर व माइस्पेस जैसी उस वक्त की सबसे लोकप्रिय सेवाओं का भी इस्तेमाल कर रहे थे। स्टैनफोर्ड के छात्रों ने तत्काल ही द फेसबुक को अपना समर्थन दे दिया था, लेकिन कोलंबिया व एल स्थानीय सेवाओं का आकर्षण बना हुआ था। लेकिन इस बाजार परीक्षण के जरिए पहले महीने में ही

जुकरबर्ग ने परख लिया था कि उसके पास ही सबसे कारगर व संभावनाशील सेवा थी।

द फेसबुक की सेवा शुरू होने से बहुत पहले वर्ष 2001 के अंत में ही स्टैनफोर्ड विश्वविद्यालय में 'क्लब नेक्सस' नाम की सेवा शुरू हो चुकी थी। क्लब नेक्सस पहला विश्वविद्यालय-केंद्रित विशिष्ट सोशल नेटवर्क था। यह स्टैनफोर्ड के ऑनलाइन समुदाय के नेटवर्किंग व संचार आवश्यकताओं की सेवा करने के लिए बनाई प्रणाली थी। इसकी रचना ऑर्कुट बुयुकोकटेन (जन्म—6 फरवरी, 1975; कोन्या, सेंट्रल अनातोलिया क्षेत्र, तुर्की) ने की थी। वह बिलकेंट विश्वविद्यालय (अंकारा, तुर्की) से कंप्यूटर इंजीनियरिंग ऐंड इन्फार्मेशन साइंस) में स्नातक (बी.एस-सी.) करने के बाद और स्टैनफोर्ड विश्वविद्यालय से कंप्यूटर विज्ञान में स्नातकोत्तर (एम.एस.) व पी-एच.डी. कर रहा था। ऑरकुट के शोध का केंद्र—वेब खोज व पर्सनल डिजिटल असिस्टेंट/ (पी.डी.ए.) का कुशल उपयोग रहा था। वैसे तो वर्ष 2000 से ही ऑरकुट ने ऑनलाइन समुदायों के विकास का काम शुरू कर दिया था, लेकिन उसे वास्तविक सफलता वर्ष 2001 की शरद् ऋतु में मिली थी, जब वह पी-एच.डी. कार्यक्रम के अंतिम वर्ष में था। 'क्लब नेक्सस' एक ऐसा तंत्र था, जो स्टैनफोर्ड के ऑनलाइन समुदाय की तमाम सामाजिक जरूरतों—इ-मेल, आमंत्रण, तत्काल संवाद, पुरानी चीजों की खरीद-बिक्री, समान रुचि व स्थान के व्यक्तियों की खोज, कलाकृतियों का प्रदर्शन, संपादकीय स्तंभों के प्रसारण आदि को पूरा करने में सक्षम था। कुछ ही महीनों में 'क्लब नेक्सस' के साथ वर्ष 2000 से अधिक छात्र जुड़ गए थे। फिर ऑरकुट ने स्टैनफोर्ड के पूर्व छात्रों के सामाजिक समूहीकरण के लिए एक अलग मंच 'इनसर्किल' पेश किया था।

लेकिन पी-एच.डी. पूरी होने बाद वर्ष 2002 में ऑरकुट गूगल में शामिल हो गया था और छात्रों के बीच उसकी लोकप्रियता कम होने लगी थी। गूगल में आने के बाद ऑरकुट ने अपने 20 फीसदी आधिकारिक कार्य-समय का उपयोग इस तंत्र को बड़े पैमाने पर इस्तेमाल के योग्य बनाने में लगाया था। अब उसका सपना समूचे इंटरनेट यूजर्स को आपस में जोड़ने का था, ताकि उन्हें एक-दूसरे के साथ संबंध स्थापित करने में आसानी हो और लोगों के जीवन में एक सार्थक बदलाव आ सके। गूगल के तत्कालीन उत्पाद प्रबंधक मारिसा मायर (अब याहू की सी.ई.ओ.) को ऑरकुट का विचार क्रांतिकारी लगा था और उन्होंने गूगल की सोशल नेटवर्किंग सेवा का नाम उसके आविष्कारक के नाम पर 'ऑरकुट.कॉम' रखने का फैसला किया था। उस वक्त गूगल के शीर्ष प्रबंधन का ध्यान आई.पी.ओ. की तैयारियों तथा क्रांतिकारी इ-मेल सेवा जीमेल की सफलताओं पर केंद्रित था। लिहाजा बिना किसी खास तैयारी के 22 जनवरी, 2004 को (द फेसबुक शुरू होने के ठीक पहले) ऑरकुट.कॉम की सेवा शुरू कर दी गई थी। चूँकि गूगल की पहली प्राथमिकता जीमेल थी, इसलिए उसने अपने समूचे सर्वर-नेटवर्क की पूरी क्षमता को

25 फरवरी, 2014 की अलेक्सा रैंकिंग में सोशल नेटवर्किंग वर्ग में फेसबुक, ट्विटर व लिंक्डइन के बाद गूगल+ चौथे स्थान पर था।

उसी सेवा में लगाया हुआ था। ऐसे में, ऑरकुट.कॉम की आधारभूत जरूरतों को नजरअंदाज किया गया था और फ्रेंड्स्टर की तरह उसके नतीजे भी सुस्त रहने लगे थे।

शुरू में गूगल ने फेसबुक की उत्तरी अमेरिका में बढ़त को गंभीरता से नहीं लिया था, क्योंकि भारत व ब्राजील जैसे विकासशील देशों में ऑरकुट के यूजर्स की संख्या तेजी से बढ़ रही थी। जब तक गूगल ने इस मामले को गंभीरता से लेना शुरू किया, तब तक काफी देर हो चुकी थी। फिर भी, अगले छह वर्षों तक ऑरकुट विश्वव्यापी यूजर्स की संख्या के मुकाबले फेसबुक को काफी पीछे रखने में कामयाब रहा था। अप्रैल 2010 में ऑरकुट पर विशिष्ट विश्वव्यापी आगंतुकों की संख्या 1.97 करोड़ थी, जबकि फेसबुक पर सिर्फ 1.80 करोड़। लेकिन महज तीन महीने बाद जुलाई 2010 में फेसबुक ने 2.09 करोड़ विशिष्ट आगंतुकों के साथ ऑरकुट से सोशल नेटवर्किंग की नंबर-1 वेबसाइट का ताज छीन लिया था; और फेसबुक ने अपनी ऐसी रफ्तार बनाई कि ऑरकुट के लिए अपना ताज वापस लेना असंभव-सा होता चला गया। अगस्त 2008 में गूगल ने ऑरकुट के परिचालन को पूरी तरह से ब्राजील में स्थानांतरित कर दिया था।

इस बीच 21 मार्च, 2006 को शुरू हुए ट्विटर की लोकप्रियता सातवें आसमान पर चढ़ी और उसने दूसरे स्थान पर कब्जा जमा लिया। 5 मई, 2003 को शुरू हुए लिंक्डइन की लोकप्रियता में जबरदस्त इजाफा हुआ था और वह तीसरे स्थान पर स्थापित हो गया। काफी देर बाद, 28 जून, 2011 को गूगल+ (प्लस.गूगल.कॉम) के जरिए गूगल ने अपनी नाक बचाने की कोशिश शुरू की थी, जिसमें बहुत हद तक कामयाबी भी मिली। 25 फरवरी, 2014 की अलेक्सा रैंकिंग में सोशल नेटवर्किंग वर्ग में फेसबुक, ट्विटर व लिंक्डइन के बाद गूगल+चौथे स्थान पर था; जबकि सभी वेबसाइटों के वर्ग में ऑरकुट.कॉम का दर्जा विश्व में 3118वें तथा ब्राजील में 228वें स्थान पर चला गया था।

लिहाजा, जब द फेसबुक ने स्टैनफोर्ड में अपनी सेवा शुरू की थी तो उसे छात्रों का जबरदस्त समर्थन मिला था; लेकिन कोलंबिया विश्वविद्यालय व एल विश्वविद्यालय में स्थिति थोड़ी अलग थी, क्योंकि वहाँ स्थानीय छात्र समुदायों द्वारा शुरू की गई सेवाओं का शुरुआती आकर्षण कायम था।

वर्ष 2003 की गरमियों में कोलंबिया विश्वविद्यालय में कैंपस नेटवर्क (सीजकम्युनिटी.कॉम) के रूप में कोलंबिया परिसर के यूजर्स को समर्पित पहली छात्र-संचालित सोशल नेटवर्किंग सेवा शुरू की गई थी। इसकी स्थापना विश्वविद्यालय के द्वितीय वर्ष के दो छात्र नेताओं—एडम गोल्डबर्ग (स्कूल ऑफ इंजीनियरिंग ऐंड एप्लाइड

साइंसेज/सीज के छात्र संघ के अध्यक्ष) व वायने टिंग (उदार कला महाविद्यालय—कोलंबिया कॉलेज के वर्ग अध्यक्ष) के नेतृत्व में हुई थी। द फेसबुक के शुरू होने के करीब एक माह पहले जनवरी 2004 में गोल्डबर्ग व टिंग ने इसका व्यावसायिक संस्करण 'सीयूकम्युनिटी' शुरू किया था। जब द फेसबुक को कोलंबिया के छात्रों के लिए खोला गया था, तब विश्वविद्यालय के कुल 6,700 स्नातक छात्रों में से करीब 1,700 'सीयूकम्युनिटी' पर पंजीकृत हो चुके थे। इतना ही नहीं, सीयूकम्युनिटी दूसरे विश्वविद्यालयों में भी अपनी सेवाओं का विस्तार कर रहा था। लिहाजा, वहाँ पाँव जमाने तथा सीयूकम्युनिटी को पछाड़ने में द फेसबुक को कई महीने लग गए थे।

इसी तरह, 16 अक्तूबर, 2000 को एल विश्वविद्यालय के तत्कालीन प्रथम वर्ष (स्नातक कला-अंग्रेजी) छात्र अलेक्जेंडर क्लार्क (स्वयं द्वारा स्थापित सॉफ्टवेयर कंपनी टेक्नोसलूशन का सी.ई.ओ.) ने वहाँ के स्नातक छात्रों के लिए 'एलस्टेशन' नामक वेबसाइट शुरू की थी, जिसका अघोषित लक्ष्य डेटिंग मंच बनाना ही था। अप्रैल 2002 में यह वेबसाइट एल कॉलेज काउंसिल की आधिकारिक परियोजना बन गई थी। द फेसबुक के पहुँचने के पहले एल के दो-तिहाई छात्र एलस्टेशन पर सक्रिय थे। जाहिर है कि यहाँ भी द फेसबुक को अपनी पकड़ कायम करने और एल स्टेशन को पूरी तरह से पछाड़ने में समय लगा था।

कुल मिलाकर, जुकरबर्ग आत्मविश्वास से लबालब था। पहले महीने में 10 हजार यूजर्स का समर्थन आगे के विस्तार के लिए एक मजबूत आधार था। लिहाजा रविवार, 7 मार्च, 2004 को द फेसबुक की सेवाएँ इवी लीग के दो अन्य विश्वविद्यालयों—कॉर्नेल विश्वविद्यालय (इथाका, टोम्पकिन्स काउंटी, न्यूयॉर्क) एवं डार्टमाउथ कॉलेज (हनोवर, न्यू हैंपशायर) के लिए भी खोल दी गई थीं।

जुकरबर्ग का दोस्त तथा फिलिप्स एक्सेटर एकेडमी का एक पूर्व सहपाठी डार्टमाउथ आधिकारिक छात्र संगठन डार्टमाउथ स्टूडेंट असेंबली की छात्र सेवा समिति का सभापति था। हार्वर्ड, पेंसिल्वेनिया, एल व अन्य विश्वविद्यालयों के छात्र संगठनों की तरह यह भी परिसर के फेसबुक को ऑनलाइन करने के लिए लॉबिंग कर रहा था। लिहाजा, जुकरबर्ग के उस दोस्त ने संगठन की सामूहिक इ-मेल सेवा के जरिए द फेसबुक को प्रचारित किया था। 7 मार्च, 2004 को रात 10 बजे यह इ-मेल संदेश भेजा गया था और अगले दिन शाम होने तक डार्टमाउथ के उस वक्त कुल 4,000 स्नातक छात्रों में से 1,700 द फेसबुक पर पंजीकृत हो चुके थे। इस जबरदस्त समर्थन से जुकरबर्ग इतना उत्साहित हुआ था कि वह विश्वविद्यालय के छात्र समाचार-पत्र 'द डार्टमाउथ' को साक्षात्कार देने से मना नहीं कर सका था। उसने अखबार से कहा था, ''यह मेरे दिमाग को उड़ा रहा था कि लोगों ने वास्तव में साइट का इस्तेमाल किया है।'' इसी तरह, जुकरबर्ग

को स्टैनफोर्ड में भी अपने गृहनगर डोब्स फेरी के बचपन के एक दोस्त से मदद मिली थी, जिसने उसे स्टैनफोर्ड नेटवर्क में घुसने के पासवर्ड सहित छात्रों के इ-मेल एड्रेस व छात्रावास सदनों की सूचियाँ मुहैया कराई थीं।

हार्वर्ड के बाद स्टैनफोर्ड व डार्टमाउथ की जबरदस्त शुरुआती सफलताओं की खबरें समूचे देश में तेजी से फैलने लगी थीं। जुकरबर्ग सहित बाकी तीन संस्थापकों के इ-मेल खाते सेवा शुरू करने संबंधी निवेदनों से उफनने लगे थे। तमाम विश्वविद्यालय के छात्रों की गिड़गिड़ाहट व उतावलापन उत्साहित करने से ज्यादा परेशान करनेवाला लग रहा था। चारों संस्थापक छात्र थे और उन पर खुद के पाठ्यक्रमों का बोझ अलग से था। ऐसे में सेवा को तत्काल चालू किए जाने के दबाव को झेलना आसान नहीं था। लेकिन चारों इस अवसर को किसी भी हालत में हाथ से जाने देने को तैयार नहीं थे। लिहाजा सभी ने दिन-रात एक कर दिए थे। जल्द ही मैसाचुसेट्स इंस्टीट्यूट्स ऑफ टेक्नोलॉजी (एमआईटी, कैंब्रिज, मैसाचुसेट्स), पेनसिल्वेनिया विश्वविद्यालय (फिलाडेल्फिया, पेनसिल्वेनिया), प्रिंस्टन विश्वविद्यालय (प्रिंस्टन, न्यू जर्सी), ब्राउन विश्वविद्यालय (प्रोविडेंस, रोड आइलैंड) एवं बोस्टन विश्वविद्यालय (बोस्टन, मैसाचुसेट्स) के लिए द फेसबुक खोल दिया गया था। इस तरह, 15 मार्च, 2004 तक द फेसबुक के यूजर्स की संख्या 20 हजार से ऊपर चली गई थी, यानी फिर 10 दिनों में 10 हजार नए पंजीकरण हुए थे।

अब जुकरबर्ग का पाँचवाँ दोस्त भी उसका हाथ बँटाने आगे आ गया था। फिलिप्स एक्सेटर एकेडमी में जुकरबर्ग का सहपाठी और सिनेप्स मीडिया प्लेयर का सह-रचनाकार, कैलिफोर्निया इंस्टीट्यूट ऑफ टेक्नोलॉजी/कैलटेक (पासाडेना, कैलिफोर्निया) में कंप्यूटर साइंस के प्रथम वर्ष के छात्र के रूप में क्रांतिकारी परियोजना बडी जू (Buddy Zoo) को शुरू करनेवाला कंप्यूटर प्रोग्रामिंग का मशहूर जादूगर (लेकिन व्यावसायिक रूप से असफल) और अब द्वितीय वर्ष का छात्र एडम डी. एंजेलो। उसने अपने कैलटेक छात्रावास कक्ष से ही खुद को ऑनलाइन कर लिया था और नए विश्वविद्यालयों को जोड़ने में डस्टिन मोस्कोवित्ज को तकनीकी मदद करने लगा था। जुकरबर्ग ने पहले चरण में जान-बूझकर इवी लीग एवं कुछ अन्य सबसे बड़े निजी विश्वविद्यालयों पर ही अपना ध्यान केंद्रित किया था। इसका मुख्य कारण यह था कि इन नामचीन संस्थाओं में पढ़नेवाले अधिकांश छात्र हाई स्कूल में एक-दूसरे के साथ रहे थे; साथ ही असल दुनिया में इन सभी संस्थानों के छात्र देश के सबसे प्रभावशाली समुदाय व कुलीन परिवारों से थे। इस तरह सोशल नेटवर्किंग बाजार में भीड़ से अलग हटकर द फेसबुक एक विशिष्ट ब्रांड छवि के साथ उभरकर सामने आ रहा था।

अब तक द फेसबुक.कॉम के सॉफ्टवेयर कार्यक्रम की बनावट ऐसी थी कि

विश्वविद्यालय विशेष के छात्र एक-दूसरे की रूपरेखा को देख सकते थे, बशर्ते कि किसी ने ऐसा न किए जाने का चुनाव न किया हो। वैसे अधिकांश छात्रों ने ऐसा कुछ नहीं किया था। उदाहरण के तौर पर, हार्वर्ड के छात्र सिर्फ अपने विश्वविद्यालय के छात्रों की रूपरेखाओं को ही देख सकते थे। यह स्वत: संचालित कार्यक्रम (डिफॉल्ट प्रोग्राम) बनावट थी; लेकिन हार्वर्ड के छात्र स्टैनफोर्ड के यूजर्स की रूपरेखा नहीं देख सकते थे। लेकिन द फेसबुक को लगातार आगे बढ़ना था, अत: इन सीमाओं में राह बनाना जरूरी था, ताकि एक समुदाय के लोग दूसरे समुदाय के साथ भी जुड़ सकें। अब तक लोगों की यही शिकायतें रही थीं कि इस तरह की व्यवस्था बनाना संभव नहीं था; लेकिन जुकरबर्ग व मोस्कोवित्ज ने तय किया था कि द फेसबुक पर दोनों पक्षों की आपसी सहमति से विश्वविद्यालयों के आर-पार संबंधों की कड़ियाँ स्थापित करना संभव होगा। यह द फेसबुक पर संबंध बनाने का बुनियादी ढाँचा बन गया था, जो आज भी कायम है।

ज्यों-ज्यों यूजर्स की संख्या बढ़ रही थी, द फेसबुक के सर्वर पर भी बोझ बढ़ता जा रहा था और उसकी संख्या बढ़ानी पड़ रही थी। यानी, लोकप्रियता के साथ-साथ नेटवर्क-संचालन की लागत बढ़ रही थी। मार्च के अंत तक यूजर्स की संख्या बढ़कर 30 हजार हो चुकी थी। उसे सँभालने के लिए पाँच सर्वर का संजाल बनाना पड़ा था। इसके लिए द फेसबुक.कॉम को इंटरनेट होस्टिंग कंपनी मैनेज.कॉम को 450 डॉलर प्रतिमाह का भुगतान करना पड़ रहा था। लिहाजा जुकरबर्ग व सवेरिन दोनों के बीच कंपनी में 10 हजार डॉलर के दूसरे निवेश की सहमति बनी थी। इस बीच सवेरिन विज्ञापन बेचने की कोशिशें शुरू कर चुका था और उसने चलती-फिरती सेवाएँ, टी-शर्ट्स तथा अन्य उत्पाद बेचनेवाली कंपनियों से छोटे-छोटे विज्ञापन अनुबंध किए थे। ये विज्ञापन अप्रैल 2004 से द फेसबुक पर दिखने चालू हो गए थे।

द फेसबुक.कॉम के संचालन को साधारण रूप से सुचारु बनाए रखना भी लगातार बहुत-बहुत मुश्किल होता जा रहा था। हजारों यूजर्स एक साथ ऑनलाइन हो जाते थे और सर्वर-नेटवर्क पर अचानक बोझ बढ़ जाता था। लिहाजा, अब नए विश्वविद्यालय को जोड़ने के मामले में जुकरबर्ग व मोस्कोवित्ज ने बहुत सावधानी बरतनी शुरू कर दी थी। जब तक वे मौजूदा यूजर्स की गतिविधियों के मद्देनजर सर्वर की तत्कालीन प्रौद्योगिकी संबंधी परेशानियों का हल नहीं निकल पाते, नए विश्वविद्यालय को जोड़ने की प्रक्रिया को रोके रखते थे। अचानक बढ़ी जरूरतों के मुताबिक सर्वर-नेटवर्क की सॉफ्टवेयर वास्तु-संरचना के स्तर को ऊपर उठाना आसान नहीं था, क्योंकि वे महज सर्वर की संख्या को बढ़ाकर अपनी परिचालन लागत को बढ़ाते जाने के पक्ष में नहीं थे। लिहाजा, उनकी पहली कोशिश यही होती थी कि सॉफ्टवेयर वास्तु-संरचना में यथासंभव अधिक-से-अधिक सुधार किया जाए। यह बहुत-बहुत श्रमसाध्य व उबाऊ

प्रक्रिया थी; लेकिन मोस्कोवित्ज था कि थकने का नाम ही नहीं लेता था। वह छोटी सी भी समस्या को नजरअंदाज नहीं करता था और जब तक उसका हल नहीं निकल आए, तब तक चैन की साँस नहीं लेता था। जुकरबर्ग के मार्गदर्शन के अलावा अब उसे 500 मील दूर कैलटेक में बैठे उस्ताद कार्यक्रम निर्माता डी. एंजेलो से भी काफी कुछ सीखने को मिल रहा था। उसकी सीखने की ललक बेमिसाल थी और उसने खुद को जुकरबर्ग का सच्चा दोस्त एवं कर्मठ शागिर्द साबित किया था। उसकी मेहनत व लगन के बगैर अकेले जुकरबर्ग के लिए द फेसबुक की बेहद तेज व बेखटक आसान सेवा दे पाना शायद संभव नहीं हो पाता।

जी हाँ, ये लड़के बहुत ही समझदार थे। उन्होंने मुफ्त मुक्त स्रोत (ओपन सोर्स) सॉफ्टवेयर, जैसे कि संबंधपरक आँकड़ा आधार प्रबंधन प्रणाली (आर.डी.बी.एम.एस./ रिलेशनल डेटाबेस मैनेजमेंट सिस्टम) माय एस.क्यू.एल. व वेब सर्वर अनुप्रयोग अपाचे एच.टी.टी.पी। सर्वर का इस्तेमाल किया था। इससे द फेसबुक.कॉम की समूची परिचालन व्यवस्था की लागत काफी सस्ती पड़ रही थी। लेकिन वे सॉफ्टवेयर भले ही मुफ्त थे, पर उनका संचालन आसान नहीं था। मोस्कोवित्ज जैसे नौसिखिया के मुकाबले जुकरबर्ग भले ही उस्ताद प्रोग्रामर था, लेकिन उसने इससे पहले कभी भी इस तरह के कार्यक्रमों का संचालन नहीं किया था। वह खुद भी अपने पाठ्यक्रमों के अलावा इन कार्यक्रमों को सीख रहा था। कुल मिलाकर अपने बेहतरीन संस्थापक मानव-संसाधन की बदौलत द फेसबुक परियोजना तरक्की की राह पर आगे बढ़ रही थी। जब भी यह टोली नए विश्वविद्यालय को नेटवर्क से जोड़ती थी, भारी संख्या में वहाँ के छात्र एक साथ उस पर टूट पड़ते थे।

इसमें कोई शक नहीं कि जुकरबर्ग में कुछ नया करने की जबरदस्त इच्छा-शक्ति थी; लेकिन अपने खाली समय में द फेसबुक जैसी तेज बढ़तवाली वेबसाइट निर्माण की उसकी क्षमता इस बात पर निर्भर थी कि वह कहाँ मौजूद था। सिर्फ प्रतिभा व महत्त्वाकांक्षा आपको सफलता के मुकाम तक नहीं पहुँचा सकती। सौभाग्यशाली होना भी वास्तव में महत्त्वपूर्ण होता है। निश्चित तौर पर जुकरबर्ग न केवल भाग्यशाली था, बल्कि वह हार्वर्ड में मौजूद था और उसने बिल्कुल सही वक्त पर अपने विचार को कार्यान्वित किया था।

यह संयोग ही था कि जुकरबर्ग के दिमाग में विचार आया था और वह उसके पीछे पड़ गया था। वरना आमतौर पर सभी यही सोचते हैं कि पहले पढ़ाई पूरी करें, फिर देखेंगे कि क्या करना है। द फेसबुक की सफलता में इस तथ्य का भी बड़ा योगदान है कि इसे विश्वविद्यालय के माहौल में शुरू किया गया था, जहाँ व्यक्ति विशेष का सोशल नेटवर्क सबसे घना होता है। आमतौर पर अधिकांश व्यक्ति महाविद्यालय में पढ़ते समय

जितने उत्साह के साथ सामाजिक गतिविधियों में हिस्सा लेते हैं, जितने अधिक लोगों से जुड़ते हैं, उतना जीवनकाल के किसी और समय में संभव नहीं हो पाता है। इसके साथ ही यह भी एक संयोग ही था कि वह हार्वर्ड में मौजूद था, जहाँ दुनिया भर की बेहतरीन प्रतिभाओं का जमघट था और हर कोई कुछ-न-कुछ खास करने की ही कोशिशें कर रहा था। ऐसे माहौल में कुछ खास करने की तमन्ना को उड़ान भरने की, जोखिम उठाने की प्रेरणा मिलती है। यह भी एक बड़ा संयोग ही था कि जुकरबर्ग को अपने सह-निवासियों के रूप में मोस्कोवित्ज व ह्यूजेस जैसी असाधारण प्रतिभाएँ मिल गई थीं और उसके पास मददगार दोस्तों व सहपाठियों का नेटवर्क था। मोस्कोवित्ज वर्षों तक मुख्य तकनीकी अधिकारी (सी.टी.ओ.) के रूप में जुकरबर्ग का दाहिना हाथ साबित होने वाला था तो ह्यूजेस जैसा बेहतरीन प्रवक्ता व जन-संपर्क अधिकारी सामाजिक-राजनीतिक-कानूनी बाधाओं से बचाते हुए उसकी गौरव-गाथा को सातवें आसमान पर ले जाने वाला था। जी हाँ, यह ह्यूजेस वही अद्‌भुत शख्स है, जिसके जबरदस्त ऑनलाइन चुनाव प्रचार अभियान ने वर्ष 2008 के अमेरिकी राष्ट्रपति चुनाव की दिशा बदल दी थी और बराक ओबामा की जीत सुनिश्चित की थी।

द फेसबुक का सबसे बड़ा आकर्षण यह था कि वह विश्व शिक्षा जगत् के सबसे प्रभावशाली केंद्र हार्वर्ड परिसर में शुरू हुआ था। बस, हार्वर्ड में होना ही अपने आप ऐसा अघोषित आधिकारिक प्रमाण-पत्र प्रदान करता है, जो किसी भी क्षेत्र में बिल्कुल खास वजन रखता है। हार्वर्ड से संबंधित होना ही किसी उत्पाद या सेवा को कम संदेहास्पद बनाता है। हार्वर्ड में शुरू हुए सोशल नेटवर्क में शामिल होना संभवत: हरेक के लिए बिल्कुल स्वाभाविक था, जो खुद को ऊँचे स्थान पर रखना या दिखाना चाहता था, अत: जाहिर है कि द फेसबुक की सफलता का बुनियादी गति विज्ञान हार्वर्ड ही था। यह हकीकत थी कि किसी को चोट नहीं पहुँचती थी कि हार्वर्ड के छात्र अलौकिक रूप से हैसियत के प्रति जागरूक थे। हालाँकि यह सेवा उपयोगकर्ता की विशेष सफलताओं को मापती थी, लेकिन उसकी सामाजिक महत्त्वाकांक्षाओं के पैमाने को भी मान्यता प्रदान करती थी। हार्वर्ड परिसर के भीतर की जबरदस्त अप्रकट सामाजिक प्रतियोगिता ने भी द फेसबुक को तेजी से पनपने व फैलने का मौका दिया था। वहाँ हर कोई दूसरे से खुद को बेहतर दिखाना चाहता था, और इसके लिए द फेसबुक ने एक संवेदनशील आभासी मंच (वर्चुअल प्लेटफॉर्म) प्रदान किया था। यहाँ किसी के आमने-सामने बैठकर यह बताने की जरूरत नहीं थी कि मैं कौन हूँ। यह सब बिना कहे ही बस, एक क्लिक से संभव था।

जैसा कि हम पिछले अध्याय में पढ़ चुके हैं, जुकरबर्ग के लिए यह आशातीत सफलता की राह आसान नहीं थी। उस पर 'हार्वर्ड कनेक्शन' से विचार चुराने के आरोप

मई 2004 के अंत तक अमेरिका के नामचीन 34 शिक्षण संस्थानों में द फेसबुक.कॉम की सेवाएँ शुरू हो चुकी थीं और यूजर्स की संख्या 1,00,000 के पार पहुँचने जा रही थी।

लगे थे, जो भविष्य में पेचीदा कानूनी सिरदर्द भी बनने वाले थे। लेकिन जुकरबर्ग व उसकी टोली शुरुआती सफलता की बदौलत आत्मविश्वास से लबालब थी और किसी भी चुनौती का डटकर मुकाबला करने के लिए तैयार थी। भविष्य की तरफ सधे कदम बढ़ाने के लिए एक विधिवत् कारोबारी इकाई का गठन जरूरी था। कारोबारी की समझ रखनेवाला संस्थापक एडुअर्डो सवेरिन इस मामले में बेहद चौकन्ना था। लिहाजा, 13 अप्रैल, 2004 को द फेसबुक.कॉम एल.पी.सी. की स्थापना हुई थी। यह एक सीमित दायित्व (लिमिटेड लायबिल्टी) कंपनी थी, जिसके संस्थापक हिस्सेदार मार्क जुकरबर्ग (65 फीसदी), एडुअर्डो सवेरिन (30 फीसदी) व डस्टिन मोस्कोवित्ज (5 फीसदी) थे। इसका पंजीकृत कार्यालय मिआमी (फ्लोरिडा) में रखा गया था, जहाँ सवेरिन ने हाई स्कूल की पढ़ाई की थी और जहाँ उसके पिता का कारोबारी मुख्यालय व निवास था।

हालाँकि कंपनी का राजस्व नगण्य था, लेकिन द फेसबुक.कॉम के चालू होने के करीब एक सप्ताह बाद से ही निवेशकों ने जुकरबर्ग को लालच देना शुरू कर दिया था। यह सिलसिला लगातार बढ़ रहा था। हर कोई अप्रत्याशित तेजी से बढ़ रहे उद्यम में एक हिस्सा लेने की इच्छा जाहिर कर रहा था। लेकिन जुकरबर्ग विनम्रता के साथ सबको मना कर रहा था। मई के अंत में सत्र समाप्त होने के बाद जुकरबर्ग के एक सहपाठी के पिता ने उसे न्यूयॉर्क भी बुलाया था। वह खुद बड़े निवेशक थे और उन्होंने जून के पहले सप्ताह में जुकरबर्ग की एक बड़े साहूकार से मुलाकात करवाई थी। उस साहूकार ने द फेसबुक को 10 लाख डॉलर में खरीदने का प्रस्ताव किया था। जुकरबर्ग ने तब उम्र का बीसवाँ वर्ष पूरा ही किया था। उसके दिमाग की उपज द फेसबुक भी चार माह का ही हुआ था। वह इसकी संभावना को समझता था। उसने एक्सेटर एकेडमी में पढ़ते वक्त भी इतनी ही बड़ी रकम के प्रस्ताव को ठुकरा दिया था, जो महज एक एमपी-3 अनुप्रयोग के लिए दिया जा रहा था। द फेसबुक.कॉम में तो इंटरनेट के सबसे संभावनाशील कारोबार—सोशल नेटवर्किंग में करिश्मा कर दिखाने की क्षमता थी। लिहाजा, उसने उस साहूकार को ठुकरा देने में कुछ सेकंड भी नहीं लगाया था।

सिलिकॉन वैली में भाग्य आजमाने की तैयारी

मई 2004 के अंत तक अमेरिका के नामचीन 34 शिक्षण संस्थानों में द फेसबुक.कॉम की सेवाएँ शुरू हो चुकी थीं और यूजर्स की संख्या 1,00,000 के पार पहुँचने जा रही थी।

जून में कंपनी के मुख्य वित्तीय अधिकारी (सी.एफ.ओ.) एडुअर्डो सवेरिन ने कार्यशील पूँजी (वर्किंग कैपिटल) के लिए अपने हिस्से का 10 हजार डॉलर जमा कर दिया था, साथ ही अब कंपनी के खाते में विज्ञापन राजस्व भी जमा होना शुरू हो गया था; लेकिन दूरदर्शी मुख्य कार्यकारी अधिकारी (सी.ई.ओ.) मार्क जुकरबर्ग को कुछ समय पहले से ही यह एहसास होना शुरू हो चुका था कि हार्वर्ड में बैठकर द फेसबुक की असल संभावना का आकलन नहीं किया जा सकता था। इसके लिए कंपनी को दुनिया की प्रौद्योगिकी राजधानी सिलिकॉन वैली में ले जाना जरूरी था। लेकिन उसने अपनी इस मंशा को किसी से साझा नहीं किया था।

इस बीच कंपनी की विधिवत् स्थापना के बाद अप्रैल के मध्य में सवेरिन ने द फेसबुक की विज्ञापन संभावनाओं को तलाशने के लिए न्यूयॉर्क सिटी की यात्रा की थी। जैसा कि हर शुरुआती कंपनी या ब्रांड के साथ होता है, किसी बड़े विज्ञापनदाता ने सवेरिन व द फेसबुक को कोई तवज्जो नहीं दी थी। इसका वाजिब कारण भी था, क्योंकि न तो सवेरिन के पास विज्ञापन कारोबार का कोई पूर्व अनुभव था और न ही द फेसबुक.कॉम की अब तक इतनी पहचान बन सकी थी कि न्यूयॉर्क सिटी में महारथी विज्ञापनदाताओं के पदाधिकारी उसकी तरफ ध्यान दें। लेकिन सवेरिन हार माननेवालों में से नहीं था, क्योंकि कारोबार उसके खून में था और वह अर्थशास्त्र की पढ़ाई कर रहा था। उसने मुलाकात का सिलसिला जारी रखा था। युवा-केंद्रित विपणन व विज्ञापन एजेंसी मिस्टर यूथ (अब एम.आर.वाई., न्यूयॉर्क सिटी) के संस्थापक व सी.ई.ओ. मैट ब्रिटन को द फेसबुक की संभावनाओं को समझने में ज्यादा समय नहीं लगा था, क्योंकि उसने हार्वर्ड के पास के बोस्टन विश्वविद्यालय से पढ़ाई की थी। ब्रिटन ने सवेरिन के उत्साह को बढ़ाने के लिए अपने तीन प्रमुख ग्राहकों—प्राकृतिक इतिहास संग्रहालय (म्यूजियम ऑफ नेचुरल हिस्ट्री), डंकिन डोनट्स व विक्टोरियाज सीक्रेट के लिए द फेसबुक.कॉम के कुल 15,000 डॉलर (हरेक के लिए 5,000 डॉलर) का विज्ञापन अनुबंध किया था। यह एक अच्छी शुरुआत थी।

फिर सवेरिन ने एक अन्य युवा-केंद्रित विपणन व विज्ञापन एजेंसी 'वाय2एम—यूथ मीडिया ऐंड मार्केटिंग नेटवर्क' से संपर्क साधा था, जो खासतौर पर विश्वविद्यालयों, समाचार-पत्रों व वेबसाइटों पर ही अपने ग्राहकों के विज्ञापन जारी करती थी। वाय2एम के विज्ञापन बिक्री प्रमुख ट्रिसिया ब्लैक को द फेसबुक में संभावना नजर आई थी। कोई अनुबंध करने से पहले वह वेबसाइट को गहराई से समझना चाहती थी, जिसके लिए जुकरबर्ग से भी मिलना बेहद जरूरी था। लेकिन जुकरबर्ग व सवेरिन दोनों द्वितीय वर्ष की परीक्षाओं में व्यस्त हो गए थे। दो बार बैठक टलने के बाद आखिरकार उनकी मुलाकात संभव हुई थी। जुकरबर्ग ने तपाक से ट्रिसिया ब्लैक के सामने द फेसबुक.कॉम का यातायात

प्रतिवेदन (ट्रैफिक रिपोर्ट) आगे बढ़ा दिया था। उस मुद्रित प्रति (प्रिंट आउट) को देखकर ब्लैक भौचक रह गई थी और उसने यह कह दिया था कि प्रतिवेदन बनाने में जरूर कोई गलती हुई थी। इस आशंका को दूर करने के जुकरबर्ग ने वाय2एम को द फेसबुक.कॉम के सर्वर पर उसका खुद का यातायात निगरानी अनुप्रयोग (ट्रैफिक मॉनिटरिंग एप्लीकेशन) स्थापित करने की इजाजत दे दी थी। जुकरबर्ग द्वारा पेश किए प्रतिवेदन के चौंकानेवाले आँकड़ों में कोई गलती नहीं थी। ट्रिसिया ब्लैक तथा वाय2एम के सहकर्मियों के सामने जब अपने खुद के सॉफ्टवेयर द्वारा निर्मित प्रतिवेदन आने शुरू हुए तो वे रोमांचित हो उठे थे। वाय2एम ने 30 फीसदी कमीशन पर विज्ञापन जारी करने शुरू कर दिए थे।

शुरुआती विज्ञापनदाताओं में नामचीन क्रेडिट कार्ड कंपनी मास्टर कार्ड वर्ल्ड वाइड भी शामिल थी। उस समय कंपनी ने विश्वविद्यालय के छात्रों के लिए एक विशेष क्रेडिट कार्ड जारी किया था और छात्रों से आवेदन-पत्र मँगाने के लिए उसका विज्ञापन अभियान चल रहा था। ट्रिसिया ब्लैक ने जब पहली बार कंपनी के विज्ञापन अधिकारी से द फेसबुक की तारीफ की थी और उसके लिए विज्ञापन जारी करने का प्रस्ताव रखा तो वह भी खुद ब्लैक की तरह यातायात प्रतिवेदन भरोसा करने को तैयार नहीं हुआ था। लिहाजा, मास्टर कार्ड ने अन्य विश्वविद्यालय वेबसाइटों की तरह द फेसबुक को प्रदर्शन विज्ञापन (डिस्प्ले एडवरटाइजमेंट) जारी करने से मना कर दिया था। जिस तरह जुकरबर्ग ने ब्लैक को हकीकत का अनुभव कर रोमांचित होने का मौका दिया था, ठीक उसी तरह ब्लैक ने भी उस विज्ञापन अधिकारी को चौंकने का मौका दिया था। ब्लैक ने एक नायाब विज्ञापन प्रस्ताव रखा था—मास्टर कार्ड सिर्फ छात्रों द्वारा भरे गए आवेदन-प्रपत्र के आधार पर ही द फेसबुक को भुगतान करेगा। उस वक्त द फेसबुक 12 शिक्षण संस्थाओं में ही चालू हो सका था। मास्टर कार्ड ने वीरवार को 5 बजे शाम को अपने विज्ञापन को फेसबुक.कॉम पर डाला था और उसके अगले ही दिन इतने ऑनलाइन आवेदन प्राप्त हो गए थे, जितना कि कंपनी पूरे चार महीने के विज्ञापन अभियान से उम्मीद कर रही थी। यह कोई चमत्कार नहीं था। द फेसबुक.कॉम के जरिए सटीक ग्राहक समुदाय—अमेरिका के बेहतरीन व सबसे महँगे निजी विश्वविद्यालयों में पढ़नेवाले धनाढ्य परिवारों के छात्रों के सामने मास्टर कार्ड का विज्ञापन प्रदर्शित हुआ था। जाहिर है कि मास्टर कार्ड का विज्ञापन आगे भी जारी रहा था।

वाय2एम के पारखी विज्ञापन प्रतिनिधियों को यह भाँपते देर नहीं लगी थी कि जल्द ही द फेसबुक.कॉम इंटरनेट कारोबार में गेम चेंजर की भूमिका अदा करने जा रहा था। लिहाजा, महीना बीतते-बीतते वाय2एम ने भी इस खेल में अपनी भागीदारी सुनिश्चित करने की कोशिशें शुरू कर दी थीं। ट्रिसिया ब्लैक के साथ कंपनी के कुछ अन्य लोगों ने भी जुकरबर्ग के साथ मुलाकात की थी और द फेसबुक.कॉम में निवेश करने की

इच्छा जताई थी। जुकरबर्ग ने उन्हें सीधे तौर पर मना नहीं किया था। उसने कहा था कि यदि वे द फेसबुक का न्यूनतम मूल्यांकन 2.50 करोड़ डॉलर करें तो वह इस मामले पर विचार कर सकता था। वाय2एम के लोगों को एक झटका-सा लगा था। वे लोग जुकरबर्ग को भोला-भाला व अनाड़ी सी.ई.ओ. समझने की गलती कर रहे थे। उन्हें लगा था कि विज्ञापन के लालच में जुकरबर्ग उनके सामने लगभग मुफ्त में द फेसबुक.कॉम का टुकड़ा पेश कर देगा। उनके सामने जुकरबर्ग का एक अलग ही व्यक्तित्व उभरकर सामने आया था। निवेश प्रस्ताव पर अपनी प्रतिक्रिया जाहिर करते हुए जुकरबर्ग के चेहरे पर किसी प्रकार का कोई उतावलापन नहीं था। वह किसी ध्यानी दूरद्रष्टा की तरह भाव-शून्य था—न कोई खुशी, न कोई गम, बिल्कुल शून्य।

मामला सिर्फ चौंकानेवाले मूल्यांकन का नहीं था, बल्कि जुकरबर्ग की दार्शनिक अवधारणा का था कि वह इस परियोजना के जरिए दुनिया को बदल सकता था। 'द फेसबुक इफेक्ट' के लेखक डेविड किर्क पैट्रिक से मुलाकात में ट्रिसिया ब्लैक ने उस घटना को याद किया था। जुकरबर्ग ने तब कहा था, *''हम दुनिया को बदलने जा रहे हैं। मुझे लगता है कि हम दुनिया को ज्यादा खुला स्थान बना सकते हैं।''* और ये सब बस, यों ही कहने की बातें नहीं थीं। जुकरबर्ग अपनी इस अवधारणा को आनेवाले वर्षों में ज्यादा जोर डालकर बार-बार दोहराने वाला था। जुकरबर्ग कोई आत्ममुग्ध या घमंडी व्यक्ति नहीं था, बल्कि जुनूनी स्वप्नद्रष्टा (ऑब्सेसिव ड्रीमर) था। द फेसबुक की शुरुआती सफलताओं ने उसकी इस अवधारणा को ठोस बनाया था कि इंटरनेट की जादुई प्रौद्योगिकी के जरिए दुनिया वैश्विक ग्राम (ग्लोबल विलेज) की दिशा में तेजी से बढ़ रही थी और युवा समुदाय इस प्रक्रिया को तेज कर ज्यादा खुले व समावेशी माहौल में जीने को उतावले-से हो रहे थे। लिहाजा, यूजर्स को खुश बनाए रखने की तुलना में विज्ञापन बेचकर राजस्व बढ़ाना जुकरबर्ग के लिए कम महत्त्वपूर्ण था।

लिहाजा, जुकरबर्ग ने द फेसबुक.कॉम पर विज्ञापनों को अनुमति तो दी थी, लेकिन अपनी शर्तों पर। उसने विज्ञापन के लिए स्थान व आकार-प्रकार निश्चित कर दिए थे। विज्ञापनदाता कुछ मानकीकृत बैनर विज्ञापन स्थान—पट्टी, स्तंभ या डिब्बा आदि का ही उपयोग कर सकते थे। जिन विज्ञापनदाताओं ने स्व-निर्धारित (कस्टमाइज्ड) विज्ञापन प्रदर्शन की माँग या आग्रह किया था, उन्हें विनम्रतापूर्वक मना कर दिया गया था। यों ही द फेसबुक.कॉम भीड़ से अलग साबित नहीं हो गई थी। जुकरबर्ग ने अपनी अवधारणा को जुनून के साथ लागू किया था। विज्ञापन राजस्व का लालच उसे अपने सोच से डिगा नहीं सका था। वेबसाइट के मूल चुलबुले छात्र-स्वभाव को बरकरार रखना उसकी जिद थी, चाहे उसके लिए जो भी नुकसान हो जाए। लिहाजा हैरान होने की जरूरत नहीं है कि जुकरबर्ग ने विश्वव्यापी मानव संसाधन व वित्तीय सेवा सलाहकार कंपनी मर्सर (न्यूयॉर्क

सिटी) एवं बहुराष्ट्रीय इन्वेस्टमेंट बैंकिंग कंपनी—गोल्डमैन सैश ग्रुप (न्यूयॉर्क सिटी) जैसी महारथी विज्ञापनदाताओं के स्व-निर्धारित विज्ञापन प्रस्तावों को भी खारिज करने की हिम्मत दिखाई थी। भले ही वाय2एम के विज्ञापन प्रतिनिधियों सहित खुद एडुअर्डो सवेरिन के लिए भी जुकरबर्ग की जिद बेतुकी लग रही थी, लेकिन उसने सोच से कोई समझौता नहीं किया था।

वैसे भी, जुकरबर्ग कोई अकेला व्यक्ति नहीं था, जिसने उपयोगकर्ता-हितों को अपनी प्राथमिकता बनाया हो। गूगल के संस्थापक भी अपनी ऐसी ही जिद के लिए मशहूर रहे हैं। तब तक विकिपीडिया व क्रैगलिस्ट जैसी वेबसाइटें भी बिल्कुल गैर-व्यावसायिक सोच के साथ विश्वव्यापी हो रही थीं।

वाय2एम ने जुकरबर्ग को यह भी समझाने की कोशिश की थी कि द फेसबुक.कॉम को छात्रों की ज्यादा संख्यावाले विश्वविद्यालयों में विस्तार करना चाहिए, जैसे कि एरिजोना विश्वविद्यालय; लेकिन जुकरबर्ग उस वक्त तक इस सेवा को इवी लीग व नामचीन निजी विश्वविद्यालयों तक सीमित बनाए रखने के लिए कृतसंकल्प दिख रहा था। यूजर्स की भारी माँग के बाद ही नए विश्वविद्यालय जोड़े जा रहे थे। जुकरबर्ग फिलहाल इस समुदाय को विशिष्ट बनाए रखने के पक्ष में था। दिलचस्प तथ्य यह भी है कि जुकरबर्ग ने विज्ञापनदाताओं को भी इस सोशल नेटवर्क में प्रवेश करने की इजाजत नहीं दी थी। वह द फेसबुक.कॉम को सेवा के दायरे में आनेवाले शिक्षण-संस्थानों के छात्रों, प्राध्यापकों व पूर्व छात्रों तक ही सीमित रखने की जिद पर अड़ा रहा था। यह एक अनसुना सत्य ही था कि विज्ञापनदाता अपने खुद के चल रहे विज्ञापनों को भी देख नहीं पा रहे थे। यदि कोई देखना चाहता था तो उसे किसी खाताधारी यूजर की तलाश करनी पड़ती थी।

इन व्यावहारिक दिक्कतों के बावजूद वाय2एम विशिष्ट तृतीय पक्ष प्रतिनिधि (एक्सक्लूसिव थर्ड पार्टी रिप्रेजेंटेटिव) के रूप में काम करने के लिए राजी हो गई थी। 30 फीसदी कमीशन जायज था और द फेसबुक.कॉम ने अगले दो वर्षों (जून 2004 से जून 2006 तक) के लिए वाय2एम के साथ विशिष्ट विज्ञापन सेवा अनुबंध पर हस्ताक्षर कर दिया था। वाय2एम द्वारा हिस्सेदारी हासिल न कर पाने के बाद ट्रिसिया ब्लैक ने पूर्णकालिक कर्मचारी के रूप में फेसबुक में शामिल होने तथा हिस्सेदारी-विकल्प (शेयर ऑप्शन) हासिल करने की कोशिशें शुरू कर दी थीं। लेकिन जुकरबर्ग ने नए कंपनी खर्च को नियंत्रित रखने के लिए ब्लैक के प्रस्ताव को अगले नौ महीने तक टाले रखा था। मार्च 2005 में ट्रिसिया ब्लैक को फेसबुक का पहला उपाध्यक्ष, विज्ञापन (वाइस प्रेसिडेंट, एडवरटाइजिंग) बनने का मौका दिया गया था। जून 2006 तक ब्लैक ने फेसबुक में अपनी सेवाएँ दी थीं और फिर स्वतंत्र विज्ञापन सलाहकार के रूप में काम

करने लगी थी। (अगस्त 2006 में विआकॉम समूह की कंपनी एम.टी.वी.यू. ने वाई2एम को अधिगृहीत कर लिया था, जिसके बाद नाम बदलकर कॉलेज मीडिया नेटवर्क/ सी.एम.एन. कर दिया गया था।)

इन सब गतिविधियों के बीच एक दिलचस्प तथ्य यह भी है कि जुकरबर्ग ने द फेसबुक.कॉम की सफलता को न तो अपने दिमाग पर चढ़ने दिया था और न ही उसे हलके में लिया था। हालाँकि वह द फेसबुक की संभावनाओं को लेकर काफी आशान्वित था, लेकिन वह अभी भी पूरी तरह आश्वस्त नहीं था कि यह परियोजना उसके जीवन के लक्ष्य को पूरा कर सकेगी। वह मूल रूप से प्रोग्रामर था और उसके अंदर का खोजी मन उसे चैन से नहीं बैठने दे रहा था। मतलब, वह मन की गहराइयों में द फेसबुक को अपनी अन्य परियोजनाओं की तरह एक और परियोजना ही मानकर चल रहा था। लिहाजा, पढ़ाई के अलावा बाकी अधिकांश समय द फेसबुक में झोंकने के बावजूद वह नई परियोजना के बारे में सोचने और उस पर काम करने का वक्त निकाल लेता था। इसी का नतीजा थी वायरहॉग, जो उसने द फेसबुक के सहयोगी व प्रतिभाशाली प्रोग्रामर एंड्रयू मैककोलम के साथ मिलकर शुरू की थी। यह इंटरनेट दुनिया में स्वत्वाधिकार कानून के खुलेआम उल्लंघन के मामले में कुख्यात हुई संगीत-साझा सेवा 'नैप्स्टर' जैसा कार्यक्रम था; लेकिन वायरहॉग संपूर्ण विचार सामग्रियों—संगीत सहित वीडियो, मजमून दस्तावेज (टेक्स्ट फाइल) या अन्य सभी प्रकार की अंकीय सूचनाओं (डिजिटल इन्फॉर्मेशन) को साझा करनेवाली सेवा थी।

वैसे तो जुकरबर्ग इसे द फेसबुक से एकीकृत की जा सकनेवाले एक सेवा विकल्प के रूप में विकसित कर रहा था, ताकि यूजर्स को आपस में हर प्रकार की डिजिटल सामग्रियों का आदान-प्रदान करने का मौका मिले, लेकिन बाद में यह तथ्य भी उभरकर सामने आया था कि जुकरबर्ग यह सब द फेसबुक की वैकल्पिक व्यवस्था के रूप में कर रहा था। यानी हो न हो, यदि द फेसबुक उतना कामयाब नहीं हुआ, जितना वह सोच रहा था तो कम-से-कम वायरहॉग का विकल्प तो होगा।

खैर, द्वितीय वर्ष की परीक्षा देने के क्रम में ही जुकरबर्ग नई गरमी की छुट्टियों व तृतीय वर्ष की कक्षा चालू होने के तीन महीने के समय को सिलिकॉन वैली में अपना भाग्य आजमाने में लगाने की योजना बना रहा था। उसने वर्गीकृत (क्लासिफाइड) विज्ञापन सेवा 'क्रैगलिस्ट' पर सिलिकॉन वैली में ग्रीष्मकालीन निवास की खोज की थी। उसे पालो आल्टो (सांता क्लारा काउंटी/सिलिकॉन वैली, कैलिफोर्निया) में एक बड़ा घर (रैंच हाउस) मिल गया था और उसने उसके किराए का ऑनलाइन भुगतान कर दिया था। सिलिकॉन वैली जाने का एक कारण यह भी था कि एंड्रयू मैककोलम को महारथी वीडियो गेम डेवलपर व वितरण कंपनी इलेक्ट्रॉनिक आर्ट्स रेडवुड सिटी, कैलिफोर्निया

में ग्रीष्मकालीन नौकरी मिल गई थी। दूसरा कारण यह था कि जुकरबर्ग के परम मित्र और अब द फेसबुक टोली के सक्रिय सदस्य एडम डी. एंजेलो ने भी सिलिकॉन वैली में गरमी की छुट्टियाँ बिताने पर सहमति जताई थी, क्योंकि उसका महाविद्यालय कैलटेक (पासाडेना, लॉस एंजिल्स काउंटी, कैलिफोर्निया) के पास में (पॉलो आल्टो से सिर्फ 356 कि.मी. की दूरी पर) था।

लेकिन इस सबसे बड़ी बात यह थी कि पॉलो आल्टो प्रौद्योगिकी की दुनिया से जुड़े लोगों के लिए एक पौराणिक धर्म-स्थल की तरह था (और अभी भी है)। यह सिलिकॉन वैली की मुख्य गतिविधियों का केंद्र है, जिसकी सीमाओं से सटे शहरों में महारथी प्रौद्योगिकी कंपनियों का जमघट है। अधिकांश विश्व-विख्यात प्रौद्योगिकी उद्यमियों व उद्यम पूँजीपतियों के निवास भी यहीं पर हैं। महज 2 कि.मी. की दूरी पर स्टैनफोर्ड विश्वविद्यालय परिसर है, जहाँ के छात्रों ने सिलिकॉन वैली के विकास में महत्त्वपूर्ण भूमिका अदा की थी; साथ में ही मेलनो पार्क शहर का सैंड हिल रोड इलाका था, जहाँ प्रौद्योगिकी क्षेत्र की तमाम महारथी उद्यम पूँजी कंपनियों के कार्यालय हैं। इस सड़क को सिलिकॉन वैली का वॉल स्ट्रीट माना जाता है। जाहिर है कि जुकरबर्ग के लिए अपने प्रौद्योगिकी भविष्य को आजमाने के लिए पॉलो आल्टो से बेहतर कोई और जगह नहीं हो सकती थी।

सिलिकॉन वैली निवास निश्चित हो जाने के बाद जुकरबर्ग ने कार्यदल के लिए अपने कंप्यूटर विज्ञान विभाग से जरूरी कर्मचारियों का भी चयन शुरू कर दिया था; लेकिन डस्टिन मोस्कोवित्ज को हार्वर्ड कंप्यूटर प्रयोगशाला में यूजर असिस्टेंट (यू.ए.) में ग्रीष्मकालीन नौकरी मिल गई थी। पिछले चार महीनों के अपने अथक परिश्रम की बदौलत मोस्कोवित्ज ने खुद को एक गंभीर प्रोग्रामर बना लिया था। उसने द फेसबुक की रोजाना सँभाल का सारा कामकाज लगभग अपने कंधे पर उठा रखा था। अब उसके बिना जुकरबर्ग का ज्यादा कुछ कर पाना संभव नहीं था। मोस्कोवित्ज की अपनी समस्या थी। वह यू.ए. की नौकरी से धन उपार्जित करना चाहता था। लिहाजा यू.ए. की नौकरी से होनेवाली आमदनी से ज्यादा रकम देने का प्रस्ताव रखकर जुकरबर्ग ने मोस्कोवित्ज को समझा लिया था कि उसका साथ रहना द फेसबुक परियोजना के भविष्य के लिए बेहतर रहेगा।

द फेसबुक.कॉम के प्रवक्ता के रूप में अहम किरदार निभानेवाला जुकरबर्ग का छात्रावास सह-निवासी क्रिस ह्यूजेस पहले ही फ्रांस के एक ग्रीष्मकालीन पाठ्यक्रम के लिए भुगतान कर चुका था। लिहाजा उसने पाठ्यक्रम पूरा होने के बाद ही सिलिकॉन वैली आने का आश्वासन दिया था। वैसे भी, वह मोस्कोवित्ज के मुकाबले स्वभाव से कम जोखिम उठानेवाला व्यक्ति था। इसका वाजिब कारण भी था। ह्यूजेस की पारिवारिक

पृष्ठभूमि आर्थिक रूप से कमजोर रही थी, जबकि मोस्कोवित्ज फ्लोरिडा के संपन्न परिवार से था। द फेसबुक.कॉम के दूसरे सबसे बड़े हिस्सेदार एवं मुख्य वित्तीय अधिकारी एडुअर्डो सवेरिन की अपनी अलग महत्त्वाकांक्षा थी। वह बहुत बड़े उद्योगपति का बेटा था और उसने खुद भी काफी कमाई की हुई थी। उसके लिए द फेसबुक महज एक निवेश परियोजना थी और उसके लिए विज्ञापन कारोबार को नए मुकाम पर ले जाना ज्यादा महत्त्वपूर्ण था। वैसे भी उसे जुकरबर्ग की हैकर टोली में घुलने-मिलने में दिक्कत होती थी। लिहाजा उसने न्यूयॉर्क में अपने पिता के संबंधवाली निवेश कंपनी में काम करते हुए द फेसबुक के लिए विज्ञापन जुटाने में अधिक-से-अधिक समय लगाने का इरादा जाहिर किया था। सवेरिन का साथ होना जुकरबर्ग के लिए जरूरी भी नहीं था, क्योंकि वह उसकी कोई तकनीकी मदद नहीं कर सकता था। इसलिए उसने सवेरिन पर कोई जोर नहीं डाला था।

अजनबी शहर में अनुभवी सीन पार्कर का साथ

यह एक खूबसूरत संयोग ही था कि जब जुकरबर्ग अपनी टोली के साथ किराना भंडार से जरूरी घरेलू सामान खरीदकर ग्रीष्मकालीन निवास-819 ला जेनिफर वे, पॉलो आल्टो की तरफ जा रहा था, तभी सड़क के किनारे सीन पार्कर खड़ा मिल गया था। बीते अप्रैल में न्यूयॉर्क में उन दोनों की मुलाकात हो चुकी थी। लेकिन जुकरबर्ग को पता नहीं था कि वह उसे सिलिकॉन वैली के अजनबी शहर पॉलो आल्टो में मिल जाएगा। जुकरबर्ग के लिए सिलिकॉन वैली एक अबूझ पहेली थी और वह तो बस, यों ही अँधेरे में लाठी चलाने के लिए आ गया था। लेकिन सीन पार्कर के रूप में जुकरबर्ग को एक भावुक दोस्त, क्रांतिकारी शागिर्द व अनुभवी मार्गदर्शक—तीनों एक साथ मिल गया था। अब जुकरबर्ग को किसी बात की कोई चिंता करने की जरूरत नहीं थी, क्योंकि पार्कर हर मर्ज की एक दवा था। आप इसे जुकरबर्ग का सौभाग्य भी कह सकते हैं कि अजनबी शहर में आते ही उसे एक जादुई चाभी मिल गई थी, जिससे वह किसी भी अभेद्य किले का ताला खोल सकता था। यह शख्स जुकरबर्ग व द फेसबुक की ऐतिहासिक सफलता में अहम भूमिका अदा करने वाला था।

सीन पार्कर का जन्म (3 दिसंबर, 1979) वाशिंगटन डी.सी. महानगरीय क्षेत्र के अंतर्गत आनेवाले शहर हेर्नडोन (फेयरफैक्स काउंटी, वजीलनिया) में हुआ था। उसके पिता ब्रूस पार्कर समुद्र-विज्ञानी थे, जो राष्ट्रीय समुद्रीय व वायुमंडलीय प्रशासन (नेशनल ओशियानिक ऐंड एटमोस्फियरिक एडमिनिस्ट्रेशन/एन.ओ.ए.ए., सिल्वर स्प्रिंग, मेरीलैंड) में मुख्य वैज्ञानिक पद पर कार्यरत थे। उसकी माँ डायने पार्कर टी.वी. विज्ञापन एजेंट का काम करती थी। जब पार्कर सिर्फ सात साल का था और दूसरी कक्षा में पढ़ रहा

था, तभी उसके पिता ने उसे अटारी 800 पर कार्यक्रम बनाना सिखा दिया था। असल में पार्कर के पिता उसे उद्यमी बनाना चाहते थे, लेकिन पारिवारिक जीवन में उलझकर उन्होंने अपने उद्यमशीलता के सपनों को छोड़ दिया था। इसीलिए उन्होंने बचपन में ही पार्कर को यह समझाना शुरू कर दिया था कि यदि उसे जिंदगी में कोई जोखिम उठाना है, यानी उद्यमी बनना है तो यह सब परिवार बनाने से बहुत पहले ही शुरू कर देना चाहिए। यह बात किशोर अवस्था के पार्कर के दिमाग में बैठ गई थी। उसने कंप्यूटर प्रोग्रामिंग के क्षेत्र में कुछ खास कर दिखाने का सपना पाल लिया था।

हाई स्कूल तक पहुँचते-पहुँचते पार्कर एक अच्छा-खासा प्रोग्रामर बन चुका था और 'डॉब' छद्म नाम से अनधिकृत कार्यक्रम गतिविधियों यानी हैकिंग को अंजाम देने में मजा लेने लगा था। वह अकसर बड़ी कंपनियों व विश्वविद्यालयों के नेटवर्क्स में घुस जाता था और उनमें गड़बड़ी फैलाने की कोशिश करता था। 15 साल की उम्र में एक रात जब वह एक फॉर्च्यून 500 कंपनी के नेटवर्क में घुसकर अपनी हैकिंग गतिविधियों को अंजाम दे रहा था तो उसके पिता ने देख लिया था और नाराज होकर तत्काल इंटरनेट बंद कर उसका कंप्यूटर की-बोर्ड अपने कब्जे में ले लिया था। इस क्रम में पार्कर इंटरनेट नेटवर्क से बाहर नहीं निकलने, यानी लॉग आउट करने में कामयाब नहीं हो सका था। लिहाजा उसका आई.पी. (इंटरनेट प्रोटोकॉल) पता उजागर हो गया था और वह अमेरिकी खुफिया एजेंसी संघीय जाँच ब्यूरो (एफ.बी.आई.) की जाँच के दायरे में आ गया था। नाबालिग होने के चलते वह कैद से तो बच गया, लेकिन उसे स्थानीय पुस्तकालय में काम करने की सामुदायिक सेवा की सजा भुगतनी पड़ी थी। इस तरह पार्कर कुख्यात हैकर के रूप में चर्चित हो गया था।

वर्ष 1995 में नौवीं कक्षा में पढ़ते हुए महज 16 साल की उम्र में सीन पार्कर ने एक शुरुआती स्तर के वेब क्रॉलर—इंटरनेट सामग्रियों के सूचीकरण के अनुप्रयोग का विकास किया था। इस आविष्कार के लिए पार्कर को वर्जीनिया राज्य कंप्यूटर विज्ञान मेला पुरस्कार के लिए चुना गया था। इसके लिए पार्कर ने राष्ट्रीय स्तर पर सुर्खियाँ बटोरी थीं और उसकी अद्भुत कंप्यूटर प्रोग्रामिंग प्रतिभा के मद्देनजर अमेरिकी सरकार की अंतरराष्ट्रीय खुफिया एजेंसी—केंद्रीय खुफिया एजेंसी (सी.आई.ए.) ने उसे अपनी सेवा में बहाल करने के लिए चुना था। लेकिन पार्कर की सरकारी नौकरी में कोई रुचि नहीं थी, क्योंकि तब तक वह अपने पिता के सुझाए गए उद्यमी बनने के सपने को साकार करने की दिशा में काफी आगे निकल चुका था। लिहाजा, उसने सी.आई.ए. की प्रतिष्ठित व रोमांचकारी नौकरी ठुकरा दी थी और इसके बदले वाशिंगटन डी.सी. स्थित शुरुआती कंपनी 'फीडलोडर इनकॉरपोरेशन' में प्रशिक्षु बनना ज्यादा बेहतर समझा था।

[पुश टेक्नोलॉजी के जरिए इंटरनेट-आधारित संचार सेवा कार्यक्रमों का निर्माण

करनेवाली कंपनी फीडलोडर इनकॉरपोरेशन की स्थापना मार्क पिंकस ने की थी, जो जल्द ही एक मशहूर इंटरनेट उद्यमी के रूप में उभरने वाला था। स्थापना के महज सात महीने बाद पिंकस ने उस कंपनी को 3.80 करोड़ डॉलर में बेच दिया था। उसके बाद सन् 1997 में पिंकस ने बहुराष्ट्रीय ऑनलाइन तकनीकी सहायता कंपनी सपोर्ट.कॉम (रेडवुड सिटी, कैलिफोर्निया) की स्थापना की थी। वर्ष 2002 में पिंकस ने सोशल नेटवर्किंग सेवा—ट्राइब.नेट की स्थापना की थी, जो सैन फ्रांसिस्को खाड़ी क्षेत्र के एक विशेष समुदाय के बीच सिमट गई थी। वर्ष 2003 में पिंकस ने अपने दोस्त रीड हॉफमैन (व्यापार संबंध व नौकरी खोज सोशल नेटवर्किंग सेवा लिंक्डइन के सह-संस्थापक) के साथ फ्रेंडस्टर.कॉम में भी निवेश किया था और सोशल नेटवर्किंग प्रणाली के बुनियादी पेटेंट सिक्स डिग्रीज को भी अधिगृहीत किया था। उन दोनों मित्रों ने नैपस्टर, फेसबुक व ट्विटर में भी शुरुआती निवेश किया था; लेकिन पिंकस ने क्रांतिकारी सोशल गेमिंग सेवा-प्रदाता कंपनी जिंगा इनकॉरपोरेशन (सैन फ्रांसिस्को, कैलिफोर्निया) के सह-संस्थापक व सी.ई.ओ. (2007-13) के रूप में पिंकस ने अंतरराष्ट्रीय ख्याति हासिल की थी।]

फ्रीडलोडर के बाद पार्कर ने सबसे पुरानी व सबसे बड़ी इंटरनेट सेवा-प्रदाता कंपनियों में से एक यूयूनेट (उत्तरी वर्जीनिया) में भी काम किया था, जो अब वरीजॉन कम्युनिकेशंस का हिस्सा है। सन् 1998 में बारहवीं करने से पहले ही विभिन्न प्रकार के कार्यक्रम निर्माण की बदौलत पार्कर की सालाना आमदनी 80 हजार डॉलर से ऊपर चली गई थी। लिहाजा, उसके पास अपने माता-पिता को यह समझाने का ठोस आधार था कि अब उसे आगे पढ़ने में समय बिताने की नहीं, बल्कि अपनी उद्यमशीलता के सपने को साकार करने की दिशा में जोखिम उठाना चाहिए था। माता-पिता मना करते रहे थे, लेकिन वह अपना भाग्य आजमाने के लिए सिलिकॉन वैली के पड़ोसी नगर सैन फ्रांसिस्को—हिप्पियों की तथाकथिक राजधानी व हैकिंग गतिविधियों के मुख्य केंद्र—के लिए रवाना हो गया था। यह पहला मौका था कि वह अपने परिवार से अलग रहने के लिए जा रहा और उसके माता-पिता उसकी बेपरवाही को लेकर काफी चिंतित थे। लेकिन पार्कर अपने सपनों की दुनिया में जा रहा था और उसके इरादे बुलंद थे। वह इंटरनेट कारोबार की दुनिया में इतना उथल-पुथल मचाने वाला था कि 'व्यवधान पुरुष' (द मैन ऑफ डिसरप्शन) के रूप में कुख्यात किया जाने वाला था।

असल में वर्ष 1994 में एक ऑनलाइन मुलाकात में पार्कर की शॉन फैनिंग (जन्म—22 नवंबर, 1980; ब्रोकटोन, प्लायमाउथ काउंटी, मैसाचुसेट्स) से दोस्ती हो गई थी। उसके बाद से दोनों सैद्धांतिक भौतिकी (थ्योरीटिकल फिजिक्स) व हैकिंग से संबंधित मुद्दों पर लगातार विचार साझा करते आ रहे थे। शॉन फैनिंग भी उसी के जैसा

जून 1999 में नैपस्टर.कॉम को प्रायोगिक परीक्षण के लिए खोल दिया गया था। शॉन व पार्कर ने अपने नजदीकी 30 दोस्तों को इसके इस्तेमाल के लिए आमंत्रित किया था। एक दोस्त ने दूसरे से संगीत-संचिकाओं को साझा करना शुरू किया था और नैपस्टर की संगीत-पुस्तकालय की सूचियाँ लंबी होती गई थीं।

उस्ताद हैकर बन चुका था और उसकी उद्यमशीलता के सपने भी परवान चढ़ रहे थे। फैनिंग ने बारहवीं के बाद नॉर्थ ईस्टर्न विश्वविद्यालय (बोस्टन, मैसाचुसेट्स) में स्नातक-कंप्यूटर विज्ञान में दाखिला करा लिया था। उस वक्त एमपी-3 डिजिटल तकनीक पर आधारित कॉम्पैक्ट डिस्क (सी.डी.) का चलन बढ़ रहा था, लेकिन यह काफी महँगा सौदा था। ऐसे में फैनिंग के हैकर दिमाग में एकाधिकारवादी संगीत उद्योग को चुनौती देने तथा संगीत-प्रेमियों के लिए बेहद आसान ऑनलाइन मंच विकसित करने का विचार कौंधा था। ऑनलाइन शतरंज के अग्रणी उद्यमी व शॉन के चाचा जॉन फैनिंग ने इस विचार को कारोबारी हकीकत बनाने के लिए नैपस्टर इनकॉरपोरेशन (हल, प्लायमाउथ काउंटी, मैसाचुसेट्स) की स्थापना की थी। जब फैनिंग ने पार्कर को यह खबर दी तो वह काफी उत्साहित हुआ था और उसने 50 हजार डॉलर का निवेश इंतजाम कर इसके सह-संस्थापक के रूप में काम करना शुरू कर दिया था। तकनीकी भाषा में इस इंटरनेट सॉफ्टवेयर कार्यक्रम को 'पीर टू पीर फाइल शेयरिंग' कहा जाता है।

जून 1999 में नैपस्टर.कॉम को प्रायोगिक परीक्षण के लिए खोल दिया गया था। शॉन व पार्कर ने अपने नजदीकी 30 दोस्तों को इसके इस्तेमाल के लिए आमंत्रित किया था। एक दोस्त ने दूसरे से संगीत-संचिकाओं को साझा करना शुरू किया था और नैपस्टर की संगीत-पुस्तकालय की सूचियाँ लंबी होती गई थीं। एक सप्ताह के भीतर नैपस्टर पर 15 यूजर दोस्त जमा हो गए थे और संगीत का विशाल संग्रहालय बन गया था। यूजर्स को स्वत्वाधिकार कानून के बारे में आगाह नहीं किया गया था और लोग बाजार से खरीदी गई हर सी.डी. को नैपस्टर पर डालते जा रहे थे। ऐसे में धड़ाधड़ नए गाने भी मुफ्त में साझा होने लगे थे। यह एक तरह की ऑनलाइन लूट जैसा था। जाहिर है कि संगीत उद्योग में खलबली मच गई थी और 7 दिसंबर, 1999 को रिकॉर्डिंग इंडस्ट्री एसोसिएशन ऑफ अमेरिका (आर.आई.ए.ए.) ने इस लोकप्रिय सेवा के खिलाफ मुकदमा दायर कर दिया था। अदालत की सुनवाई की खबरों ने प्रचार का काम किया था। लिहाजा चालू होने के साल भर के भीतर इसके यूजर्स की संख्या 2.50 करोड़ पहुँच गई थी। फरवरी 2001 के अंत तक यह संख्या 8 करोड़ से ऊपर चली गई थी और उनके बीच हर माह औसतन 2.79 अरब एमपी-3 संगीत संचिकाओं का मुफ्त आदान-प्रदान हो रहा था।

इस सेवा का सभी समय का सबसे तेजी से बढ़ते व्यापार के रूप में उल्लेख किया जाता है, जिससे प्रेरित होकर स्टीव जॉब्स ने आईट्यून स्टोर शुरू किया था।

[आखिरकार 5 मार्च, 2001 को अपील अदालत ने नैपस्टर को स्वत्वाधिकार के दायरे में आनेवाली संगीत संचिकाओं को हटाने का आदेश दिया था। इस आदेश के अनुपालन के लिए जुलाई 2001 में नैपस्टर को अपनी सेवा रोकनी पड़ी थी। फिर 24 सितंबर, 2001 को नैपस्टर पिछले अनधिकारिक उपयोग के लिए 2.60 करोड़ के मुआवजा भुगतान तथा भविष्य के इस्तेमाल के 1 करोड़ डॉलर की अग्रिम स्वत्वाधिकार राशि जमा करने को तैयार हो गया था। 17 मई, 2002 को नैपस्टर ने अपनी परिसंपत्तियों को जर्मन बहुराष्ट्रीय जनसंचार समूह बेर्टेल्समैन द्वारा 8.50 करोड़ डॉलर में अधिगृहीत किए जाने का ऐलान किया था। दूसरी तरफ, 3 जून, 2002 को नैपस्टर ने अमेरिकी दिवालियापन कानून के तहत संरक्षण का आवेदन भी दाखिल किया था; लेकिन उसका मनसूबा कामयाब नहीं हुआ था। 3 सितंबर, 2002 को अदालत ने बेर्टेल्समैन की अधिग्रहण प्रक्रिया को खारिज कर नैपस्टर के परिसमापन (लिक्विडेशन) का आदेश सुना दिया था। 26 नवंबर, 2002 को डिजिटल सॉफ्टवेयर कंपनी रोक्सिओ (सांता क्लारा, कैलिफोर्निया) ने अदालती नीलाम में 50 लाख डॉलर में नैपस्टर को अधिगृहीत कर लिया था। फिर इसकी प्रौद्योगिकी को ऑनलाइन म्यूजिक भंडार प्रेस प्ले के रूप में इस्तेमाल किया गया था। सितंबर 2008 में अमेरिकी बहुराष्ट्रीय इलेक्ट्रॉनिक खुदरा भंडार श्रृंखला बेस्ट बाय कंपनी (रिचफील्ड, मिनेसोटा) ने नैपस्टर ब्रांड को 12.10 करोड़ डॉलर में अधिगृहीत किया था। आखिरकार 1 दिसंबर, 2011 को इंटरनेट प्रसारण माध्यम (स्ट्रीमिंग मीडिया) सॉफ्टवेयर बनानेवाले रियल नेटवर्क (सिएटल, वाशिंगटन) ने मामूली हिस्सेदारी समझौते के तहत इसे अपनी रैप्सोडी (ऑनलाइन संगीत सेवा) के लिए अधिगृहीत कर लिया था।]

इस बीच नैपस्टर के शुरू होने के एक साल बीतने के कुछ समय बाद ही तत्कालीन शेयरधारकों ने पार्कर को कंपनी से बाहर निकाल दिया था। इसका कारण पार्कर द्वारा भेजा गया इ-मेल बना था, जिसमें उसने नैपस्टर यूजर्स द्वारा खुलेआम कानून तोड़ने की जानकारी को बेपरवाही से साझा किया था। इस इ-मेल को अदालती काररवाई के दौरान नैपस्टर के खिलाफ सबूत के तौर पर पेश किया गया था। इस बीच पार्कर सिलिकॉन वैली का जाना-पहचाना नाम बन गया था। वह दोस्त बनाने में माहिर था और इसी चक्कर में सैनफ्रांसिस्को की प्रचलित नशाखोरी व मौज-मस्ती करनेवाली प्रतिभाशाली हैकर टोलियों का अभिन्न हिस्सा भी बन चुका था। जाहिर है कि उसका व्यक्तिगत रहन-सहन बेहद खर्चीला हो गया था। नैपस्टर से अचानक निकाले जाने के बाद वह

आसमान से जमीन पर आ गया था और उसे निराशा के गंभीर दौर से गुजरना पड़ा था; लेकिन वह हार माननेवालों में से नहीं था।

इस बीच पार्कर एक दिन पुराने दोस्तों के फोन नंबर तलाश रहा था तो पता चला था कि अधिकांश बदल चुके थे। इस जरूरत के मद्देनजर उसके दिमाग में एक ऐसी ऑनलाइन एड्रेस बुक व सोशल नेटवर्किंग सेवा का विचार कौंधा था, जो जरूरी व्यक्तिगत जानकारियों—पता, फोन, इ-मेल आदि को स्वत: अद्यतन (अपडेट) करने के साथ-साथ आपसी संबंधों को जीवंत बनाए रखे। उस वक्त माइक्रोसॉफ्ट ऑफिस अनुप्रयोग समूह का व्यक्तिगत जानकारी प्रबंधक कार्यक्रम 'माइक्रोसॉफ्ट आउटलुक' के यूजर्स के बीच सबसे लोकप्रिय था। लिहाजा पार्कर ने इन्हीं यूजर्स को ध्यान में रखकर उससे एकीकृत की जा सकनेवाली नेटवर्क प्रणाली का विकास शुरू किया था। इस काम में उसे नजदीकी मिन्ह नगुएन व स्टैनफोर्ड विश्वविद्यालय में कंप्यूटर अभियांत्रिकी के दो इंजीनियरिंग छात्रों—टोड मसोनिस व कैमरून रिंग ने काफी मदद की थी। पार्कर ने इस सेवा कार्यक्रम व मंच का नाम 'प्लाक्सो' रखा था।

वर्ष 2002 के मध्य में 'प्लाक्सो' का कार्यशील प्रारूप तैयार होने के बाद पार्कर ने इस परियोजना की कार्यशील पूँजी के लिए उद्यम पूँजीपतियों का दरवाजा खटखटाना शुरू कर दिया था। सिलिकॉन वैली की महारथी उद्यम पूँजी कंपनी सिकोइया कैपिटल (सैंड हिल रोड, मेनलो पार्क, कैलिफोर्निया) के हिस्सेदार माइकल मोरित्ज को इस परियोजना में काफी संभावना नजर आई थी। कभी 'टाइम' पत्रिका के संवाददाता रहे मोरित्ज ने याहू, गूगल व पेपाल जैसी परियोजनाओं में निवेश के अपने फैसलों से उद्यम पूँजीपतियों के बीच एक अलग पहचान बनाई थी। उसने पार्कर की खूबियों के साथ उसकी कमजोरी व मजबूरी को भाँप लिया था और 'प्लाक्सो' का कानूनी व आर्थिक नियंत्रण अपने हाथों में लिया था। पार्कर को एक बार फिर खुद को बाजार में साबित करना था, लिहाजा उसने इसकी तरफ ध्यान भी नहीं दिया था। सिलिकॉन वैली के महत्त्वपूर्ण शहर सनीवेल से 12 नवंबर, 2002 को प्लाक्सो.कॉम का परिचालन शुरू किया गया था।

यह एक अद्‍भुत सॉफ्टवेयर कार्यक्रम था, जो यूजर की एड्रेस बुक को खँगालकर, सभी संबंधित लोगों को स्वत: इ-मेल संवाद भेजकर इस मंच पर आमंत्रित करता था। आमंत्रित व्यक्ति के पंजीकरण करते ही प्लाक्सो उसकी एड्रेस बुक में घुसता था और दोनों तरफ की जानकारियों को अद्यतन कर देता था। यह उस समय की क्रांतिकारी सेवा थी, जिसने पहले साल के अंत यानी नवंबर 2003 तक 10 लाख यूजर्स को आकर्षित कर लिया था। यह संख्या सितंबर 2004 में 35 लाख, फरवरी 2005 में 50 लाख और मार्च 2006 में 1 करोड़ तथा मई 2008 में 2 करोड़ यूजर्स का विशाल साम्राज्य स्थापित करने वाली थी।

लेकिन स्थापना के 17 महीने बाद ही 21 अप्रैल, 2004 को प्लाक्सो के मूल रचनाकार व संस्थापक सीन पार्कर को एक कथित कारोबारी साजिश के तहत बाहर का रास्ता दिखा दिया गया था। पार्कर के खुलासे व अन्य खबरों के मुताबिक, माइकल मोरित्ज व राम श्रीराम ने पार्कर की निजी जिंदगी की जासूसी कराई थी और पार्कर पर नशाखोरी व ऐयाशी को बढ़ावा देने का इलजाम लगाने के लिए कुछ ठोस सबूत जुटाए थे। चूँकि प्लाक्सो निजी कंपनी थी, इसलिए पूरी सच्चाई खुलकर सामने नहीं आ सकी थी। इस कारोबारी साजिश का सबसे दु:खद पहलू यह था कि इस संभावनाशील परियोजना के मूल संस्थापक को इस तरह से बदनाम किया गया था कि उसके साथ सपना देखनेवाले सह-संस्थापकों व नजदीकी दोस्तों ने भी उसका साथ छोड़ दिया था। यह सिलिकॉन वैली की सबसे खतरानक व बेरहम कारोबारी घटनाओं में से एक थी।

[कवितार्क राम श्रीराम (जन्म 1957) को सिलिकॉन वैली के प्रभावशाली अरबपति उद्यम-पूँजीपतियों में शुमार किया जाता है। चेन्नई, तमिलनाडु में पले-बढ़े व स्थानीय लोयोला कॉलेज से विज्ञान स्नातक श्रीराम ने सन् 1994 में क्रांतिकारी वेब ब्राउजर कंपनी नेटस्केप कम्युनिकेशन के संस्थापक पदाधिकारी के रूप में सिलिकॉन वैली में पेशेवर जीवन की उड़ान भरी थी। श्रीराम को मुख्य रूप से ऑनलाइन तुलनात्मक खरीदारी सेवा कंपनी जंगली.कॉम के संस्थापक के रूप याद किया जाता है, जिसे अगस्त 1998 में इलेक्ट्रॉनिक वाणिज्य कंपनी अमेजन.कॉम (सिएटल, वाशिंगटन) ने खरीद लिया था। देवदूत निवेशक की हैसियत से श्रीराम को गूगल के 34 लाख शेयर के साथ गूगल के संस्थापक निदेशक मंडल में शामिल किया गया था, जिसका एक सदस्य माइकल मोरित्ज भी था। जनवरी 2000 में श्रीराम ने अपनी उद्यम पूँजी कंपनी 'शेरपालो' की स्थापना की थी। उद्यम पूँजी कारोबार की गोलबंदी में श्रीराम को मोरित्ज खेमे का अहम किरदार माना जाता है।]

लेकिन सच्चाई का दूसरा पहलू यह भी था कि पार्कर का ज्यादा वक्त मौज-मस्ती में बीतने लगा था और वह समय पर अपनी जिम्मेदारी नहीं पूरी कर रहा था। असल में वह बिंदास कलाकार था, जो नशे व प्रेमिकाओं के बीच कुछ रचनात्मकता की तलाश करता रहा था। वह इतना तेजस्वी व प्रभावशाली था कि लोग उससे स्वाभाविक रूप से जलते थे। बहुत बाद में संचार माध्यमों ने भी सिलिकॉन वैली के पिकासो के रूप में उसकी प्रतिभा को पहचान दी थी; लेकिन उस वक्त अधिकांश लोगों ने उसे नशाखोर व ऐयाश ही करार दिया था। पार्कर के रचनात्मक सेवा कार्यक्रमों का फायदा तो सबने उठाया था, लेकिन उसका दर्द उसे अकेले ही भुगतना पड़ा था।

जी हाँ, नैपस्टर के बाद इस दूसरी दुर्घटना ने पार्कर जैसे दु:साहसी सॉफ्टवेयर रचनाकार को न केवल गंभीर आर्थिक संकट में, बल्कि भावनात्मक शून्य की खतरनाक

स्थिति में अकेला छोड़ दिया था; लेकिन यह शायद कुदरत की अबूझ पहेली ही है कि हर विडंबना अपने साथ कोई-न-कोई संभावना जरूर लाती है। साथ ही, दुर्घटनाग्रस्त व्यक्ति को पहले से ज्यादा समझदार व ताकतवर भी बनाती है। यह वह शून्यकाल होता है, जब एक रचनात्मक व्यक्ति को एक बार फिर से टटोलने तथा कुछ नया करने का समय मिलता है। पार्कर के साथ भी ऐसा ही सुयोग बना था। प्लाक्सो की घटना के करीब दो महीने बाद एक दिन जब वह अपनी प्रेमिका के घर के बाहर खड़ा था, तब अचानक उसकी मुलाकात जुकरबर्ग व द फेसबुक की शुरुआती टोली से हुई थी। शायद दोनों को एक-दूसरे की तलाश थी। जुकरबर्ग सिलिकॉन वैली का अजनबी था और उसे एक मार्गदर्शक की जरूरत थी। पार्कर को एक मौके की तथा आश्रय की तलाश थी। यह प्रकृति की इच्छा थी कि उसने ऐतिहासिक प्रौद्योगिक व सामाजिक परिघटना को अंजाम देने के लिए यह सुयोग रचा था।

लेकिन इस सुयोग का सिलसिला करीब चार महीने पहले ही शुरू हो चुका था, जब सीन पार्कर ने जुकरबर्ग व सवेरिन से न्यूयॉर्क में मुलाकात की थी। असल में, मार्च की शुरुआत में रात गुजारने के बाद पार्कर की प्रेमिका, स्टैनफोर्ड विश्वविद्यालय की छात्रा, अपना लैपटॉप उसके पास ही भूलकर चली गई थी। पार्कर ने बस, यों ही उस लैपटॉप को खोला था तो उसकी प्रेमिका का द फेसबुक.कॉम का एकाउंट खुला मिला था। जिज्ञासावश वह उसकी तह में घुसता चला गया था। यह वह समय था, जब कुछ समय पहले ही स्टैनफोर्ड विश्वविद्यालय में द फेसबुक की सेवा शुरू हुई थी। वह अपनी प्रेमिका की लंबी मित्र सूची तथा उस नेटवर्क के क्रांतिकारी विस्तार पर हैरान था। फिर उसने इस प्रणाली की प्रौद्योगिकी की जाँच-परख शुरू की थी। तमाम पहलुओं को आजमाने के बाद पार्कर को यह तय कर पाने में ज्यादा समय नहीं लगा था कि न केवल द फेसबुक की प्रौद्योगिकी, बल्कि उसकी बाजार रणनीति भी, मौजूदा सोशल नेटवर्किंग परियोजनाओं में सबसे अलग व ज्यादा कारगर थी।

पार्कर को यह सब इसलिए भी समझ आ रहा था कि वह फ्रेंडस्टर, लिंक्डइन, ट्राइब आदि प्रमुख सोशल नेटवर्किंग परियोजनाओं के संस्थापकों व निवेशकों के काफी नजदीक था। वह खुद भी वर्ष 2003 में फ्रेंडस्टर के संस्थापक जोनाथन अब्राम के लिए प्रारंभिक सलाहकार के रूप में काम कर चुका था। उसके बदले अब्राम ने उसे कंपनी के थोड़े शेयर भी दिए थे। उसे इन सभी परियोजनाओं की शुरुआत से लेकर तत्कालीन परेशानियों व चुनौतियों की भी पूरी जानकारी थी। वह मार्क पिंकस (ट्राइब.कॉम) की फीडलोडर परियोजना का शागिर्द रह चुका था। पिंकस व हॉफमैन (लिंक्डइन) घनिष्ठ मित्र व निवेशक भी थे। उन्होंने पीटर थिएल ('पेपाल' के पूर्व संस्थापक) सहित सिकोइया कैपिटल के साथ महत्त्वाकांक्षी परियोजना फ्रेंडस्टर में भी 3.60 करोड़ डॉलर

का भारी निवेश किया था। वे सभी फ्रेंडस्टर की तकनीकी दिक्कतों और उसे माइस्पेस द्वारा पछाड़े जाने को लेकर भी परेशान थे। पार्कर को उस घटना की जानकारी थी कि पिंकस व हॉफमैन ने कितनी सूझ-बूझ व गुपचुप तरीके से सोशल नेटवर्किंग प्रणाली की बुनियादी पेटेंट सिक्स डिग्रीज को एक सार्वजनिक नीलामी में महज 7 लाख डॉलर में खरीद लिया था।

उस वक्त पार्कर प्लाक्सो में ही था, लेकिन उसे पता नहीं था कि जल्द ही वह सड़क पर आने वाला था; लेकिन उसका कलाकार मन अपने ही जैसे दूसरे क्रांतिकारी कलाकार से मिलने तथा सहयोग करने के लिए व्याकुल हो उठा था। असल में, वह प्लाक्सो से ऊब चुका था और कुछ नया करने की सोच रहा था। प्लाक्सो के प्रति गैर-जिम्मेदाराना रुख का एक कारण यह भी था। उसने बस यों ही द फेसबुक पर मौजूद जुकरबर्ग के इ-मेल के जरिए खुद का परिचय देते हुए मिलने का संदेश भेज दिया था। उक्त इ-मेल में पार्कर ने सिक्स डिग्रीज पेटेंट की चर्चा करते हुए जुकरबर्ग को जानकारी दी थी कि वह इस पेटेंट के स्वामी एवं सोशल नेटवर्किंग क्षेत्र के गंभीर निवेशकों पिंकस व हॉफमैन को बखूबी जानता था और उनसे उसकी मुलाकात करवा सकता था। पार्कर ने जुकरबर्ग को आगाह किया था कि उन लोगों से उसकी मुलाकात इसलिए भी जरूरी थी कि वे भविष्य में द फेसबुक के खिलाफ पेटेंट उल्लंघन का मामला न बना सकें। सवेरिन ने पार्कर के इ-मेल का जवाब भेजा था। फिर दोनों ने न्यूयॉर्क में रात्रिभोज पर मिलने की योजना बनाई थी।

अप्रैल की शुरुआत में पार्कर ने उस रात्रिभोज के लिए न्यूयॉर्क की उड़ान भरी थी। उसने अपनी पसंद के महँगे चीनी रेस्तराँ 66 (ट्रिबेका) में रात्रिभोज सुनिश्चित किया था। वहाँ जुकरबर्ग अपनी प्रेमिका प्रिसिला चान व सवेरिन अपनी प्रेमिका के साथ पार्कर का इंतजार कर रहे थे। जुकरबर्ग के लिए नैपस्टर के पूर्व संस्थापक सीन पार्कर से मुलाकात एक असाधारण व रोमांचकारी घटना थी। वह नैपस्टर को इंटरनेट कारोबार की अब तक की सबसे अनोखी व महत्त्वपूर्ण घटना मानता था। दूसरी तरफ, पार्कर को भी जुकरबर्ग में इंटरनेट का युग बदलनेवाला कलाकार नजर आ रहा था। लिहाजा जब दोनों मिले थे तो ऐसा लग रहा था कि वे एक-दूसरे को काफी पहले से जानते-समझते थे। दोनों के बीच चर्चाओं का सिलसिला इतना गहन था कि वे बाकी लोगों को भूल-से गए थे। जुकरबर्ग ने द फेसबुक का जो दूरदर्शी चित्रांकन पेश किया था, वह पार्कर के अनुमानों व उम्मीदों से बहुत ज्यादा व्यापक था। पार्कर यह जानकर काफी खुश हुआ था कि जुकरबर्ग भीड़ से बिल्कुल अलग था और उसमें अधिकांश युवा उद्यमियों की तरह रातोरात धनी बनने की लालसा नहीं थी। वह द फेसबुक को एक ऐसा मंच बनाना चाहता था, जो न सिर्फ टिकाऊ हो, बल्कि दुनिया में सामाजिक-सांस्कृतिक बदलाव

प्लाक्सो के सार्वजनिक होने या बिकने की स्थिति में उक्त शेयरों के बदले पार्कर को किसी तरह का लाभ नहीं मिलने वाला था। पार्कर के दर्द को सुनकर न केवल जुकरबर्ग, बल्कि सभी लोग हैरान थे।

लाने में अहम भूमिका अदा कर सकनेवाला हो। पार्कर को जुकरबर्ग एक अति महत्त्वाकांक्षी व साम्राज्यवादी प्रवृत्तियोंवाला शख्स लगा था, जिसमें व्यावहारिकता का अभाव था। कुल मिलाकर, ज्ञानवर्धन के लिहाज से यह मुलाकात इतनी मूल्यवान् जरूर थी कि पार्कर को रात्रिभोज की मोटी रकम चुकता करने का अफसोस नहीं हुआ था। दूसरी तरफ, सवेरिन इस बात पर हैरान था कि पार्कर को उस रेस्तराँ के सभी लोग पहले से जानते थे, मानो वह वहाँ अकसर आता-जाता रहा हो।

खैर, यह मुलाकात बस आई-गई-सी रही थी। जुकरबर्ग अपनी परीक्षाओं और द फेसबुक की रोजाना की गतिविधियों में शामिल हो गया था; जबकि उस मुलाकात के कुछ समय बाद ही पार्कर को प्लाक्सो से बाहर निकाला जा चुका था। दो महीने बीत चुके थे। पार्कर के पास इतनी नकदी नहीं बची थी कि वह अपने घर के किराए का भुगतान कर सके। लिहाजा, उसे अपनी प्रेमिका के घर में स्थानांतरित होने के लिए मजबूर होना पड़ा था। उसके पास सुखमय दिनों में खरीदी गई महँगी बी.एम.डब्ल्यू. कार थी। वह उसमें लादकर लाए सामानों को उठाकर अंदर रख रहा था कि पीछे से जुकरबर्ग के पुकारने की आवाज आई थी। न तो जुकरबर्ग को उम्मीद थी कि पालो आल्टो में उसकी मुलाकात पार्कर से होगी और न ही पार्कर को।

जुकरबर्ग ने पार्कर का अपनी टोली के अन्य चार हार्वर्ड के साथियों से परिचय कराया था—द फेसबुक के सह-संस्थापक डस्टिन मोस्कोवित्ज, वायरहॉग परियोजना का साझीदार एंड्रयू मैककुलम और द फेसबुक के दो ग्रीष्मकालीन प्रशिक्षु एरिक स्चूलटिनिक व स्टीफन डाव्सन-हगेर्टी। ये सभी लोग पालो आल्टो के मुख्य नगर केंद्र से अपनी जरूरत का सामान खरीदकर लौट रहे थे। इनका ला जेनिफर वे स्थित ग्रीष्मकालीन निवास मुख्य शहर से करीब 4.5 कि.मी. दूर बसा नया इलाका था—पार्कर की प्रेमिका के घर के बाहर जहाँ इनकी मुलाकात हो रही थी, उससे भी एक ब्लॉक आगे। जुकरबर्ग ने पार्कर को रात के खाने पर आमंत्रित किया था।

कुछ घंटों बाद पार्कर उनके निवास पर पहुँचा था और फिर सभी छह लोग पैदल ही पास के रेस्तराँ में गए थे। वहाँ पार्कर ने प्लाक्सो से खुद के निकाले जाने और महीनों लंबे कानूनी संघर्ष की कहानी सुनाई थी। यह भी एक संयोग ही था कि उसी वक्त पार्कर को अपने वकील का फोन आया था। यह बुरी खबर थी। प्लाक्सो के निदेशक मंडल ने पार्कर की हिस्सेदारी के आधे शेयरों के इस्तेमाल पर रोक लगा दी थी। मतलब प्लाक्सो के सार्वजनिक होने या बिकने की स्थिति में उक्त शेयरों के बदले पार्कर को किसी तरह

का लाभ नहीं मिलने वाला था। पार्कर के दर्द को सुनकर न केवल जुकरबर्ग, बल्कि सभी लोग हैरान थे, खासतौर पर जुकरबर्ग बुरी तरह परेशान हो गया था। निवेशकों द्वारा मूल संस्थापक के साथ इस तरह की बेरुखी की घटना उसके लिए बिल्कुल नई थी। वह खुद भी मार्च से ही कई निवेशकों से मिलता आ रहा था, लेकिन कभी ऐसी स्थितियों के बारे में कोई सोच-विचार नहीं किया था। वह मन-ही-मन खुद को तसल्ली दे रहा था कि उसे पार्कर जैसा भुक्तभोगी मिल गया था, जो भविष्य में इस तरह की स्थितियों से निपटने में उसकी काफी मदद कर सकता था। सचमुच, अगले तीन महीनों में पार्कर ने इतनी मदद की थी कि जुकरबर्ग ने उसे अध्यक्ष बनाकर पुनर्गठित कंपनी का मुख्य चेहरा बना दिया था।

हम पार्कर की शुरुआती हैकिंग गतिविधियों व कंप्यूटर प्रोग्रामिंग की गतिविधियों के बारे में काफी कुछ जान चुके हैं; लेकिन उसके व्यक्तित्व का एक दिलचस्प पहलू यह भी है कि वह बचपन से ही जबरदस्त पढ़ाकू भी रहा था। असल में, वह बचपन में काफी बीमार रहा करता था और उसका ज्यादा समय घर में ही बीतता था। यही कारण था कि उसके समुद्र वैज्ञानिक पिता ने उसे न सिर्फ कंप्यूटर प्रोग्रामिंग करना सिखा दिया था, बल्कि ढेर सारी किताबें भी लाकर देते थे। हालाँकि वह पारंपरिक व्यापारिक परंपराओं का बहुत ज्यादा आदर नहीं करता था, लेकिन अनौपचारिक अध्ययन के चलते उसके सोचने-विचारने का अंदाज गंभीर व्यापारिक बुद्धिजीवियों व चिंतकों जैसा था। यदि उसके व्यक्तित्व के दो पहलुओं व्यापारिक सोच-समझ एवं प्रोग्रामिंग की रचनात्मकता को एक साथ मिला दिया जाए तो उसे व्यापारिक कलाकार कहना ज्यादा उचित लगता है। पार्कर ने अपनी फेसबुक रूपरेखा में खुद को टेढ़ा-मेढ़ा मिश्रित वंशज व तर्कसंगत कला-प्रेमी घोषित कर रखा है। वह एक कलाकार की अधीरता, आवेग व बेहतर दुनिया की दूरदृष्टि के साथ-साथ व्यापार, इतिहास, अर्थशास्त्र व मानवीय व्यवहार की भी सूक्ष्म समझ रखता था; लेकिन उसकी भौतिक आँखों की दृष्टि बेहद कमजोर थी। यदि वह गलती से कांटेक्ट लेंस लगाना या फिर अपना मोटा चश्मा कहीं भूल गया तो उसे आसपास घूमने-फिरने के लिए भी दूसरे के सहारे की जरूरत पड़ती थी; साथ ही शरारती लड़कोंवाली हरकतें भी उसकी स्वभावगत कमजोरी थी, जो उसके बाहरी व्यक्तित्व को अगंभीर व हलका बनाती थीं। वह लगभग हमेशा बेहद खूबसूरत प्रेमिकाओं से घिरा रहता था।

[बाद में पार्कर ने गायिका-गीतकार एलेक्जेंड्रा लिनस के साथ गंभीर संबंध बना लिया था। जनवरी 2013 में एक बेटी के जन्म लेने के बाद दोनों ने 1 जून को मशहूर पर्यटन स्थल बिग सुर में करीब 1 करोड़ डॉलर की लागत से आयोजित भव्य समारोह में शादी की थी। सैनफ्रांसिस्को से 190 कि.मी. दक्षिण में कैलिफोर्निया का

केंद्रीय समुद्र-तट पर विकसित बिग सुर वह क्षेत्र है, जहाँ सांता लूसिया पर्वत-शृंखला प्रशांत महासागर से उभरकर अचानक काफी ऊँची हो जाती है।]

पार्कर का राजनीति से भी गहरा लगाव था और वह अमेरिकी संविधान का उल्लेख करते हुए ज्वलंत राजनीतिक मसलों पर विश्लेषण करने में सक्षम था। उसकी फेसबुक रूपरेखा में टी.एस. एलियट (अमेरिकी कवि, नाटककार, साहित्यिक-सामाजिक आलोचक व संपादक), बर्ट्रेंड रसेल (ब्रिटिश दार्शनिक, तर्कशास्त्री, गणितज्ञ, इतिहासकार, सामाजिक आलोचक व राजनीतिक कार्यकर्ता) एवं अल्बर्ट कामू (फ्रांसीसी-अल्जीरियाई नोबेल पुरस्कार विजेता लेखक, पत्रकार, व दार्शनिक) के उद्धरण मिलते हैं। यदि किसी ने थोड़ी सी भी रुचि दिखाई तो वह बड़े चाव से गुटनबर्ग से लेकर मौजूदा जन-संचार क्रांति तक का लंबा-चौड़ा रोमांचकारी इतिहास सुना सकता था। सबसे बड़ी बात यह थी कि वह तेजी से व गहनता से विचारों पर बात करना पसंद करता था। इस तरह पार्कर के आने से द फेसबुक परियोजना को सिलिकॉन वैली की व्यापारिक वास्तविकताओं के बीच आमतौर पर अपनाई जा रही समझदारी व दार्शनिक तर्क के प्रति लगाव—दोनों का लाभ मिला था। इससे जुकरबर्ग को अपनी दूरदृष्टि को निखारने में काफी मदद मिली थी। तीसरा लाभ यह था कि पाँच साल बड़ा होने के बावजूद पार्कर एक सहपाठी की तरह जुकरबर्ग तथा द फेसबुक टोली में आसानी से घुल-मिलकर मौज-मस्ती कर सकता था और सबसे बड़ी बात यह थी कि द फेसबुक को सफल बनाना सिर्फ जुकरबर्ग व उसकी टोली का लक्ष्य नहीं, बल्कि पार्कर की पेशेवर चुनौती बन गया था।

'ला जेनिफर वे' में फेसबुक टोली की मौज-मस्ती

जल्द ही पार्कर भी बोरिया-बिस्तर समेत 819, ला जेनिफर वे (पालो आल्टो) स्थित निवास-कार्यालय में आ गया था और द फेसबुक टोली के साथ मिलकर सिलिकॉन वैली का एक नया इतिहास लिखना शुरू कर दिया था। यह करीब 628 वर्गमीटर के भूखंड में रैंच-हाउस शैली में बना बड़ा निवास था। उसके एक हिस्से में 188 वर्गमीटर भवन था, जिसमें चार भव्य शयन-कक्ष, आधुनिक सुविधाओं से लैस तीन शौचालय, एक बड़ा बैठकखाना व रसोईघर बना हुआ था। छह व्यक्तियों के लिए आरामदायक निवास-स्थल था। बैठकखाना को सामूहिक कार्य-स्थल बना दिया गया था। मेजों पर कंप्यूटर रखे गए थे, जिन्हें मॉडेम, स्कैनर, कैमरा सहित अन्य उपकरणों के साथ जोड़कर ऑनलाइन संचार नेटवर्क तैयार कर दिया गया था। सभी वहीं पर खाते-पीते, टी.वी. देखते, गाना सुनते, देर रात तक काम करते रहते थे। जुकरबर्ग सबसे बाद में सोता था और सबसे बाद में काम पर लौटता था। उस निवास के पिछले हिस्से में शानदार तिकोने बगीचे के बीच में मध्यम आकार का खूबसूरत तालाब भी बना हुआ था, जिसके किनारे

बैठकर ये लड़के मौज-मस्ती किया करते थे। इसी बगीचे में जुकरबर्ग तलवारबाजी का अभ्यास भी करता था। जल्द ही यह स्टैनफोर्ड के कंप्यूटर विज्ञान के छात्रों एवं उनकी प्रेमिकाओं के जमघट तथा नाच-गाने का अड्डा बन गया था।

मोस्कोवित्ज व पार्कर के बीच खुद को रखकर जुकरबर्ग ने सोच-समझकर या फिर अनायास ही द फेसबुक के आदर्श शीर्ष कार्यदल का गठन कर लिया था। मोस्कोवित्ज ऐसा शख्स था, जिसकी हरेक शुरुआती कंपनी को जरूरत होती है—कठोर मेहनती, बेहद सरल, बहुमुखी प्रतिभाओं का धनी व व्यवहार-कुशल। उसने दोनों प्रशिक्षुओं की मदद से द फेसबुक के नियमित सुचारु संचालन के अलावा नए विश्वविद्यालयों में सेवा के विस्तार के लिए डेटाबेस प्रणाली की स्थापना की पूरी जिम्मेदारी सँभाल ली थी। कूटलिपि लिखने का अधिकांश श्रमसाध्य कार्य दोनों प्रशिक्षु ही कर रहे थे, लेकिन जरूरत पड़ने पर संपूर्ण प्रणाली को चुस्त-दुरुस्त रखने के लिए मोस्कोवित्ज दिन-रात एक कर सकता था।

इसके उलट, सीन पार्कर तमाम दुनियावी तरीकों से वाकिफ एक अनुभवी कंपनी निर्माता था। कंप्यूटर प्रोग्राम्स के साथ-साथ वह असल दुनिया के सोशल नेटवर्किंग का विशेषज्ञ था। वह न केवल सिलिकॉन वैली के महत्त्वपूर्ण दिग्गजों को जानता था, बल्कि उनका ध्यान खींचने में भी सक्षम था। जुकरबर्ग सहित द फेसबुक टोली के अन्य सदस्य बेहद अनौपचारिक वेशभूषा में रहते थे; जबकि पार्कर ने अपनी पुरानी सुरुचिपूर्ण जीवन-शैली को बनाए रखा था। वह अच्छे खाने-पीने, बेहतरीन कपड़े पहनने, आधुनिक केश-विन्यास (हेयर स्टाइल) करने आदि पर काफी खर्च करता रहा था। हालाँकि धनाभाव में उसकी जीवन-शैली बहुत हद तक प्रभावित हुई थी, फिर भी वह रात्रिकालीन मौज-मस्ती का मौका नहीं चूकता था। उसके लिए यह कोई बड़ी बात नहीं थी कि वह देर रात तक नाच-गाने में डूबा रहे और उसकी खुमारी के चलते अगली सुबह पूर्व निर्धारित बैठकों को अचानक रद्द कर दे; लेकिन वही सबसे खास व्यक्ति था, जो जानता था कि द फेसबुक के बारे में किसके साथ कैसे व कितनी बातें करना जरूरी था। अब तक सिलिकॉन वैली के दिग्गजों के बीच द फेसबुक की छवि अन्य डेटिंग वेबसाइट जैसी ही थी, जहाँ प्रेमिकाओं की तलाश में विश्वविद्यालय के छात्रों का जमघट हो रहा था; लेकिन पार्कर के आने के बाद यह सोच बदलने लगी थी और द फेसबुक को गंभीर ऑनलाइन उद्यम माना जाने लगा था।

इस तरह जुकरबर्ग ने मोस्कोवित्ज को मुख्य प्रौद्योगिकी अधिकारी (सी.टी.ओ.) की भूमिका सौंप दी थी और पार्कर को अध्यक्ष की भूमिका सँभालने के लिए राजी कर लिया था। एक दूरदर्शी कप्तान की तरह उसने खुद रोजाना के कामकाज से थोड़ी दूरी बना ली थी; हालाँकि हर काम में उसने अनायास दखल भी जारी रखा। उसने अपना

ज्यादा ध्यान वायरहॉग को विकसित करने एवं अन्य वैकल्पिक सेवा अनुप्रयोगों के विकास पर केंद्रित किया था।

इस बीच 'कैलटेक' से एडम डी. एंजेलो भी इस टोली में आ चुका था। वह इस दल का सबसे प्रतिभाशाली व निपुण प्रोग्रामर था; लेकिन वह अपनी ही परियोजना पर काम कर रहा था। वह न तो वेब-आधारित भाषाओं पी.एच.पी., जावा स्क्रिप्ट व एच.टी.एम.एल. का विशेषज्ञ था और न ही उनमें रुचि रखता था, साथ ही एंजेलो को अँगूठे में दर्द (कार्पल ट्यूनल सिंड्रोम) की शिकायत थी और वह ज्यादा देर तक कूटलिपि टंकित कर पाने के काबिल नहीं था। वह एक ऐसा प्रोग्राम बनाना चाहता था, जिसके जरिए वीडियो कैमरा उसके हाथ के इशारे को पढ़कर कंप्यूटर चित्रपट पर मजमून टंकित कर सके; लेकिन यह बहुत महत्त्वाकांक्षी परियोजना थी और कुछ समय बाद उसने इस परियोजना से ज्यादा समय वायरहॉग पर लगाना शुरू कर दिया था।

गरमियों की छुट्टियों के चलते द फेसबुक पर यूजर्स की गहमागहमी थोड़ी धीमी चल रही थी; लेकिन मोस्कोवित्ज व प्रशिक्षुओं की टोली भविष्य की तैयारियों में जुटी हुई थी। सितंबर में नए सत्र के चालू होते ही द फेसबुक नेटवर्क पर भारी यातायात की संभावना थी। इसलिए नेटवर्क कार्यक्रम को ज्यादा चुस्त-दुरुस्त करने का सिलसिला जारी था। वायरहॉग पर काम करने के अलावा जुकरबर्ग, मैककोलम एवं डी. एंजेलो चालू सुविधाओं को बेहतर बनाने तथा नई सेवाओं के अनुप्रयोगों के विकास के काम पर जुटे हुए थे।

दूसरी तरफ, पार्कर द फेसबुक के पेशेवर कंपनी के रूप को नए सिरे से संगठित करने में जुट गया था। द फेसबुक.कॉम एल.पी.सी. को निगमित स्वरूप प्रदान करने के लिए उसने 'प्लाक्सो' के गठन में मदद करनेवाले अपने जानकार वकील को नियुक्त किया था। पार्कर को यह जानकर भी हैरानी हुई थी। जुकरबर्ग सहित द फेसबुक दल के किसी भी सदस्य को नेटवर्क-प्रबंधन के बारे में कोई जानकारी नहीं थी और वे यही समझ रहे थे कि इस काम के लिए बाहरी कंपनी मैनेज.कॉम को ठेका दे देना ही काफी था। लेकिन जिस हिसाब से द फेसबुक का यातायात बढ़ रहा था, यह इंतजाम कतई भरोसेमंद नहीं रह गया था। लिहाजा, पार्कर ने पेशेवर इंटरनेट कंपनियों की तरह डाटा केंद्र व सर्वर नेटवर्क संचालन के लिए परिचालन विभाग के गठन का फैसला किया था और उसके लिए विशेषज्ञ परिचालन प्रबंधक की तलाश शुरू की थी। उसने जल्द ही तानेर हलिसीओग्लु नामक इंजीनियर को ढूँढ़ लिया था, जिसे ऑनलाइन नीलामी कंपनी ईबेय कॉरपोरेशन (सैन जोस, सांता क्लारा काउंटी, कैलिफोर्निया) के विशाल सर्वर-नेटवर्क को सँभालने का अनुभव था। उसने सैन जोस स्थित अपने घर से इस काम को सँभालना शुरू कर दिया था।

पार्कर द फेसबुक का नेता बन गया था—कम-से-कम सिलिकॉन वैली के निवेशकों के लिए। जल्द ही यह खबर फैल गई थी कि 819, ला जेनिफर वे (पालो आल्टो) में कुछ खास हो रहा था। वैसे, उस गली में महँगी कार कोई नई बात नहीं थी, लेकिन घर के बाहर बड़े छायादार पेड़ के नीचे खड़ी पार्कर की बी.एम.डब्ल्यू. यह साबित करने के लिए काफी थी कि अंदर रहनेवाला व्यक्ति धनी था। सबसे पहले उद्यम पूँजी कंपनी 'बेंचमार्क' को भनक लगी थी और उसके प्रतिनिधि वहाँ यह टटोलने आ गए थे कि निवेश की कोई गुंजाइश थी या नहीं; लेकिन पार्कर ने जान-बूझकर उन्हें मना कर दिया था। उद्यम पूँजी कंपनियों के प्रतिनिधि इसी प्रकार पालो आल्टो सहित सिलिकॉन वैली के अन्य शहरों में घरों या गैरेजों से संचालित होनेवाली शुरुआती कंपनियों की टोह लिया करते हैं।

इस शुरुआती स्तर पर गूगल को पता चल गया था कि ला जेनिफर वे में बिल्कुल अंतिम छोर पर स्थित इस इस घर में कुछ खास गतिविधियाँ चल रही थीं और उसके कुछ प्रतिनिधि यह पता करने आ धमके थे कि क्या द फेसबुक के साथ मिलकर काम करने की कोई संभावना थी। उन्होंने अंत में उसे एकमुश्त रकम पर खरीदने की भी मंशा जाहिर की थी; लेकिन जुकरबर्ग व पार्कर किसी भी रूप में गूगल जैसी महारथी कंपनी के चंगुल में फँसने को तैयार नहीं थे। वे एकमत थे कि यदि वे सचमुच अपना कुछ करना चाहते थे तो उनका स्वतंत्र बने रहना सबसे जरूरी था। उनकी धारणा बिल्कुल साफ थी कि वे गूगल से बिल्कुल अलग तरह का काम कर रहे थे। द फेसबुक यूजर-केंद्रित सेवा थी, जबकि गूगल का असल कारोबार आँकड़ा-केंद्रित था।

लेकिन एक मामले पर जुकरबर्ग व पार्कर के विचार मेल नहीं खा रहे थे और वह था वायरहॉग। पार्कर की हालत दूध से जली बिल्ली जैसी थी और वह छाछ को भी फूँक-फूँककर पीने के पक्ष में था। उसने जुकरबर्ग को काफी समझाया था कि वायरहॉग की हालत नैपस्टर जैसी हो जाएगी। हर प्रकार की डिजिटल संचिकाओं के आदान-प्रदान की यह सेवा यूजर्स को स्वत्वाधिकार प्राप्त सामग्रियों के इस्तेमाल से रोक नहीं पाएगी। फिर संगीत कंपनियाँ ही नहीं, समूचा जन-संचार एवं मीडिया उद्योग इस परियोजना को कानूनी चपेट में ले लेगा और वायरहॉग के साथ द फेसबुक भी उसकी लपेट में आकर समय से पहले ही इतिहास के कूड़ेदान के हवाले कर दिया जाएगा; लेकिन जुकरबर्ग था कि मानता ही नहीं था। इस आशंका के सत्यापन के लिए पार्कर ने मैककोलम के साथ लॉस एंजिल्स की उड़ान भरी थी। वे वार्नर म्यूजिक ग्रुप के तत्कालीन सी.ई.ओ. एडगर माइल्स ब्रोंफमैन जूनियर एवं वार्नर ब्रदर्स रिकॉर्ड्स के तत्कालीन चेयरमैन व सी.ई.ओ. टॉम व्हाली से मिले थे। नैपस्टर के दिनों में पार्कर का उन लोगों से वास्ता पड़ चुका था। इसमें कोई चौंकनेवाली बात नहीं थी कि दोनों ने वायरहॉग के विचार को ही सिरे

स्टैनफोर्ड में अद्वितीय तिमाही शिक्षण प्रणाली से पढ़ाई होती है, इसलिए बाकी परंपरागत सत्र प्रणालीवाले विश्वविद्यालयों के सन्नाटे के विपरीत यहाँ गरमियों की छुट्टियों में छात्रों की चहल-पहल बनी हुई थी।

से खारिज कर दिया था और पार्कर को पुरानी गलती न दोहराने की सलाह दी थी।

लेकिन इस सत्यापन के बावजूद जुकरबर्ग अपने विचार को आगे बढ़ाने पर अड़ा रहा था। असल में जुकरबर्ग में नेतृत्व की संपूर्ण कला विकसित नहीं हुई थी। किसी शुरुआती कंपनी के महान् नेता की सबसे बड़ी खूबी यह होती है कि वह जानता है कि दूरदृष्टि को पूरी स्पष्टता के साथ जाग्रत् करने और उसके प्रति सबको उत्तेजित करने के लिए उसे कब 'न' कहना चाहिए। लेकिन इससे भी महत्त्वपूर्ण यह जानना होता कि कहाँ सीमा रेखा खींचनी चाहिए, खासतौर पर उत्पादों के मामले में। जुकरबर्ग को अब तक यह सीख नहीं मिल सकी थी, लेकिन जल्द ही उसे यह सीखना पड़ा था।

खैर, द फेसबुक को पेशेवर कंपनी में बदलने का यह मतलब नहीं था कि ये लड़के दिन-रात बस काम में जुटे रहते थे। इसमें कोई शक नहीं कि वे सभी जुनूनी प्रोग्रामर थे, जो दिन-रात कूटलिपि लेखन जैसे उबाऊ काम में डूबे रहते थे; लेकिन मौज-मस्ती के मामले में भी कोई किसी से कम नहीं था। वे वर्क हार्ड, पार्टी हार्डर (कड़ी मेहनत और उससे भी ज्यादा मस्ती) कार्य-संस्कृति के अनुयायी थे। आखिरकार वे युवा थे। मौज-मस्ती उनकी उम्र का तकाजा था। लिहाजा, 819 ला जेनिफर वे में जमकर मौज-मस्ती भी होती थी। इस घर से स्टैनफोर्ड विश्वविद्यालय परिसर की दूरी महज 4 कि.मी. थी। स्टैनफोर्ड में अद्वितीय तिमाही शिक्षण प्रणाली से पढ़ाई होती है, इसलिए बाकी परंपरागत सत्र प्रणालीवाले विश्वविद्यालयों के सन्नाटे के विपरीत यहाँ गरमियों की छुट्टियों में छात्रों की चहल-पहल बनी हुई थी। द फेसबुक में विज्ञापन को किसी खास विश्वविद्यालय पर केंद्रित करने की सुविधा पहले से ही मौजूद थी। इस सुविधा का इस्तेमाल कर द फेसबुक टोली ने स्टैनफोर्ड विश्वविद्यालय परिसर एवं पालो आल्टो शहर में रहनेवाले छात्र-छात्राओं को निवास-कार्यालय पर मौज-मस्ती सभाओं के लिए आमंत्रित करने का सिलसिला शुरू कर दिया था। यह आपसी मेल-जोल बढ़ाने के साथ-साथ द फेसबुक का प्रचार अभियान भी था। जल्द ही मोस्कोवित्ज ने पालो आल्टो हाई स्कूल से बारहवीं पास करनेवाली खूबसूरत छात्रा से गंभीर प्रेम संबंध स्थापित कर लिया था।

जाहिर है कि इन मौज-मस्ती भरे आयोजनों में बीयर व शराब पीने का दौर चलता था और फिर देर रात तक नाचने-गाने का सिलसिला। इस दल में सिर्फ पार्कर ही एकमात्र बालिग था, जो कानूनी तौर पर शराब खरीद सकता था। चूँकि ऐसे आयोजनों का सबसे ज्यादा अनुभव भी पार्कर को ही था, इसलिए वही इन सभाओं का आयोजक

भी था। इन आयोजनों में भाँग-गाँजा आदि का भी इस्तेमाल होता था; लेकिन जुकरबर्ग को धूम्रपान से नफरत-सी थी और वह उसमें हिस्सा नहीं लेता था। घर के बगीचे में बना तालाब का किनारा इन सभाओं का मुख्य आकर्षण था और बेरूत (बीयर पोंग) सबसे पसंदीदा गतिविधि थी।

बेरूत अमेरिकी युवाओं के बीच पीने-पिलाने का लोकप्रिय खेल है। इस खेल में दो व ज्यादा खिलाड़ियों के दो दल होते हैं। मेज के दोनों किनारों पर 6 या 10 बियर भरे प्लास्टिक के गिलासों को त्रिकोण में सजाकर रखा जाता है। दोनों दल एक-दूसरे के गिलासों में पिंग-पोंग गेंद डालने की कोशिश करते हैं। जिस गिलास में गेंद चली जाती है, उसकी बियर विरोधी पक्ष को पीनी पड़ती है। जिस दल के गिलास पहले खत्म हो जाते हैं, वह हार जाता है और उसे विजयी दल के बाकी गिलासों में भरी बीयर भी पीनी पड़ती है। यह खेल ला जेनिफर वे स्थित निवास-कार्यालय पर ही नहीं, द फेसबुक पर भी इतना लोकप्रिय हुआ था कि छह महीने बाद जुकरबर्ग व उसकी टोली ने राष्ट्रीय बेरूत प्रतियोगिता का आयोजन भी शुरू कर दिया था। योजना के मुताबिक, पहले दौर में विश्वविद्यालयों के दलों के बीच प्रतियोगिता का आयोजन होना था और फिर विजेता दलों को अंतिम मुकाबले के लिए न्यूयॉर्क में जमा होना था। विजेता दल को 10 हजार डॉलर के पुरस्कार की घोषणा की गई थी। देश भर के हजारों छात्रों ने 10 डॉलर का भुगतान कर इस प्रतियोगिता में हिस्सा लेने के लिए पंजीकरण कराया था। लेकिन आयोजन शुरू होने के चार दिनों बाद ही विश्वविद्यालयों की शिकायतों के चलते प्रतियोगिता को रद्द करना पड़ा था।

कुल मिलाकर 819 ला जेनिफर वे का माहौल छात्रावासों की तरह हो गया था। देर रात तक पीने-पिलाने व खाने का सिलसिला चलता था। कई बार इतना शोरगुल होता था कि पड़ोसियों को भी परेशानी होती थी। यदि कोई अपनी प्रेमिका के साथ ठहरता था तो फेसबुक दल के सदस्यों को दूसरे कमरे में अपने गद्दे बिछाने पड़ते थे। कई जोड़े तो कई-कई दिनों तक जमे रहते थे, जिनमें पार्कर के नैपस्टर के दिनों के दोस्त भी शामिल थे। लेकिन जश्न कतई बेमतलब नहीं था। उसमें हिस्सा लेनेवाले लोग किसी-न-किसी रूप में द फेसबुक की उपयोगिता बढ़ाने एवं उसको प्रचारित करने में मदद कर रहे थे।

और द फेसबुक गंभीर कारोबार की दिशा में आगे बढ़ रहा था। जुकरबर्ग को पता था कि इस परियोजना को तकनीकी व व्यवसाय के रूप में लगातार विकासमान बनाए रखने के लिए उसे अपनी तरफ से कुछ ठोस कदम उठाने पड़ेंगे। ग्रीष्मकालीन छुट्टियों के चलते विकास दर थमा था और भविष्य की स्थिति थोड़ी डरावनी-सी भी दिखाई पड़ने लगी थी। हालाँकि उन लोगों ने जुलाई मध्य तक किसी नए शिक्षण संस्थान को द फेसबुक नेटवर्क में जोड़ा नहीं था; लेकिन छुट्टियों के बावजूद पहले से शामिल 34

संस्थाओं की सदस्यता संख्याओं में लगातार बढ़त जारी थी। इसलिए द फेसबुक का शीर्ष संचालन दल यह मानकर चल रहा था कि सितंबर में नए सत्र के चालू होते ही सेवा विस्तार की माँग तेज होगी और यूजर्स की संख्या में उल्लेखनीय इजाफा होगा। इसका सीधा मतलब था कि द फेसबुक को ज्यादा विश्वसनीय सॉफ्टवेयर और ज्यादा क्षमतावान् सर्वर-नेटवर्क की जरूरत होने वाली थी।

इस दिशा में पार्कर की सूझ-बूझ काम आई थी। सांता क्लारा स्थित साझा डाटा केंद्र में द फेसबुक का अपना सर्वर पिंजड़ा स्थापित किया जा चुका था। यह डाटा केंद्र पालो आल्टो से करीब 20 कि.मी. दक्षिण में स्थित था। इसकी निगरानी विशेषज्ञ अभियंता तानेर हलिसीओग्लु कर रहा था; लेकिन यूजर्स की संख्या में लगातर इजाफे के चलते नेटवर्क में हर थोड़े समय बाद नए सर्वर को जोड़ना पड़ता था। यह एक व्यक्ति के वश की बात नहीं थी। लिहाजा, परिचालन विभाग की अतिरिक्त जरूरत को पूरा करने के लिए स्थायी नियुक्ति की बजाय मित्रों की तात्कालिक बहाली से काम चलाया जा रहा था। यहाँ जुकरबर्ग का आत्मविश्वास काफी काम आया था। वह सर्वर-नेटवर्क की क्षमता को एक साथ दस गुना तक बढ़ाने पर जोर देता था। इसके पीछे दो कारण थे। थोड़ी-थोड़ी जरूरत के लिए सर्वर-नेटवर्क को बार-बार खोलने व स्थापित करने का झंझट न मोल लेना पड़े और यूजर्स को कभी भी सुस्ती की स्थिति का सामना न करना पड़े। यदि जुकरबर्ग ने आत्मविश्वासपूर्ण अनुमान न लगाया होता तो निकट भविष्य में द फेसबुक पर अचानक बढ़ने जा रहे तूफानी यातायात को सँभालना मुश्किल ही नहीं, असंभव हो जाता।

गनीमत थी कि जुकरबर्ग ने फ्रेंड्स्टर की असफलता के पीछे के तकनीकी कारणों का गंभीरता से विश्लेषण किया था। ऐसे में, जब पार्कर ने परिचालन विभाग एवं अपने सर्वर-नेटवर्क की स्थापना का प्रस्ताव रखा था तो उसने खर्चे की परवाह नहीं की थी। जी हाँ, सिर्फ 20 वर्ष के सी.ई.ओ. पर जुनून सवार था कि द फेसबुक.कॉम को तकनीकी रूप से कितना अच्छा बनाए रखा जा सकता था। असल में, उसे पता था कि सुचारु व गतिशील कार्य-प्रदर्शन ही इस तरह की ऑनलाइन संचार सेवा की असल कुंजी थी। यह दिलचस्प तथ्य है कि जुकरबर्ग व मोस्कोवित्ज ने शुरू से ही द फेसबुक.कॉम की मूल कार्यक्रम प्रणाली में टाइमर लगा रखा था, जो हरेक पृष्ठ पर उसे प्रदर्शित करने लिए सर्वर द्वारा लगाए गए समय को सावधानीपूर्वक दरशाता था। जब कभी किसी नई सुविधा का प्रस्ताव आता था तो जुकरबर्ग सबसे जयादा इस मुद्दे पर बहस करता था कि कहीं उससे द फेसबुक की गति तो धीमी नहीं होगी। उस दौर में जुकरबर्ग अकसर यह कहा करता था कि उसे खाना खाने जितना ही सर्वर की भी जरूरत थी। इससे भी आगे उसका मानना था कि भोजन के बिना तो कुछ समय काटा जा सकता था, लेकिन

यदि पर्याप्त सर्वर क्षमता नहीं है तो द फेसबुक घुटकर दम तोड़ देगा। यही कारण था कि उसने व मोस्कोवित्ज ने सेवा विस्तार से पहले चालू सेवा को सुचारु बनाए रखने को तरजीह दी थी। हर विस्तार से पहले यह सुनिश्चित किया जाता था कि सर्वर-नेटवर्क एवं उसकी सॉफ्टवेयर संरचना में मौजूदा व संभावित यातायात को सँभालने की पर्याप्त क्षमता थी; साथ ही उन लोगों ने मुक्त स्रोत सॉफ्टवेयर समूहों का इस्तेमाल कर कुल संचालन की लागत को भी शुरू से ही नियंत्रित रखने की समझदारी दिखाई थी। इस तरह यूजर्स की संख्या एक लाख हो जाने के बाद भी कंपनी की असल लागत सिर्फ सर्वर का किराया तथा गिनती के कर्मचारियों की तनख्वाह ही थी।

लेकिन मौजूदा व्यवस्था को सुचारु बनाए रखने और भविष्य की यातायात संभावनाओं के मद्देनजर कंपनी की लागत बढ़ी थी। पालो आल्टो आने के दो सप्ताह के भीतर ही पार्कर के सुझाव पर सांता क्लारा स्थित साझा डाटा केंद्र में अपना स्वतंत्र सर्वर पिंजरा स्थापित करने के लिए जुकरबर्ग को 20 हजार डॉलर खर्च करने पड़े थे। इसमें पिंजरे का किराया, सर्वर व अन्य उपकरणों की खरीद तथा होस्टिंग का खर्च शामिल था। इसके अलावा, परिचालन विभाग के प्रभारी अभियंता की स्थायी नियुक्ति, विस्तार के लिए समय-समय पर की जानेवाली तात्कालिक नियुक्तियों सहित ला जेनिफर वे के सहवासियों के शाही रहन-सहन व मौज-मस्ती के आयोजनों पर होनेवाला खर्च भी लगातार बढ़ रहा था। यह सब फ्लोरिडा में खोले गए कंपनी के बैंक खाते में सवेरिन व जुकरबर्ग द्वारा जमा की गई एकमुश्त धनराशियों एवं विज्ञापन से हुई आमदनी से चल रहा था; लेकिन गरमी की छुट्टियों के चलते विज्ञापन की बिक्री भी लगभग बंद-सी हो गई थी।

ऐसे में, कंपनी में ताजे निवेश की जरूरत गंभीर होती जा रही थी। यही कारण था कि पार्कर व उसके द्वारा नियुक्त वकील कंपनी की कानूनी स्थिति को ठोस स्वरूप प्रदान करने पर जुटे हुए थे। कंपनी-संचालन की परिभाषित रूपरेखा, साझेदारों के बीच औपचारिक अनुबंधों, कर्मचारियों की आधिकारिक नियुक्तियों, विधिवत् वेतन नामावली (पेरोल), लेखा प्रक्रिया आदि से संबंधित विधिसम्मत दस्तावेजों को तैयार किया जा रहा था। बाहरी निवेशकों से निवेश आमंत्रित करने के लिए द फेसबुक.कॉम को वास्तविक कंपनी बनाना सबसे पहली जरूरत थी। लेकिन सवेरिन के असहयोग के चलते यह काम काफी कठिन हो रहा था। इस बीच 15 जुलाई, 2004 के आसपास पार्कर ने निवेशकों से गंभीर बातचीत का सिलसिला तेज कर दिया था।

सवेरिन का कानूनी अड़ंगा एवं कंपनी का पुनर्गठन

जब सवेरिन को इस बात की हवा लगी थी तो उसने जुकरबर्ग को एक पत्र लिख दिया था। उक्त पत्र में सवेरिन ने दावा किया था कि मूल साझेदारी दस्तावेज के

मुताबिक द फेसबुक के कारोबार पर नियंत्रण उसके पास ही था। इस हवाले से सवेरिन ने जुकरबर्ग से माँग की थी कि कंपनी के कानूनी ढाँचे में कोई फेर-बदल से पहले वह उसके तथाकथित कारोबार पर नियंत्रण के अधिकार को सुनिश्चित करने के लिए जमानत-अनुबंध (गारंटी कॉण्ट्रैक्ट) पर हस्ताक्षर करे।

सवेरिन के नजरिए से आकलन करें तो उसकी निराशा अपनी जगह जायज थी। वह मूल रूप से कार्यक्रम निर्माता तो था नहीं, इसलिए उसे जुकरबर्ग व अन्य साथियों कीं गतिविधियों की कोई जानकारी नहीं थी। वह तो जन्मजात कारोबारी था और उसका सोच उसी के आसपास घूमता था। उसने तो मुनाफा कमाने के लिए इस परियोजना में निवेश किया था। उसके लिए द फेसबुक अन्य कारोबारों में से एक था। सच्चाई यह भी थी कि जुकरबर्ग ने कंपनी की कारोबारी जिम्मेदारी को सँभालने के लिए ही सवेरिन को इस परियोजना के साथ 30 फीसदी का हिस्सेदार बनाया था और मुख्य वित्तीय अधिकारी (सी.एफ.ओ.) की पदवी दी थी। वह कंपनी के लिए विज्ञापन राजस्व जुटाकर अपनी जिम्मेदारी भी बखूबी निभा रहा था। लेकिन सवेरिन इस बात से खफा था कि द फेसबुक.कॉम की सेवा संचालन में उसका कोई दखल नहीं था। विज्ञापन के आकार-प्रकार को लेकर अपनाए गए जुकरबर्ग के सख्त आदर्शवादी रवैए से भी वह काफी परेशान हुआ था; क्योंकि विज्ञापनदाताओं का दबाव उसे ही झेलना पड़ता था। ऊपर से विज्ञापनदाताओं की छोटी सी फरमाइश पूरी करने के लिए भी उसे जुकरबर्ग व मोस्कोवित्ज की खुशामद करनी पड़ती थी। दोनों उसके सुझाव को अकसर सिरे से खारिज कर देते थे। इन सब बातों से सवेरिन अहं को चोट पहुँचती थी। उसका मानना था कि उसी की कमाई व निवेश की बदौलत कंपनी चल पा रही थी; लेकिन चाहे वह पालो आल्टो जाने का मसला हो या फिर सर्वर-नेटवर्क में 20 हजार डॉलर का निवेश का या फिर अन्य फैसले, जुकरबर्ग ने उसे विश्वास में लेने की जरूरत नहीं समझी थी। उसे यह भी लगता था कि सिर्फ वही कंपनी की आर्थिक चिंता में लगा हुआ था और बाकी लोग अपनी मनमानी व मौज-मस्ती में बेहिसाब धन खर्च करने में लगे हुए थे। ऐसे में जब सवेरिन को पता चला था कि जुकरबर्ग द फेसबुक.कॉम एल.पी.सी. की वैधानिक संरचना में फेर-बदल कर रहा था तो वह तिलमिला उठा था।

इसके उलट, जुकरबर्ग सहित बाकी द फेसबुक टोली का मानना था कि सवेरिन परियोजना के प्रति पूरी तरह समर्पित नहीं था। यह हकीकत भी थी कि सवेरिन के लिए यह अन्य व्यक्तिगत कारोबारी निवेशों में से एक था। वह पहले से ही अरबपति कारोबारी पिता का पुत्र था। उसकी पहली प्राथमिकता स्नातक, अर्थशास्त्र में अच्छे अंकों से उत्तीर्ण होना था, ताकि वह आगे किसी हार्वर्ड बिजनेस स्कूल में दाखिल हो सके। लिहाजा, वह बचे हुए समय में द फेसबुक का काम करता था। मूल टोली से उसकी दूरी उसी समय

से बढ़नी शुरू हो गई थी, जब उसने सिलिकॉन वैली में आने के लिए सहमत होने की बजाय न्यूयॉर्क में रहने का फैसला किया था। चूँकि कई तरह की गतिविधियाँ एक साथ तेजी से चल रही थीं, इसलिए जुकरबर्ग के लिए यह संभव नहीं था कि वह उसे हर बात की जानकारी दे सके। इससे भी बड़ी बात यह थी कि वह कंपनी में फेसबुक टोली के अन्य सदस्यों द्वारा किए जा रहे क्रांतिकारी प्रौद्योगिक योगदानों का मूल्यांकन नहीं कर पा रहा था। इसलिए उसके मन में बाकी सदस्यों के प्रति आदर का भाव पैदा नहीं हो पा रहा था और वह उन लोगों के साथ भावनात्मक रूप से जुड़ नहीं पा रहा था। इस मामले में उसका स्वभावगत खानदानी कारोबारी अहंकार भी आड़े आ रहा था कि वही सबसे ज्यादा समझदार व कुलीन था। इन सबसे ऊपर सबसे गंभीर समस्या यह थी कि उसका कारोबारी सोच मूल संस्थापक जुकरबर्ग के आदर्शवाद से तालमेल नहीं बिठा रहा था। लिहाजा, उसके विचार खारिज किए जाते थे और उसके अहं भाव को चोट पहुँचती थी। ऐसे में, देर-सबेर सवेरिन व जुकरबर्ग के कारोबारी रिश्ते का टूट जाना भी तय ही था।

वैसे, जुकरबर्ग सहित सभी सदस्य उसके आकर्षक व्यक्तित्व, प्रकट रूप से सौहार्दपूर्ण व्यवहार और सबसे ज्यादा कारोबारी प्रतिभा के कायल थे तथा किसी भी सूरत में अपने से अलग नहीं होने देना चाहते थे। यही कारण था कि पत्र आने के बाद जुकरबर्ग ने फोन पर बातचीत कर सवेरिन को कंपनी के वैधानिक स्वरूप में फेर-बदल के महत्त्व को समझाने की काफी कोशिशें की थीं। इस परियोजना से सवेरिन भी शुरू से जुड़ा हुआ था। उसके मन के अंदर भी इसके प्रति लगाव पैदा हो गया था और एक झटके में खुद को अलग कर पाना उसके लिए भी संभव नहीं था। इसलिए जुकरबर्ग से सुलह वार्त्ता के दौरान वह कई मुद्दों पर सहमत होता हुआ नजर आया था। लेकिन पिता की सलाह का हवाला देकर अगले दिन अपनी बात से मुकर जाता था। उसके पिता उसे इस मामले को कानूनी तरीके से निपटाने की सलाह दे रहे थे। लिहाजा, आपसी सहमति बनाकर आगे बढ़ने की जुकरबर्ग की कोशिशें नाकाम साबित हुई थीं। अपनी 30 फीसदी हिस्सेदारी के कानूनी आधार पर सवेरिन कंपनी के मूल हिस्सेदारी स्वरूप में बदलाव के खिलाफ अदालत में चला गया था।

इस बीच पार्कर व वकील ने कंपनी को पूरी तरह से नए वैधानिक ढाँचे में गठित करने के दस्तावेजों को अंतिम रूप दे दिया था। संयुक्त राज्य अमेरिका के मध्य अटलांटिक क्षेत्र के डेलावेयर प्रांत में नई कंपनी की संस्थापना का फैसला किया गया था और वहाँ के कानून के मुताबिक दस्तावेज दाखिल करने की प्रक्रिया शुरू कर दी गई थी। गौरतलब है कि अमेरिका की अधिकांश कंपनियों, खासतौर पर सिलिकॉन वैली की अधिकांश कंपनियों की वैधानिक संस्थापना डेलावेयर प्रांत में ही कराई हुई है, क्योंकि वहाँ का कानून व्यापारिक दृष्टि से सबसे ज्यादा व्यापार-अनुकूल माना जाता है।

दो-दो कंपनियों से बाहर कर दिए जाने के बाद पार्कर में कानूनी बारीकियों की अच्छी-खासी समझ आ गई थी। अब वह शातिर उद्यम पूँजीपतियों द्वारा अपनाए जानेवाले कानूनी पेंच को समझ चुका था, जिसके आधार पर वे भोले-भाले मूल रचनाकार को दूध की मक्खी की तरह बाहर निकाल फेंकते हैं। लिहाजा, डेलावेयर में संस्थापित हो रही नई सीमित दायित्व कंपनी (एल.पी.सी.) की संस्थापना में पार्कर की मुख्य चिंता का विषय बौद्धिक संपदा (इंटेलेक्चुअल प्रॉपर्टी) थी, जो परिभाषित करती थी कि द फेसबुक.कॉम क्या थी, यानी उसकी कब्जेदारी में कौन सी सबसे संवेदनशील संपत्तियाँ थीं। पार्कर ने द फेसबुक.कॉम द्वारा इस्तेमाल में लाई जा रही बौद्धिक संपदाओं को कंपनी के स्वामित्व के दायरे से बाहर कर दिया था। मूल रचनाकार के रूप में अधिकांश सॉफ्टवेयर व डिजाइन के अधिकार मार्क जुकरबर्ग के निजी स्वामित्व में थे, जबकि कुछ मोस्कोवित्ज के स्वामित्व में। इस नई कंपनी की संस्थापना में जुकरबर्ग व मोस्कोवित्ज ने हिस्सेदारियों सहित अपनी-अपनी बौद्धिक संपदाओं के दस्तावेजों पर अलग-अलग हस्ताक्षर किए थे।

कानूनी तरीके से बात करें तो डेलावेयर में स्थापित एल.पी.सी. ही स्पष्ट रूप से परिभाषित व संगठित वैधानिक संस्थापना थी, जो द फेसबुक.कॉम को संचालित करती थी। इससे पहले सवेरिन द्वारा फ्लोरिडा में स्थापित एल.पी.सी. का कोई खास वैधानिक अस्तित्व नहीं रह गया था, क्योंकि उसमें कंपनी के अधिकार को स्पष्ट तौर पर परिभाषित नहीं किया गया था, यानी फ्लोरिडा में स्थापित एल.पी.सी. महज एक चालू खाता भर था, जिसे मुख्य वित्तीय अधिकारी होने के नाते एडुअर्डो सवेरिन परिचालित-नियंत्रित कर रहा था। इसके विपरीत, कंपनी की असल संपत्ति सर्वर जुकरबर्ग के नियंत्रण में सांता क्लारा में स्थापित थी, जिसमें कंपनी द्वारा उपयोग में लाई जा रही बौद्धिक संपदा निवास करती थी।

संस्थापना के दस्तावेज दाखिल किए जाने से पहले व बाद में भी जुकरबर्ग खुले तौर पर सवेरिन से विवादपूर्ण बातें नहीं करता था; लेकिन कानूनी जवाब में जुकरबर्ग ने सवेरिन पर सह-संस्थापक के रूप में सौंपी गई सी.एफ.ओ. की जिम्मेदारी ठीक प्रकार से न निभाने और कंपनी कार्यदल का साथ न देने का आरोप लगाया था और इसी आधार पर उसे कंपनी के कर्मचारियों की सूची से बाहर निकाल दिए जाने के अपने फैसले की सूचना दी थी। हालाँकि नई संस्थापना में भी सवेरिन की हिस्सेदारी बरकरार रखी गई थी, लेकिन अब वह कंपनी की हिस्सेदारी विस्तार के लिए जरूरी पतलीकरण (डाइल्यूशन) के साथ जोड़ दी गई थी। मतलब, ज्यों-ज्यों नए निवेशक हिस्सेदारी खरीदते जाएँगे तथा नए जुड़नेवाले कर्मचारियों को हिस्सेदारी विकल्प (स्टॉक ऑप्शन) जारी किए जाएँगे, समूची कंपनी की हिस्सेदारी संरचना बदलती जाएगी, यानी अन्य संस्थापक हिस्सेदारों के

साथ-साथ सवेरिन की हिस्सेदारी भी पतली होती जाएगी और आखिरकार कंपनी की गतिविधियों में हस्तक्षेप कर पाने की उसकी व्यावहारिक कानूनी ताकत कमजोर होती जाएगी। कंपनी की तरक्की में लगातार योगदान करने के लिए जुकरबर्ग व मोस्कोवित्ज अतिरिक्त हिस्सेदारी अनुदान हासिल करने के हकदार थे; जबकि सवेरिन को इसका कोई लाभ नहीं मिलने वाला था। लिहाजा, सवेरिन की हिस्सेदारी का लगातार महत्त्वहीन होते जाना तय था।

कंपनी की तरक्की में लगातार योगदान करने के लिए जुकरबर्ग व मोस्कोविज अतिरिक्त हिस्सेदारी अनुदान हासिल करने के हकदार थे; जबकि सवेरिन को इसका कोई लाभ नहीं मिलने वाला था। लिहाजा, सवेरिन की हिस्सेदारी का लगातार महत्त्वहीन होते जाना तय था।

नवगठित कंपनी की आंतरिक निगमित उपविधियाँ (कॉरपोरेट बाय लॉ) के मुताबिक, 51 फीसदी स्वामित्व (ओनरशिप) के साथ जुकरबर्ग कंपनी का संपूर्ण निदेशक (सोल डायरेक्टर) था। नवगठित कंपनी में सवेरिन को 34.4 फीसदी हिस्सेदारी प्रदान की गई थी, जो पुरानी कंपनी की 30 फीसदी हिस्सेदारी के मुकाबले साफतौर पर 4.4 फीसदी ज्यादा थी। ऐसा सवेरिन द्वारा ठोंके गए कानूनी दावे की मूल भावना को निरस्त करने के लिहाज से किया गया था। मतलब, अब सवेरिन के पास जुकरबर्ग पर बेईमानी या धोखाधड़ी का आरोप लगाने और उसके खिलाफ किसी प्रकार की कानूनी काररवाई की माँग करने का कोई तार्किक आधार नहीं रहेगा। जुकरबर्ग ने कंपनी की तरक्की में जबरदस्त योगदान के लिए मोस्कोविज की हिस्सेदारी को 1.81 फीसदी से बढ़ाकर 6.81 फीसदी कर दिया था। इसके अलावा, जुकरबर्ग ने अपने नए विश्वसनीय साथी सीन पार्कर को उसके महत्त्वपूर्ण योगदान के लिए 6.47 फीसदी हिस्सेदारी से सम्मानित किया था।

दिलचस्प तथ्य यह है कि जुकरबर्ग ने मोस्कोवित्ज व पार्कर की वफादारी को कतई हलके में नहीं लिया था और यह सुनिश्चित करने की ठोस कोशिश की थी कि कंपनी की तरक्की में उनका योगदान और बढ़े। लिहाजा, उसने मोस्कोविज व पार्कर की हिस्सेदारियों के प्रमाण-पत्रों के साथ यह विकल्प भी जोड़ दिया था कि यदि वे अगले एक साल तक कंपनी के साथ बने रहते हैं तो उनकी मौजूदा हिस्सेदारी दोगुनी हो जाएगी। जाहिर है कि इस प्रावधान के जरिए जुकरबर्ग ने तय कर दिया था कि साल भर बाद सवेरिन की हिस्सेदारी अपने आप कमजोर हो जाएगी। यह जुकरबर्ग की सूझ-बूझ का ही सबूत है कि उसने बाकी बची 1.29 फीसदी हिस्सेदारी कानूनी सलाहकार कंपनी को जारी कर दी। जाहिर है कि जुकरबर्ग को ऐसा करने की सलाह पार्कर ने दी थी। उसे आशंका थी कि अभी द फेसबुक की राह में कई प्रकार की कानूनी बाधाएँ

आनी थीं। ऐसे में कंपनी को कानूनी बाधाओं से बचाए रखने में कानूनी सलाहकार का निहित स्वार्थ भी पूरा होगा और वह ज्यादा मुस्तैदी से अपनी जिम्मेदारियाँ निभाएगा।

बाद के अपने खुलासे में सवेरिन ने आरोप लगाया था कि कंपनी के पुनर्गठन के बारे में उसे अँधेरे में रखा गया था; लेकिन जब उसे इसकी जानकारी मिली थी तो वह कुछ ज्यादा ही नाराज हो गया। उसने अपनी अगली कानूनी काररवाई में जुकरबर्ग पर कंपनी को ही बंधक बनाने का गंभीर आरोप लगाया था और कंपनी के फ्लोरिडा स्थित चालू खाते का परिचालन बंद करवा दिया था। उसने कहा था कि जब तक उसकी कारोबारी माँग पूरी नहीं की जाती, वह कोई पैसा निकलने नहीं देगा। ऐसा तब हुआ था, जब यह बिल्कुल साफ हो गया था कि कंपनी को जल्द ही सर्वर-संजाल के विस्तार में मोटी रकम खर्च करनी होगी। जुकरबर्ग ने एक बार फिर से सवेरिन को समझाने की कोशिश की थी, लेकिन वह अपनी पुरानी जिद पर अड़ा रहा था।

शुक्र है कि जुकरबर्ग के पास खुद की बचत की हुई अच्छी-खासी रकम थी और उसमें खर्च करने का माद्दा भी था। उसने न तो 819, ला जेनिफर वे का चूल्हा बंद होने दिया था और न ही सर्वर की जरूरत को पूरा करने में ही किसी प्रकार की कोई असमर्थता जाहिर की थी। असल में, जुकरबर्ग ने ग्रीष्मकालीन छुट्टियों एवं अपने बाकी के खाली समय में विभिन्न कार्यक्रम-निर्माण परियोजनाओं में काम कर तथा वेबसाइटों की रचनाओं की मोटी कमाई से हजारों डॉलर की बचत की हुई थी। उसने इस रकम को ऐसे ही आपातकालीन जरूरतों के लिए रखा था। इसके अलावा, संकट की इस घड़ी में उसके दंत चिकित्सक पिता व मनोवैज्ञानिक माता ने भी उसका साथ देने का फैसला किया था। उन्होंने अपने बेटे के सपने को पूरा करने के लिए हजारों डॉलर झोंकने में थोड़ी सी भी हिचकिचाहट नहीं दिखाई थी। बाद के मुकदमे के दस्तावेजों से यह तथ्य उजागर हुआ था कि जुकरबर्ग के माता-पिता ने वह रकम उसके आगे के विश्वविद्यालय व छात्रावास शुल्क के लिए जमा कर रखी थी। चूँकि जुकरबर्ग की तीन बहनों की पढ़ाई-लिखाई पर काफी खर्च हो रहा था, इसलिए उसके माता-पिता के पास इतनी ज्यादा रकम नहीं थी कि वे इस प्रकार का जोखिम उठा सकें; लेकिन ऐसे ही मौके पर अपने काम आते हैं। वैसे, यह भी जुकरबर्ग का सौभाग्य ही था कि उसके माता-पिता उसके काम को बखूबी समझते थे और उन्हें भरोसा कि वह सफल होगा। कुल मिलाकर उन गरमी की छुट्टियों में जुकरबर्ग व उसके परिवार ने कुल 85 हजार डॉलर का जोखिम उठाया था। इसमें से 28 हजार डॉलर की एकमुश्त रकम अकेले 25 सर्वर खरीदने पर खर्च की गई थी।

क्रिस ह्यूजेस को फ्रांस में ग्रीष्मकालीन पाठ्यक्रम पूरा करने में काफी समय लग गया था और वह अगस्त के अंतिम दिनों में ही ला जेनिफर वे के सदस्यों के बीच आ

सका था। लेकिन देर से आने के बावजूद उसने जुकरबर्ग का आत्मविश्वास बढ़ाने में काफी महत्त्वपूर्ण भूमिका अदा की थी। दल के बाकी सदस्यों में यह योग्यता नहीं थी कि वे वेबसाइट पर शुरू की जानेवाली सुविधाओं के बारे में यूजर्स की प्रतिक्रियाओं का सटीक पूर्वानुमान लगा सकें। मानविकी-शास्त्र (ह्यूमैनिटीज) का छात्र होने के नाते ह्यूजेस इस काम को बाकी साथियों के मुकाबले काफी बेहतर कर सकता था। वह निजता (प्राइवेसी) की सुरक्षा व उपयोग की सरलता पर काफी जोर देता था। यहाँ तक कि छुट्टियों के बाद जब वह तृतीय वर्ष की पढ़ाई के लिए हार्वर्ड लौट गया था, तब भी जुकरबर्ग ने उसी को कंपनी का प्रवक्ता बनाए रखा था और तमाम संवेदनशील मसलों पर उसकी सलाह के बगैर कोई फैसला नहीं लेता था। ह्यूजेस ही वह शख्स था, जो विश्वविद्यालयों के समाचार-पत्रों के अलावा बाकी संचार माध्यमों के सवालों के जवाब देता था और अपने छात्रावास से उनकी सँभाल करता था।

गरमी की छुट्टियों के अंत में, यानी अगस्त के अंत में, द फेसबुक पर यूजर्स की संख्या 2 लाख पहुँच गई थी। मतलब, छुट्टियों के तीन महीने में कुल 1 लाख नए यूजर्स जुड़े थे। याद रहे कि 4 फरवरी से मई 2004 के अंत तक पहला 1 लाख पहुँचने में करीब चार महीनों का वक्त लगा था। इस तरह छुट्टियों की सुस्ती के बावजूद यूजर्स की संख्या में ज्यादा तेजी से इजाफा हुआ था। जाहिर है कि द फेसबुक की टोली जबरदस्त उत्साह के साथ नए सत्र के स्वागत की तैयारी कर रही थी। जुकरबर्ग व मोस्कोविज ने अकेले सितंबर माह में ही 72 नए विश्वविद्यालयों को जोड़ने की सारी तैयारियाँ पूरी की हुई थीं। दूसरी तरफ, भविष्य के धन की जरूरतों को पूरा करने के लिए कई संभावित निवेशकों के साथ बातचीत का सिलसिला जारी रखे हुए था। इस बात की पूरी संभावना थी कि जल्द ही कोई निवेशक इस परियोजना में मोटी रकम लगाने को तैयार हो जाएगा। ऐसे में जुकरबर्ग व मोस्कोविज ने महज पाँच मिनट के विचार-विमर्श के बाद ही यह फैसला ले लिया था कि वे हार्वर्ड वापस नहीं जाएँगे और सिलिकॉन वैली में ही रहकर अपने सपने को नई मंजिल तक पहुँचाएँगे।

□

द फेसबुक की बेजोड़ संभावना और निवेशकों की होड़

वर्ष2004 की गरमी की छुट्टियाँ द फेसबुक.कॉम के लिए कई मायनों में उल्लेखनीय रही थीं। सीन पार्कर जैसा अनुभवी साथ आया था तो कंपनी का पुनर्गठन संभव हुआ था; लेकिन मूल संस्थापकों में से एक एडुअर्डो सवेरिन इतना नाराज हो गया था कि कंपनी के अस्तित्व को ही चुनौती देने लगा था। गनीमत थी कि जुकरबर्ग के पास अपनी बचत भी थी और माता-पिता का भी भरपूर सहयोग मिला था। इसलिए तीन महीनों के दौरान एक लाख नए यूजर्स को सँभालने के सर्वर-नेटवर्क में विस्तार के लिए पैसे की कमी नहीं हुई थी। लेकिन नए सत्र के पहले महीने में ही में 72 विश्वविद्यालयों के जुड़ने का सीधा मतलब था कि द फेसबुक.कॉम पर यातायात का दबाव अत्यधिक बढ़ेगा और जल्द ही सर्वर-नेटवर्क के विस्तार में मोटी रकम खर्च होगी। इसके अलावा, अचानक कानूनी संकट भी बढ़ गया था। एक तरफ कंपनी को बंधक बनाने के आरोप में सवेरिन तो दूसरी तरफ विचार चुराने का आरोप लगाकर 'हार्वर्ड कनेक्शन' के संस्थापक जुकरबर्ग के खिलाफ अदालत में चले गए थे। ऊपर से 819, ला जेनिफर वे के मकान मालिक ने अपने निवास को आगे किराए पर न देने तथा अन्य नुकसानों का दावा ठोंक दिया था।

खैर, जुकरबर्ग का आर्थिक स्रोत अभी सूखा नहीं था और वह अगले कुछ समय तक यह सब बरदाश्त करने की कूवत रखता था; लेकिन जिस हिसाब से खर्चे बढ़ रहे थे और नए संकट खड़े हो रहे थे, उसे पूरा कर पाना जुकरबर्ग के अकेले के वश में नहीं था। किसी शुरुआती कंपनी के लिए ये परिस्थितियाँ ही सबसे नाजुक होती हैं, जब उसके शातिर निवेशकों के चंगुल में फँस जाने या फिर औने-पौने भाव में बिक जाने का खतरा रहता है। खासतौर पर सिलिकॉन वैली में उद्यम पूँजी कंपनियों के खुफिया दल तो ऐसे ही शिकार की तलाश में रहते हैं; लेकिन जुकरबर्ग को पालो आल्टो आते ही सीन पार्कर जैसा भुक्तभोगी मार्गदर्शक मिल गया था, जो उसे ऐसी किसी भी परिस्थिति से फँसने नहीं देने वाला था। द फेसबुक दल में शामिल होने के कुछ दिनों बाद से ही

वह विश्वसनीय निवेशकों की तलाश में था; लेकिन उससे पहले कंपनी को पेशेवर वैधानिक ढाँचे में लाना जरूरी था, ताकि कंपनी पर मूल संस्थापक का संपूर्ण नियंत्रण बना रहे। लिहाजा, वह कंपनी को पुनर्गठित करने की पेचीदा प्रक्रिया में जुट गया था। अब वह काम भी पूरा हो चुका था। सवेरिन के मुकदमे का द फेसबुक के भविष्य पर कोई खास असर नहीं पड़ने वाला था। कुल मिलाकर, अब वह मौका आ गया था, जब पार्कर कंपनी में हिस्सेदारी के लिए विश्वसनीय निवेशक को आमंत्रित कर सकता था और उसके बदले अच्छी कीमत भी वसूल सकता था।

द फेसबुक में 5 लाख डॉलर का फरिश्ता निवेश

सीन पार्कर की कोशिशें कामयाब हुई थीं। अगस्त 2004 के अंत में सिलिकॉन वैली के बहुचर्चित उद्यमी पीटर थिएल ने द फेसबुक एल.पी.सी. में 5 लाख डॉलर के निवेश का साहसिक फैसला किया था। थिएल को मुख्य रूप से ऑनलाइन भुगतान सेवा कंपनी 'पेपाल' के पूर्व सह-संस्थापक के रूप में याद किया जाता है। यह थिएल के जीवन का ऐतिहासिक निवेश साबित होने वाला था, जिससे उसे सबसे ज्यादा कमाई होने वाली थी। शुरुआती कंपनी द फेसबुक.कॉम के लिए थिएल देवदूत निवेशक (एंजिल इन्वेस्टर) था और उसके जोखिमपूर्ण भरोसे के बदले कंपनी की 10.2 फीसदी हिस्सेदारी की पेशकश की गई थी। मतलब, परिचालन के आठ महीने के बाद ही द फेसबुक.कॉम ने 49 लाख डॉलर का बाजार मूल्यांकन हासिल किया था। चूँकि यह मूल्यांकन निवेश थिएल जैसे खुर्राट निवेशक के द्वारा किया गया था, इसलिए सिलिकॉन वैली में इसका खास महत्त्व था। यह द फेसबुक के संभावनाशील व सुनिश्चित भविष्य का पहला प्रमाण-पत्र था। इसने विश्व प्रौद्योगिकी उद्योग की राजधानी सिलिकॉन वैली के महारथियों को साफ संकेत दिया था कि द फेसबुक.कॉम भीड़ से अलग कोई खास परियोजना थी।

लेकिन दिलचस्प तथ्य है कि पीटर थिएल को तब इस बात का पूरा भरोसा नहीं था कि वह सचमुच में सही फैसला कर रहा था। असलियत यह थी कि उसने सशर्त जोखिम उठाया था। शर्त यह थी कि यदि 31 दिसंबर, 2004 से पहले यूजर्स की संख्या 15 लाख नहीं पहुँची तो द फेसबुक.कॉम ब्याज सहित थिएल की रकम वापस लौटाएगा और यदि ऐसा हुआ तो निवेश की रकम 10.2 फीसदी हिस्सेदारी में बदल जाएगी। मतलब, थिएल ने अपने निवेश को सफलता व असफलता दोनों ही स्थितियों के लिए सुरक्षित कर लिया था। लेकिन यह सब परदे के पीछे की बातें थीं। पार्कर का असल उद्देश्य पीटर थिएल सहित उसके प्रभावशाली मित्र-मंडली का समर्थन हासिल करना था। तीन महीने के लिए ही सही, थिएल का इतना समर्थन भी पार्कर के लिए काफी था

कि वह द फेसबुक में हिस्सेदारी हासिल करने के लिए मेनलो पार्क के दिग्गज उद्यम पूँजीपतियों को होड़ लगाने के लिए मजबूर कर दे।

वैसे, पीटर थिएल का इतना भरोसा हासिल कर पाना भी आसान नहीं था। यह सिलिकॉन वैली में पार्कर की वर्षों की मेहनत, लगन व संघर्ष का पुरस्कार था। पालो आल्टो में जुकरबर्ग से हुई मुलाकात ने पार्कर को एक बार फिर से खड़े होने और खुद को साबित करने का सुअवसर प्रदान किया था। 'प्लाक्सो' के उद्यम पूँजी निवेशकों की साजिश का शिकार बन जाने के बाद नशाखोरी व ऐयाशी के कलंक को ढो रहे पार्कर के पास कुछ मित्र ही बचे थे, जो उसे फिर से खड़े होने का ढाढ़स बँधा रहे थे। उन लोगों में 'लिंक्डइन' के संस्थापक रेइड हॉफमैन सबसे ऊपर थे। ऐसे में जब द फेसबुक के लिए निवेशक ढूँढ़ने की बारी आई थी तो पार्कर ने सबसे पहले हॉफमैन के सामने ही इसका प्रस्ताव रखा था; लेकिन इसके पीछे भी पार्कर का उद्देश्य सिर्फ पूँजी हासिल करना ही नहीं, द फेसबुक के कानूनी भविष्य को सुरक्षित करना था। याद रहे कि सोशल नेटवर्किंग प्रणाली की बुनियादी प्रौद्योगिकी सिक्स डिग्रीज पेटेंट हॉफमैन व उसके मित्र पिंकस (ट्राइब.नेट) के कब्जे में थी। लिहाजा, उनका आशीर्वाद सबसे ज्यादा जरूरी था।

हॉफमैन के लिए द फेसबुक.कॉम की संभावनाओं का आकलन करना कठिन काम नहीं था। जाहिर है कि उसको पार्कर का प्रस्ताव पसंद आया था; लेकिन वह पिंकस के साथ फ्रेंड्स्टर का भी देवदूत निवेशक था। ऐसे में वह किसी प्रतिस्पर्धी परियोजना में अग्रणी निवेशक के रूप सामने नहीं आना चाहता था। लिहाजा, उसने पीटर थिएल के साथ पार्कर व जुकरबर्ग की मुलाकात निश्चित करवा दी थी। हॉफमैन खुद भी थिएल की पूर्व कंपनी पेपाल में काम कर चुका था और अभी भी अपने पुराने परिचितों के साथ जीवंत संपर्क में था। पेपाल पहली सफल विश्व स्तरीय ऑनलाइन भुगतान सेवा साबित हुई थी, जिसे स्थापना के महज दो वर्षों के बाद ही अक्तूबर 2002 में ईबेय ने 1.50 अरब डॉलर में अधिगृहीत कर लिया था। सह-संस्थापक के रूप में थिएल ने उस सौदे से मोटी कमाई की थी और शीर्ष कर्मचारी होने के नाते हॉफमैन को अच्छा-खासा लाभ मिला था।

वैसे, पेपाल की स्थापना से पहले भी पीटर थिएल पेशेवर निवेशक था। उसने फ्रेंडस्टर सहित हॉफमैन के 'लिंक्डइन' में भी निवेश कर रखा था। वह व्यापक दृष्टिवाला सुलझा हुआ इनसान था। लिहाजा, उसमें पार्कर के प्रति आदर का भाव था, या यों कहें कि वह पार्कर के नवाचारों का मुरीद था। सिलिकॉन वैली में अभी भी डॉट कॉम बुलबुले के फटने का असर था और अधिकांश निवेशक पुराने घाटे को याद कर ऑनलाइन उपभोक्ता सेवाओं में जोखिम उठाने की हिम्मत नहीं जुटा पा रहे थे। लेकिन थिएल का नजरिया बिल्कुल स्पष्ट था और वह मानता था कि इंटरनेट का अगला कारोबार सोशल

नेटवर्किंग सेवा ही बनने वाली थी। वह अच्छी तरह से जानता था कि फ्रेंडस्टर किन कारणों से माइस्पेस से पिछड़ गया था और गूगल के ऑरकुट की क्या समस्याएँ थीं। इन परियोजनाओं को लेकर थिएल के मन में यह धारणा कायम हुई थी कि ये गंभीर नहीं थे। मतलब, लगभग सभी सोशल नेटवर्किंग सेवाएँ युवाओं की प्रेमिका खोजने की ललक को भुनाने में जुटी थीं; लेकिन थिएल को द फेसबुक.कॉम के बारे में बेहतर प्रतिक्रियाएँ मिली थीं।

पहले दौर के इस निवेश में थिएल के 5 लाख डॉलर के अलावा हॉफमैन व पिंकस 40-40 हजार डॉलर तथा पार्कर के कुछ अन्य मित्रों ने भी 20 हजार डॉलर का निवेश किया था।

लिहाजा, जब हॉफमैन की तरफ से पार्कर व जुकरबर्ग से मुलाकात का निवेदन आया था तो वह काफी उत्साहित था। मुलाकातियों में स्टीव वेनुटो भी शामिल था, जिसने द फेसबुक का पुनर्गठन किया था और अब कंपनी के कानूनी सलाहकार व हिस्सेदार की हैसियत वहाँ उपस्थित हुआ था। इस बैठक में थिएल ने 'लिंक्डइन' में सह-संस्थापक के तौर पर काम कर रहे अपने विश्वसनीय मैट कोहलर को आमंत्रित किया हुआ था। कोहलर ने द फेसबुक.कॉम के विश्वविद्यालय तक ही सीमित होने और पंजीकरण के लिए संबंधित संस्था के डॉट.एडू पते की अनिवार्यता को लेकर सवाल उठाया था। लेकिन जब पार्कर ने इसके पीछे के कारणों तथा भविष्य की योजनाओं के बारे में विस्तार से बताया था तो थिएल प्रभावित हुए बिना नहीं रह सका था। इस बैठक में जुकरबर्ग अपनी पसंदीदा वेशभूषा जींस, टी-शर्ट व एडीडास की खुले अँगूठेवाली रबर चप्पल में ही शामिल हुआ था और अपने स्वभाव के मुताबिक बहुत कम बोला था। कुल मिलकर थिएल को परियोजना में पूरी संभावना नजर आई थी और अगले कुछ दिनों में उसने सौदे को अंतिम रूप दे दिया था।

अन्यों के मुकाबले थिएल द्वारा किया गया मूल्यांकन बहुत प्रभावित करनेवाला तो नहीं था, लेकिन जुकरबर्ग को यह ज्यादा व्यावहारिक लगा था। थिएल की तीन महीने की शर्त का जुकरबर्ग पर कोई असर नहीं हुआ था। वह यह भी जानता था कि अगले तीन महीने में 2 लाख से सीधे 15 लाख यूजर्स हासिल करना आसान काम नहीं था। फिर भी, उसे भरोसा था कि यूजर्स की संख्या में इतना इजाफा जरूर होगा, जिससे थिएल को प्रभावित करना मुश्किल नहीं होगा। वैसे भी, जुकरबर्ग को थिएल बाकी लोगों के मुकाबले काफी सुलझा हुआ लगा था और सबसे बड़ी बात यह थी कि वह पार्कर की मित्र-मंडली से नजदीकी से जुड़ा हुआ था।

पहले दौर के इस निवेश में थिएल के 5 लाख डॉलर के अलावा हॉफमैन व पिंकस 40-40 हजार डॉलर तथा पार्कर के कुछ अन्य मित्रों ने भी 20 हजार डॉलर का निवेश

किया था। इस तरह, पहले दौर के विनिवेश में द फेसबुक.कॉम एल.पी.सी. (डेलावेयर) ने कुल 6 लाख डॉलर की कार्यशील पूँजी हासिल की थी।

थिएल के निवेश के बाद कुछ असामान्य प्रावधानों के साथ द फेसबुक.कॉम एल.पी.सी. के प्रशासनिक ढाँचे में बदलाव किए गए थे। कंपनी के निदेशक मंडल में चार सदस्य स्थानों का प्रावधान किया गया था। देवदूत निवेशक की हैसियत पीटर थिएल को एक स्थान आवंटित किया गया था। कंपनी के अध्यक्ष होने के नाते सीन पार्कर को दूसरा और मुख्य कार्यकारी अधिकारी के नाते जुकरबर्ग को पहला संस्थापक निदेशक होने के नाते चौथे स्थान के नामकरण का अधिकार जुकरबर्ग के पास सुरक्षित रखा गया था, जिसे उसने फिलहाल खाली रखने का फैसला किया था। इस संरचना का सीधा उद्देश्य आंतरिक निदेशकों के बहुमत से कंपनी पर संपूर्ण नियंत्रण कायम रखना और बाहरी निवेशकों की किसी भी साजिश की कोशिश को असंभव बना देना था। थिएल खुद भी उद्यमी रह चुका था और मानता था कि संस्थापकों को अपनी रचनाओं को नियंत्रित करना चाहिए। इसलिए उसने द फेसबुक.कॉम एल.पी.सी. के प्रशासनिक प्रावधानों पर कोई ऐतराज नहीं जताया था।

यह पार्कर के पूर्व अनुभवों से प्राप्त ज्ञान का कमाल था। वह नैपस्टर से एक और प्लाक्सो से दो बार बाहर निकाला जा चुका था। वह नहीं चाहता था कि उसे द फेसबुक से भी बाहर निकाला जाए; साथ ही वह जुकरबर्ग के निकाले जाने को भी असंभव बना देना चाहता था। उसने जुकरबर्ग को यह कहा था कि वह उसके लिए वह बनने की कोशिश करेगा, जो किसी ने उसके लिए बनने की कोशिश नहीं की थी। जी हाँ, पार्कर ने यह सुनिश्चित किया था कि जुकरबर्ग हमेशा इतनी शक्तिशाली स्थिति में रहे कि उसके पास गलती करने और उससे सीखने का अवसर था। इसके अलावा, कंपनी के दस्तावेजों में यह प्रावधान भी किया गया था कि यदि कोई भी संस्थापक या पार्कर कभी भी किसी भी कारण से कंपनी छोड़े तो उसे कंपनी द्वारा प्रदान किए गए इ-मेल एड्रेस व लैपटॉप अपने पास रखने का हक हो। नैपस्टर व प्लाक्सो से हटाए जाने के बाद पार्कर ने इन दोनों चीजों की काफी कमी महसूस की थी। कोई भी उससे संपर्क कर पाने की स्थिति में नहीं था।

लॉस अल्टोस में स्थानांतरण एवं तूफानी विस्तार

ला जेनिफर वे के मकान मालिक द्वारा दुबारा किराए पर चढ़ाने का दावा ठोंकने के बाद द फेसबुक.कॉम के निवास कार्यालय को पालो आल्टो के दक्षिण में लॉस अल्टोस की पहाड़ियों में स्थित नए किराए के एक बड़े मकान में स्थानांतरित कर दिया गया था। उसका निवास का पिछला हिस्सा अंतरराज्यीय राजमार्ग-280 से सटा हुआ था। वहाँ

पहुँचना भी आसान था। राजमार्ग के यातायात के शोर के चलते देर रात तक चलनेवाली मौज-मस्ती सभाओं के शोरगुल का पड़ोसियों को पता नहीं चल पाता था। हाँ, इस इलाके में चल रहे धुआँधार निर्माण कार्यों के कारण वातावरण में काफी धूल भी थी। इससे खासतौर पर पार्कर को काफी परेशानी होती थी, क्योंकि उसे पहले से ही एलर्जी थी।

खैर, अब कंपनी के पूर्णकालिक कर्मचारियों में सिर्फ जुकरबर्ग, मोस्कोवित्ज, पार्कर व तानेर हलिसीओग्लु ही बचे थे। हलिसीओग्लु अपने सैन जोस स्थित घर से ही आता-जाता था। क्रिस ह्यूजेस व दोनों प्रशिक्षु वापस हार्वर्ड चले गए थे और डी. एंजिलो कैलटेक। एंड्रयू मैककोलम अभी रुका हुआ था; लेकिन उसका ध्यान अभी भी वायरहॉग परियोजना पर केंद्रित था। थिएल के निवेश से कंपनी के पास पर्याप्त कार्यशील पूँजी आ गई थी। लिहाजा, हलिसीओग्लु तात्कालिक तौर पर नियुक्त लोगों की मदद से सर्वर-नेटवर्क में तेजी से विस्तार कर रहा था। सितंबर के पहले सप्ताह में 15 नई शिक्षण-संस्थाओं में सेवा का विस्तार कर दिया गया था। इस तरह द फेसबुक ने अपनी विशिष्टता की छवि का त्याग कर देने का फैसला किया था। 10 सितंबर को द फेसबुक सर्विस नेटवर्क सूची में ओक्लाहोमा विश्वविद्यालय व मिशिगन टेक्नोलॉजी जैसे सरकारी शिक्षण संस्थाओं का नाम जुड़ गया था।

नए निवास में साफ-सफाई का हाल बेहाल था। वैसे भी जुकरबर्ग की पुरानी आदत जारी थी। वह बियर कैन व अन्य खाने-पीने के डब्बे को जहाँ-का-तहाँ छोड़ देता था। रसोई घर के सिंक में जूठे बरतनों के ढेर लगे हुए थे। किसी ने कूड़ेदान को खाली करने की जरूरत नहीं समझी थी। जाहिर है, चारों तरफ मक्खियाँ भी उड़ रही थीं। लेकिन उन लड़कों की जिंदगी बस, यों ही कट रही थी। वे बेचारे तो दिन-रात अपने कंप्यूटर पर जुटे रहते थे। उन्हें बाकी चीजों की कोई परवाह नहीं थी। वे घर की सँभाल करने में भले ही कमजोर थे, लेकिन उनकी कंपनी तेजी से आगे बढ़ रही थी और वे अपने यूजर्स को किसी प्रकार की कोई असुविधा नहीं होने दे रहे थे।

गरमी की छुट्टियों में दो सुविधाएँ विकसित की गई थीं। नया सत्र प्रारंभ होने के साथ ही सितंबर की शुरुआत में ही इन सुविधा कार्यक्रमों को उपयोगकर्ता-रूपरेखा के साथ एकीकृत कर दिया गया था। ये सुविधाएँ छात्रों के ज्यादा समय तक द फेसबुक पर बने रहने के कारण बन गई थीं।

पहली सुविधा थी—'द वॉल'। हरेक द फेसबुक उपयोगकर्ता के रूपरेखा मुखपृष्ठ से जुड़ा हुआ उसका खास समाचार-पटल (बुलेटिन बोर्ड)। अब किसी विश्वविद्यालय विशेष के द फेसबुक नेटवर्क से जुड़े सदस्य या अन्य स्वीकृत मित्र एक-दूसरे के रूपरेखा मुखपृष्ठ का मुआयना कर सकते थे। इतना ही नहीं, वह 'द वॉल' पर लिखे विचारों को पढ़कर उसके समर्थन में या विरोध में या फिर मखौल उड़ाने के लिए कुछ

भी लिख सकता था या फिर उसे पटाने के लिए दिलकश टिप्पणी कर सकता था, उससे मित्रता का प्रस्ताव कर सकता था, उसे मिलने के लिए किसी रेस्तराँ या मनचाही जगह पर आमंत्रित कर सकता था, या फिर कुछ और।

दूसरी सुविधा थी—'ग्रुप्स'। अब कोई भी द फेसबुक सदस्य किसी भी कारण से या फिर मसले पर अपना समूह बना सकता था। हर समूह का अपना रूपरेखा मुखपृष्ठ था और उसकी अपनी 'द वॉल'। व्यक्तिगत रूपरेखा की तरह हरेक समूह अपनी रूपरेखा तैयार करता था, उससे जुड़ने के लिए दूसरों को आमंत्रण भेजता था और फिर विचार-विमर्श का सिलसिला शुरू हो जाता था। समूह की धारणा, उससे जुड़े लोग, उनके विचार व टिप्पणियाँ सबकुछ खुली किताब की तरह थीं। कोई भी उनकी गतिविधियों पर नजर रख सकता था, उनके विचारों को देख-पढ़ सकता था। फिर जैसा भी महसूस हो, उसके मुताबिक मनचाही टिप्पणियाँ कर सकता था। सबकुछ बिल्कुल आमने-सामने जैसा, क्योंकि कोई भी अपनी पहचान नहीं छुपा सकता था। लिहाजा, अपने विचारों व टिप्पणियों के अच्छे-बुरे नतीजे के लिए भी वह सदस्य खुद जिम्मेदार था। यह सबकुछ द फेसबुक.कॉम की घोषित मर्यादाओं के दायरे में ही संभव था, अन्यथा सदस्यता रद्द कर दिए जाने का खतरा था।

इस तरह द फेसबुक.कॉम पहले से बड़ा व जीवंत, लेकिन सत्यापित पहचानवाला तथा अपनी हद में नियंत्रित, ऑनलाइन सामाजिक मंच बन गया था। यह फेसबुक मंच से जुड़े अमेरिकी विश्वविद्यालयों के छात्र-छात्राओं, पूर्व छात्रों व शैक्षणिक विभागों के प्राध्यापकों एवं अन्य सदस्यों की अपनी-अपनी अलग आभासी दुनिया (वर्चुअल वर्ल्ड) थी, जिसका दायरा लगातार बढ़ रहा था। जो भी इस दुनिया में आता था, बस, खो-सा जाता था और घंटों भटकता रह जाता था। जुकरबर्ग, मोस्कोवित्ज व पार्कर ने द फेसबुक यूजर्स की खो-से जाने की स्थिति को एक तरह की 'ध्यान की अवस्था' कहा था। सचमुच यह ऐसा ही था (और आज भी है)। द फेसबुक मित्र-मंडली के सदस्य एक-दूसरे के फोन नंबर, इ-मेल पते भूलने लगे थे। उन्हें अलग से पता-पुस्तिका सँभालने की जरूरत नहीं थी। लगभग सभी ने द फेसबुक रूपरेखा में अपना मोबाइल नंबर व ए.ओ.एल. त्वरित संवाद (ए.आई.एम.) पता दर्ज किया हुआ था, लिहाजा कभी भी किसी दोस्त से संपर्क करना चुटकियों का खेल था।

इस तरह, नया सत्र शुरू होने के बाद पहले माह सितंबर में, द फेसबुक पर करीब 2 लाख नए लोगों ने नया पंजीकरण कराया था और यूजर्स की कुल संख्या 4 लाख के पास पहुँच गई थी। 21 अक्तूबर, 2004 को यह संख्या 5 लाख हो गई थी और तेजी से बढ़ रही थी। गरमी की छुट्टियों में मोस्कोवित्ज ने अपने साथियों व जुकरबर्ग की मदद से नई शिक्षण-संस्था को जोड़ने का स्वचालित हल निकाल लिया था। अब उनके

छात्रावासों, पाठ्यक्रमों, कक्षाओं की समय-सारणियों का एकत्रीकरण उतना श्रमसाध्य काम नहीं रह गया था।

लेकिन द फेसबुक की शीर्ष संचालन मंडली को जल्द ही पता चल गया था कि पीटर थिएल व अन्य लोगों द्वारा निवेशित कुल 6 लाख डॉलर की राशि के भरोसे ज्यादा दिनों तक काम नहीं चलने वाला था। जिस हिसाब से यूजर्स की संख्या, उनका उपयोग समय एवं उनकी रची सामग्रियों की मात्रा बढ़ रही थी, उसे सुचारु रूप से सँभाले रखना अपने आप में बड़ी चुनौती होगी। सर्वर-नेटवर्क में नए सर्वर जोड़ने का काम रोजाना की गतिविधि बन चुकी थी। जाहिर है कि जल्द ही और धन की जरूरत पड़ने वाली थी। पार्कर इसी समस्या का हल ढूँढ़ने में जुटा हुआ था। उसकी वेस्टर्न टेक्नोलॉजी इन्वेस्टमेंट (डब्ल्यू.टी.आई.) के साझीदार मॉरिस वेर्डेगर से अच्छी जान-पहचान थी। यह सिलिकॉन वैली की मशहूर बैंकिंग कंपनी थी, जो खासतौर पर शुरुआती प्रौद्योगिकी कंपनियों को 10 से 13 फीसदी ब्याज दर पर अल्पावधि ऋण (शॉर्ट टर्म लोन), अधिक-से-अधिक तीन साल के लिए मुहैया कराती थी। वेर्डेगर प्लाक्सो के समय से ही पार्कर का दीवाना था। लिहाजा, जब पार्कर ने द फेसबुक की संभावनाओं के मद्देनजर डब्ल्यू.टी.आई. से ऋण की सौदेबाजी शुरू की थी तो वेर्डेगर ने बिना किसी खास ना-नुकुर के 3 लाख डॉलर के ऋण को मंजूर कर दिया था।

असल में, वेर्डेगर इतना उत्साहित हो गया था कि उसने थिएल के मूल्यांकन आधार पर व्यक्तिगत रूप से 25 हजार डॉलर के निवेश के लिए भी पार्कर से गुजारिश की थी। उसने अपने अन्य वरिष्ठ साझीदारों के साथ अक्तूबर 2004 में पार्कर से मुलाकात की थी; लेकिन डब्ल्यू.टी.आई. की लेखाधिकारी, जो द फेसबुक में अंशकालिक तौर पर काम करती थी, ने व्यक्तिगत निवेश को ज्यादा जोखिमपूर्ण करार दिया था। लिहाजा, पार्कर से करीब डेढ़ घंटे की मुलाकात के बाद वे बिना फैसला किए वापस लौट आए थे। जल्द ही द फेसबुक के बारे में यह धारणा बदल गई थी और वेर्डेगर को जीवन भर यह अफसोस रहा था कि वह दूसरे की बात पर बड़ा सुनहरा मौका गँवा चुका था।

माइस्पेस नहीं, स्थानीय सेवाओं से खतरा—2 नवंबर, 2004 को माइस्पेस.कॉम पर यूजर्स की संख्या 50 लाख हो चुकी थी; लेकिन लॉस अल्टोस के निवास से द फेसबुक.कॉम के संचालक लड़कों को इसकी कोई परवाह नहीं थी, क्योंकि उन्हें पता था कि वे माइस्पेस विरोधी नेटवर्क की रचना कर रहे थे। माइस्पेस व्यापक सुविधाओं सहित रंग-बिरंगी रूपरेखा बनाने की छूट देनेवाली और पूरी तरह अनियंत्रित नेटवर्किंग सेवा थी, जबकि फेसबुक थोड़ी सुविधाओं सहित सजावट की कोई आजादी नहीं देनेवाली तथा नियंत्रित लचीलेपनवाली सेवा थी। माइस्पेस को इस बात की परवाह नहीं थी कि उसके यूजर्स की असल पहचान क्या थी, मतलब कोई भी किसी भी छद्म नाम से उस

नेटवर्क का सदस्य बन सकता था। इसके उलट, फेसबुक अपने हरेक यूजर्स को उसके विश्वविद्यालय इ-मेल के जरिए सत्यापित करता था, लिहाजा किसी भी सदस्य के पास अपनी बिल्कुल सही पहचान घोषित करने के अलावा और कोई विकल्प नहीं बचता था। माइस्पेस की कार्यक्रम संरचना में यह अनुपस्थित व्यवस्था (बाय डिफॉल्ट सेटिंग्स) थी कि कोई भी किसी की भी रूपरेखा को देख सकता था; लेकिन फेसबुक की अनुपस्थित व्यवस्था के तहत कोई सदस्य अपनी शिक्षण-संस्था के सदस्यों या फिर खासतौर पर मित्र-मंडली में शामिल किए गए लोगों की रूपरेखाओं को ही देख सकता था, यानी माइस्पेस पर किसी सदस्य की निजता का कोई महत्त्व नहीं था; जबकि फेसबुक निजता का स्तर कायम रखता था। माइस्पेस पर यूजर अपनी रूपरेखा में कुछ भी लिख सकते थे, लेकिन फेसबुक पर हरेक को अपनी रूपरेखा पूर्व-निर्धारित दायरे में बनानी पड़ती थी।

'माइस्पेस' पर किसी के द्वारा प्रकट विचारों या टिप्पणियों का कोई आधारभूत महत्त्व नहीं था, क्योंकि उसके यूजर की कोई सत्यापित पहचान नहीं थी। यानी उस मंच पर कोई कुछ भी बोल सकता था, क्योंकि पहचान के अभाव में किसी की भी कोई जवाबदेही निर्धारित नहीं हो सकती थी। लेकिन फेसबुक पर ऐसा संभव नहीं था। यहाँ हर किसी की पहचान प्रमाणित थी, इसलिए सभी अपने प्रकट विचारों या टिप्पणियों के प्रति जवाबदेह थे या उनकी जवाबदेही सुनिश्चित की जा सकती थी। लिहाजा, फेसबुक असली पहचानवाले जवाबदेह लोगों का अनुशासित मंच था और उनकी धारणाओं, विचारों या टिप्पणियों का प्रमाणित महत्त्व था। यही कारण था कि फेसबुक समूहों की गतिविधियों को जमीनी सच्चाई माना जा रहा था तो अन्य ऑनलाइन समूह हवा-हवाई लग रहे थे।

तो द फेसबुक की कर्ता-धर्ता मंडली को माइस्पेस से कोई खतरा नहीं महसूस हो रहा था। वे जान चुके थे कि माइस्पेस अपनी मौलिक गलतियों की चपेट में आ जाएगी। चूँकि वह नेटवर्क असली जमीन पर खड़ा नहीं था, इसलिए उसका अपने आप गिर जाना भी तय था। फिलहाल उस मंच के यूजर्स के पास कोई बेहतर विकल्प नहीं था, इसलिए वे उसी का उपयोग कर रहे थे। इसका प्रमाण यह था कि द फेसबुक की सेवा जहाँ पहुँच रही थी, वहाँ के यूजर्स अपनी असल पहचान के साथ उससे जुड़ते चले जा रहे थे। लिहाजा इस मंडली को पक्का विश्वास हो चुका था कि जैसे-जैसे द फेसबुक के दायरे का विस्तार होता जाएगा, माइस्पेस के असली पहचानवाले यूजर्स उसकी तरफ स्थानांतरित हो जाएँगे; लेकिन अभी फेसबुक टोली का ध्यान अपने मूल उपभोक्ता क्षेत्र अमेरिकी विश्वविद्यालय/महाविद्यालय पर केंद्रित था। वे विभिन्न विश्वविद्यालयों की स्थानीय सेवाओं को अपना वास्तविक प्रतिस्पर्धी मान रहे थे, क्योंकि उनके संचालक अपनी स्थानीयता का फायदा उठा रहे थे। अधिकांश सेवाएँ बिल्कुल द फेसबुक की

नकल मार रही थीं और द फेसबुक की अनुपस्थिति का फायदा उठाकर तेजी से फैलती भी जा रही थीं। हालाँकि उनके यूजर्स काफी कम थे, लेकिन जुकरबर्ग इनके फैलाव से चिंतित हो गया था। उसका मानना था कि यदि समय रहते इन सेवाओं को रोका नहीं गया तो ये द फेसबुक का सिरदर्द बन सकती थीं।

इसके लिए द फेसबुक टोली दुश्मन की घेराबंदी कर उसी के मैदान में हरा देने की पारंपरिक युद्ध-रणनीति को अमल में लाई थी। इसके मुताबिक, यदि कोई स्थानीय सेवा किसी खास विश्वविद्यालय में जड़ जमाने लगती थी तो फेसबुक न केवल वहाँ, बल्कि उसके आसपास के सभी विश्वविद्यालयों, विशेषकर महाविद्यालयों में भी एक साथ अपनी सेवाएँ शुरू करने लगा था। नतीजा यह हो रहा था कि आसपास के छात्र द फेसबुक को अपना लेते थे और अंततः लक्षित स्थानीय सेवा के यूजर्स को अपने नेटवर्क में आमंत्रित कर लेते थे। मसलन, बेयलर विश्वविद्यालय (वाको, टेक्सास) की स्थानीय सेवा पर आक्रमण करना था तो उसने वहाँ के अलावा उसके उत्तर में स्थित टेक्सास विश्वविद्यालय (अर्लिंगटन), दक्षिण-पश्चिम में स्थित साउथ-वेस्टर्न विश्वविद्यालय तथा दक्षिण-पूर्व में स्थित टेक्सास ए ऐंड एम विश्वविद्यालय में एक साथ द फेसबुक की सेवाएँ शुरू कर दी गई थीं। यही रणनीति अन्य स्थानीय प्रतिस्पर्धाओं को भी नियंत्रित करने, यानी खत्म कर देने के लिए तेजी से इस्तेमाल में लाई गई थी।

विज्ञापन का उपयोगितापरक दृष्टिकोण—हम जानते हैं कि जुकरबर्ग की प्राथमिकता सूची में सबसे ऊपर यूजर्स थे, जिनके लिए उसने शुरू से ही विज्ञापन के आकार-प्रकार व प्रदर्शन स्थान को एक आदर्शवादी ढाँचे में बाँध रखा था। इस मामले में वह न तो बड़े विज्ञापनदाताओं की परवाह करता था और न ही बड़ी विज्ञापन राशि का। जिस किसी को भी विज्ञापन करना है, उसे द फेसबुक की पूर्व निर्धारित शर्तों को मानना पड़ता था। जुकरबर्ग की इसी जिद के चलते एडुअर्डो सवेरिन सहित कंपनी की विशिष्ट प्रतिनिधि के रूप में काम कर रही विज्ञापन एजेंसी वाय2एम को भी विज्ञापन सौदे पटाने में काफी दिक्कतें उठानी पड़ रही थीं। खैर, सवेरिन बाहर जा चुका था और वाय2एम ने जुकरबर्ग के आदर्शों के मुताबिक नए तरीके के लक्ष्यीकृत विज्ञापनों के जरिए राजस्व को बढ़ाने की कोशिशें तेज की थीं। इसके शुरुआती नतीजे बेहतर आ रहे थे।

अब, एक तरफ यूजर्स की संख्या में इजाफा हो रहा था तो कंपनी की लागत व नियमित खर्चे भी बढ़ रहे थे। लिहाजा, जुकरबर्ग ने लागत के हिसाब से विज्ञापन राजस्व की बढ़त पर भी ध्यान देना शुरू कर दिया था। वह यह सुनिश्चित करना चाहता था कि द फेसबुक.कॉम विज्ञापन राजस्व से कम-से-कम अपना मासिक खर्च पूरा करे, जो अब 50 हजार डॉलर से ऊपर चला गया था। जुकरबर्ग का अनुमान था कि जल्द ही कंपनी को सर्वर के लिए एक लाख डॉलर और नए मानव संसाधन में 5 लाख डॉलर की जरूरत होगी।

अगस्त 2004 में वाय2एम ने पैरामाउंट पिक्चर्स के साथ परंपरागत जीव-संचारित साहसिक हास्य चलचित्र (एनिमेटेड एडवेंचर कॉमेडी फिल्म) 'स्पंज बॉब स्क्वायर पैंट' के प्रथम प्रदर्शन (19 नवंबर, 2004) के पूर्व प्रचार के लिए जबरदस्त विज्ञापन सौदा पटाया था।

इस बीच अगस्त 2004 में वाय2एम ने पैरामाउंट पिक्चर्स के साथ परंपरागत जीव-संचारित साहसिक हास्य चलचित्र (एनिमेटेड एडवेंचर कॉमेडी फिल्म) 'स्पंज बॉब स्क्वायर पैंट' के प्रथम प्रदर्शन (19 नवंबर, 2004) के पूर्व प्रचार के लिए जबरदस्त विज्ञापन सौदा पटाया था। उस वक्त द फेसबुक.कॉम के पृष्ठों पर सिर्फ दाहिने निचले हिस्से में ही लंबे खड़े आयताकार विज्ञापन की जगह निश्चित थी। पैरामाउंट ने 50 लाख छापों/दृश्यों के लिए द फेसबुक.कॉम को 15 हजार डॉलर का भुगतान किया था। यानी, इस विज्ञापन की दर 3 डॉलर प्रति पी.सी.एम. (कास्ट पर माइल) थी। इस विज्ञापन के जरिए पैरामाउंट पिक्चर्स ने प्रचार की बिल्कुल नई अवधारणा—फिल्म प्रशंसकों के विशेष समूह की शुरुआत की थी। बाद में यही तरीका द फेसबुक पर विज्ञापन करने का आदर्श तरीका बन गया था। 2,500 से अधिक यूजर्स इस समूह में शामिल हुए थे और अपने रूपरेखा पृष्ठ पर इस फिल्म का उल्लेख किया था।

इसी अवधारणा को आगे बढ़ाकर दिसंबर 2004 में वाय2एम ने एप्पल के साथ बड़ा सौदा किया था, जो द फेसबुक की विज्ञापन लक्ष्य-पूर्ति की दिशा में मील का पत्थर साबित हुआ। एप्पल ने अपने उत्पाद प्रशंसकों के लिए द फेसबुक पर विशेष समूह को प्रायोजित करने के लिए न केवल न्यूनतम 50 हजार डॉलर प्रति माह का भुगतान सुनिश्चित किया था, बल्कि समूह में शामिल होनेवाले प्रति यूजर को प्रति माह 1 डॉलर का अतिरिक्त भुगतान भी किया था। यह समूह तत्काल लोकप्रिय हो गया था और यूजर्स की न्यूनतम सीमा आसानी से पूरी हो गई थी। यह द फेसबुक के 10 महीने के इतिहास की सबसे बड़ी वित्तीय उपलब्धि थी, जिसकी बदौलत कमोबेश कंपनी के पूरे मासिक खर्च की पूर्ति हो गई थी। यह एप्पल के पदाधिकारियों के लिए एक रोमांचकारी अनुभव था। इस मंच के जरिए एप्पल को अपने छात्र प्रशंसकों से सीधे व लगातार संपर्क में रहने और विशेष छूट की पेशकश तथा मुफ्त आईट्यून गीत जैसी प्रोत्साहन योजनाओं के जरिए अपनी बिक्री बढ़ाने का मौका मिला था। इससे द फेसबुक टोली को अपनी वित्तीय व्याकुलता कम करने में काफी मदद मिली थी और उन्हें अपना सुनहरा भविष्य नजर आने लगा था। खासतौर पर जुकरबर्ग के लिए यह कृतार्थ कर देनेवाला सौदा था, क्योंकि यह पारंपरिक बैनर विज्ञापन नहीं था, जिससे वह नफरत करता था।

इसके अलावा, वाय2एम ने द फेसबुक.कॉम पर विज्ञापन करने का एक और

नायाब तरीका ईजाद किया था, जिसे 'फ्लायर्स' यानी 'उड़ाका विज्ञापन' कहा गया था। इसके जरिए विज्ञापन को एक विश्वविद्यालय के छात्र वर्ग पर लक्षित किया जा सकता था। सबसे बड़े विश्वविद्यालय के लिए भी इस विज्ञापन की लागत 100 डॉलर से भी नीचे बैठती थी। यह विश्वविद्यालय समूहों के लिए परिसर के छात्रों के बीच अपनी गतिविधियों, खासतौर पर बड़े मौज-मस्ती कार्यक्रमों को प्रचारित करने का सस्ता व कारगर साधन बन गया था। इसकी लोकप्रियता के मद्देनजर फेसबुक टोली ने एक ऐसी प्रणाली विकसित की थी, जिसके जरिए विश्वविद्यालय-नगरों के व्यापारी गण छात्रों को लक्षित कर उत्पादों या सेवाओं का प्रचार कर सकते थे। ऐसे विज्ञापनों की उगाही के लिए पार्कर ने इजरा कालाहन नामक अपने पूर्व सह-निवासी की पूर्णकालिक नियुक्ति की थी। स्टैनफोर्ड विश्वविद्यालय में स्नातक, पत्रकारिता पढ़ाई करते वक्त कालाहन ने छात्र अखबार 'स्टैनफोर्ड डेली' के लिए विज्ञापन प्रतिनिधि का काम किया हुआ था। कालाहन को उत्पाद प्रबंधक के रूप में मुख्य रूप से सवेरिन के कामकाज को अपने हाथों में लेने के लिए नियुक्त किया गया था।

इस बीच 30 नवंबर, 2004 को द फेसबुक ने 10 लाख यूजर्स के साथ नया मील का पत्थर पार किया था। यह पीटर थिएल द्वारा 31 दिसंबर तक 15 लाख यूजर्स की लक्ष्य-पूर्ति की दिशा में तेजी से बढ़ता हुआ नतीजा था। जश्न तो बनता था। थिएल ने इस मौके को 3 दिसंबर को अपने जन्मदिन के जश्न के साथ जोड़ दिया था। उसने हाल में ही सैन फ्रांसिस्को में शुरू किए फ्रिसन (जैक्सन स्ट्रीट) नामक अपने रात्रिकालीन क्लब व रेस्तराँ के अति महत्त्वपूर्ण व्यक्ति बैठकखाना (वी.आई.पी. लाउंज) में समूची द फेसबुक टोली को आमंत्रित किया था। उस जश्न में शामिल होने के लिए हार्वर्ड से क्रिस ह्यूजेस व एडुअर्डो सवेरिन तथा कैलटेक से एडम डी. एंजेलो ने भी सैन फ्रांसिस्को की उड़ान भरी थी। पार्कर को छोड़कर बाकी सभी लड़के नाबालिग थे, फिर भी जमकर खाना-पीना व मौज-मस्ती हुई थी।

इस बीच पार्कर ने भविष्य की जरूरतों के मद्देनजर प्रतिभाशाली लोगों को द फेसबुक टोली में खींचने का सिलसिला जारी रखा हुआ था। उसने उपाध्यक्ष, उत्पाद प्रबंधन जैसी संवेदनशील जिम्मेदारी के लिए अपने मित्र रेइड हॉफमैन के खासमखास मैट कोहलर को निशाने पर लिया था। कोहलर हॉफमैन की कंपनी 'लिंक्डइन' के संस्थापक पदाधिकारियों में से था और उस वक्त उपाध्यक्ष व महाप्रबंधक पद पर कार्यरत था। हॉफमैन उसे सी.ई.ओ. बनाने के भी लिए विचार कर रहा था। लेकिन कोहलर थिएल की सलाह पर अच्छे हिस्सेदारी विकल्प के साथ द फेसबुक की टोली में शामिल हो गया था। न्यूयॉर्क में पले-बढ़े व जनमे (27 मार्च, 1977) कोहलर ने एल विश्वविद्यालय (न्यू हेवन, कनेक्टिकट) से कुल छह वर्षों (1995-2001) में स्नातक, कला की उपाधि

हासिल की थी। इस बीच वर्ष 1998-99 तक कोहलर ने चीन में दूरसंचार उद्योग को सूचना तकनीक सेवा (आई.टी. सर्विसेज) वाली अग्रणी कंपनी एशियाइन्फो-लिंकेज के बीजिंग सिटी स्थित मुख्यालय में विपणन विभाग में काम किया था। फिर वर्ष 2001-03 तक विश्व स्तरीय प्रबंधन सलाहकार कंपनी मैक्किंजी ऐंड कंपनी के सिलिकॉन वैली दफ्तर में सलाहकार की सेवाएँ देने के बाद 'लिंक्डइन' में आ गया था। अगले करीब चार वर्षों की सेवा के दौरान कोहलर फेसबुक के ऐतिहासिक विस्तार में अहम भूमिका निभाने वाला था। (हालाँकि जुलाई 2008 में कोहलर ने बेंचमार्क के सामान्य साझीदार के रूप में उद्यम पूँजीपतियों की जमात में शामिल होने का फैसला किया था, लेकिन जुकरबर्ग के विशेष सलाहकार के रूप में वह हमेशा फेसबुक की गतिविधियों से जुड़ा रहा।)

पार्कर से धोखे का सिकोइया कैपिटल से बदला

द फेसबुक.कॉम की शुरुआती सफलताओं की खुशबू सिलिकॉन वैली में फैलने लगी थी। पीटर थिएल के निवेश ने कंपनी के सुनहरे भविष्य की संभावना को ठोस आधार प्रदान कर दिया था। सफलता धन को आकर्षित करती है और यही द फेसबुक के साथ भी हुआ था। बिल्कुल वैसा ही जैसा कि सीन पार्कर ने थिएल को पटाते समय सोचा था। मेनलो पार्क के सैंडहिल रोड पर अड्डा जमाए बैठे महारथी उद्यम पूँजीपतियों के बीच द फेसबुक आपसी चर्चाओं का मुख्य विषय बन रहा था। लगभग हर कंपनी के प्रतिनिधि मार्क जुकरबर्ग से मिलने को उतावले-से होने लगे थे और मुलाकात का समय माँगने के लिए उससे संपर्क कर रहे थे; लेकिन जुकरबर्ग ने अपना पुराना धीर-गंभीर रुख अपनाए रखा था, मानो उसे किसी के धन की जरूरत ही नहीं थी। वह सामान्य भाव से ऐसे सभी निवेदनों को पार्कर की तरफ निर्देशित करता जा रहा था। चूँकि पार्कर को इन कंपनियों की शातिर रणनीतियों का कड़वा अनुभव था, इसलिए वह हरेक से अपने खास अंदाज में निपट रहा था। जल्द ही उसे प्लाक्सो में अपने साथ हुए धोखे का बदला लेने का भी मौका आ गया था।

जब सभी द फेसबुक के पीछे दौड़ने लग पड़े थे तो भला सिकोइया कैपिटल कैसे पीछे रह सकती थी! और द फेसबुक की हिस्सेदारी हासिल करने की जिम्मेदारी कंपनी ने अपने सबसे शातिर सामान्य साझीदार माइकल जोनाथन मोरित्ज को सौंपी थी। जी हाँ, यह वही मोरित्ज था, जिसने सिकोइया कैपिटल की तरफ से प्लाक्सो में भी निवेश किया था और उसके मूल संस्थापक सीन पार्कर को बदनाम कर निकाल बाहर कर कंपनी पर कब्जा जमा लिया था। इस घटना को अभी छह महीने ही बीते थे कि यही शख्स बिना किसी शर्म या लिहाज के एक नए शिकार की तलाश में सीन पार्कर को पटाने की कोशिश में जुट गया था। अब बदला लेने की बारी पार्कर की थी।

सन् 1972 में सिकोइया कैपिटल की स्थापना डोनाल्ड टी. डॉन वेलेंटाइन ने की थी, जिन्हें सिलिकॉन वैली उद्यम पूँजी कारोबार का पितामह कहा जाता है। इस कंपनी ने एप्पल, सिस्को सिस्टम्स, गूगल, ओरेकल, पेपाल, याहू व यूट्यूब जैसी सफलतम परियोजनाओं में निवेश किया था, जिनसे आश्चर्यजनक कमाई हुई थी। इसे सिलिकॉन वैली में पहली उद्यम पूँजी कंपनी—क्लीनर पर्किंस कॉफील्ड ऐंड बायर्स (के.पी.सी.बी.) के बाद दूसरा सबसे प्रभावशाली संगठन माना जाता है। कंपनी की सफलता में माइकल मोरित्ज ने अहम भूमिका निभाई थी और वह उस वक्त सबसे तेज-तर्रार सौदेबाज के रूप में उभरकर सामने आ रहा था। करीब 3 अरब डॉलर की निजी संपत्ति के मालिक मोरित्ज की मौजूदा हैसियत का अंदाजा इसी तथ्य से लगाया जा सकता है कि उसे वर्ष 2013 में ब्रिटिश साम्राज्य के सबसे उत्कृष्ट श्रेणी शूरवीर सेनापति (के.बी.ई.) के ससम्मान से नवाजा गया था और अब उसके नाम से पहले 'सर' भी जुड़ता है।

मोरित्ज (जन्म : 12 सितंबर, 1954; कार्डिफ, वेल्स, ब्रिटेन) ने क्राइस्ट चर्च (ऑक्सफोर्ड विश्वविद्यालय, लंदन) से स्नातक कला व पेंसिल्वेनिया विश्वविद्यालय के व्हार्टन स्कूल (फिलाडेल्फिया, पेनसिल्वेनिया, अमेरिका) से एम.बी.ए. की उपाधि हासिल करने के बाद लंबे समय तक 'टाइम' पत्रिका के सैन फ्रांसिस्को ब्यूरो प्रमुख के रूप में काम किया था। इस भूमिका में मोरित्ज को सिलिकॉन वैली की विकास-यात्रा को नजदीक से जाँचने-परखने तथा महारथियों के बीच जीवंत संपर्क बनाने का मौका मिला था। मोरित्ज ने एप्पल कंप्यूटर की शुरुआती कहानी को दर्ज करनेवाली किताब 'द लिटिल किंगडम' (1984) से अपनी अद्भुत औपन्यासिक कला का परिचय दिया था। लेकिन सन् 1986 में सिकोइया कैपिटल में शामिल होने के बाद जल्द ही मोरित्ज ने खुद को माहिर उद्यम पूँजीपति भी साबित कर दिखाया था। मोरित्ज की रणनीतिक व आर्थिक दूरदर्शिता का बड़ा नमूना तब मिला था, जब उसने प्रतिस्पर्धी कंपनी के.पी.सी.बी. के जॉन डोएर के साथ मिलकर भी गूगल में भारी निवेश करने का फैसला किया था। यदि इन दोनों प्रतिस्पर्धियों के एक पाले का श्रेय गूगल संस्थापक लैरी पेज को दिया जाता है तो गूगल को पेशेवर कंपनी में बदलने का श्रेय मोरित्ज के खाते में ही जाता है। लेकिन प्लाक्सो की घटना ने मोरित्ज की साजिशी प्रतिभा को भी सामने ला दिया था। उसके बाद से मोरित्ज को साम, दाम, दंड, भेद की युद्धनीति अपनानेवाले सबसे चतुर उद्यम पूँजी कारोबारियों में शुमार किया जाने लगा था और शुरुआती कंपनियाँ उसके चंगुल में फँसने से बचने की कोशिशें भी करने लगी थीं।

माइकल मोरित्ज ने खुद सामने आने की बजाय अपने दूसरे साझीदार रोएल्फ बोथा को द फेसबुक के शीर्ष प्रबंधन से शुरुआती बातचीत के काम में लगाया था। जब बोथा की तरफ से बातचीत का निमंत्रण आया था तो पार्कर व जुकरबर्ग ने उसे छकाने

की योजना बनाई थी। अब तक किसी भी उद्यम पूँजी निवेशक ने जुकरबर्ग व एंड्रयू मैककोलम की पसंदीदा वायरहॉग परियोजना में कोई रुचि नहीं दिखाई थी। सभी द फेसबुक में हिस्से के लिए लालायित थे। शुरुआती बातचीत में बोथा ने भी द फेसबुक में ही रुचि दिखाई थी। लेकिन जुकरबर्ग व पार्कर ने इसकी संभावना से इनकार कर दिया था। इस इनकार ने मोरित्ज सहित सिकोइया कैपिटल के अन्य शीर्ष नेतृत्व को जुनूनी बना दिया था और वे किसी-न-किसी रूप में द फेसबुक से जुड़ने के लिए उतावले हो उठे थे। ऐसे में, जब बोथा ने दुबारा संपर्क साधा था तो टालने के इरादे से पार्कर व जुकरबर्ग ने वायरहॉग परियोजना को उसके सामने रख दिया था। दोनों को काफी हैरानी हुई थी, जब बोथा ने न केवल वायरहॉग को संभावनाशील बताया था, बल्कि उसमें निवेश की इच्छा भी जताई थी। उसने अंतिम बातचीत के लिए समूचे वायरहॉग कार्यदल को सिकोइया कैपिटल के दफ्तर में आमंत्रित किया था।

अब कोई और बहाना करना ठीक नहीं था, इसलिए पार्कर व जुकरबर्ग ने मुलाकात का समय तय कर दिया था। फिर दोनों ने एक मजाकिया योजना बनाई थी। बैठकवाले दिन वे जान-बूझकर देर तक सोते रहे थे। मुलाकात का समय सुबह 8 बजे तय किया गया था, लेकिन उनका कोई अता-पता न था। ऐसे में जब बोथा ने 8.05 बजे जुकरबर्ग से संपर्क किया था तो उसने माफी माँगने का नाटक किया था और जल्द ही हाजिर होने का आश्वासन दिया था। काफी देर बाद जब जुकरबर्ग व मैककोलम सिकोइया कैपिटल के सैंडहिल रोड (मेनलो पार्क) स्थित आलीशान मुख्यालय में पहुँचे थे तो बोथा की हैरानी का ठिकाना नहीं था। उसने जुकरबर्ग को कभी आमने-सामने नहीं देखा था और जो सामने दिख रहा था, वह कहीं से भी द फेसबुक का सी.ई.ओ. नहीं लग रहा था। जी हाँ, जुकरबर्ग पाजामा, टी-शर्ट और अपने पसंदीदा एडिडास रबर सैंडल में मौजूद था।

खैर, बोथा ने खुद को नियंत्रित किया था और उनका गर्मजोशी से स्वागत किया था। फिर मोरित्ज सहित अन्य के सामने जुकरबर्ग ने बिना किसी भूमिका के वायरहॉग परियोजना को 10 स्लाइड्स के जरिए पेश किया था। कुल मिलाकर यह प्रस्तुति 10 मुख्य कारण कि आप वायरहॉग में निवेश न करें, जैसी था। प्रस्तुति गंभीरता के साथ शुरू हुई थी। लेकिन तीन स्लाइड्स में जुकरबर्ग ने बेशर्मी की हद पार कर दी थी। क्रम संख्या 10—*हमारे पास कोई राजस्व नहीं है।* क्रम संख्या 9—*हमें शायद संगीत उद्योग द्वारा अदालत में ले जाया जा सकता है।* ··· क्रम संख्या 3—*हम आपके दफ्तर में देर से पेश हुए हैं।* क्रम 2—*क्योंकि सीन पार्कर भी शामिल है* और सिकोइया को वायरहॉग में निवेश नहीं करना चाहिए, का कारण संख्या 1—*हम यहाँ सिर्फ इसलिए हैं कि रेओल्फ ने हमें आने को कहा।''*

जुकरबर्ग ने बहुत बाद में 'फेसबुक इफेक्ट' के लेखक डेविड किर्कपैट्रिक से इस घटना को साझा किया था कि उसकी प्रस्तुति को सभी साझीदारों ने आदरपूर्वक सुना था। लेकिन जुकरबर्ग ने उस घटना पर अफसोस जताया था, *''मैं मानता हूँ कि हमने उनका अपमान किया था और अब मुझे इस बारे में बहुत बुरा लग रहा है, क्योंकि वे कुछ अच्छी चीजों की कोशिश कर रहे थे। गंभीर लोग थे और हमने उनका समय खराब किया था। यह ऐसी कहानी नहीं है, जिस पर मुझे गर्व हो।''* भले ही जुकरबर्ग को इस बात का अफसोस हो, लेकिन इस घटना से अंदाजा लगाया जा सकता था कि वह पार्कर के साथ प्लाक्सो में हुई साजिश को लेकर कितना नाराज था। जाहिर है कि इस घटना के बाद सिकोइया की तरफ से फेसबुक में निवेश की कोई कोशिश नहीं की गई थी।

'वाशिंगटन पोस्ट' का जबरदस्त निवेश प्रस्ताव

द फेसबुक की बेहतर संभावना की खुशबू सिलिकॉन वैली में ही नहीं, लगभग समूचे देश में फैल रही थी। हार्वर्ड के किर्कलैंड हाउस में क्रिस ह्यूजेस (द फेसबुक प्रवक्ता) की प्रेमिका थी ओलिविया मा। (अप्रैल 2004 में ओलिविया मा यू-ट्यूब की समाचार प्रबंधक के रूप में गूगल समूह में शामिल हुई थी और फरवरी 2013 से गूगल प्लस में समाचार व मीडिया साझेदारी विभाग की प्रमुख है।) उसके पिता क्रिस्टोफर मा 'वाशिंगटन पोस्ट' कंपनी के अधिग्रहण व निवेश मामले के वरिष्ठ प्रबंधक के रूप में कार्यरत थे। ओलिविया ने अपने पिता से द फेसबुक पर एक नजर डालने का आग्रह किया था। पहली नजर में क्रिस मा को उस परियोजना में संभावना दिखाई पड़ी थी और उन्होंने तत्काल जुकरबर्ग से मिलने का समय माँगा था। फिर क्रिसमस व नववर्ष के बीच पड़नेवाले रविवार (26 दिसंबर, 2004) को मेनलो पार्क के रेस्तराँ में दिन के भोजन पर क्रिस मा व जुकरबर्ग की मुलाकात हुई थी।

'वाशिंगटन पोस्ट' कंपनी पहले से ही ऑनलाइन मीडिया क्षेत्र में सक्रिय थी। उसने ट्राइब.नेट में भी निवेश किया हुआ था। क्रिस्टोफर मा को द फेसबुक.कॉम में सबसे अच्छी बात यह नजर आई थी कि उसने सबसे संभावनाशील उपभोक्ता समुदाय महाविद्यालयों के युवाओं के बीच जबरदस्त पकड़ बना ली थी और उसके दायरे का लगातार विस्तार हो रहा था। वह जुकरबर्ग की आदर्शवादी सोच से भी प्रभावित हुआ था। दोनों के बीच काफी खुलकर बातचीत हुई थी। इसकी मुख्य वजह ओलिविया नहीं, बल्कि एक्सेटर एकेडमी साबित हुई थी, जहाँ का क्रिस्टोफर मा भी पूर्व छात्र था। मा ने बातचीत के दौरान 'वाशिंगटन पोस्ट' कंपनी की ओर से द फेसबुक में निवेश की इच्छा जाहिर की थी। यह कोई मामूली प्रस्ताव नहीं, बल्कि अमेरिका के सबसे ताकतवर अखबार समूह से जुड़ने का मौका था; लेकिन जुकरबर्ग ने अपनी स्वाभाविक गंभीरता कायम रखी थी

और मा को कोई स्पष्ट संकेत नहीं दिया था। करीब दो सप्ताह बाद जब जुकरबर्ग ने मा को फोन किया था और निवेश संभावनाओं पर चर्चा के लिए वाशिंगटन मुख्यालय आने की अपनी इच्छा जाहिर की थी तो मा काफी खुश हुआ था।

सीन पार्कर का गृह नगर हेर्नडोन (फेयरफैक्स काउंटी, वर्जीनिया) था, जो वाशिंगटन डी.सी. महानगरीय क्षेत्र का ही हिस्सा है। लिहाजा, जुकरबर्ग की उस यात्रा में पार्कर भी शामिल हो गया था। जब वे लोग 'वाशिंगटन पोस्ट' कंपनी (अब ग्राहम होल्डिंग्स कंपनी) के मुख्यालय में पहुँचे थे तो क्रिस्टोफर मा एवं अन्य पदाधिकारियों ने उनका गर्मजोशी से स्वागत किया था। उस वक्त कंपनी मुख्यालय में नवीकरण चल रहा था, इसलिए उनकी बैठक एक छोटे सभाकक्ष में आयोजित की गई थी। जुकरबर्ग को बड़ी हैरानी हुई थी, जब उस बैठक में खुद समूह के मुख्य कार्यकारी अधिकारी व चेयरमैन डोनाल्ड एडवर्ड ग्राहम भी शामिल हुए थे। क्रिस्टोफर मा ने ग्राहम को खासतौर पर जुकरबर्ग से मिलवाने के लिए उस बैठक में आमंत्रित किया हुआ था। मेनलो पार्क में मुलाकात के बाद वापस लौटने पर मा ने ग्राहम से द फेसबुक व प्रभावशाली युवा प्रौद्योगिकी उद्यमी जुकरबर्ग की काफी तारीफ की थी। चूँकि ग्राहम हार्वर्ड का पूर्व छात्र और 'हार्वर्ड क्रिमसन' का अध्यक्ष रह चुका था, इसलिए उसने जुकरबर्ग से मिलने में विशेष दिलचस्पी दिखाई थी।

[डोनाल्ड एडवर्ड ग्राहम (जन्म 22 अप्रैल, 1945) के नाना यूजीन मेयर ने सन् 1933 में दिवालियापन नीलामी में 'वाशिंगटन पोस्ट' अखबार को खरीदा था। ग्राहम के पिता फिलिप लेस्ली 'फिल' ग्राहम वर्ष 1946 से 1961 तक 'वाशिंगटन पोस्ट' के प्रकाशक तथा वर्ष 1947 से 1963 में अपनी मृत्यु तक 'वाशिंगटन पोस्ट' कंपनी के अध्यक्ष थे। उसके बाद ग्राहम की माँ कैथरीन ग्राहम ने लगभग दो दशकों तक समूह का नेतृत्व किया था, जिन्हें 20वीं सदी की सबसे शक्तिशाली अमेरिकी महिलाओं में गिना जाता था। ग्राहम तीन भाइयों में सबसे बड़ा और अपनी एकमात्र बहन से छोटा है। सन् 1966 में हार्वर्ड विश्वविद्यालय से स्नातक कला की शिक्षा हासिल करने बाद ग्राहम ने 1971 में एक संवाददाता के रूप में 'वाशिंगटन पोस्ट' में अपना पेशेवर जीवन शुरू किया था और 1979 में प्रकाशक बना था। ग्राहम ने वर्ष 1991 में वाशिंगटन पोस्ट कंपनी का सी.ई.ओ. का पदभार सँभाला था और मई 1993 से चेयरमैन भी बन गया था। नवंबर 2010 में समूह ने भारी घाटे के बाद अपनी लोकप्रिय अंतरराष्ट्रीय पत्रिका 'न्यूजवीक' को 'डेली बीस्ट' अखबार समूह को बेच दिया था। फिर 1 अक्तूबर, 2013 को नैश होल्डिंग्स, अमेजन.कॉम के संस्थापक जेफ बेजोस की कंपनी ने 25 करोड़ डॉलर में 'वाशिंगटन पोस्ट' को अधिगृहीत कर लिया था। इसके बाद 29 नवंबर, 2013 को इस समूह का नाम

ग्राहम होल्डिंग्स कंपनी कर दिया गया था। फिलहाल इस समूह स्वामित्व में मुख्य रूप से अंतरराष्ट्रीय शैक्षिक सेवा कंपनी कपलान, टेलीविजन प्रसारण सेवा कंपनी पोस्ट न्यूजवीक स्टेशन, केबल टेलीविजन व इंटरनेट सेवा कंपनी केबल वन और डिजिटल मीडिया विकास कंपनी ट्रोव संचालित हो रही हैं, जिनका सामूहिक कारोबार 5 अरब डॉलर से ज्यादा है।]

औपचारिक परिचय के तत्काल बाद ही ग्राहम जुकरबर्ग से घुल-मिलकर बातें करने लगा था और अपने जमाने के हार्वर्ड के किस्से सुनाता रहा था। इस क्रम में ग्राहम ने 'वाशिंगटन पोस्ट' से जुड़ी ऐतिहासिक घटनाओं की चर्चा की थी और विशेष तौर पर वॉरेन बफेट (बर्कशायर हैथवे के चेयरमैन, मुख्य कार्यकारी अधिकारी एवं सबसे बड़े शेयरधारक) के निवेश के बाद समूह में हुए आर्थिक कायाकल्प का भी उल्लेख किया था। '70 के दशक में बर्कशायर हैथवे ने 'वाशिंगटन पोस्ट' कंपनी में उल्लेखनीय निवेश किया था और बफेट ने निदेशक के रूप में कंपनी को आर्थिक संकट से बाहर निकालने में महत्त्वपूर्ण भूमिका अदा की थी। इसी दौरान बफेट की कैथरीन ग्राहम से नजदीकियाँ बढ़ी थीं, जो लंबे समय से कायम रही थीं। जुकरबर्ग व पार्कर को इससे पहले ग्राहम परिवार के बारे में ज्यादा कुछ पता नहीं था; लेकिन उन्होंने बफेट के बारे में बहुत कुछ सुन रखा था। ग्राहम ने बताया था कि बर्कशायर हैथवे के निवेश के बाद वाशिंगटन पोस्ट कंपनी के लिए दीर्घकालीन रणनीति अपनाना इसलिए संभव हुआ था, क्योंकि कंपनी के बड़े मताधिकार पर ग्राहम परिवार का नियंत्रण था और बफेट ने अपनी हिस्सेदारी को लंबे समय तक कायम रखने का स्पष्ट इरादा जाहिर किया था।

इस तरह, ग्राहम ने जुकरबर्ग के सामने बहुत सहजता से द फेसबुक में अपने दीर्घकालीन निवेश का इरादा जाहिर किया था। ग्राहम ने जुकरबर्ग को यह भी समझाया था कि यदि वह एक ऐसा निवेशक चाहता था, जो उद्यम पूँजीपति न हो और उस पर आम उद्यम पूँजीपतियों की तरह लाभ कमाने का दबाव न बनाए तो उसे वाशिंगटन पोस्ट कंपनी जैसे दीर्घकालीन निवेशक को ही चुनना चाहिए था। जुकरबर्ग को ऐसे ही निवेशक की तलाश थी। वह सिलिकॉन वैली के प्रचलित खेल—शुरुआती सफलता के आधार पर उद्यम पूँजी हासिल करो, कंपनी की हवा-हवाई ब्रांड छवि बनाओ, फिर वॉल स्ट्रीट में माहौल बनाकर कंपनी को ऊँचे भाव पर सार्वजनिक करो और अंत में जितना जल्दी संभव हो, अच्छी कीमत पर कंपनी बेच दो—के छोटे समय के खेल में शामिल नहीं होना चाहता था। पूर्व योजना के विपरीत, उस बैठक में ग्राहम डेढ़ घंटे से भी जयादा समय तक रहा था और जुकरबर्ग की दीर्घकालीन रणनीति के व्यापक नतीजों का उल्लेख करता रहा था। ग्राहम के दोस्ताना व्यवहार और दूरगामी सोच से जुकरबर्ग रोमांचित हो रहा था। वह इस सोच मात्र से पागल हुआ जा रहा था कि अमेरिका का सबसे पुराना,

23 जनवरी, 2005 को अमेरिका के पश्चिम समुद्र-तटीय इलाके में सबसे लोकप्रिय 'लॉस एंजिल्स टाइम्स' ने अपने मुख पृष्ठ पर द फेसबुक की ऐतिहासिक बढ़त एवं लोकप्रियता के बारे में बड़ी खबर प्रकाशित की थी।

विश्वसनीय एवं प्रभावशाली मीडिया ब्रांड द फेसबुक जैसी 10 महीने की सेवा कंपनी के साथ जुड़ेगा तो उसकी हैसियत पर कितना फर्क पड़ेगा। जाहिर है कि जुकरबर्ग ने उक्त प्रस्ताव पर तत्काल अपनी सैद्धांतिक सहमति जताकर ग्राहम का पूरा सम्मान किया था।

उसके बाद घटनाक्रम में तेजी से बदलाव आया था। जल्द ही वाशिंगटन पोस्ट कंपनी समूह के ऑनलाइन कारोबार को सँभालनेवाली सहायक कंपनी वाशिंगटन पोस्ट.न्यूजवीक इंटरएक्टिव की तत्कालीन सी.ई.ओ. व प्रकाशक कैरोलीन लिटिल (सितंबर 2011 से न्यूजपेपर्स एसोसिएशन ऑफ अमेरिका की अध्यक्ष व सी.ई.ओ.) ने अपने वित्त व कारोबार विकास मामलों के उपाध्यक्षों एवं अन्य उच्चाधिकारियों के साथ पालो आल्टो का दौरा किया था। जुकरबर्ग व पार्कर के साथ कई दौर की बातचीत और हर पहलू से कारोबारी आकलन करने के बाद इस दल को द फेसबुक.कॉम संभावित सोने की खान लगी थी। इस बातचीत में भी जुकरबर्ग ने विज्ञापन के प्रति अपना आदर्शवादी रवैया कायम रखा था; लेकिन कैरोलीन लिटिल जैसी तेज-तर्रार सी.ई.ओ. ने तत्काल भाँप लिया था कि किन तरीकों से द फेसबुक.कॉम का जबरदस्त मुद्रीकरण संभव था।

पार्कर ने अपने नजदीकी मित्र सलाहकारों के मशवरे के बाद आकलन किया था कि कंपनी का न्यूनतम मूल्यांकन 4 करोड़ डॉलर संभव था। लिहाजा, जुकरबर्ग से विचार के बाद उसने 4 से 6 करोड़ डॉलर के मूल्यांकन पर सौदा पटाने की रणनीति बनाई थी। लेकिन वे गलत साबित हुए थे। उन्हें उनकी उम्मीद से बहुत ज्यादा मिलने वाला था।

निवेशकों की होड़ और पार्कर की विपणन नौटंकी—असल में, जैसे ही यह खबर उड़ी थी कि द फेसबुक किसी बड़े निवेश सौदे को अंतिम रूप देने जा रहा था, सिलिकॉन वैली के लालची निवेशकों का बहुत बड़ा दल अचानक सक्रिय हो गया था। कुछ महीनों पहले पार्कर से मुँह चुरानेवाले उसके आगे-पीछे घूमने लगे थे। निवेश प्रस्तावों की बाढ़-सी आ गई थी और लोग जुकरबर्ग सहित पार्कर से मिलने के लिए उतावले हो रहे थे। जुकरबर्ग ने यह काम पार्कर को सौंप रखा था और द फेसबुक कार्यक्रम विकास के अपने मूल काम से अपना ध्यान भटकने नहीं दिया था। पार्कर की हालत दूध से जली बिल्ली के जैसी थी। वह पूरी सावधानी बरत रहा था। ऐसे में उसने सिलिकॉन वैली में सबसे पुराने व विश्वसनीय देवदूत निवेशकों के बीच सुपर एंजिल के रूप में मशहूर रोन कोनवे से भी सलाह लेना शुरू किया था। किससे क्या बात करनी

है, किसके इ-मेल पर क्या जवाब देना है, वह अपनी सारी रणनीति कोनवे से विचार-विमर्श के बाद ही बना रहा था।

इस बीच 23 जनवरी, 2005 को अमेरिका के पश्चिम समुद्र-तटीय इलाके (वेस्ट कोस्ट) में सबसे लोकप्रिय 'लॉस एंजिल्स टाइम्स' ने अपने मुख पृष्ठ पर द फेसबुक की ऐतिहासिक बढ़त एवं लोकप्रियता के बारे में बड़ी खबर प्रकाशित की थी। इस खबर ने सिलिकॉन वैली के निवेशकों के जुनून को सातवें आसमान पर पहुँचा ही दिया था, साथ ही इसका पूर्व तटीय अमेरिका के महारथी निवेशकों पर भी भारी असर हुआ था। यह मुख्यधारा के प्रमुख अखबार में द फेसबुक के बारे में छपनेवाली पहली सबसे बड़ी खबर थी, जिसे 'लॉस एंजिल्स टाइम्स' की उच्च शिक्षा मामलों की विशेषज्ञ लेखिका रेबेका ट्रोउन्सन ने लिखा था। 'अमेरिका भर के महाविद्यालय छात्रों को मोहित कर रही है (वेब) साइट' शीर्षक से छपी इस खबर में ट्रोउन्सन ने लिखा था—"चालाक, नासमझ या अपवित्र साइट की अपने सदस्यों पर शक्तिशाली पकड़ है, जिनमें से अधिकांश लगभग हर रोज इस पर प्रवेश लॉग ऑन करते हैं।"

इस बीच पार्कर ने नैपस्टर के अपने पुराने साथी आरोन पिट्टीग को भी अपनी टोली में शामिल कर लिया था। ब्लैकहोल मीडिया के संस्थापक व नैपस्टर में मैक अभियंता के रूप में काम कर चुके पिट्टीग को अगले कुछ महीनों बाद मई 2005 से द फेसबुक के डिजाइन रणनीति प्रमुख के रूप में बहाल किया गया था। मौजूदा फेसबुक यूजर इंटरफेस मुख्य रूप से पिट्टीग की डिजाइन कला का ही कमाल माना जाता है। उस वक्त पार्कर ने उससे निवेशकों को प्रदर्शन के लिए कुछ स्लाइड्स तैयार करवाए थे। छह पृष्ठों का सीधा-सादा पॉवर पॉइंट प्रदर्शन (प्रेजेंटेशन) बेहद सम्मोहक था। उसमें पार्कर ने दावा किया था कि अमेरिका के 370 विश्वविद्यालयों/विशेषज्ञता प्राप्त उच्च शिक्षा संस्थानों में द फेसबुक के पास 20 लाख सक्रिय सदस्य (15 फरवरी, 2005) थे। लेकिन निवेशकों को आकर्षित करनेवाले आँकड़े वे थे, जो साबित करते थे कि यूजर्स किस तरह द फेसबुक से जुड़े हुए थे। मसलन 65 फीसदी यूजर्स रोजाना साइट पर लौटते थे। 90 फीसदी कम-से-कम सप्ताह में एक बार साइट पर वापस लौट रहे थे और यूजर्स की संख्या में बढ़त की रफ्तार इतनी तेज थी कि रोजाना 3 फीसदी की ऊँचाई पर पहुँच रही थी।

लेकिन इस पॉवर पॉइंट प्रदर्शन का सबसे आश्चर्यकारी हिस्सा ग्रोथ चार्ट थी। पार्कर व पिट्टीग ने इसमें थोड़ी सी नाटकीयता को जोड़ा था। पार्कर सबसे पहले वह सारणी दिखाता था कि किन विश्वविद्यालयों में सेवा शुरू की जा चुकी है। यह सारणी सीढ़ीनुमा थी, क्योंकि द फेसबुक की सेवाएँ कुछ समय के लिए रुक-रुककर अलग-अलग खेपों में शुरू हुई थीं। फिर इस सारणी के ऊपर एक नया पृष्ठ उभरता था, जो

इन विश्वविद्यालयों में यूजर्स की संख्याओं में बढ़त के रुझानों को प्रदर्शित करता था। इस तरह सेवाओं के खुलने और यूजर्स की संख्या में बढ़त का आपसी रिश्ता पूरी तरह से साफ होता था। विश्वविद्यालयों की सीढ़ी के हर पायदान के बाद मामूली देरी से यूजर्स की तेज बढ़त ऊपर की तरफ उछल रही थी। इसका तात्पर्य लगभग सुनिश्चित बढ़त से था—कम-से-कम तब तक, जब तक कि द फेसबुक.कॉम अमेरिका के तमाम विश्वविद्यालयों के तत्कालीन छात्रों की कुल 1.60 करोड़ की आबादी को संतृप्त नहीं कर लेता। (2014 में अमेरिका के कुल 4,599 उच्च शिक्षण संस्थानों में कुल 2.10 करोड़ छात्र नामांकित थे।)

पार्कर ने अपने इस जादुई पॉवर पॉइंट प्रदर्शन में जान-बूझकर कहीं भी पारंपरिक बैनर विज्ञापन का उल्लेख नहीं किया था, जिसके जरिए उस वक्त तक द फेसबुक.कॉम को थोड़ी-बहुत आमदनी हो रही थी। प्रदर्शन के चौथे पृष्ठ का शीर्षक था—स्थानीय विज्ञापन। पार्कर ने दावा किया था कि विश्वविद्यालयों/ महाविद्यालयों की संख्या 400 तक पहुँचते ही फ्लायर (उड़ाका विज्ञापन) का सालाना राजस्व 36.50 लाख डॉलर हो जाएगा। याद रहे कि अभी तक कथित स्थानीय विज्ञापन सेवा उत्पाद शुरू हो सका था। इसी कारोबार को आगे बढ़ाने के लिए पार्कर ने इजरा कालाहन को नियुक्त किया था। अपने प्रारंभिक आकलन में कालाहन ने कुल 3.66 करोड़ डॉलर के सालाना राजस्व का अनुमान लगाया था। इसका सीधा गणित यह था कि कुल 400 उच्च शिक्षण संस्थानों के हरेक नगर के कम-से-कम 60 स्थानीय व्यापारियों से छूट तथा अन्य बिक्री संबंधी विज्ञापन इकट्ठा होगा।

इस पॉवर पॉइंट प्रदर्शन के एक पृष्ठ पर पार्कर ने सरासर बेशर्म विपणन का दुःसाहस दिखाया था। उसने एडसीड (AdSeed) नामक एक नई विज्ञापन सेवा का विचार उछाला था, जो गूगल की बेहद लोकप्रिय विज्ञापन सेवा एडसेंस (AdSense) से मेल खाता था। एडसेंस के जरिए गूगल दूसरी वेबसाइटों पर मजमून विज्ञापन प्रदर्शित करता है और उन्हें विज्ञापन राजस्व का बड़ा हिस्सा हासिल करने का मौका देता है। पार्कर ने एडसीड को सोशल नेटवर्क्स को गूगल एडसेंस के रूप में परिभाषित किया था। जाहिर है कि इसके जरिए पार्कर एडसेंस की विशाल ब्रांड छवि को द फेसबुक के लिए भुनाने की कोशिश कर रहा था। तब उस सेवा को शुरू करने की तैयारियाँ चल रही थीं। उस पृष्ठ पर व्याख्या की गई थी कि एडसीड के जरिए उत्पादों, ब्रांडों व अन्य मीडिया वेबसाइटों (फिल्म, किताब, संगीत) को द फेसबुक के सामाजिक अंतरिक्ष में अपना घर बनाने का मौका दिया जाएगा। हाल में ही द फेसबुक ने एप्पल के साथ प्रायोजित पृष्ठ (स्पोंसर्ड पेज) जैसी बेहद लाभदायक व्यवस्था को शुरू किया था। लेकिन उक्त प्रदर्शन में पार्कर ने दावा किया था कि द फेसबुक एडसीड के लिए प्रायोगिक ग्राहकों से

प्रतिमाह 40 हजार डॉलर की कमाई कर रहा था। गौरतलब है कि द फेसबुक ने कभी भी इस नाम का आधिकारिक इस्तेमाल नहीं किया था।

इस बीच, 9 फरवरी, 2005 तक बारह उद्यम पूँजी और चार प्रमुख प्रौद्योगिकी कंपनियों सहित वाशिंगटन पोस्ट कंपनी के प्रतिनिधियों ने किसी-न-किसी रूप में द फेसबुक की हिस्सेदारी हासिल करने की कोशिशें तेज कर दी थीं। पार्कर ने उन निवेशकों के पीछे न भागने का फैसला किया था, जिन्हें अभी भी द फेसबुक की कारोबारी संभावनाओं के बारे में यकीन दिलाने की जरूरत थी। क्लीनर पर्किन्स कॉफील्ड ऐंड बायर्स (के.पी.सी.बी.) व बेंचमार्क जैसी महारथी उद्यम पूँजी कंपनियाँ पहले ही फ्रेंडस्टर में किए गए भारी निवेशों की संकटपूर्ण स्थिति को लेकर काफी परेशान चल रही थीं। उनके साझीदारों के कान सोशल नेटवर्किंग शब्दों से पहले ही इतने पक चुके थे कि उन्हें सिलिकॉन वैली में गूँज रहे द फेसबुक की नई संभावनाओं का मधुर संगीत भी सुनाई नहीं दे पा रहा था। लिहाजा, पार्कर को उन्हें समझाने की कोशिश करना खामख्वाह अपना समय खराब करनेवाला बेवकूफी भरा काम लगा था। इन दोनों को टक्कर देनेवाली महारथी कंपनी थी सिकोइया कैपिटल, जिसके महानायक माइकल मोरित्ज सहित तमाम साझीदारों को पहले ही बेइज्जत किया जा चुका था।

मजेदार बात यह भी थी कि द फेसबुक के पीछे करोड़ों डॉलर के साथ भाग रहे निवेशक प्रतिनिधियों के पास कंपनी की संभावनाओं का आकलन करने के लिए पार्कर की विपणन नौटंकी, यानी छह पृष्ठों के पॉवर पॉइंट प्रदर्शन के अलावा और कुछ भी नहीं था। वे बेचारे द फेसबुक.कॉम को सीधे देख भी नहीं सकते थे। विज्ञापनदाताओं की तरह कंपनी ने यानी जुकरबर्ग ने अपने संभावनाशील निवेशकों के लिए भी द फेसबुक.कॉम पर जाने की कोई व्यवस्था नहीं की थी। यदि आपको द फेसबुक का दर्शन-लाभ प्राप्त करना है तो किसी ऐसे खाताधारी सदस्य को ढूँढ़िए, जो आपको अपने नेटवर्क को देखने का मौका दे। लिहाजा, निवेशक अपनी मित्र मंडलियों में किसी ऐसे पूर्व छात्र को ढूँढ़ रहे थे, जिसके पास अपने विश्वविद्यालय का इ-मेल पता हो। तब जाकर इन निवेशकों को पता चला था कि द फेसबुक अन्य सोशल नेटवर्क्स जैसा खुला दरबार नहीं था कि जब जो चाहे, उसमें घुस जाए। साथ ही यह भी एहसास हुआ था कि दूसरों के मुकाबले द फेसबुक की सदस्य संख्या का क्या मतलब व महत्त्व था। वे हैरान थे कि द फेसबुक सभी के सदस्य बिल्कुल असली थे। उन सत्यापित पहचानवाले सदस्यों की आभासी दुनिया में असल दुनिया जैसी सीमाएँ व समस्याएँ नहीं थीं। वे बस, एक क्लिक से दूसरे से जुड़ सकते थे, उनके साथ दिल बहला सकते थे, उनसे सलाह-मशवरा कर सकते थे या फिर जो चाहे। यही कारण था कि द फेसबुक के सदस्य अपनी रोमांचकारी दुनिया में ज्यादा समय बिताने लगे थे।

इन करोड़ों डॉलर की निवेश संभावनाओं के बीच द फेसबुक.कॉम के सामने एक बार फिर से अपनी सेवा को सुचारु रूप से चलाए रखने के लिए कुछ लाख डॉलर की जरूरत आन पड़ी थी। डब्ल्यू.टी.आई. का पिछला 3 लाख डॉलर का ऋण दो महीने में ही पूरा हो गया था, जो कि आठ महीनों में खर्च के लिए जारी किया था। पार्कर ने फिर से डब्ल्यू.टी.आई. के अपने मित्र मोरिस वेर्डेगर के सामने 3 लाख डॉलर की नई जरूरत को पेश कर दिया था। इस तरह कुल 6 लाख डॉलर का बड़ा ऋण वेर्डेगर को स्वाभाविक रूप से कुछ ज्यादा ही जोखिम भरा नजर आया था। लेकिन पार्कर द्वारा निवेशकों की होड़ की खबर सुनाने के बाद वेर्डेगर की चिंता थोड़ी कम हुई थी और वह एक बार फिर से पीटर थिएल के मूल्यांकन पर 25 हजार डॉलर के व्यक्तिगत निवेश की सौदेबाजी करने लगा था। थिएल ने करीब पाँच महीने पहले सिर्फ 49 लाख डॉलर के मूल्यांकन पर निवेश किया था और अब पार्कर को कम-से-कम 5 करोड़ डॉलर मूल्यांकन की उम्मीद थी। तो भला वह वेर्डेगर की जिद कैसे पूरा कर सकता था! वेर्डेगर व्यावहारिक व्यक्ति था। उसने पार्कर के इस प्रस्ताव को मान लिया था कि अगले चक्र के विनिवेश के दौरान उसे असल मूल्यांकन से थोड़े कम मूल्य पर बहुत ही सीमित संख्या में शेयर खरीदने का मौका दिया जाएगा। लिहाजा, इस जमानत पर डब्ल्यू.टी.आई. ने 3 लाख डॉलर का अतिरिक्त ऋण जारी कर दिया था। इसका अधिकांश हिस्सा नए सर्वर खरीदने के लिए खर्च किया गया था, क्योंकि निकट भविष्य में यूजर्स की संख्या में भारी बढ़त का अनुमान लगाया जा रहा था।

वियाकॉम का आश्चर्यजनक खरीद प्रस्ताव—अभी वाशिंगटन पोस्ट कंपनी से बातचीत का सिलसिला जारी ही था कि मार्च के अंतिम सप्ताह में अचानक वियाकॉम मैदान में आ खड़ी हुई थी। उसने 7.50 करोड़ डॉलर में पूरी कंपनी को ही खरीदने का प्रस्ताव रख दिया था। वियाकॉम अपने एम.टी.वी. नेटवर्क के साथ द फेसबुक को जोड़ना चाहती थी।

यह द फेसबुक टोली के लिए एकदम से चौंका देनेवाली घटना थी। जुकरबर्ग व पार्कर 4 से 6 करोड़ डॉलर के बीच यानी 5 करोड़ डॉलर के आसपास वाशिंगटन पोस्ट कंपनी से सौदा पटाने की रणनीति को आगे बढ़ा रहे थे। ऐसे में, 2.5 करोड़ डॉलर से ज्यादा का मूल्यांकन प्रस्ताव उनकी लार टपकाने के लिए काफी था। हालाँकि किसी के लिए भी इस सौदे पर भरोसा नहीं हो रहा था, लेकिन यह हकीकत थी। यदि इस सौदे को मंजूर कर लिया जाता तो जुकरबर्ग की जेब में 3.50 करोड़ डॉलर की भारी रकम आ जाती। एक साल की मेहनत के बदले इतनी बड़ी रकम! महज 20 साल के नाबालिग लड़के को इससे ज्यादा क्या मिल सकता था? इसके अलावा, मोस्कोवित्ज व पार्कर को भी करीब 1-1 करोड़ डॉलर की कमाई करने का मौका मिलता। सवेरिन व थिएल को भी अनपेक्षित आमदनी होती।

लेकिन कोई यों ही मार्क जुकरबर्ग नहीं बन जाता! इसके लिए व्यक्ति विशेष में अपने काम के प्रति जुनूनी भरोसा व आत्म-संतोष की जरूरत होती है; और जुकरबर्ग में ये दोनों बातें थीं। उसके लिए धन-लाभ से ज्यादा बड़ा खुद का सपना था, जो अभी-अभी साकार होना शुरू ही हुआ था। उम्र कम थी तो क्या हुआ, वह यह अनुमान लगाने में भी पूरी तरह सक्षम था कि वियाकॉम जैसी विशाल कंपनी में द फेसबुक.कॉम की क्या हैसियत रहनेवाली थी। वह बखूबी जानता था कि वियाकॉम जैसी जटिल नौकरशाहीवाली कंपनी में द फेसबुक की दिशा व दशा दोनों बिगड़ जाएँगी और वह कंपनी की वित्तीय अपेक्षाओं पर खरा नहीं उतरेगी। फिर, कंपनी द्वारा अचानक उस सेवा को बंद कर दिया जाना भी बिल्कुल तय था।

जो भी हो, इस सौदे ने द फेसबुक की शीर्ष तिकड़ी के आत्मविश्वास को एक नया स्तर प्रदान किया था। उन्हें समझ में आ रहा था कि द फेसबुक का असल मूल्यांकन उनकी सोच व अनुमान से कहीं ज्यादा था। लिहाजा, पार्कर व मोस्कोविज ने भी अपने नेता जुकरबर्ग के सपने को ही ज्यादा बड़ा माना था और वियाकॉम के प्रस्ताव को अस्वीकार करने के फैसले में उसके हौसले को बढ़ाया था। इससे पारंपरिक अवधारणा फिर से सच साबित हुई थी कि किसी महान् कार्य को उसके असल मुकाम तक पहुँचाने के लिए शीर्ष नेतृत्व को समर्पित साथियों की जरूरत होती है। यदि पार्कर व मोस्कोवित्ज ने जरा सा लालच दिखाया होता तो जुकरबर्ग के लिए इतने लाभकारी सौदे को ठुकरा पाना संभव नहीं होता।

वाशिंगटन पोस्ट द्वारा आशातीत मूल्यांकन—इसी बीच थोड़ा सा आगा-पीछा करते हुए मार्च 2005 के अंतिम दिनों में वाशिंगटन पोस्ट कंपनी ने अपने प्रस्तावित निवेश सौदे का अंतिम नियम पत्रक (टर्म शीट) भेज दिया था। वाशिंगटन पोस्ट ने महज 10 फीसदी हिस्सेदारी के लिए 60 लाख डॉलर के निवेश का जबरदस्त प्रस्ताव कर द फेसबुक टोली को एक बार फिर से चौंकने का मौका दिया था। यानी, पोस्ट ने पार्कर व जुकरबर्ग के अनुमान से 1 करोड़ डॉलर ज्यादा यानी 6 करोड़ डॉलर का मूल्यांकन किया था। हालाँकि यह प्रस्ताव वियाकॉम के खरीद सौदे से 1.50 करोड़ डॉलर कम था, लेकिन जुकरबर्ग व पार्कर के लिए यह उससे बहुत बड़ा सौदा था, क्योंकि इसके पीछे अमेरिका के सबसे प्रभावशाली घरानों में से एक ग्राहम परिवार के वारिस डोनाल्ड ग्राहम की व्यक्तिगत हैसियत और वाशिंगटन पोस्ट जैसे महान् ब्रांड की विश्वसनीयता भी खड़ी थी।

वियाकॉम इनकॉरपोरेशन भले ही विश्व स्तरीय जनसंचार माध्यम कंपनी थी, उसका कारोबार वाशिंगटन पोस्ट कंपनी के मुकाबले दो गुना से भी ज्यादा था। उसके पास एम.टी.वी. जैसा लोकप्रिय टेलीविजन मनोरंजन ब्रांड भी था। लेकिन 'वाशिंगटन पोस्ट'

वाशिंगटन पोस्ट कंपनी ने अपने निवेश प्रस्ताव के साथ द फेसबुक.कॉम एल.पी.सी. के निदेशक मंडल की एक कुरसी भी माँगी थी।

व 'न्यूजवीक' जैसे मीडिया ब्रांडों की स्वामी कंपनी की हैसियत से उसकी कोई तुलना नहीं हो सकती थी। 'न्यूजवीक' को छोड़ भी दीजिए तो अकेले 'वाशिंगटन पोस्ट' अखबार अपने दम पर दुनिया की सबसे बड़ी राजनीतिक सत्ता संयुक्त राज्य अमेरिका सरकार को हिलाने की हैसियत रखता था। उसे यह ताकत चार पीढ़ियों के करोड़ों अमेरिकियों से करीब सौ साल पुराने रिश्ते तथा अपार जन-विश्वास से हासिल हुई थी।

ऐसे में, जब पार्कर ने अपने सलाहकार रोन कोनवे को यह खबर दी थी तो उसके भी होश ठिकाने आ गए थे। कोनवे ने इस प्रस्ताव को तत्काल स्वीकार कर लेने को कहा था। लेकिन इस सौदे में एक पेच भी था, वाशिंगटन पोस्ट कंपनी ने अपने निवेश प्रस्ताव के साथ द फेसबुक.कॉम एल.पी.सी. के निदेशक मंडल की एक कुरसी भी माँगी थी। हालाँकि जुकरबर्ग व पार्कर इस तरह की माँग को मानने के पक्ष में नहीं थे, लेकिन उन्होंने इस जोखिम को डोनाल्ड ग्राहम की व्यक्तिगत हैसियत के फायदे से जोड़कर परखा था। इस शुरुआती मुकाम पर ग्राहम जैसी शख्शियत के निदेशक बनने के बेहिसाब फायदे हो सकते थे। यानी, यह काफी फायदेमंद जोखिम था। लिहाजा, उन्होंने अपनी तरफ से वाशिंगटन पोस्ट कंपनी के प्रतिनिधियों को रणनीतिक जवाब दिया था कि सिर्फ डोनाल्ड ग्राहम ही निदेशक मंडल में शामिल हो सकते है। साथ ही जुकरबर्ग ने शालीनता का परिचय देते हुए खुद ग्राहम से बात की थी और उसे अपनी भावना से अवगत कराया था। ग्राहम दूरगामी सोच का विशाल हृदय व्यक्तित्व था। उसने अपनी अति व्यस्तता का हवाला देते हुए जुकरबर्ग के निवेदन को विनम्रतापूर्वक अस्वीकार कर दिया था और उस सौदे को बिना निदेशक स्थान के ही अपनी तरफ से मंजूरी दी थी। अपने व्यवहार से ग्राहम ने साबित किया था कि महान् लोगों के सोचने-समझने का तरीका व नजरिया बिल्कुल अलग होता है।

जाहिर है कि जुकरबर्ग व पार्कर के मन में ग्राहम के प्रति आदर का भाव एक अलग स्तर पर चला गया था और उन्होंने भी सौदे को जल्द-से-जल्द पूरा करने का मन बना लिया था; लेकिन तब उन्हें यह नहीं मालूम था कि द फेसबुक की नियति में उनकी सोच से कहीं बहुत ज्यादा मूल्यांकन किया जाना तय था।

□

भारी निवेश, पेशेवर चुनौतियाँ एवं पार्कर की विदाई

किसी व्यक्ति की सफलता महज उसकी प्रतिभा नहीं होती है। इसमें समय, स्थान व संयोग (भाग्य) का बड़ा महत्त्व होता है। द फेसबुक उस वक्त शुरू हुआ था, जब अन्य सोशल नेटवर्किंग कारोबार दूसरे स्तर पर पहुँच रहा था और लोग मौजूदा सेवाओं से खीझने लग पड़े थे। दूसरा, फेसबुक हार्वर्ड विश्वविद्यालय से शुरू हुआ था, जिसके छात्रों के समर्थन ने उस सेवा को अन्य नामचीन निजी विश्वविद्यालयों में फैलने में मदद की थी; तीसरे, समय व स्थान के अलावा जुकरबर्ग को प्रतिभाशाली शुरुआती टोली मिल गई थी और जब उसने सिलिकॉन वैली में कदम रखा तो सीन पार्कर जैसे अनुभवी शख्स का साथ मिल गया था। जब साथी सह-संस्थापक एडुअर्डो सवेरिन ने तरक्की की राह में रोड़ा अटकाया और सेवा के बंद होने की नौबत आई थी तो जुकरबर्ग के पास खुद का तथा अपने परिवार का इतना धन था कि काम को आगे बढ़ा सके। इसमें कोई शक नहीं कि पार्कर की बदौलत ही पीटर थिएल जैसा देवदूत निवेशक मिला था; लेकिन वह भी महज एक संयोग ही था। क्रिस ह्यूजेस की प्रेमिका ओलिविया मा का पिता वाशिंगटन पोस्ट कंपनी में निर्णायक पद पर न होता और उसने रुचि न दिखाई होती तो डोनाल्ड ग्राहम जैसी हैसियत तक जुकरबर्ग कैसे पहुँच सकता था।

क्या यह कुदरत का खेल नहीं था कि जुकरबर्ग जैसा सिर्फ 20 वर्ष का लड़का 3.5 करोड़ डॉलर की शुद्ध आमदनी पर उतावला नहीं हुआ था? क्या विआकॉम जैसी महारथी कंपनी का 7.50 करोड़ डॉलर का खरीद प्रस्ताव ठुकराना संभव था। यदि जुकरबर्ग के पास वाशिंगटन पोस्ट कंपनी की तरफ से अप्रत्याशित 6 करोड़ डॉलर के मूल्यांकन पर 60 लाख डॉलर का वैकल्पिक निवेश प्रस्ताव न होता, यदि ग्राहम ने भलमनसाहत नहीं दिखाई होती तो क्या जुकरबर्ग के लिए संभव था कि वह पोस्ट के निदेशक की माँग को ठुकरा पाता? क्या यह भी कुदरत का करिश्मा नहीं था कि जब सभी शुभचिंतकों की सलाह पर पार्कर व जुकरबर्ग उस सौदे पर मुहर लगाने ही वाले थे कि एक ऐसा जोखिमबाज शख्स सामने आया था, जिसने द फेसबुक का मूल्यांकन 9.80 करोड़ डॉलर कर दिया था, यानी

ग्राहम के मुकाबले 3.80 करोड़ डॉलर ज्यादा। शुरुआती स्तर पर इतना बड़ा मूल्यांकन तो माइक्रोसॉफ्ट के बिल गेट्स, एप्पल के स्टीव जॉब्स व गूगल के लैरी पेज-सर्गेई ब्रिन को भी नसीब नहीं हुआ था! आखिर द फेसबुक व जुकरबर्ग में ऐसी क्या खूबी थी कि एक-से-एक दिग्गज उसके पीछे पागलों की तरह भाग रहे थे?

भले ही यह भी संयोग ही था, लेकिन आप मार्क जुकरबर्ग की उद्यमशीलता, दूरदर्शिता व कारोबारी कुशलता को तनिक भी कम करके नहीं आँक सकते। द फेसबुक का 9.80 करोड़ डॉलर का मूल्यांकन करनेवाले शख्स का नाम जिम ब्रेयर है। किसी भी रूप में उसकी तुलना न तो डोनाल्ड ग्राहम जैसे प्रभावशाली व्यक्तित्व से संभव थी और न ही उसकी उद्यम पूँजी कंपनी 'एसेल पार्टनर्स' की वाशिंगटन पोस्ट कंपनी से। लेकिन ब्रेयर कोई मामूली आदमी भी नहीं था। आम लोग भले ही उसे नहीं जानते थे, लेकिन पूँजीपतियों की जमात में उसकी अपनी खास जगह रही और वह द फेसबुक की ग्राहम के मुकाबले बेहतर मदद कर सकने में सक्षम था। फिर भी, क्या वाशिंगटन पोस्ट कंपनी से किए सौदे से मुकरना द फेसबुक जैसी पिद्दी सी कंपनी के लिए संभव था? शायद नहीं। लेकिन जुकरबर्ग ने ऐसा संभव साबित किया था। कैसे? अपनी सूझ-बूझ व व्यवहार-कुशलता से। जुकरबर्ग के लिए धन प्राथमिक मुद्दा नहीं था, बल्कि उसे अब एक शख्स की जरूरत थी, जो न सिर्फ धन से, बल्कि अपने अनुभव व सक्रिय भागीदारी से द फेसबुक को नए मुकाम पर ले जाने में मदद करे। वह ग्राहम का दिल से आदर करता रहा था और आगे भी करने वाला था। लेकिन ग्राहम सिर्फ धन से मदद करना चाहता था। उसके पास द फेसबुक या जुकरबर्ग के लिए फुरसत नहीं थी। लिहाजा, उसने जिम ब्रेयर से मन-माफिक धन भी लिया था और निदेशक के पद पर बैठने के लिए मजबूर कर उसकी सक्रिय भागीदारी भी सुनिश्चित की थी। चलिए, देखते हैं कि जुकरबर्ग ने यह सब कैसे किया था या फिर वह सुयोग कैसे संभव हुआ था।

9.80 करोड़ डॉलर का अप्रत्याशित मूल्यांकन

वर्ष 2001-02 में डॉट कॉम बुलबुले के फटने के बाद सिलिकॉन वैली की नामचीन उद्यम पूँजी कंपनी 'एसेल पार्टनर्स' (पालो आल्टो) की हालत काफी पतली हो रही थी। उसने बिना इस्तेमाल किए ही अपने निवेशकों का धन लौटा दिया था और अपने कारोबार को काफी सीमित कर लिया था। लेकिन वर्ष 2004 के अंत में कंपनी अचानक सक्रिय हो गई थी और अपने निवेशकों से 40 करोड़ डॉलर की कारोबारी निधि इकट्ठा करने लगी थी। लेकिन पहले की तरह एसेल पार्टनर्स ने 2.5 फीसदी प्रबंधन शुल्क सहित 30 फीसदी लाभ हिस्सेदारी की दर को बनाए रखा था। कंपनी शुरू से ही अन्य उद्यम पूँजी कंपनियों के मुकाबले अपने निवेशकों से ज्यादा वसूल करती रही थी। इस बार हार्वर्ड

विश्वविद्यालय जैसे कुछ बड़े संस्थागत निवेशकों ने नाराजगी जताई थी और पुराने डर पर निवेश से इनकार कर दिया था; लेकिन अपनी दशकों पुरानी साख की बदौलत 'एसेल पार्टनर्स' को पर्याप्त धन जुटाने में कोई समस्या नहीं आई थी। सह-प्रबंध भागीदार (को-मैनेजिंग पार्टनर) के रूप में जिम ब्रेयर इस अभियान का नेतृत्व कर रहा था। वह ऐसी निवेश संभावनाओं की तलाश में था, जिससे कंपनी के पुराने व नए निवेशकों में कंपनी की काबिलियत व साख फिर से प्रमाणित हो सके।

जेम्स डब्ल्यू. जिम ब्रेयर का जन्म सन् 1961 में उत्तर-पूर्व अमेरिका (न्यू इंग्लैंड क्षेत्र) के सबसे दक्षिणी प्रांत कनेक्टिकट के दूसरे सबसे बड़े नगर न्यू हेवन में हुआ था। उसके पिता कंप्यूटर इंजीनियर थे, जो अमेरिकी प्रौद्योगिकी मीडिया, अनुसंधान व कार्यक्रम प्रबंधन कंपनी इंटरनेशनल डेटा ग्रुप/आई.डी.जी. (बोस्टन) में पदाधिकारी थे; जबकि माँ अमेरिकी बहुराष्ट्रीय समूह हनीवेल इंटरनेशनल में तकनीकी पदाधिकारी। सन् 1983 में ब्रेयर ने स्टैनफोर्ड विश्वविद्यालय से विशिष्टता के साथ स्नातक विज्ञान (बी.एस.) किया था। पढ़ाई के दौरान उसने हेवलेट पैकार्ड व एप्पल दोनों कंपनियों में अंशकालिक काम किया था। बी.एस. के बाद ब्रेयर ने दो साल तक अंतरराष्ट्रीय प्रबंधन सलाहकार कंपनी मैकिंजी ऐंड कंपनी के न्यूयॉर्क मुख्यालय में प्रबंधन सलाहकार की नौकरी की थी।

सन् 1987 में हार्वर्ड बिजनेस स्कूल से एम.बी.ए. करने के बाद उसने उद्यम पूँजी कंपनी 'एसेल पार्टनर्स' में नौकरी शुरू की थी। यह वह समय था, जब 19 अक्तूबर, 1987 को, जिसे 'काला सोमवार' कहा जाता है, दुनिया भर के शेयर बाजारों में भारी गिरावट दर्ज की गई थी। मंदी के इस दौर में ब्रेयर को एसेल पार्टनर्स के दोनों संस्थापकों आर्थर पैटरसन व जिम स्वार्ज की सीधी निगरानी में अपनी कारोबारी प्रतिभा को निखारने का भरपूर अवसर मिला था। दोनों संस्थापक उसकी मेहनत व लगन से काफी प्रभावित हुए थे। लिहाजा, उन्होंने ब्रेयर को वर्ष 1990 में सामान्य हिस्सेदार बनाया था और फिर 1995 में सह-प्रबंध हिस्सेदार के रूप में कंपनी की पूरी कमान ही सौंप दी थी।

फरवरी 2000 में ब्रेयर ने अमेरिका की सबसे पुरानी व सबसे बड़ी निजी स्वामित्व (प्राइवेट इक्विटी) कंपनियों में शुमार कोलबर्ग कर्विस रॉबर्ट्स/के.के.आर. (न्यूयॉर्क) के साथ मिलकर एसेल-के.के.आर. (मेनलो पार्क) की स्थापना की थी, जिसने निवेशक प्रतिबद्धताओं के जरिए 2.50 अरब डॉलर की उद्यम पूँजी निधि जुटाई थी। डॉट कॉम बुलबुला फटने के बावजूद ब्रेयर की निजी हैसियत लगातार बढ़ती गई थी। वर्ष 2001 में अमेरिकी बहुराष्ट्रीय खुदरा निगम वॉलमार्ट स्टोर्स (रोजर्स, अरकंसास) ने अपने निदेशक मंडल में शामिल कर स्वतंत्र निदेशकों को पीठासीन अधिकारी नियुक्त किया था। उसके बाद अमेरिका के अभिजात व्यापार समुदाय के बीच ब्रेयर की पैठ बढ़ती चली गई थी और वर्ष 2004 तक वह एसेल पार्टनर्स में सबसे बड़ा निवेशक बन गया था।

खैर, वर्ष 2004 के अंत में पुराने निवेशकों से 40 करोड़ डॉलर की कारोबारी निधि इकट्ठा करने के साथ-साथ ब्रेयर एक बार फिर से सिलिकॉन वैली में बड़ी निवेश संभावनाओं को तलाश रहा था। उसे इस बात का अंदाजा लग चुका था कि एक बार फिर से इंटरनेट कारोबार गरम हो रहा था। उसने अपने प्रशिक्षु केविन एफ्रुसी को एक ऐसी कंपनी ढूँढ़ने के काम पर लगाया था, जिसके विस्तार की व्यापक संभावना हो। उद्यम पूँजी कारोबारियों के बीच एसेल पार्टनर्स बाजार के मुख्य रुझान की पहचान करने के अपने खास विधिवत् तरीके के लिए जानी जाती रही थी। प्रारंभिक अध्ययन के बाद ब्रेयर को पता चल गया था कि इंटरनेट की सबसे बड़ी संभावना सोशल नेटवर्किंग सेवाओं में ही थी और उसने अपना सारा ध्यान इसी पर केंद्रित किया हुआ था। लेकिन फ्रेंडस्टर की दुर्दशा ने इस क्षेत्र की संभावना पर गंभीर सवाल भी खड़े किए थे और ऐसी किसी कंपनी में निवेश ज्यादा जोखिमपूर्ण दिखाई दे रहा था। उस वक्त की तमाम सोशल नेटवर्किंग सेवाएँ अपनी डेटिंग गतिविधियों के कारण काफी बदनाम भी हो चुकी थीं। लिहाजा, ब्रेयर को बिल्कुल साफ-सुथरी सेवा की तलाश थी।

इससे पहले ब्रेयर के हाथों से अंतिम चरण में पहुँच चुके दो बड़े सौदे निकल चुके थे। पहला सौदा था टिकल इनकॉरपोरेशन (सैन फ्रांसिस्को) का। स्वयं की खोज करनेवाली सोशल नेटवर्किंग सेवा टिकल.कॉम वर्ष 1999 में शुरू हुई थी। इसकी मूल अवधारणा यह थी कि समान विचारोंवाले दूसरे लोगों से संबंध बनाकर व्यक्तिगत अंतर्दृष्टि को वैज्ञानिक, मजेदार व लाभदायक बनाया जा सकता है। लिहाजा, यह वेबसाइट कूट प्रश्नों (क्विज) व परीक्षणों के जरिए यूजर्स को मनोरंजन के साथ-साथ स्वयं को खोजने का सामाजिक मंच भी प्रदान कर रही थी। यह सेवा इतनी लोकप्रिय साबित हुई थी कि कंपनी डॉट कॉम बुलबुले फटने की मंदी को भी झेल गई थी और वर्ष 2002 में फायदे में पहुँच गई थी। जाहिर है, इस परियोजना में अच्छी निवेश संभावना थी। लेकिन मई 2004 में जब ब्रेयर ने इस सौदे के नियम-पत्रक को अंतिम रूप दे दिया था तो दुनिया की सबसे बड़ी ऑनलाइन रोजगार सेवा-प्रदाता कंपनी मॉन्स्टर वर्ल्डवाइड इनकॉरपोरेशन (न्यूयॉर्क) सामने आ गई थी और 9.40 करोड़ डॉलर में टिकल.कॉम को अधिगृहीत कर लिया था। (अप्रैल 2008 में घोषणा के बाद दिसंबर में मॉन्स्टर.कॉम ने इस सेवा को पूरी तरह बंद कर दिया था।)

इसके बाद ब्रेयर ने वैंकूवर (कनाडा) की कंपनी लुडिक्रॉप द्वारा फरवरी 2004 में शुरू की गई तसवीर व चलचित्र मेजबानी सेवाएँ (फोटो-वीडियो होस्टिंग सर्विसेज) प्रदान करनेवाली वेबसाइट फ्लिकर.कॉम का सौदा पटाने की कोशिश की थी। लेकिन जब मार्च 2005 में बातचीत अंतिम दौर में पहुँची थी तो अचानक बहुराष्ट्रीय इंटरनेट निगम याहू इनकॉरपोरेशन (सनीवेल, सांताक्लारा काउंटी) सामने आ गई थी और 3.50 करोड़ डॉलर में लुडिक्रॉप सहित फ्लिकर को अधिगृहीत कर लिया था।

इस बीच, दिसंबर 2004 में एसेल पार्टनर्स के लिए अनुबंध-अनुसंधान (कॉण्ट्रेक्ट रिसर्च) कर रहे स्टैनफोर्ड के स्नातक छात्र ची-हुआ चिएन ने प्रशिक्षु केविन एफ्रुसी को द फेसबुक के बारे में बताया था। केविन एफ्रुसी खुद भी पूर्व छात्र रह चुका था, इसलिए स्टैनफोर्ड विश्वविद्यालय नेटवर्क का इ-मेल पता मिल गया था और उसने भी द फेसबुक पर अपना खाता खोल लिया था। उसके बाद दोनों ने द फेसबुक की कारोबारी संभावनाओं का आकलन शुरू किया था। एफ्रुसी को यह बात तो तत्काल समझ आई थी कि यह द फेसबुक स्टैनफोर्ड था, जो सभी मौजूदा व पुराने छात्रों को एक साथ जोड़ता था, प्रेमिका ढूँढ़ने व रात्रिकालीन मौज-मस्ती करने, विचारों के आदान-प्रदान करने आदि कामों में मदद करता था; लेकिन उसे यह समझ नहीं आ रहा था कि इसमें धंधा कहाँ था।

एफ्रुसी इस तथ्य की खोज में लगातार माथा-पच्ची कर रहा था। तभी उसे स्टैनफोर्ड यूनिवर्सिटी ग्रेजुएट स्कूल ऑफ बिजनेस का एक पूर्व सहपाठी मिल गया था, जिसने द फेसबुक की कारोबारी संभावनाओं का विश्लेषण किया था। उसने बताया था कि द फेसबुक तो बाजारियों का सबसे पसंदीदा ग्राहक मंच, महाविद्यालयों के युवाओं का जमघट था। इस बड़े बाजार तक पहुँचने के लिए विज्ञापनदाताओं के पास विश्वविद्यालयों के छात्र-अखबारों के अलावा और कोई सटीक माध्यम नहीं था। अब एफ्रुसी की आँखें खुली थीं और उसने इस नजरिए से द फेसबुक का अध्ययन शुरू किया था। उसे समझ आया था कि द फेसबुक तो इंटरनेट-अंतरिक्ष का महाशून्य (ब्लैक होल) था, जिसका तीव्र गुरुत्वाकर्षण युवा यूजर्स को अपनी अथाह गहराई में खींचता जा रहा था। एक बार कोई द फेसबुक पर गया नहीं कि सबकुछ भूल गया—टेलीविजन देखना, अखबार पढ़ना या फिर रोजाना के अन्य जरूरी काम।

जाहिर है कि एफ्रुसी की द फेसबुक में दिलचस्पी बढ़ गई थी। अब उसे यह पता लगाना था कि आखिरकर द फेसबुक किस तेजी से बढ़ रहा था। उसकी मुलाकात एक परिचित से हुई थी, जिसने द फेसबुक में नौकरी के लिए साक्षात्कार दिया था। उसी के जरिए उसे पता चला था कि सीन पार्कर ही द फेसबुक निवेश सौदों का कर्ता-धर्ता था। उसने पार्कर से फोन पर बात करने का समय तय किया था; लेकिन पार्कर ने ऐन वक्त पर बातचीत से मना कर दिया था। इसी क्रम में एफ्रुसी को मैट कोहलर के उपाध्यक्ष के रूप में द फेसबुक में शामिल होने की खबर मिली थी। वह कोहलर को 'लिंक्डइन' में मिल चुका था। लिहाजा, पार्कर से अपना परिचय कराने के लिए उसने कोहलर को फोन किया था। लेकिन कोहलर ने उसे विनम्रतापूर्वक सूचित किया था कि द फेसबुक किसी उद्यम पूँजी कंपनी से निवेश हासिल करने की बातचीत के लिए इच्छुक नहीं था।

अब एफ्रुसी के दिमाग में खलबली मची थी कि आखिर माजरा क्या है ? सिलिकॉन वैली में ऐसे कौन सी शुरुआती है, जो उद्यम पूँजी कंपनियों के दरवाजे नाक नहीं रगड़ती।

फिर ये लोग हैं कौन ? ये क्या करते हैं ? इनके पीछे कौन है कि इन्हें उद्यम पूँजी निवेशकों से बातचीत की भी जरूरत नहीं पड़ रही है ? एफ्रुसी को कुछ समझ नहीं आ रहा था। उसे अनुमान लगाते देर नहीं लगी थी कि द फेसबुक के अंदर कोई बड़ी कहानी रची जा रही है। उन लोगों से मिलना ठीक रहेगा कि नहीं ? इसी ऊहापोह में करीब एक महीना गुजर गया था कि एक दिन अचानक एफ्रुसी को 'एसेल पार्टनर्स' के एक साझीदार रेसिया रेनजेट्टा ने बताया था कि द फेसबुक दूसरी उद्यम पूँजी कंपनियों से बातचीत कर रहा था। अब एफ्रुसी ने तय किया था कि वह द फेसबुक संचालकों से मिलकर ही दम लेगा। सब लोग आसपास में ही रहते थे, अत: बातचीत करने में क्या जाता है ? यही सोचकर उसने पार्कर को इ-मेल भेजा था। लेकिन कोई जवाब नहीं मिला। उसने फोन पर भी बात करने कोशिश की थी, लेकिन पार्कर ने जवाब नहीं दिया।

एफ्रुसी हार माननेवालों में से नहीं था। उसे पता चल गया था कि पहले चक्र के विनिवेश में रीड हॉफमैन (लिंक्डइन का संस्थापक) ने भी थोड़ा निवेश किया हुआ था। एसेल पार्टनर्स के एक साझीदार पीटर फेनटोन की हॉफमैन से अच्छी दोस्ती थी। लिहाजा एफ्रुसी ने फेनटोन को हॉफमैन के जरिए परिचय का रास्ता ढूँढ़ने को कहा था; लेकिन यहाँ भी बात नहीं बनी थी। हॉफमैन ने फेनटोन को बताया कि द फेसबुक के लड़कों का मानना था कि उद्यम पूँजी कंपनियों से माथा-पच्ची करना खुद समय बरबाद करना था। क्यों ? क्योंकि यह उनका पूर्व अनुभव था। चूँकि उद्यम पूँजी कंपनियाँ सचमुच में द फेसबुक को समझ नहीं पाती थीं, इसलिए वे उसकी उचित कीमत नहीं आँक पा रही थीं।

वैसे हकीकत यह भी थी कि पार्कर अन्य उद्यम पूँजी कंपनियों से बातचीत कर रहा था; लेकिन वह जान-बूझकर एफ्रुसी को नजरअंदाज कर रहा था। पार्कर को ब्रेयर की मौजूदा तैयारियों की जानकारी नहीं थी। वह यही मानकर चल रहा था कि एसेल पार्टनर्स में अब पुरानी बात नहीं रह गई थी, इसलिए उसे इस बातचीत का कोई फायदा नजर नहीं आ रहा था। दूसरी तरफ, जुकरबर्ग 'वाशिंगटन पोस्ट' के सौदे में ग्राहम के साथ उलझा हुआ था। पार्कर किससे कैसे बात कर रहा था, इसमें वह दखल नहीं देता था। कंपनी की रोजाना की तमाम गतिविधियाँ पार्कर ही सँभालता था और अब कोहलर इस काम में उसकी मदद करने लगा था। शायद एफ्रुसी ने पार्कर की असल भावना को पढ़ लिया था। उसने पीटर फेनटोन को नए सिरे से हॉफमैन से बातचीत कर पार्कर को यह समझाने का आग्रह करने को कहा था कि 'एसेल पार्टनर्स' वाकई में द फेसबुक के प्रति गंभीर था। इस बार हॉफमैन को भी पेनटोन की बातों पर भरोसा हुआ था और वह पार्कर व कोहलर के साथ उन लोगों की मुलाकात की व्यवस्था करवाने को तैयार हो गया। हाँ, हॉफमैन ने फेनटोन को यह भी साफ कर दिया था कि एसेल पार्टनर्स कोई छोटा-मोटा प्रस्ताव लेकर

न आए। उसने इशारा कर दिया था कि द फेसबुक पहले ही एक बहुत बड़े सौदे को अंतिम रूप देने में जुटा हुआ था।

आमतौर पर शुरुआती कंपनियों के संस्थापक अपनी प्रबंधन फौज के साथ निवेश की उम्मीद लेकर उद्यम पूँजी कंपनियों के मुख्यालय में जाते हैं। इसलिए एफ्रुसी ने कोहलर से बात की थी और उसे अपने संस्थापकों व पदाधिकारियों के साथ अपने पालो आल्टो स्थित एसेल पार्टनर्स में पधारने के लिए आमंत्रित किया था। एफ्रुसी को तत्काल एहसास होने वाला था कि उससे गलती हो गई थी। कोहलर ने उसे साफ मना कर दिया था और फिर फोन पर बातचीत करना भी बंद कर दिया। एफ्रुसी को एसेल पार्टनर्स में काम करते हुए अभी दो साल ही हुए थे। उसने अब तक कोई बड़ा सौदा नहीं किया था, इसलिए उसमें अभी द फेसबुक जैसी बड़ी संभावनाशील कंपनी के संस्थापकों एवं बड़े पदाधिकारियों से बातचीत शुरू करने के शिष्टाचार का अभाव था।

अंततः एफ्रुसी ने 'मूर्खता दिवस' (1 अप्रैल, 2005; शुक्रवार) को खुद ही द फेसबुक के दफ्तर में पेश होने का फैसला किया था। पार्कर ने कहा था कि वह उस दिन दफ्तर में होगा। इस मुलाकात को लेकर एफ्रुसी काफी उत्साहित था; लेकिन मन के एक कोने में यह आशंका भी थी कि कहीं पार्कर उसे मूर्ख बनाने की कोशिश तो नहीं कर रहा था! उसने खुद को संयत किया था। वह जानता था कि उसे खुद साबित करने की जरूरत थी। इस बार वह अपनी तरफ से कोई गलती नहीं करना चाहता था। 'एसेल पार्टनर्स' के सह-संस्थापक आर्थर पटेरसन की भी द फेसबुक में दिलचस्पी बढ़ गई थी कि आखिर एफ्रुसी इतना उत्साह में क्यों था। लिहाजा पटेरसन ने भी एफ्रुसी के साथ द फेसबुक के दफ्तर में जाने का फैसला किया था। दोनों द फेसबुक दफ्तर के लिए पैदल ही निकल पड़े थे। हाल में ही द फेसबुक ने स्टैनफोर्ड विश्वविद्यालय से करीब डेढ़ कि.मी. की दूरी पर स्थित एमर्सन स्ट्रीट पर किराए का दफ्तर ले लिया था। यह जगह एसेल पार्टनर्स के यूनिवर्सिटी एवेन्यू (पालो आल्टो) दफ्तर से महज चार ब्लॉक दूर थी।

द फेसबुक के दफ्तर की लंबी सीढ़ियाँ चढ़ते हुए एफ्रुसी ने सपने में भी यह नहीं सोचा था कि यह उन लोगों की मुलाकात का बिल्कुल सही समय था। उस वक्त वाशिंगटन पोस्ट कंपनी के साथ निदेशक के स्थान के मुद्दे पर द फेसबुक की बातचीत अटकी-सी हुई थी। सीढ़ियोंवाले रास्ते की दीवारों को हाल में ही स्प्रे पेंट के साथ भित्ति चित्रों से सजाया गया था। सबसे ऊपर दिन में चमकनेवाले रंगों में एक विशाल विचारोत्तेजक छविवाला भित्ति चित्र था, जिसमें एक बहुत बड़े कुत्ते पर एक औरत बैठी हुई थी। नए दफ्तर के विशाल कक्ष में पहुँचे थे, जहाँ चारों तरफ सामानों के बड़े-बड़े डिब्बे व गट्ठर बिना खुले ही जहाँ-के-तहाँ पड़े हुए थे। इसकी दीवारों पर भी आगंतुकों की ओर घूरती हुई आकृतियोंवाले बहुत से बहुरंगे भित्ति चित्र बनाए गए थे, जिनमें से कुछ नग्न भी थे।

दफ्तर में यहाँ-वहाँ फैले फर्नीचर संयोजन की विभिन्न स्थितियों में थे। कुछ ही दिनों पहले 27 मार्च, 2005 को मैट कोहलर के 28वें जन्मदिन के मौके पर देर रात चलनेवाली मौज-मस्ती के आयोजन के साथ इस दफ्तर का भव्य उद्घाटन समारोह संपन्न हुआ था। अभी भी उस समारोह के निशान बचे हुए थे। चारों तरफ आधी भरी शराब की बोतलें पड़ी हुई थीं।

जैसी कि एफ्रुसी को आशंका थी, वायदे के मुताबिक सीन पार्कर दफ्तर में मौजूद नहीं था। मैट कोहलर व डस्टिन मोस्कोवित्ज वहाँ थे, जो आमतौर पर किसी गंभीर आर्थिक मामले पर चर्चा नहीं करते थे। उस वक्त दोनों इसे 'अपने आप करो' (डू इट योरसेल्फ) फर्नीचरों को संयोजित करने में जूझे पड़े हुए थे। ये फर्नीचर स्वीडिश फर्नीचर कंपनी आईकिआ के स्थानीय भंडार से पहुँचाए गए थे। फर्नीचर के किसी कोने से चोट लग जाने के चलते मोस्कोवित्ज के सिर से खून निकल रहा था। किसी कील में फँस जाने के चलते कोहलर की जींस का बायाँ हिस्सा फट कर लटक रहा था और अंदर पहना गया बोक्सर साफ दिख रहा था। ऐसी हालत में कोहलर ने पहले से परिचित एफ्रुसी व उसके साथ खड़े आर्थर पटेरसन का स्वागत किया था।

दफ्तर की अस्त-व्यस्तता एफ्रुसी को अपने पक्के इरादे से नहीं भटका सकती थी। वह द फेसबुक के बारे में सबकुछ जानना चाहता था और हर हाल में निवेश की बातचीत का सिलसिला शुरू करना चाहता था। पार्कर व जुकरबर्ग अनुपलब्ध थे या फिर बीमार या कुछ और? कोहलर ने इस बारे में कुछ साफ नहीं बताया था। यहाँ से खाली हाथ लौटकर वापस जाने की तुक नहीं थी, इसलिए एफ्रुसी ने कोहलर से ही द फेसबुक के बारे में बताने का आग्रह किया था। कोहलर ने उन्हें वहीं पर पड़ी तैयार कुरसियों पर बिठाया था और उन्हें अपने लैपटॉप पर पार्कर द्वारा पॉवर पॉइंट पर तैयार कराए गए कारोबारी प्रदर्शन के स्लाइड्स दिखाए थे। एफ्रुसी को बहुत सी जानकारियाँ पहले से पता थीं; लेकिन इस प्रदर्शन में पटेरसन काफी उत्साहित हो गया था। कोहलर ने दोनों की अन्य जिज्ञासाओं की बेहतर व्याख्या की थी। जब बातचीत लगभग पूरी होने लगी थी तो अचानक पार्कर व जुकरबर्ग भी वहाँ पहुँच गए थे। उनके हाथों में कागज के रूमाल में लिपटे बर्रीटॉस (आटे की चपाती को बेलनाकार आकृति में लपेटकर उसके अंदर गोमांस व फलियाँ भरकर तैयार किया गया मेक्सिकी-अमेरिकी व्यंजन) थे, जिन्हें वे बड़े चाव से खा रहे थे। उन दोनों ने कोहलर के प्रदर्शन में कोई दखलंदाजी नहीं की थी। वे सामान्य शिष्टाचार प्रदर्शन के बाद यों ही आसपास बेपरवाही से खड़े हो गए थे।

एफ्रुसी ने 'द फेसबुक इफेक्ट' के लेखक डेविड किर्कपैट्रिक से बातचीत में इस घटना को इस तरह याद किया था, *''मुझे पता था, उन्होंने सोचा था कि हम सवाल पूछने में काफी वक्त लगाने वाले थे। मैंने कहा था, सुनो, यहाँ सौदा है। मुझे पता चल गया कि*

यह कितना मूल्यवान् हो सकता था। सोमवार को हमारी साझेदारी बैठक में पधारें और मैं वादा करता हूँ कि मैं सोमवार को ही दिन के अंत में नियम-पत्रक दे दूँगा या फिर आप लोग कभी भी मेरी तरफ से कुछ नहीं सुनेंगे। मैं इस प्रक्रिया को लंबा नहीं खींचूँगा। हम तेजी से आगे बढ़ सकते हैं।''

एफ्रुसी ने द फेसबुक नेतृत्व को निवेश सौदे की बातचीत के लिए राजी कर ही लिया था। खासतौर पर पार्कर इतना खुश हुआ था कि वह एफ्रुसी व पटेरसन को लड़कियों के शौचालय में अपनी प्रेमिका द्वारा बनाए गए खास भित्ति चित्र दिखाने ले गया था।

आखिरकार एफ्रुसी ने द फेसबुक नेतृत्व को निवेश सौदे की बातचीत के लिए राजी कर ही लिया था। खासतौर पर पार्कर इतना खुश हुआ था कि वह एफ्रुसी व पटेरसन को लड़कियों के शौचालय में अपनी प्रेमिका द्वारा बनाए गए खास भित्ति चित्र दिखाने ले गया था। उस चित्र में एक नग्न औरत दूसरी की टाँगों को अपनी बाँहों में भींच रही थी और बगल के पेड़ पर बैठा एक गबरीला कुत्ता उन्हें आँखें फाड़कर देख रहा था। एफ्रुसी भौचक था। उसने पूछ ही लिया था कि क्या यह चित्र लड़कियों को असहज महसूस नहीं कराता? तो पार्कर ने तपाक से जवाब दिया था कि इसकी चिंता उसे क्यों हो रही थी। इस हँसी-मजाक में दोनों एक-दूसरे के साथ सहज हो गए थे। फिर एफ्रुसी ने पार्कर को अगली शाम शनिवार को बियर की चुस्की पर मिलने के लिए तैयार कर लिया था। फिर एफ्रुसी व पटेरसन ने द फेसबुक टोली से इजाजत ली थी।

अपने दफ्तर को लौटते हुए दोनों काफी खुश थे। एफ्रुसी का सीना चौड़ा हो रहा था कि आखिरकार वह द फेसबुक के बंद किले में घुसने में सफल हुआ था और आगे भी अच्छी ही उम्मीद थी; लेकिन उससे भी ज्यादा खुश पटेरसन था कि एफ्रुसी ने सचमुच में एक दिलचस्प सौदा ढूँढ़ा था। उसने एफ्रुसी से कहा था कि ''बहुत आनंददायक रहा, सचमुच दिलचस्प। हमें इसे करना है।'' एसेल पार्टनर्स के अंदर पटेरसन सबसे कठोर दिमागवाला संशयवादी शख्स था, जो यूँ ही किसी सौदे के लिए राजी नहीं होता था। इससे कई बार फैसले में दिक्कत भी आती थी। जाहिर था कि उसकी इस अनुकूल प्रतिक्रिया पर एफ्रुसी गद्गद था कि वह इस सौदे को पटाने में जरूर कामयाब होगा।

अगले दिन, शनिवार की दोपहर में एफ्रुसी अपनी पत्नी के साथ स्टैनफोर्ड विश्वविद्यालय के छात्र-केंद्र—ट्रेसिडर मेमोरियल यूनियन के आसपास चक्कर काटते हुए छात्रों से पता लगाता रहा कि आखिर वे द फेसबुक को क्यों पसंद करते थे। उसने अपनी कंपनी के मुख्य वित्तीय अधिकारी (सी.एफ.ओ.) की छोटी बहन से भी फोन पर बात की थी, जो डंक्वेस्ने विश्वविद्यालय (पिट्सबर्ग, पेनसिल्वेनिया) की द्वितीय वर्ष की छात्रा थी। उसने बताया था कि 23 अक्तूबर, 2004 को उसके विश्वविद्यालय में फेसबुक

शुरू हुआ था। एफ्रुसी हैरान था कि उसे तारीख क्यों याद थी ? तो उस लड़की ने जवाब दिया था कि डंक्वेस्ने विश्वविद्यालय महीनों से द फेसबुक की प्रतीक्षा सूची में सातवें स्थान पर था और वहाँ के छात्र बेसब्री से सेवा के चालू होने का इंतजार करते रहे थे। तो महाविद्यालय के छात्रों के बीच ऐसी जुनूनी माँग थी द फेसबुक की। अब एफ्रुसी के पास कुछ और जानने-समझने को बचा नहीं था और उसने तभी अपनी पत्नी को बता दिया था कि वह द फेसबुक में निवेश करवाकर ही दम लेगा।

उस शाम तय कार्यक्रम के मुताबिक एफ्रुसी लोकप्रिय मयखाना डच गूज (अल्मिडा डी लास पुल्गास, मेनलो पार्क) में पार्कर का इंतजार कर रहा था। वर्ष 1966 में स्थापित यह डच गूज स्टैनफोर्ड के छात्रों के शाम के जमघट का पसंदीदा केंद्र रहा है, जो खासतौर पर मीठे तले आलू के साथ परोसे जानेवाले पनीर बर्गर तथा बेहतरीन मदिराओं (बीयर, वाइन, ह्विस्की, जिन, कॉकटेल आदि) के लिए जाना जाता है। पार्कर अपनी प्रेमिका व मैट कोहलर के साथ पहुँचा था। जाहिर है कि बीयर की चुस्की से शुरू हुई बातचीत असल मुद्दे पर आ गई थी। पार्कर ने उसे आत्मीयता से समझाया था कि आखिर द फेसबुक के अप्रत्याशित रूप से बड़ा दिखने और उसका मूल्यांकन क्यों जायज था। एफ्रुसी तो उसकी जी हुजूरी में था। वह बस, बार-बार यही गुहार लगाता रहा था कि एसेल पार्टनर्स को बस एक मौका मिलना चाहिए था। पार्कर बिल्कुल यही सुनना चाहता था। अंत में एक-दूसरे से विदा लेते हुए एफ्रुसी ने एक बार फिर से मिन्नत की थी कि वे लोग सोमवार की बैठक में जरूर पधारें; लेकिन पार्कर ने कोई ठोस आश्वासन नहीं दिया था। लिहाजा, एफ्रुसी पूरी तरह आश्वस्त नहीं हो सका था कि वे लोग बैठक में आएँगे ही।

खैर, सोमवार की सुबह ठीक 10 बजे जुकरबर्ग, पार्कर व कोहलर तीनों एक साथ एसेल पार्टनर्स के यूनिवर्सिटी एवेन्यू दफ्तर में प्रकट हो गए थे। जुकरबर्ग अपनी पसंदीदा टी-शर्ट, घुटने तक के पाजामा (आज उसने जींस भी नहीं पहनी थी, जो वह अकसर पहना करता रहा था) एवं खुले अँगूठेवाले एडिडास सैंडल में था। पार्कर व कोहलर जैकेट जैसी दिखनेवाले टी-शर्ट व जींस में थे। उन लोगों ने इस मौके पर आमतौर पर उद्यम पूँजी कंपनियों को दिखाने के लिए तैयार किए गए पॉवर पॉइंट स्लाइड्स को भी प्रदर्शित करना जरूरी नहीं समझा था। अधिकांश बातचीत पार्कर ने ही की थी। जाहिर है कि द फेसबुक टोली ने जान-बूझकर एसेल के साझीदारों के सामने अपनी दादागीरी का प्रदर्शन किया था, ताकि उन शातिर पूँजीपतियों को यह एहसास हो सके कि द फेसबुक आसानी से उनके जाल में फँसनेवालीवाली मछली नहीं थी। संकेत साफ था कि द फेसबुक में हिस्सा चाहिए तो खास चारा डालो। ऐसा ही हुआ भी था। अधिकांश साझीदारों ने द फेसबुक के साथ कारोबार करने की सहमति दी थी। पटेरसन काफी उत्साहित था और ब्रेयर भी।

हाँ, जब पार्कर उन लोगों को वेबसाइट दिखा रहा था तो पहले ब्रेयर को पहले पृष्ठ पर

यह लिखा दिखा था—'यह मार्क जुकरबर्ग की कंपनी है।' उसके लिए यह नई जानकारी थी। अब तक डोनाल्ड ग्राहम के अलावा एसेल पार्टनर्स ही नहीं, अन्य किसी भी संभावित निवेशक को यह स्पष्ट जानकारी नहीं थी कि कंपनी का असल कर्ता-धर्ता, स्वामी व निर्णयकर्ता तो मार्क जुकरबर्ग ही था। लिहाजा ब्रेयर ने जुकरबर्ग से अपनी पृष्ठभूमि, कंपनी के बारे में अपने सोच व दर्शन के बारे में कुछ बताने का आग्रह किया था; लेकिन जुकरबर्ग ने अपनी पारंपरिक सादगी व चुप्पी को कायम रखा था और दो मिनट के भीतर अपनी बात पूरी कर दी थी। किसी भी उद्यम पूँजी निवेश वार्त्ता का सबसे सम्मोहक हिस्सा कंपनी के संस्थापक का प्रदर्शन होता है; लेकिन यहाँ तो संस्थापक बिल्कुल चुपचाप बैठा हुआ था और आग्रह करने पर भी खुलने को राजी नहीं था। संस्थापक की इस चुप्पी ने एसेल के साझीदारों को न सिर्फ गंभीर सोच में डाल दिया था, बल्कि वे भ्रमित भी हो गए थे।

खैर, अपनी बात पूरी कर द फेसबुक की टोली बेपरवाह अंदाज में वापस अपने दफ्तर चली गई थी। उनके जाने के बाद एसेल पार्टनर्स के साझीदारों के बीच आंतरिक बैठक हुई थी। सभी ने वाशिंगटन पोस्ट कंपनी से थोड़े ज्यादा मूल्यांकन पर सहमति जताई थी। लिहाजा कंपनी के वकील को नियम-पत्रक तैयार करने को कह दिया था। पार्कर ने जान-बूझकर बातचीत के क्रम में पोस्ट के प्रस्ताव को उजागर कर दिया था, ताकि यह परखा जा सके कि इनकी हिम्मत कहाँ तक जाती है। अपने वायदे के मुताबिक एफ्रुसी ने सोमवार की शाम को द फेसबुक के दफ्तर में नियम-पत्रक पहुँचा दिया था। उसे बेहतर प्रतिक्रिया की उम्मीद थी; लेकिन रात में उसे कोहलर की तरफ से सूखे धन्यवाद सहित एक पंक्ति का इ-मेल मिला था कि वे लोग पोस्ट के प्रस्ताव को स्वीकार करने जा रहे थे।

लेकिन पार्कर व कोहलर के पीठ पीछे जिम ब्रेयर ने सीधे जुकरबर्ग के साथ इ-मेल संवाद शुरू कर दिया था और अगले दिन एक-दूसरे से मिलने का सुझाव रखा था। जुकरबर्ग ने इसकी जानकारी पार्कर को दी थी तो वह यह सोचकर काफी खुश था कि तीर सही निशाने पर लगा था। अब उसे पक्का यकीन हो गया था कि एसेल पार्टनर्स इस सौदे के लिए सचमुच में कितना बेचैन था और उसकी बेचैनी किस हद तक भुनाई जा सकती थी। अगली सुबह पार्कर ने सिलिकॉन वैली की ही एक अन्य प्रमुख उद्यम पूँजी कंपनी ड्रेपर फिशर जुर्वेटसन (मेनलो पार्क) के मूल संस्थापक टिमोथी सी. ड्रेपर को फोन मिलाया था, जिसने उसे कह रखा था कि वह हर हाल में एसेल के प्रस्ताव का मुकाबला करेगा। उसके कुछ ही समय बाद एफ्रुसी का भी फोन आ गया था, जिसने इशारा किया था कि वह मूल्यांकन को ऊपर कर सकता था। फिर उसने पार्कर के सामने कुछ नई पेशकश की थी। पार्कर उस्ताद सौदेबाज था। उसने एफ्रुसी के नए प्रस्ताव को खारिज करने में एक सेकंड भी नहीं लगाया था और तपाक से कह दिया था कि 100 करोड़ डॉलर (मूल्यांकन) से नीचे बात नहीं बनने वाली थी।

असल में एफ्रुसी व पार्कर की बातचीत को एसेल के बाकी साझीदार भी स्पीकर फोन पर सुन रहे थे। उन्हें अपने कानों पर भरोसा नहीं हो रहा था। 100 करोड़ डॉलर? जाहिर है कि एसेल पार्टनर्स के दफ्तर में खलबली मच गई थी। ब्रेयर हर हाल में इस सौदे को पटाना चाहता था, जिसे सह-संस्थापक पटेरसन की तरफ से किसी भी हद तक जाने का समर्थन मिल चुका था। ब्रेयर के दिमाग में एक तरकीब सूझी थी, क्यों न वाशिंगटन पोस्ट के साथ मिलकर निवेश किया जाए? उसे डोनाल्ड ग्राहम बखूबी जानता था, क्योंकि दोनों एक कंपनी में निदेशक रह चुके थे। उसने तत्काल ग्राहम से बातचीत करने की कोशिश की थी; लेकिन वह उपलब्ध नहीं था। उसे अपने किसी बड़े निवेशक के साथ दोपहर के खाने पर मुलाकात करनी थी, लिहाजा दफ्तर से निकलते हुए उसने अपने सहायक से ग्राहम से संपर्क साधने एवं कॉन्फ्रेंसिंग के जरिए बात कराने का काम सौंप दिया था।

ब्रेयर का घर पालो आल्टो से करीब 13 कि.मी. उत्तर में स्थित धनाढ्य शहर वुडसाइड (सैन माटेओ काउंटी) में था। वहाँ का सुरुचिपूर्ण व महँगा रेस्तराँ-मयखाना विलेज पब सिलिकॉन वैली के नव धनाढ्यों के खाने-पीने की पसंदीदा जगह थी। ब्रेयर वहीं अपने बड़े निवेशक दोस्त के साथ खाना खा रहा था। तभी उसके सहायक ने सूचित किया था कि ग्राहम फोन पर था। उसने बाहर निकलकर ग्राहम से बातचीत की थी और उसके सामने एक साथ मिलकर द फेसबुक में 50:50 फीसदी निवेश का सुझाव दिया था। ग्राहम ने बताया था कि जुकरबर्ग से हुए करार के मुताबिक वह इस तरह की बातचीत के लिए अधिकृत नहीं था। साथ ही ग्राहम ने ब्रेयर को यह भी साफ कर दिया था कि वाशिंगटन पोस्ट व द फेसबुक का सौदा करीब-करीब पूरा हो चुका था। लेकिन ब्रेयर ने ग्राहम की बात काट दी थी कि अभी पोस्ट का सौदा बीच में ही था और इस बात पर जोर दिया था कि पोस्ट को एसेल की साझेदारी में यह सौदा करना चाहिए था। अब ब्रेयर को पक्का एहसास हो चुका था कि इस सौदे के लिए उसे तत्काल आगे बढ़ना होगा और पार्कर के संकेत के आसपास ही मूल्यांकन को ले जाना पड़ेगा। उसने तभी रात के भोजन व बैठक के लिए विलेज पब में ही शाम के लिए मेज सुरक्षित कर ली थी।

दफ्तर लौटते ही ब्रेयर ने अपने साझीदारों से बातचीत की थी और सभी को बहुत बड़े मूल्यांकन प्रस्ताव के लिए राजी कर लिया था। इस फैसले के तुरंत बाद ब्रेयर ने एफ्रुसी के साथ एसेल के दो साझीदार थेरेसिया रंजेटा व पेंग ली को तत्काल द फेसबुक दफ्तर के लिए रवाना कर दिया था। उस वक्त जुकरबर्ग, पार्कर व कोहलर किसी अन्य बातचीत में व्यस्त थे। जाहिर है कि एसेल की बिन बुलाई फौज को देखकर उन्हें हैरानी हुई थी; लेकिन बिना किसी लिहाज के एफ्रुसी उनके बीच चला गया था और बिना किसी भूमिका के 7 करोड़ डॉलर निवेश पूर्व मूल्यांकन और 1 करोड़ डॉलर के नकद निवेश, यानी निवेश बाद कुल 8 करोड़ डॉलर का मूल्यांकन प्रस्ताव का नियम-पत्रक सामने रख

दिया था। दूसरी तरफ से कोई कुछ कहे, इससे पहले उसने जोर देकर कहा था कि अब द फेसबुक को एसेल के साथ सौदा करना ही पड़ेगा। एफ्रुसी ने आगे बढ़कर यह भी ऐलान कर दिया था कि इस सौदे को हासिल करने तथा द फेसबुक को सफल बनाने के लिए एसेल आसमान-जमीन एक कर देगी। उसके दम लेने के बाद अब तक असहज हो चुके पार्कर ने बस, इतना कहा था कि नया प्रस्ताव विचारणीय था।

एसेल फौज ने मानो द फेसबुक पर हमला-सा कर दिया था। पार्कर के आश्वासन के बाद वे खड़े-खड़े लौट गए थे। दूसरी तरफ जुकरबर्ग, पार्कर व कोहलर कुछ देर तक बस यों ही एक-दूसरे को आश्चर्य के भाव से देख रहे थे। उन्हें भरोसा नहीं हो रहा था कि उनके सामने 8 करोड़ डॉलर का मूल्यांकन प्रस्ताव रखा हुआ था। कुछ समय बाद जुकरबर्ग ने तनाव भरे लहजे में पूछा था कि अब पोस्ट के प्रस्ताव का क्या करें? किसी के पास कोई सटीक जवाब नहीं था। लेकिन वे इस बात पर एकमत थे कि 8 करोड़ डॉलर का एसेल का प्रस्ताव किसी भी हालत में खारिज करने लायक नहीं था। एक तरफ ग्राहम जैसी व्यापक प्रबंधन अवधारणा में विश्वास रखनेवाली शख्सियत थी, जो कभी भी जुकरबर्ग व पार्कर के काम में हस्तक्षेप नहीं करने वाला था और दूसरी तरफ ब्रेयर जैसे मुनाफाखोरों की आक्रामक फौज थी, जो हमेशा उनके कंधों के ऊपर सवार रहने वाली थी। आज के उनके आक्रामक रुख से तो यही लगता था कि वे अपने फायदे के लिए कुछ भी कर गुजरने वाले थे। यानी, ये थोड़े से खतरनाक थे तो सबसे ज्यादा मदद इन्हीं लोगों से मिलने वाली थी; क्योंकि ये न केवल पड़ोस में थे, बल्कि सिलिकॉन वैली में जबरदस्त पकड़ भी रखते थे।

ग्राहम से किए गए वायदे को लेकर जुकरबर्ग थोड़ा सा परेशान जरूर था, लेकिन पार्कर और उन सबमें सबसे ज्यादा अनुभवी कोहलर ने भी एसेल के पक्ष में अपनी सहमति दी थी। पार्कर ने टिमोथी ड्रेपर व अन्य प्रतिस्पर्धी उद्यम पूँजीपतियों से भी पूछ लिया था। किसी ने भी एसेल पार्टनर के सौदे के ऊपर जाने का साहस नहीं दिखाया था। ऐसे में एसेल ही सबसे बेहतर विकल्प था; लेकिन वे किसी फैसले पर नहीं पहुँच सके थे।

तय कार्यक्रम के मुताबिक उस शाम 7 बजे ब्रेयर व एफ्रुसी ने विलेज पब के शानदार माहौल में द फेसबुक की शीर्ष टोली जुकरबर्ग, पार्कर व कोहलर का रात के भोजन पर स्वागत किया था। यह पब अपनी विशिष्ट वाइन सूची के लिए जाना जाता है। ब्रेयर खुद बड़ा शौकीन वाइन पारखी था। जाहिर है कि उसने खास मेहमानों के स्वागत में 400 डॉलर प्रति बोतल कीमतवाली बेहतरीन रेड वाइन कुइलसेडा क्रीक काबेर्नेट का आदेश दिया था। यह कुइलसेडा क्रीक विंटनर्स (स्नोहोमिश, वाशिंगटन) द्वारा खास अंगूर की किस्म काबेर्नेट सॉविनन से तैयार वाइन है। वैसे कैलिफोर्निया खुद ही अपनी बेहतरीन वाइन किस्मों के लिए मशहूर है, लेकिन यह कैलिफोर्निया से बाहर की अन्य अमेरिकी

वाइन सूची में 100 अंक हासिल करनेवाली एकमात्र वाइन है और शौकीनों के बीच इसका विशेष महत्त्व है। लेकिन नाबालिग जुकरबर्ग को स्प्राइट पर संतोष करना पड़ा था। ब्रेयर ने खासतौर पर जुकरबर्ग को ज्यादा सहज बनाने तथा उससे अपनी नजदीकी बढ़ाने के इरादे से यह आयोजन किया था। लिहाजा उसने अपने हार्वर्ड संबंध के नाते बातचीत का सिलसिला आगे बढ़ाया था। उसने हार्वर्ड बिजनेस स्कूल से एम.बी.ए. किया था और अब उसके बोर्ड ऑफ ट्रस्टी का सदस्य भी था। उसने जुकरबर्ग की सुस्पष्ट कारोबारी रणनीति व द फेसबुक की गुणवत्ता व उपयोगिता के प्रति उसके पूर्ण समर्पण की जमकर तारीफ भी की थी।

लेकिन जुकरबर्ग को पटाने की ब्रेयर की तमाम कोशिशें नाकाम साबित हो रही थीं। वह कहीं खोया हुआ-सा तथा परेशान नजर आ रहा था। कुछ समय बाद वह बाथरूम जाने के बहाने से उनके बीच से उठकर बाहर चला गया था। वैसे भी, जुकरबर्ग का यह स्वभाव था कि वह बहुत कम बोलता था। इस कारण उसके साथ बैठे लोगों की शिकायत रहती थी कि वह उनकी बातों को अनसुना करता था। वास्तव में वह अपने शारीरिक हावभाव से यह संकेत नहीं दे पाता था कि वह वाकई सामनेवालों की बातें गंभीरता से सुन रहा था। उसमें स्वाभाविक भावपूर्णता का अभाव था और वह अकसर काफी ध्यानमग्न रहता था। हाँ, जब वह ऊब जाता था या असहज महसूस करता था तो निश्चित तौर पर सामनेवाले को अनसुना कर देता था। तब भी ऐसा ही हुआ था। उसका ध्यान ग्राहम की तरफ लगा हुआ था कि वह उसे क्या जवाब देगा और ब्रेयर उसे कुरेदने की कोशिश कर रहा था। लिहाजा, वह बिल्कुल असहज हो गया था।

डेविड किर्कपैट्रिक ने 'द फेसबुक इफेक्ट' में इस घटना का दिलचस्प वर्णन किया है। काफी देर बाद भी वापस न आने पर कोहलर को चिंता हुई थी और वह जुकरबर्ग को खोजते हुए रेस्तराँ के पुरुष प्रसाधन कक्ष (बाथरूम) समूहों की तरफ गया था। उसने देखा था कि जुकरबर्ग प्रसाधन कक्ष के फर्श पर पालथी मारकर बैठा हुआ था और अपने हाथों से सिर झुकाए रो रहा था। कोहलर ने किर्कपैट्रिक को बताया था, *"अपने आँसुओं के जरिए वह कह रहा था, यह गलत है। मैं ऐसा नहीं कर सकता। मैंने अपनी जुबान दी हुई है! वह अपने अंदर की चीख को आँखों से रोकर बाहर निकाल रहा था। लिहाजा मैंने कहा था, तुम डोनाल्ड (ग्राहम) को फोन क्यों नहीं कर लेते और पूछते कि वह क्या सोच रहा है?"* जुकरबर्ग को खुद को सँभालने में थोड़ा वक्त लगा था। वह सबके बीच खाने की मेज पर लौट आया था। फिर वह सहज हो गया था और ब्रेयर के साथ घुल-मिलकर बातें करने लगा था।

अगली सुबह जुकरबर्ग ने डोनाल्ड ग्राहम को फोन मिलाया था और अत्यंत व्यवहार-कुशलता के साथ अपनी नैतिक दुविधा को उसके सामने रखा था। चूँकि ग्राहम की ब्रेयर

से पहले बात हो चुकी थी, इसलिए वह जुकरबर्ग की बात पर चौंका नहीं था। उसने सौदा हाथ से निकलने की अपनी मायूसी को भी जुकरबर्ग से प्रकट नहीं किया था। वह अंदर-ही-अंदर जुकरबर्ग के सौभाग्य से खुश था कि 20 साल की उम्र में उसे इतना बड़ा अवसर मिल रहा था। अब तक जुकरबर्ग की तरह वह भी अपने व्यक्तिगत संबंध को लेकर भावुक हो चुका था। इसलिए उसे बस, इस बात की चिंता हो रही थी कि उद्यम पूँजीपतियों के दबाव में कहीं जुकरबर्ग अपने महान् इरादे से न भटक जाए। लिहाजा, वह जुकरबर्ग के साथ करीब 20 मिनट तक बात करता रहा था और समझाता रहा था कि उसे क्या सावधानियाँ बरतनी हैं। अंत में, ग्राहम ने जुकरबर्ग को नैतिक दुविधा से आजाद कर दिया था और बधाई दी थी कि वह आगे बढ़कर धन को स्वीकार करे और कंपनी को नई ऊँचाइयों पर पहुँचाए। जुकरबर्ग के लिए यह बड़ी राहत की बात थी। जाहिर है कि ग्राहम ने अपनी सदाशयता दिखाकर जुकरबर्ग के दिल में अपने प्रति सम्मान व आदर का भाव और भी गहरा कर लिया था।

ग्राहम ने जुकरबर्ग को नैतिक दुविधा से आजाद कर दिया था और बधाई दी थी कि वह आगे बढ़कर धन को स्वीकार करे और कंपनी को नई ऊँचाइयों पर पहुँचाए। जुकरबर्ग के लिए यह बड़ी राहत की बात थी।

इस बातचीत से पहले ही जुकरबर्ग ने ब्रेयर को इ-मेल कर दिया था। उसने ब्रेयर से उसके दफ्तर में एकल वार्त्ता की इच्छा जताई थी। 6 अप्रैल, 2005 को वह अकेले ही पैदल चलकर एसेल पार्टनर के दफ्तर में पहुँचा था। ब्रेयर ने उसे बड़े ही आदर-भाव से अपने छोटे सभाकक्ष में बिठाया था। उसे लग रहा था कि जुकरबर्ग रात की असहजता के लिए अफसोस का भाव प्रकट करने आया था। लेकिन उसे तत्काल झटका लगा था, जब बैठते ही जुकरबर्ग ने सौदे पर बात शुरू कर दी थी। जुकरबर्ग ने कहा था कि यदि एसेल अपने निवेश पूर्व मूल्यांकन में 50 लाख डॉलर और बढ़ाकर 7.50 करोड़ डॉलर करने और खुद ब्रेयर निदेशक मंडल में शामिल होने को तैयार हो, तभी सौदा पक्का हो सकता था। ब्रेयर के कुछ बोलने से पहले ही जुकरबर्ग यह कहना भी नहीं भूला था कि यदि ब्रेयर निदेशक मंडल में शामिल होने की स्थिति में नहीं है तो एसेल की बजाय 'वाशिंगटन पोस्ट' का प्रस्ताव मंजूर करेगा। असल में, पार्कर ने जुकरबर्ग को समझाया था कि निदेशक मंडल में ब्रेयर के बैठते ही सिलिकॉन वैली में न केवल द फेसबुक को, बल्कि सी.ई.ओ. के रूप में उसकी व्यक्तिगत हैसियत को भी गंभीर पहचान हासिल होगी; साथ ही ब्रेयर की सक्रिय भागीदारी से द फेसबुक को अपनी रणनीति बनाने में काफी मदद मिलेगी। ब्रेयर अपनी प्रतिष्ठा कायम रखने के लिए द फेसबुक में अपना जी-जान लगाने के लिए मजबूर होगा।

जहाँ तक ब्रेयर की बात थी, उसकी प्राथमिकता द फेसबुक में ज्यादा-से-ज्यादा

हिस्सेदारी हासिल करने की थी, न कि निदेशक बनकर अपना मूल्यवान् समय गँवाने की। उसकी असल इच्छा द फेसबुक में एसेल की हिस्सेदारी को बढ़ाकर 20 फीसदी करने की थी। ब्रेयर ने रात के खाने के दौरान अपनी यह इच्छा जताई थी। लेकिन पार्कर के साथ-साथ जुकरबर्ग ने भी साफ कर दिया था कि कंपनी को अब ज्यादा धन की जरूरत नहीं थी। फिर भी, एसेल की हिस्सेदारी को 15 फीसदी करने के लिए ब्रेयर ने नकद निवेश 27 लाख डॉलर बढ़ाकर कुल 1.27 करोड़ करने और जुकरबर्ग, पार्कर व मोस्कोवित्ज तीनों को 10-10 लाख डॉलर के विशेष अधिलाभ का प्रस्ताव रखा था। इस तरह, द फेसबुक का निवेश पूर्व मूल्यांकन पहले के 8 करोड़ डॉलर से बढ़कर सीधे 9.80 करोड़ डॉलर हो गया था। जाहिर है कि द फेसबुक टोली को ब्रेयर की जिद मानना शुद्ध फायदे का सौदा लगा था और उन्होंने उस प्रस्ताव पर अपनी सैद्धांतिक सहमति दी थी। अब, जब जुकरबर्ग ने जो दो शर्तें रखी थीं, वे ब्रेयर को मजबूरन स्वीकार करनी पड़ी थीं। यों कहें कि ब्रेयर खुश हुआ था कि 20 साल का लड़का उसके धन से ज्यादा उसकी व्यक्तिगत प्रतिभा को महत्त्व दे रहा था। इतना ही नहीं, अन्य तकनीकी माँगों पर भी जुकरबर्ग ने सिर्फ अपने फायदे की बातें ही स्वीकार की थीं और चलते-चलते यह आगाह करना भी नहीं भूला था कि कुछ और निवेशक भी पंक्ति में खड़े थे। कुल मिलाकर पार्कर के निर्देशन पर जुकरबर्ग ने नया एकतरफा सौदा पटाया था और ब्रेयर जैसी खुर्राट शख्सियत खुद को धन्य मान रही थी।

इस सौदे के विधिवत् संपन्न होने में कुछ सप्ताह लगे थे। पार्कर ने कंपनी के कानूनी सलाहकार के साथ मिलकर तमाम कानूनी प्रावधानों में बदलाव किए थे। कंपनी की निगमित संरचना में निदेशक स्थान को हिस्सेदारी के साथ इस तरह बाँध दिया गया था कि जुकरबर्ग के संपूर्ण नियंत्रण को किसी भी परिस्थिति में चुनौती दे पाना असंभव बना रहे। कंपनी के निदेशक मंडल में एक नई जगह बनाई गई थी, जो ब्रेयर को दी गई थी। इस तरह अब कुल पाँच सदस्यों के निदेशक मंडल में देवदूत निवेशक पीटर थिएल के अलावा दो स्थानों पर जुकरबर्ग और एक पर पार्कर काबिज था। मतलब, थिएल के साथ मिलकर भी ब्रेयर द फेसबुक का कुछ बिगाड़ पाने की स्थिति में नहीं था; क्योंकि तीन मतों का बहुमत जुकरबर्ग व पार्कर के पास था। नई संरचना में विद्रोही संस्थापक एडुअर्डो सवेरिन की हिस्सेदारी 34.4 फीसदी से घटकर 10 फीसदी के नीचे आ गई थी। यह सुनकर वह तो पागल जैसा हो गया था और विज्ञापन संबंधी सारे काम बंद कर दिए थे; लेकिन अब तक इजरा क्लाहन विज्ञापन की सारी जिम्मेदारी सँभाल चुका था, लिहाजा जुकरबर्ग ने सवेरिन का आधिकारिक इ-मेल खाता बंद कर दिया था और विशिष्ट प्रतिनिधि विज्ञापन कंपनी वाय2एम को उससे किसी प्रकार का ताल्लुक रखने से मना कर दिया था।

जी हाँ, जुकरबर्ग, मोस्कोवित्ज व कोहलर दाँतों तले उँगली दबा रहे थे कि सीन

पार्कर ने किस उस्तादी से इस आश्चर्यजनक सौदे तथा कंपनी की नई संरचना को उसके अंजाम पर पहुँचाया था। अगस्त 2004 में जिस द फेसबुक का मूल्यांकन 49 लाख डॉलर था, वह अप्रैल 2005 में 9.80 करोड़ डॉलर हो चुका था और इसका सारा श्रेय सिर्फ व सिर्फ सीन पार्कर को जाता है। आज भले ही पार्कर के योगदान का कोई खास महत्त्व नजर न आ रहा हो, लेकिन उस वक्त यह सिलिकॉन वैली की सबसे बड़ी घटना थी। जरा सोचिए, यदि जुकरबर्ग को पालो आल्टो आते ही पार्कर का साथ न मिला होता तो क्या यह सब हो पाता और यह न होता तो क्या दुनिया भर के करोड़ों लोगों के लिए फेसबुक का आनंद उठा पाना संभव होता? शायद बिल्कुल नहीं। लेकिन यहाँ पर भी जुकरबर्ग का महत्त्व कम नहीं होता, क्योंकि उसने पार्कर में अपने मित्र, शागिर्द व मार्गदर्शक को खोजा था और पूरा भरोसा किया था। भविष्य में भी भले ही पार्कर के भाग्य ने उसका साथ छोड़ दिया हो और उसके सामने कैसी भी विकट परिस्थितियाँ आई हों, लेकिन जुकरबर्ग ने अपने व्यक्तिगत संबंधों को कमजोर नहीं होने दिया।

पूँजी की समस्या खत्म और पेशेवर चुनौतियाँ शुरू

द फेसबुक के पास पर्याप्त पूँजी आ गई थी। अब यूजर्स की बाढ़ को सँभालने लिए सर्वर-नेटवर्क में जरूरी विस्तार की आर्थिक बाधा खत्म हो गई थी। नए विश्वविद्यालयों को सेवा के दायरे में लाने की प्रक्रिया तेज हो गई थी। द फेसबुक की संभावनाओं के बारे में जुकरबर्ग के मन के अंदर का डर पूरी तरह खत्म हो चुका था। अब तक सबकुछ खेल-खेल में चलता चला आ रहा था। जाहिर है कि द फेसबुक को अब एक पेशेवर ढाँचे में बाँधने की जरूरत थी; लेकिन यह सब कैसे होगा?

जुकरबर्ग व मोस्कोवित्ज सिर्फ 21 वर्ष के हो रहे थे। पार्कर 25 साल का होने के साथ-साथ उस्ताद कार्यक्रम निर्माता, अनुभवी दूरदर्शी उद्यमी तथा आला दर्जे का सौदेबाज भी था, लेकिन वह जन्मजात विद्रोही था। वैसे तो जुकरबर्ग व पार्कर दोनों व्यापार परंपराओं की उपेक्षा करते रहे थे, लेकिन दोनों से इसके कारण अलग थे। कम उम्र में बहुत कुछ करने के चलते पार्कर को जरूरत से ज्यादा अनुभव प्राप्त हो गया था और वह जान-बूझकर व्यावसायिक सीमाओं में बँधने को तैयार नहीं था। इसके उलट, जुकरबर्ग कोई व्यापारिक अनुभव नहीं होने के चलते इसमें नहीं उलझना चाहता था। मोस्कोवित्ज तकनीकी कीड़ा था और वह अपना काम मुस्तैदी से कर रहा था। लेकिन कंपनी की बाकी गतिविधियों में उसकी कोई रुचि नहीं थी। अत: द फेसबुक की शीर्ष टोली में सबसे उम्र का 28 साल का मैट कोहलर ही बचा था, जिसको कंपनी की सारी प्रबंधकीय जिम्मेदारी सँभालनी पड़ रही थी। मैकिंजे ऐंड कंपनी में सलाहकार रहने और लिंक्डइन के संस्थापक संचालक होने के नाते कोहलर को शुरुआती कंपनियों की सारी जरूरतों को सँभालने का पर्याप्त

अनुभव हासिल था। लेकिन द फेसबुक कोई साधारण शुरुआती कंपनी नहीं थी और उसकी चुनौतियाँ भी असाधारण थीं। इसलिए अकेले कोहलर के लिए सबकुछ सँभाल पाना संभव नहीं था।

अब द फेसबुक की सबसे बुनियादी जरूरत थी सुयोग्य कर्मचारियों की बहाली। अब धन तो समस्या नहीं रह गई थी, लेकिन एक नई कंपनी के लिए स्थापित कंपनियों से प्रतिभाशाली लोगों को तोड़ना बहुत बड़ी चुनौती थी। 'माइस्पेस' की सफलता के बावजूद सिलिकॉन वैली के अधिकांश पेशेवर कंप्यूटर इंजीनियर सोशल नेटवर्किंग सेवाओं को सनक से ज्यादा कुछ मानने को तैयार नहीं थे। उन्हें नहीं लगता था कि निकट भविष्य में यह एक ठोस लाभदायी कारोबार के रूप में उभर पाएगा। वर्ष 2005 की शुरुआत में दुनिया की प्रौद्योगिकी राजधानी कही जानेवाली सिलिकॉन वैली में ब्लॉगिंग व पॉडकास्टिंग सबसे लोकप्रिय एवं संभावनाशील सेवाएँ मानी जा रही थीं। लेकिन प्रौद्योगिकी उद्योग के पेशेवरों द्वारा द फेसबुक की संभावनाओं का आकलन न कर पाने का सबसे बड़ा कारण था इसका प्रतिबंधित नेटवर्क, जब विश्वविद्यालयों के छात्रों के अलावा कोई बाहरी व्यक्ति इस नेटवर्क में घुस ही नहीं सकता तो भला उसका आकलन कैसे कर सकता था। और सबसे बड़ी बात यह थी कि कोई नई कंपनी के पीछे अपने स्थापित पेशेवर जीवन को खतरे में क्यों डालता?

खैर, कोहलर ने इस काम के लिए प्रतिभा अधिग्रहण सलाहकार कंपनी रीड शे ऐंड कंपनी (मिल वैली, मारिन काउंटी, कैलिफोर्निया; सैन फ्रांसिस्को से 23 कि.मी. उत्तर) की संस्थापक रोबिन रीड से संपर्क किया था। रीड पश्चिमी आध्यात्मिक आंदोलन न्यू ऐज की कट्टर समर्थक व दलाई लामा की भक्त है, जिसे सिलिकॉन वैली के दिग्गज बहालीकर्ताओं में गिना जाता है। रीड को सबसे पहले उपाध्यक्ष, अभियांत्रिकी पद के लिए योग्य उम्मीदवार खोजने का काम सौंपा गया था। अभी भी सिलिकॉन वैली के उच्च श्रेणी के पेशेवरों के बीच पार्कर की बुरे लड़के (बैड ब्वॉय) की छवि खत्म नहीं हुई थी। इसी कारण कई अन्य बहालीकर्ता भी द फेसबुक के लिए सटीक उम्मीदवार की तलाश में नाकामयाब हो चुके थे। ऐसे में, जब रीड ने संभावित उम्मीदवारों से बातचीत शुरू की थी तो शुरुआती प्रतिक्रिया यही मिली थी कि द फेसबुक एक निर्जन द्वीप जैसा था, जहाँ पार्कर जैसे अजीबोगरीब प्राणियों का बसेरा था। हालाँकि रीड को यह प्रतिक्रिया कुछ ज्यादा ही अतिरेकपूर्ण लगी थी, फिर भी उसने कोहलर के प्रस्ताव को ज्यादा गंभीरता से नहीं लिया था।

इस बीच, वाय2एम की विज्ञापन बिक्री प्रमुख ट्रिसिया ब्लैक को उपाध्यक्ष विज्ञापन (वाइस प्रेसिडेंट, एडवरटाइजिंग) नियुक्त कर दिया गया था और उसे कंपनी का विज्ञापन विभाग गठित करने का काम सौंपा गया था। वह पिछले नौ महीनों से द फेसबुक में आने

को उतावली हो रही थी; लेकिन कंपनी खर्च को नियंत्रित रखने के लिए जुकरबर्ग उसके आग्रह को टालता आ रहा था। अब द फेसबुक के दफ्तर में पार्कर की प्रेमिका द्वारा स्त्री प्रसाधन कक्ष में बनाए गए नग्न भित्ति चित्र सहित अन्य आपत्तिजनक कलाकृतियों की पुताई की जा चुकी थी।

इससे पहले कोहलर ने पेपाल के पूर्व कार्यक्रम निर्माता ताइवानी-अमेरिकी नागरिक स्टीवन शिह स्टीव चेन (जन्म—18 अगस्त, 1978, ताइपेई, ताइवान) को फेसबुक में शामिल किया था। लेकिन अगले कुछ सप्ताह बाद ही चेन ने पेपाल के अपने दो दोस्तों के साथ नई कंपनी शुरू करने का फैसला किया था। कोहलर ने उसे यह समझाकर रोकने की काफी कोशिशें की थीं कि द फेसबुक बड़ी कंपनी बनने जा रही थी, जबकि वीडियो साझा सेवा वेबसाइट में उसका कोई भविष्य नहीं था। लेकिन चेन ने भी तब अपने दिल की आवाज सुनी थी। 14 फरवरी, 2005 को सैन माटेओ पालो (आल्टो से 25 कि.मी.) में शुरू हुए यू ट्यूब.कॉम में चाड हर्ले व जावेद करीम के साथ सह-संस्थापक बनने का फैसला किया था। इसका एक कारण यह भी था कि चेन व करीम ने इलिनोइस विश्वविद्यालय (शेंपेन-अर्बना महानगरीय क्षेत्र, इलिनोइस) में एक साथ स्नातक कंप्यूटर विज्ञान का अध्ययन किया था। (नवंबर 2006 में गूगल ने 1.65 अरब डॉलर की आश्चर्यजनक कीमत पर यू-ट्यूब को अधिगृहीत कर लिया था। उसका मौजूदा चेरी एवेन्यू, सैन ब्रूनो, सैन माटेओ काउंटी में है।)

जल्द ही जुकरबर्ग को यह एहसास हो गया था कि बड़े अमेरिकी विश्वविद्यालयों में कंप्यूटर विज्ञान व अभियांत्रिकी की पढ़ाई कर रही दुनिया भर की प्रतिभाओं की पहली पसंद गूगल ही थी। यानी, अच्छे लोग चाहिए तो गूगल से मुकाबला करना पड़ेगा। लिहाजा उसने यही करने का मन बनाया था। कोहलर को अपने छोटे भाई से पता चला था कि गूगल प्रिंस्टन विश्वविद्यालय (प्रिंस्टन, न्यू जर्सी) में भरती कर रहा था। वह उड़कर प्रिंस्टन चला गया था और वहाँ गूगल के लिए साक्षात्कार दे रहे छात्रों को परचा बाँटकर द फेसबुक की ओर आकर्षित करने की कोशिश की थी। गूगल के संस्थापक लैरी पेज व सेर्गेई ब्रिन स्टैनफोर्ड कंप्यूटर विज्ञान विभाग के छात्र रह चुके थे। इसलिए वहाँ के छात्रों में गूगल के प्रति कुछ ज्यादा ही जुनून था। जल्द ही जुकरबर्ग ने इस विभाग के मुख्य भवन गेट्स कंप्यूटर साइंस बिल्डिंग में बाकायदा एक द फेसबुक सूचना मेज की व्यवस्था की थी, जिसके विज्ञापन-बोर्ड पर लिखा था—'गूगल में काम क्यों करते हो? द फेसबुक में आओ।'

दिलचस्प तथ्य यह भी है कि जुकरबर्ग का हाई स्कूल के जमाने से जिगरी दोस्त एडम डी. एंजेलो, जो कैलटेक में कंप्यूटर विज्ञान के तृतीय वर्ष का छात्र था और वर्ष 2004 की गरमी की छुट्टियों में द फेसबुक टोली का हिस्सा रह चुका था, वह भी 2005

में गूगल में ग्रीष्मकालीन प्रशिक्षु के रूप में नौकरी करने का फैसला कर चुका था। एंजेलो कोई आम छात्र नहीं, बल्कि आला दर्जे का प्रोग्रामर था, जो गूगल में काम करने के लिए लालायित हो रहा था। अब इस घटना से आसानी से अंदाजा लगाया जा सकता है कि उस वक्त कंप्यूटर प्रतिभाओं में गूगल में भरती होने का कैसा जुनून सवार था। 'गूगल इफेक्ट' के लेखक डेविड किर्कपैट्रिक के मुताबिक, एंजेलो को गूगल में जाने से रोकने और द फेसबुक में ही रहने के लिए जुकरबर्ग को काफी मशक्कत करनी पड़ी थी।

एसेल पार्टनर्स के निवेश के बाद केविन एफ्रुसी का द फेसबुक दफ्तर में अपना आने-जाने तथा जुकरबर्ग को सलाह-मशवरा देने का सिलसिला बढ़ चुका था। उस वक्त जुकरबर्ग बड़ी बेसब्री से एक जानकार की तलाश कर रहा था, जो द फेसबुक के लगातार विशाल होते जा रहे सर्वर-नेटवर्क की चुनौतीपूर्ण सॉफ्टवेयर व्यवस्था को सँभाल सके। अभी तक जुकरबर्ग व मोस्कोवित्ज ही यह काम करते रहे थे; लेकिन भविष्य की जटिल प्रौद्योगिकी चुनौतियों का सामना कर पाना उनके अपने अनुभव से बाहर की बातें थीं। वे नहीं चाहते थे कि द फेसबुक के सामने फ्रेंडस्टर जैसी समस्या आए। ऐसे में, जब एफ्रुसी ने जुकरबर्ग का करीब 50 साल उम्रवाले अनुभवी उद्यमी जेफ रोथ्सचाइल्ड से परिचय कराया था तो उसने तुरंत उस प्रस्ताव को स्वीकार कर लिया था। रोथ्सचाइल्ड ने सन् 1988 में वेरिटास सॉफ्टवेयर (2005 में सिमेंटेक के साथ विलय) और 1995 में गेमिंग कंपनी एमपॉथ इंटरएक्टिव (अप्रैल 1999 में आई.पी.ओ.) की सह-स्थापना की थी। शुरू में रोथ्सचाइल्ड ने अंशकालिक सलाहकार के रूप में काम किया था, लेकिन जुकरबर्ग के आग्रह पर वह दो साल के लिए उपाध्यक्ष, बुनियादी ढाँचा सॉफ्टवेयर के रूप में पूर्णकालिक सेवा देने को तैयार हो गया था। यह सेवा फिर अगले सात साल के लिए बढ़ा दी गई थी, जो अभी भी सलाहकार के रूप में जारी है। नियुक्ति के वक्त दिए शेयर विकल्प की बदौलत रोथ्सचाइल्ड अरबपति फेसबुक कर्मचारियों में शामिल है।

रोथ्सचाइल्ड के जुड़ने के बाद सिलिकॉन वैली के पेशेवर प्रौद्योगिकी विशेषज्ञों के बीच द फेसबुक की छवि में तेजी से सुधार होना शुरू हुआ था। इससे कोहलर को रोबिन रीड को समझाने में काफी मदद मिली थी और वह जुकरबर्ग से मुलाकात करने को तैयार हो गई थी। तय कार्यक्रम के मुताबिक जब वह 11 बजे द फेसबुक के एमर्सन स्ट्रीट (पालो आल्टो) के दफ्तर में पहुँची थी तो दफ्तर खुला हुआ था और वहाँ कोई नजर नहीं आ रहा था। काफी देर तक खड़ी रहने के बाद जब कोई दिखाई नहीं दिया तो वह सीढ़ियाँ उतरकर वापस जाने लगी थी। तभी नीचे गली में उसे कोहलर मिल गया था, जो उसे दफ्तर में वापस ले गया था। पता चला था कि जुकरबर्ग छत पर था। छात्रावास सरीखे दफ्तर से होते हुए रीड को लेकर कोहलर छत पर पहुँचा था। छत को समुद्र-तटीय माहौल में सजाया गया था, जहाँ कई आराम-कुरसियाँ लगी थीं। उसी में से एक पर लेटा

हुआ जुकरबर्ग किसी से फोन पर बात कर रहा था। जुकरबर्ग से बातचीत के बाद रीड को सारा माहौल दिलचस्प लगा था और वह द फेसबुक में काम करने को राजी हो गई थी।

भरती करने का द फेसबुक का अद्वितीय मापदंड था। युवाओं के प्रति पक्षपाती रवैया भी अपनाया जा रहा था। पढ़ाई छोड़नेवालों, परंपरागत विरोधियों व स्वयं-शिक्षित द फेसबुक की मुख्य टोली के बीच महाविद्यालय की पढ़ाई छोड़ना बुराई नहीं, बल्कि काबिलियत मानी जाती थी। साक्षात्कार के वक्त जुकरबर्ग कहा करता था कि आखिर उस विषय की पढ़ाई क्यों कर रहे हो, जिसे करने का मौका मिल रहा है? इतना ही नहीं, पढ़ाई को बीच में छोड़कर द फेसबुक में शामिल होनेवाले युवाओं को यह जमानत भी दी जा रही थी कि यदि वे बाद में फिर से पढ़ाई शुरू करना चाहेंगे तो कंपनी की तरफ से शिक्षण शुल्क अदा किया जाएगा। जाहिर है, ऐसे प्रलोभनों का नतीजा बेहतर रहा था। वर्ष 2005 में ग्रीष्मकालीन प्रशिक्षुओं के रूप में शामिल होनेवाले अधिकांश छात्रों ने पढ़ाई को बीच में छोड़कर द फेसबुक में काम जारी रखने का फैसला किया था। स्कॉट मार्लेटी भी ऐसे ही उम्मीदवारों में शामिल था, जिसे जून 2005 में उत्पाद प्रबंधक जैसे संवेदनशील पद के लिए चुना गया था। जॉर्जिया इंस्टीट्यूट ऑफ टेक्नोलॉजी (अटलांटा, जॉर्जिया) से स्नातक विज्ञान—विद्युत् अभियांत्रिकी (बी.एस.-ई.ई.) करने के बाद मार्लेटी ने वर्ष 2004 में स्टैनफोर्ड विश्वविद्यालय में परास्नातक विज्ञान—विद्युत् अभियांत्रिकी (एम.एस.-ई.ई.) के पाठ्यक्रम में भरती हुआ था। उसने जनवरी 2010 तक फेसबुक में अपनी सेवाएँ दी थीं और इस बीच 2007 में अपना पाठ्यक्रम पूरा किया था।

अपनी अद्भुत प्रोग्रामिंग क्षमता व मिलनसार स्वाभाव के चलते एडम डी. एंजेलो द फेसबुक टोली की आँखों का तारा था। अब सॉफ्टवेयर विकास से संबंधित सारे फैसले डी. एंजेलो की सलाह से ही लिये जाने लगे थे। जुकरबर्ग ने प्रौद्योगिकी से संबंधित हर महत्त्वपूर्ण उम्मीदवार के अंतिम चुनाव के लिए डी. एंजेलो के साक्षात्कार को अनिवार्य कर दिया था। मतलब, जो डी. एंजेलो की नजर के काबिल होगा, वही नियुक्ति के योग्य होगा। दफ्तर में सभी के बैठने के लिए पहले से कोई इंतजाम नहीं था। नियुक्ति के बाद हर उम्मीदवार को कंपनी की तरफ से दिया जानेवाला लैपटॉप खुद ही बाजार से खरीदकर लाना पड़ता था। करीब एक सप्ताह तक इधर-उधर फर्श पर बैठकर काम करने के बाद स्कॉट मार्लेटी को भी खुद ही अपने लिए आईकिया से मेज-कुरसी खरीदकर संयोजित करना पड़ा था। बाकी लोग भी ऐसा ही कर रहे थे।

इसी दौर में भारतीय मूल की प्रेमी-प्रेमिका इंजीनियर्स की जोड़ी आदित्य अग्रवाल व रुचि सांघवी भी द फेसबुक में शामिल हुई थी। कार्नेगी मेलॉन विश्वविद्यालय (पिट्सबर्ग, पेनसिल्वेनिया) से विद्युत् कंप्यूटर इंजीनियरिंग से स्नातक व परास्नातक की उपाधियाँ हासिल करने बाद वर्ष 2004 में दोनों ने ओरेकल कॉरपोरेशन से अपना संयुक्त पेशेवर

जीवन शुरू किया था। रुचि द फेसबुक की पहली महिला इंजीनियर थी। इलेक्ट्रॉनिक सूचना प्रसारण सेवा 'न्यूजफीड' के विकास में अहम भूमिका अदा करनेवाली रुचि को 2006 में फेसबुक प्लेटफॉर्म, बाहरी सोशल नेटवर्किंग अनुप्रयोग विकासकर्ताओं के मंच का प्रमुख बनाया गया था। निदेशक-उत्पाद अभियांत्रिकी के रूप में आदित्य ने द फेसबुक के मूल उत्पादों—न्यूजफीड, खोज (सर्च), तसवीर साझेदारी (फोटो शेयरिंग), रूपरेखा (प्रोफाइल), अनुप्रयोग आदि के विकास कार्यक्रमों को नेतृत्व प्रदान किया था। (जनवरी 2010 में दोनों की शादी हुई थी। साल के अंत में उन्होंने फेसबुक छोड़ दिया था। फिर वर्ष 2011 में फाइल होस्टिंग सेवा कंपनी 'कोव' की स्थापना की थी, जिसे 2012 में सैनफ्रांसिस्को की कंपनी ड्रॉपबॉक्स ने अधिगृहीत कर लिया था। आदित्य अभी भी ड्रॉपबॉक्स में उपाध्यक्ष—अभियांत्रिकी के पद पर कार्यरत हैं। लेकिन अप्रैल 2013 में ड्रॉपबॉक्स को छोड़ रुचि सिलिकॉन वैली के गैर-लाभकारी लॉबिंग ग्रुप एफ.डब्ल्यू. डी.यू.एस. की सह-संस्थापक के रूप में राजनीतिक गतिविधियों में सक्रिय हो गई थीं।

5 जून, 2005 में द फेसबुक के यूजर्स की संख्या 30 लाख थी, जो अगले तीन महीने बाद अक्तूबर में 50 लाख हो गई थी। यह आश्चर्यजनक बढ़त थी। जाहिर है कि इस उपलब्धि के लिए जश्न का आयोजन हुआ था, लेकिन इस तूफानी रफ्तार को सँभालने के लिए द फेसबुक कार्यदल, नए व पुराने सभी को एड़ी-चोटी का पसीना एक करना पड़ा था। सॉफ्टवेयर प्रोग्रामिंग की क्षमता को उसी तेजी से सुधारना पड़ रहा था, जिस हिसाब में यूजर्स की संख्या में बढ़त हो रही थी। इसके साथ ही सांता क्लारा स्थित डाटा केंद्र में नए सर्वर को नेटवर्क में जोड़ना पड़ रहा था। साल के अंत में द फेसबुक की अपने सर्वर-नेटवर्क के विस्तार पर कुल 44 डॉलर की लागत आई थी। इस आपाधापी में कई नए इंजीनियर्स से कूटलिपि लेखन में गंभीर गलतियाँ भी हो रही थीं। कुछ गलतियाँ ऐसी थीं, जो पूरी प्रणाली को ध्वस्त कर सकती थीं, लेकिन द फेसबुक के सुचारु संचालन की जिम्मेदारी डस्टिन मोस्कोवित्ज की थी और वह दिन-रात ऐसी गलतियों से निपटने के लिए मुस्तैद था। लेकिन मार्लेटी व डी. एंजेलो ने इस मुसीबत से निजात पाने का स्थायी हल निकाल लिया था। उन्होंने बुनियादी कार्यक्रम संरचना को दुबारा से लिपिबद्ध करने का महाअभियान चलाया था और उसे ज्यादा परंपरागत खंडित संरचना (सेगमेंटेड स्ट्रक्चर) में बदल दिया था। अब कूटलिपि संबंधी किसी भी त्रुटि को उसके दायरे में सुधार पाना संभव हो गया था और उससे पूरी प्रणाली पर कोई प्रभाव नहीं पड़ता था।

दूसरी तरफ, यूजर्स की संख्या में बढ़त के चलते द फेसबुक की ग्राहक सहायता सेवा बुरी तरह चरमराने लगी थी। युवाओं की इस बेचैन टोली में शामिल होने के बाद जेफ रोथ्सचाइल्ड को पता चला था कि इस काम के लिए अब तक कोई ठोस इंतजाम नहीं किया गया था। कैलिफोर्निया विश्वविद्यालय (बर्कले, अल्मिडा काउंटी, कैलिफोर्निया) के

कुछ छात्र अपने घरों से अंशकालिक रूप में काम कर इस काम को निपटाने की कोशिश कर रहे थे। उनके पास यूजर्स की 75 हजार से अधिक जिज्ञासाएँ तथा अन्य आवेदन लंबित थे। रोथ्सचाइल्ड ने इसके लिए द फेसबुक पर विज्ञापन दिया था। उसने स्टैनफोर्ड स्नातक पॉल जनजेर को द फेसबुक का पहला पूर्णकालिक ग्राहक सेवा प्रतिनिधि नियुक्त किया था। जल्द ही यह बात साफ हो गई थी कि इसके लिए बड़ी टोली की जरूरत थी। लिहाजा, रोथ्सचाइल्ड ने पॉल जनजेर के नेतृत्व में एक साथ छह अन्य प्रतिनिधियों की भी नियुक्ति की थी। हालाँकि इस व्यवस्था के बाद ग्राहक सेवा में आमूलचूल सुधार हुआ था, लेकिन लंबित जिज्ञासाओं की संख्या 1.5 लाख के आसपास बनी रही थी।

रोबिन रीड को अनुभवी पेशेवरों को खोजने में काफी समय लग रहा था। वह उपाध्यक्ष—अभियांत्रिकी पद के लिए किसी योग्य उम्मीदवार को तलाशने में सफल नहीं हो रही थी। उसने इस पद के जिन संभावित उम्मीदवारों से संपर्क साधा था, उनमें अधिकांश ने सीन पार्कर के अध्यक्ष पदनाम को लेकर नाक-भौंह सिकोड़ी थी और उसके नीचे काम करने से मना कर दिया था। रीड की दूसरी परेशानी यह भी थी कि वह यह नहीं समझ पा रही थी कि जुकरबर्ग वास्तव में चाहता क्या था। उसने खुद को ही उत्पाद विकास का सर्वेसर्वा घोषित कर रखा था, लिहाजा यह नहीं तय कर पा रहा था कि आखिर उपाध्यक्ष—अभियांत्रिकी पद पर आनेवाले की असल भूमिका क्या होगी? लेकिन अब रीड को खीझ नहीं हो रही थी। उसे द फेसबुक के दफ्तर की रोजाना की जिंदगी में साफ तौर दिखाई देनेवाली अपरिपक्वता व अराजकता के बावजूद सबकुछ आगे बढ़ता हुआ नजर आ रहा था।

इस बीच, एक दिन जुकरबर्ग ने रीड से छह महीनों या जब तक बहाली की प्रक्रिया संपन्न न हो जाए, तब तक पूर्णकालिक तौर पर दफ्तर में बैठकर काम करने का आग्रह किया था। उसने अभी तक किसी भी कंपनी के लिए इस तरह से काम नहीं किया था, लेकिन जुकरबर्ग ने उसे इस काम के लिए शेयर विकल्प देने का प्रस्ताव किया था और रीड उसे मना नहीं कर सकी थी। अब तक रीड द फेसबुक में विश्वास करने लगी थी। उसने यही सोचा था कि चलो, इसी बहाने महान् उद्यमियों के साथ बैठने तथा परियोजना के बारे में नजदीकी से जानने-समझने और कुछ नया सीखने का मौका मिलेगा। अब रीड को एहसास हुआ था कि वह करीब 20 साल के इन लड़कों के काम के बारे में कितनी अनजान थी। कुछ देर से दफ्तर आते थे, रात भर कुछ काम करते थे; लेकिन गैर-जिम्मेदार दिखनेवाले सभी लोग लगन व मेहनत से अपनी जिम्मेदारी को निभा रहे थे। जुकरबर्ग की तो बात ही कुछ और थी। वह तो दिन-रात दफ्तर में ही जुटा रहता था और हमेशा अपने लैपटॉप पर कुछ करता नजर आता था।

कुल मिलाकर जुकरबर्ग के लिए रीड के मन में मातृत्व का भाव पैदा हो गया था।

जुकरबर्ग की सबसे बड़ी खासियत यह थी कि वह हमेशा खुद को शांत रखता था और किसी बात पर, किसी भी बात पर गुस्सा नहीं करता था।

वह ध्यानी-ज्ञानी महिला थी। उसे तत्काल लगा था कि सफल प्रबंधक बनने के लिए जुकरबर्ग को तनाव-मुक्त होने की जरूरत थी। इसलिए द फेसबुक में शामिल होने के लिए उसने एक भावुक शर्त रख दी थी कि जुकरबर्ग ध्यान करना शुरू करेगा। निश्चित ही जुकरबर्ग पर उन दिनों काम का भारी तनाव था; लेकिन वह कभी भी थका हुआ नजर नहीं आता था। उसकी सबसे बड़ी खासियत यह थी कि वह हमेशा खुद को शांत रखता था और किसी बात पर, किसी भी बात पर गुस्सा नहीं करता था। फिर भी, जुकरबर्ग ने रीड के सुझाए ध्यान सूत्रों को आजमाना शुरू किया था और उसे उसका फायदा भी हुआ था।

जुकरबर्ग में नेतृत्व कला के विकास की कोशिशें—द फेसबुक के दफ्तर में अब तक एसेल पार्टनर्स के केविन एफ्रुसी को सी.डब्ल्यू.ओ. (चीफ वरी ऑफिसर/ मुख्य चिंता अधिकारी) कहकर पुकारा जाने लगा था। वह हर छोटी-बड़ी बात पर अपनी चिंता जाहिर करने से चूकता नहीं था। उसने जुकरबर्ग को नई सलाह दी थी कि वह कंपनी की रणनीति व प्रक्रिया पर अपने विचार को लिखित रूप में प्रस्तुत करे। बात बिल्कुल जायज थी। जुकरबर्ग ने भी महसूस किया था कि अब उसकी कंपनी कुछ साथियों की टोली नहीं रह गई थी और खासतौर पर नए लोग उसके विचारों व धारणाओं को नहीं जानते थे। अगली साप्ताहिक बैठक में वह चमड़े के आवरणवाली अपनी गोपनीय डायरी भी साथ लेकर आया था। वह खासतौर पर एफ्रुसी को दिखाना चाहता था कि द फेसबुक संस्थापक व सी.ई.ओ. अपनी जिम्मेदारियों से वाकिफ हैं और हर जरूरी बात व धारणा बाकायदा उसकी डायरी में अंकित है।

एफ्रुसी ने 'द फेसबुक इफेक्ट' के लेखक डेविड किर्कपैट्रिक को बताया था कि जुकरबर्ग अपनी उस डायरी को माओ (जनवादी गणतंत्र चीन के संस्थापक माओत्से तुंग/माओ जेदोंग) की तरह रहस्यमय बनाए रखने की कोशिश करता था। कुछ ही नजदीकियों को उस डायरी के कुछ पन्ने पलटने के मौके मिले थे। उस डायरी का शीर्षक था—'द बुक ऑफ चेंज' (परिवर्तन की किताब) और उसके नीचे महात्मा गांधी की मशहूर उक्ति लिखी थी—'परिवर्तन बनें, जो आप दुनिया में देखना चाहते हैं।' कुछ नजदीकी इस डायरी की तुलना प्रख्यात इतालवी मूर्तिकार/चित्रकार माइकल एंजेलो की स्केच बुक से करते थे, जिसमें जुकरबर्ग ने सोशल नेटवर्किंग संबंधी भविष्य की योजनाओं, सेवाओं व अवधारणाओं को संक्षिप्त संकेत भाषा में अंकित किया हुआ था।

इस बीच, मैट कोहलर व देवदूत निवेशक पीटर थिएल ने जुकरबर्ग की मुलाकात सिलिकॉन वैली के क्रांतिकारी सॉफ्टवेयर इंजीनियर, उद्यमी व निवेशक मार्क लोवेल एंड्रिसे

से कराई थी। एंड्रिसे को पहले सबसे लोकप्रिय वेब ब्राउजर मोजाइक के सह-लेखक, नेटस्केप नेविगेटर वेब ब्राउजर के लिए मशहूर नेटस्केप कम्युनिकेशन कॉरपोरेशन (1999 में ए.ओ.एल. द्वारा 10 अरब डॉलर में अधिगृहीत) के सह-संस्थापक तथा उद्यम पूँजी कंपनी एंड्रीसन-होरोवित्ज के सामान्य साझीदार के रूप में जाना जाता है। इस मुलाकात के पीछे कोहलर व थिएल का असल इरादा यह था कि एंड्रिसे युवा उद्यमी जुकरबर्ग को एक सफल सी.ई.ओ. के रूप में विकसित होने में मदद करेगा। ऐसा ही हुआ भी था। जुकरबर्ग को कठोर दिमागवाला एंड्रिसे काफी पसंद आया था, जो कभी भी किसी के साथ थोड़ी सी भी चापलूसी करने की कोशिश नहीं करता था। वह पूरी तरह से आत्मविश्वस्त व्यक्ति था और कभी भी इस बात की चिंता नहीं करता था कि कोई उसके बारे में क्या सोचता है या सोच सकता था। वह स्पष्टवादी था और दूसरों की तरह जुकरबर्ग के साथ भी उसी रूप में पेश आता था।

इस तरह सीन पार्कर, मैट कोहलर, पीटर थिएल व केविन एफ्रुसी और अब मार्क एंड्रिसे के उकसावे पर जुकरबर्ग ने एक नेता के रूप में व्यवहार करना शुरू कर दिया था। अब तक कंपनी ने अपने कर्मचारियों के लिए कई सामूहिक निवास किराए पर लिये थे। जुकरबर्ग भी उन्हीं में से एक आवास में रहता चला आ रहा था; लेकिन अगस्त 2005 में उसने अपने लिए विशेष आवास चुना था। ठीक उसी वक्त उसने रोजाना के सॉफ्टवेयर कूटलिपि लेखन से मुक्त होकर अपना ध्यान बड़े मुद्दों पर केंद्रित करने का भी ऐलान किया था। जुकरबर्ग की लिखी अंतिम कूटलिपि को द फेसबुक प्रणाली में स्थापित किए जाने के मौके को यादगार बनाने के लिए बाकायदा एक छोटे समारोह का आयोजन भी हुआ था। कुछ समय बाद स्टैनफोर्ड के छात्रों के बीच अपने भाषण में जुकरबर्ग ने अपने अंदर के बदलाव की प्रक्रिया का उल्लेख भी किया था। उसने कहा था कि किसी कंपनी में लोगों के प्रबंधन व सी.ई.ओ. होने, गतिशीलता व सहपाठियों के साथ छात्रावास का सहवासी होने में बहुत बड़ा फर्क होता है।

इस बीच जुकरबर्ग आधुनिक प्रबंधन के जनक कहे जानेवाले विश्वविख्यात प्रबंधन गुरु व सलाहकार पीटर ड्रकर की रचनाओं में गहरी रुचि लेने लगा था; लेकिन इस दौर में जब वह कंपनी का नेता होने की चुनौतियों से जूझ रहा था तो उसे सबसे ज्यादा याद डोनाल्ड ग्राहम की आ रही थी। भले ही उसने वाशिंगटन पोस्ट कंपनी के निवेश प्रस्ताव को स्वीकार नहीं किया था, लेकिन ग्राहम के आदर्श प्रबंधन की छवि उसके दिलोदिमाग में स्थापित हो चुकी थी। लिहाजा उसने ग्राहम को फोन किया था, उसे सी.ई.ओ. के रूप में साक्षात् काम करते हुए देखने की अपनी दिली इच्छा जताई थी। ग्राहम भी जुकरबर्ग को दिल से चाहने लगा था, इसलिए उसने 'हाँ' कहने में थोड़ी सी भी हिचकिचाहट नहीं दिखाई थी। जुकरबर्ग ने वाशिंगटन की उड़ान भरी थी। वह दो दोनों तक वाशिंगटन पोस्ट

कंपनी के मुख्यालय में ग्राहम के साथ छाया की तरह बना रहा था और विशाल कंपनी के चेयरमैन व सी.ई.ओ. के काम करने के तरीके को अपने अंदर उतारने की कोशिश की थी। फिर वह ग्राहम के साथ दो दिनों की न्यूयॉर्क-यात्रा पर भी गया था।

इस क्रम में उसने ग्राहम को वित्तीय विश्लेषकों को संबोधित करते देखा, सुना व महसूस किया था। उसने ग्राहम से यह समझने की कोशिश की थी कि सार्वजनिक कंपनी होने के बावजूद वाशिंगटन पोस्ट कंपनी पर ग्राहम परिवार का संपूर्ण नियंत्रण कायम था। उसे पता चला था कि कंपनी को दो प्रकार की हिस्सेदारियों—सार्वजनिक व विशेष श्रेणी के शेयरों—में विभाजित किया गया था। विशेष श्रेणी के शेयरों का स्वामित्व ग्राहम परिवार के पास था, जो उसे कंपनी में अतिरिक्त मतदान-शक्ति प्रदान करता था। यह अनोखी संकर निगमित संरचना (हाइब्रिड कॉरपोरेट स्ट्रक्चर) थी, जो वाशिंगटन पोस्ट कंपनी को सार्वजनिक न्यास (पब्लिक ट्रस्ट) होने के साथ-साथ निजी लाभकारी कंपनी का भी दर्जा प्रदान करती थी। यदि ग्राहम के पास यह विशेष मतदान ताकत नहीं होती तो उसके लिए कंपनी को दूरगामी सोच के साथ संचालित कर पाना संभव न हो पाता।

खैर, जुकरबर्ग की प्रबंधन शैली अपनी ही थी। द फेसबुक दफ्तर में छात्रावास सरीखा अनौपचारिक माहौल कायम रहा था। कर्मचारियों की कुल संख्या 20 के करीब पहुँच चुकी थी। वे बाकायदा दल बनाकर पास के सिनेमाघर एक्वेरियस थिएटर (इमर्सन सेंट, पालो आल्टो) में जाते थे, जहाँ उनका प्रवेश मुफ्त था; क्योंकि दल का एक इंजीनियर वहाँ अंशकालिक सेवा दे रहा था। यूनिवर्सिटी कैफे (यूनिवर्सिटी एवेन्यू, पालो आल्टो) उनका अनधिकारिक बैठक स्थल बन चुका था और वे अकसर पूर्वी पालो आल्टो स्थित मैकडोनॉल्ड्स में जाया करते थे। यह बात ठीक है कि दोपहर से पहले शायद ही कोई दफ्तर आता था, लेकिन कोई कभी छुट्टी नहीं करता था और अधिकांश लोग सुबह 5 बजे तक काम में जुटे रहते थे। रुचि सांघवी व आदित्य सैनफ्रांसिस्को में रहते थे और उन्हें कार चलाकर आने-जाने में काफी परेशानी होती थी। एक दिन वे दुर्घटना से बाल-बाल बचे थे। उसके बाद जुकरबर्ग ने उन्हें 600 डॉलर प्रतिमाह का आवासीय भत्ता जारी करने का ऐलान किया था। अब दफ्तर के आसपास कई सामूहिक आवास किराए पर लिये जा चुके थे। कर्मचारियों को आसपास रहने के लिए विशेष आवासीय भत्ते का प्रावधान किया गया था।

दफ्तर में काम करते हुए सभी एक-दूसरे के साथ ए.आई.एम. पर संवाद बनाते थे। खासतौर पर जुकरबर्ग इसी के जरिए हमेशा सबसे जुड़ा रहता था। उन युवाओं के बीच खुद को संयोजित करने के लिए जेफ रोथ्सचाइल्ड ने अपनी वेशभूषा बदल ली थी और वह दफ्तर में 'जे-रो' कहलाने लगा था। कुल मिलाकर द फेसबुक का दफ्तर युवाओं के काम करने की बिंदास जगह (कूल प्लेस) थी और इसे कूलेस्ट प्लेस ऑफ

सिलिकॉन वैली के रूप में प्रचारित किया गया था। इसी इरादे से सीन पार्कर ने शुरू में ही इस दफ्तर के विशेष रंग-रोगन के लिए भित्ति चित्र कलाकार डेविड चोए को नियुक्त किया था। उस काम के लिए चोए को पारिश्रमिक के अलावा कुछ शेयर विकल्प भी दिए गए थे, जो बाद में लाखों डॉलर के साबित होने वाले थे। द फेसबुक के सभी आवासों में हर सप्ताहांत मौज-मस्ती सभाओं के आयोजन को आधिकारिक सर्मथन व विशेष वित्त-पोषण दिया जा रहा था। जाहिर है कि रॉक ऐंड रोल का उस्ताद सीन पार्कर इन आयोजनों का महानायक था।

विज्ञापन राजस्व में बढ़त की कोशिशें—विज्ञापन विभाग की उपाध्यक्ष नियुक्त होने के तुरंत बाद ही ट्रिसिया ब्लैक ने केविन कोलेरन को न्यूयॉर्क व बोस्टन क्षेत्र का विज्ञापन प्रतिनिधि नियुक्त किया था। बाबसन कॉलेज (वेलेस्ले, ग्रेटर बोस्टन क्षेत्र, मैसाचुसेट्स) से वर्ष 2003 में एम.बी.ए. करने के बाद कोलेरन आर.सी.ए. रिकॉर्ड्स (न्यूयॉर्क सिटी) में रणनीतिक सलाहकार के रूप में काम कर रहा था। उससे पहले अपनी पढ़ाई के पाँच वर्षों में वह कई इंटरनेट उद्यमों से जुड़ा रहा था। उसकी नियुक्ति को अनुमोदित करने के लिए जुकरबर्ग खुद भी ट्रिसिया के साथ न्यूयॉर्क की यात्रा पर गया था। कोलेरन को बड़े ब्रांड विज्ञापनदाताओं पर अपना ध्यान केंद्रित करने को कहा गया था, जो पी.सी.एम. (कास्ट पर माइल व्यूज/प्रति हजार अवलोकन लागत) के हिसाब से भुगतान करें; लेकिन उस वक्त तक न्यूयॉर्क के मेडिसन एवेन्यू स्थित महारथी विज्ञापन एजेंसियों को गूगल द्वारा प्रचलित किए गए पी.पी.सी. (पे पर क्लिक/प्रति क्लिक भुगतान) की आदत पड़ चुकी थी। वैसे भी, द फेसबुक अभी विश्वविद्यालय के छात्रों तक ही सीमित था और उस बाजार के लिए वाय2एम पहले से ही विशिष्ट प्रतिनिधि के तौर पर काम कर रहा था।

अगले कुछ महीनों तक कोलेरन अकेले ही द फेसबुक के पूर्णकालिक विज्ञापन प्रतिनिधि के रूप में काम करता रहा था। चूँकि बड़े विज्ञापनदाताओं की तरफ से अभी भी कोई उत्साह नहीं मिल रहा था, इसलिए वह जल्द ही निराश हो गया था। असल में, कोलेरन ने अपनी तरफ से मेहनत करने में कोई कोताही नहीं बरती थी। वह बिल्कुल बेशर्म विज्ञापन प्रतिनिधि था और किसी भी दरवाजे में घुसने में उसे तनिक भी हिचकिचाहट नहीं होती थी। उसने काफी मशक्कत से कई विज्ञापनदाताओं को तैयार भी किया था; लेकिन उनके विज्ञापन प्रारूप जुकरबर्ग व मोस्कोवित्ज द्वारा पूर्व निर्धारित ढाँचे से मेल नहीं खाते थे, लिहाजा उसकी कोशिशों का कोई ठोस नतीजा नहीं निकल पा रहा था।

इसके अलावा द फेसबुक ने अभी भी नए विश्वविद्यालयों को जोड़ने के मामले में भी पुराना रवैया कायम रखा हुआ था। विश्वविद्यालयों की प्रतीक्षा सूची लंबी होती जा रही थी, लेकिन 20 फीसदी छात्रों के पूर्व पंजीकरण के बाद ही विश्वविद्यालय विशेष

की सेवा शुरू की जाती थी; जबकि विज्ञापनदाताओं की माँग थी कि द फेसबुक तेजी से विस्तार करे। कोलेरन जब ऐसी माँग पेश करता तो उसे जुकरबर्ग व मोस्कोवित्ज की तरफ से सूखा जवाब मिलता था। न्यूयॉर्क जैसे बड़े विशाल विज्ञापन बाजार में बेचारा अकेला विज्ञापन प्रतिनिधि कोलेरन किस-किस को समझाए कि उसके संस्थापक आदर्शवादी सोच के हैं और वे अपने ही अंदाज में काम करते हैं। लेकिन उसे यह जानकार सुकून मिला था कि जुकरबर्ग उसके साथ ही ऐसा नहीं कर रहा था, बल्कि अपने हिस्सेदार व सी.एफ.ओ. एडुअर्डो सवेरिन के साथ भी ऐसा ही रुख अख्तियार करता रहा था। लिहाजा, उसने अपनी सीमा में रहते हुए बड़े ब्रांडों का चक्कर छोड़ नए सिरे से जरूरतमंद विज्ञापनदाताओं को खोजना शुरू किया था।

जल्द ही कोलेरन अपनी कोशिशों में कामयाब रहा था। उसने ब्रिटिश ऑनलाइन गेमिंग कंपनी 'पार्टी' पोकर को एक बड़े विज्ञापन सौदे के लिए तैयार कर लिया था; लेकिन यह सौदा पी.सी.एम. दर पर नहीं, बल्कि सी.पी.ए. (कास्ट पर एक्वीजीशन/प्रति अधिग्रहण लागत) दर पर पटा था। 'पार्टी पोकर' हरेक नए ग्राहक के लिए द फेसबुक को सपाट 300 डॉलर के भुगतान के लिए तैयार हुई थी। मतलब, 'पार्टी पोकर' सिर्फ उसी ग्राहक के लिए यह भुगतान करने वाली थी, जो उसके द फेसबुक पृष्ठ के जरिए पंजीकरण करवाकर अपने ऑनलाइन गेमिंग खाते में न्यूनतम 50 डॉलर की राशि जमा कराने वाले थे। यह द फेसबुक के लिए बड़ा सौदा साबित हुआ था। हर माह औसतन 200 नए ग्राहक पंजीकृत होने लगे थे और द फेसबुक के खाते में 60 हजार डॉलर की राशि आने लगी थी। वाय2एम के लोग हैरान थे कि महाविद्यालय बाजार का विज्ञापनदाता भी इंटरनेट विज्ञापन पर प्रतिमाह इतनी बड़ी रकम खर्च कर सकता था। हालाँकि करीब साल भर बाद अमेरिका में ऑनलाइन गेमिंग पर पाबंदी लग गई थी और द फेसबुक ने 'पार्टी पोकर' का विज्ञापन बंद कर दिया था।

वैसे 5 डॉलर प्रति सी.पी.ए. दर पर प्रतिमाह कम-से-कम 5,000 डॉलर खर्च करनेवाले बैनर विज्ञापनदाताओं की संख्या में इजाफा हो रहा था, लेकिन अभी द फेसबुक के विज्ञापन राजस्व की आमदनी मुख्य स्रोत एप्पल कंप्यूटर द्वारा प्रायोजित समूह से ही हो रही थी, जो प्रति सदस्य प्रति माह 1 डॉलर का भुगतान कर रहा था, जो न्यूनतम 40 हजार डॉलर कुल मासिक भुगतान स्तर से काफी ऊपर चला गया था। इसी तरह का दूसरा विज्ञापनदाता था विक्टोरियाज सीक्रेट, जिसका न्यूनतम प्रतिमाह भुगतान स्तर 25 हजार डॉलर तय किया गया था।

इसी बीच, द फेसबुक ने इंटरनेट पर बदनाम हो चुके लक्षित विज्ञापन (टार्गेटेड एडवरटाइजिंग) को भी विश्वसनीय आयाम देना शुरू किया था। द फेसबुक पहला ऐसा सामाजिक मंच साबित हो रहा था, जिसके जरिए विज्ञापनदाता अपने असल पहचान

रखनेवाले लक्षित ग्राहक वर्ग तक पहुँच सकते थे। द फेसबुक पर इसकी शुरुआत मार्च 2005 में ही हो चुकी थी, जब इंटरस्कोप रिकॉर्ड्स ने अमेरिकी गायिका गीतकार वेन स्टेफनी के एकल गीत होलाबैक गर्ल को महाविद्यालय के चियरलीडर्स (खेल समारोहों में खिलाड़ियों के उत्साहवर्धन एवं दर्शकों के मनोरंजन के लिए करतब दिखानेवाली छात्राएँ) के बीच प्रचारित करने के लिए द फेसबुक मंच को चुना था। अब तक डस्टिन मोस्कोवित्ज यूजर्स की रूपरेखाओं के खनन का सॉफ्टवेयर विकसित कर चुका था। लिहाजा, उसके लिए चियरलीडर्स को ढूँढ़ना और सीधे उसकी रूपरेखा के साथ उक्त विज्ञापन पृष्ठ को जोड़ देना कोई मुश्किल काम नहीं था। याद रहे कि पूरी तरह यूजर्स द्वारा दी गई सूचनाओं पर आधारित लक्षित विज्ञापन सेवा दे पाना कुछ वेबसाइटों के लिए ही संभव था।

लक्षित विज्ञापन बाजार के मद्देनजर जुकरबर्ग व डी. एंजेलो ने वर्ष 2005 की गरमी की छुट्टियों में एक ऐसा सॉफ्टवेयर कार्यक्रम तैयार कर लिया था, जो द फेसबुक के 30 लाख यूजर्स के उपयोग-व्यवहार की निगरानी कर पाने में सक्षम था। जल्द पल्स नाम से उपयोगकर्ता व्यवहार रुझान सेवा शुरू की गई थी, जिसके जरिए द फेसबुक पर फिल्म, संगीत व किताब की लोकप्रियता की प्रामाणिक जानकारी प्राप्त की जा सकती थी। चूँकि द फेसबुक के यूजर्स की पहचान प्रमाणित थी, इसलिए ऐसे आँकड़ों का महत्त्व काफी बढ़ गया था। कोलेरन ने विज्ञापनदाताओं को इन आँकड़ों के जरिए लाभान्वित करने की काफी कोशिशें की थीं, लेकिन अभी भी इंटरनेट पर बिना सोचे-समझे विज्ञापन करने का चलन जोरों पर था। अधिकांश विज्ञापनदाता पारंपरिक बैनर विज्ञापन को ही पसंद कर रहे थे। कुल मिलाकर, विज्ञापनदाताओं को नए तौर-तरीकों से पटाने की कोशिशें राजस्व को बढ़ा पाने में कोई सफलता हासिल नहीं कर पा रही थीं। नतीजतन वर्ष 2005 के अंत तक एसेल पार्टनर्स से आए 1.27 करोड़ डॉलर में 70 लाख डॉलर खर्च हो चुके थे और द फेसबुक के खजाने में अब 57 लाख डॉलर की रकम बची थी। यानी, द फेसबुक अभी तक खुद को सचमुच का कारोबारी बनाने में सफल नहीं हो रहा था।

'फेसबुक' ब्रांड की स्थापना एवं पार्कर की विदाई

द फेसबुक की शीर्ष टोली पर विज्ञापन राजस्व में उम्मीद के मुताबिक पर्याप्त बढ़त न होने का दबाव बढ़ रहा था। यूजर्स के उफान को सँभालने के लिए डाटा केंद्र के विस्तार के साथ नई नियुक्तियों पर भी खर्च बढ़ रहा था। इस दिशा में कंपनी की ब्रांड छवि में सुधार की जरूरतें महसूस की गई थीं। इस दिशा में द फेसबुक.कॉम के यूजर इंटरफेस को परिमार्जित करने की कोशिशें शुरू हुई थीं। इन्हीं कोशिशों के

द फेसबुक की शीर्ष टोली पर विज्ञापन राजस्व में उम्मीद के मुताबिक पर्याप्त बढ़त न होने का दबाव बढ़ रहा था। यूजर्स के उफान को सँभालने के लिए डाटा केंद्र के विस्तार के साथ नई नियुक्तियों पर भी खर्च बढ़ रहा था।

मद्देनजर गरमियों के दौरान पार्कर ने एक और बड़ा सौदा पटाया था। उसने कनाडा की सामाजिक संस्था 'अबाउटफेस' (AboutFace), जो चेहरे की कुरूपता से जूझ रहे व्यक्ति विशेष के परिवार की मदद करती है, को फेसबुक.कॉम ने अधिगृहीत कर लिया था। पार्कर ने उस संस्था को द फेसबुक के शेयर विकल्प देकर यह सौदा करने की कोशिश की थी; लेकिन वह इसके लिए तैयार नहीं हुई थी। लिहाजा, उसे 2 लाख डॉलर का भुगतान करना पड़ा था। पार्कर को शुरू से ही फेसबुक का पुछल्ला 'द' (The) पसंद नहीं था।

20 सितंबर, 2005 को फेसबुक.कॉम का शुभारंभ हुआ था, लेकिन द फेसबुक को 'फेसबुक' ब्रांड नाम से पुनर्स्थापना की कोशिशों को नेतृत्व प्रदान करनेवाला शख्स सीन पार्कर खुद उस अवसर पर मौजूद नहीं था। पिछली गरमियों में जो कंपनी अपने अस्तित्व के संकट से जूझ रही थी, उसे असल पेशेवर स्वरूप देने, उसके मूल्यांकन को 49 लाख डॉलर (अगस्त 2004) से 9.80 करोड़ डॉलर (अप्रैल 2005) तक लाने और अब उसे नई चुनौतियों के लिए तैयार करने में जुटा पार्कर एक बार फिर से अपने दुर्भाग्य या यों कहें कि अपनी स्वभावगत कमजोरियों का शिकार बन गया था।

इसमें कोई शक नहीं कि साल भर के अंदर सीन पार्कर की कोशिशों ने द फेसबुक को सिलिकॉन वैली की सबसे संभावनाशील कंपनी साबित कर दिया था; लेकिन अध्यक्ष के रूप में उसकी भूमिका अभी भी साबित होनी बाकी थी। एक तरफ जुकरबर्ग खुद को सचमुच का सी.ई.ओ. बनाने के लिए खुद के व्यवहार में आमूलचूल परिवर्तन लाने की कोशिश कर रहा था तो उसके उलट, पार्कर अपने पुराने ढर्रे पर वापस लौट रहा था। उसका जन्मजात विद्रोही स्वभाव एक बार फिर से हावी हो रहा था। रोजाना के कामकाज से उसकी उकताहट बढ़ने लगी थी और वह अकसर दफ्तर से गायब रहने लगा था। जुकरबर्ग उसका दिल से आदर करता था; लेकिन उसे भी यह एहसास होने लगा था कि पार्कर कंपनी के अध्यक्ष पद का योग्य उम्मीदवार नहीं था। वह इस बात से ज्यादा परेशान हो रहा था कि पार्कर कंपनी की नई जरूरतों के मुताबिक खुद को ढालने की कोशिश भी नहीं कर रहा था।

खैर, फेसबुक.कॉम नाम से वेबसाइट की नई ब्रांड छवि निर्माण की सारी योजनाओं का संचालन पार्कर ही कर रहा था। जुकरबर्ग व अन्य साथी भले ही पार्कर के अनियमित व्यवहार को लेकर परेशान हो रहे थे, लेकिन उन्होंने कभी भी यह अनुमान नहीं लगाया था कि कंपनी की ब्रांड छवि की पुनर्स्थापना अध्यक्ष के रूप में पार्कर का अंतिम काम साबित होने वाला था।

अगस्त 2005 के अंतिम सप्ताह में पार्कर अपने दोस्तों के साथ नॉर्थ कैरोलिना के समुद्र-तटीय इलाके में काईटबोर्डिंग (विंडसर्फिंग, पैराग्लाइडिंग व जिम्नास्टिक्स का मिला-जुला जल-सतह खेल) के लिए गया हुआ था। इस मौज-मस्ती यात्रा में उसकी मौजूदा नाबालिग प्रेमिका, जो दफ्तर में उसकी सहायक थी, भी उसके साथ गई हुई थी। उन लोगों ने समुद्र-तट के नजदीक ही एक घर किराए पर लिया हुआ था। इस दौरान उन लोगों ने रात्रिकालीन मौज-मस्ती सभाओं का आयोजन भी शुरू किया था, जिसमें काईटबोर्डिंग प्रशिक्षकों को भी आमंत्रित किया था। उन प्रशिक्षकों ने अपने स्थानीय दोस्तों को आमंत्रित कर लिया था। दूसरी रात वह जश्न इतना बड़ा हो गया था कि उसमें समुद्र-तट पर नशाखोरी करनेवाले लोग भी शामिल हो गए थे। तीसरी व अंतिम रात उन लोगों ने सिर्फ प्रशिक्षकों के साथ एक छोटी सभा का आयोजन किया था। वे लोग बीयर की चुस्की ले रहे थे कि अचानक एक पुलिस दल ने छापामारी की थी। पुलिस दल के पास स्कॉट पामर नामक किसी शख्स के नाम का सर्च वारंट था और वे उस घर में भारी मात्रा में हेरोइन, गाँजा एवं अन्य मादक द्रव्यों की मौजूदगी की सूचना की तहकीकात करने पहुँचे थे। पुलिस सूँघनेवाले प्रशिक्षित कुत्तों के साथ करीब एक घंटे तक घर की तलाशी करती रही थी और अंत में एक सफेद पाउडर की थैली मिलने का दावा किया था। इसी आधार पर घर का अधोहस्ताक्षरी किराएदार होने के नाते पुलिस ने पार्कर को हिरासत में ले लिया था और स्थानीय थाने ले गई थी। लेकिन गहन पूछताछ के बाद पुलिस ने पार्कर को निर्दोष पाया था और उसके खिलाफ किसी भी प्रकार का कोई औपचारिक आपराधिक मुकदमा दर्ज नहीं किया। लिहाजा, उसे तत्काल बरी कर दिया गया था।

बिना कोई देर किए पार्कर ने अपनी प्रेमिका के साथ घर वापसी की उड़ान भरी थी। तब तक द फेसबुक दफ्तर में इस घटना की खबर फैल चुकी थी। पार्कर इस घटना से आतंकित जरूर था, लेकिन उसने जोरदार ढंग से अपना बचाव किया था। उसने जुकरबर्ग, वकील स्टीव वेनुटो सहित डस्टिन मोस्कोवित्ज व मैट कोहलर को विश्वास दिलाया था कि उसने कोई गलत काम नहीं किया था। लिहाजा, उन लोगों ने पार्कर के खिलाफ कंपनी की तरफ से किसी प्रकार की कोई काररवाई न करने का फैसला किया था। जुकरबर्ग ने इस फैसले की सूचना निदेशक होने के नाते एसेल पार्टनर्स के जिम ब्रेयर को भी दी थी।

लेकिन ब्रेयर ने इस घटना को गंभीर करार दिया था, क्योंकि यह किसी साधारण कर्मचारी का नहीं, बल्कि द फेसबुक के निदेशक व अध्यक्ष की गिरफ्तारी का मामला था। उसकी नजर में पार्कर पर नशीले पदार्थ रखने का आरोप तो ज्यादा संगीन नहीं था, लेकिन ब्रेयर ने पार्कर पर एक नाबालिग लड़की को अपने साथ रखने के मामले को बेहद गंभीर मामला करार दिया था। असल में, ब्रेयर ने द फेसबुक में निवेश की तहकीकात के दौरान प्लाक्सो में पार्कर से जुड़े मामलों की तह में जाने की कोशिश की थी। उसे

माइकल मोरित्ज व अन्य निवेशकों से यही जानकारी मिली थी कि पार्कर नशाखोरी व लड़कीबाजी के मामलों में संलिप्त रहा था। जाहिर है कि पार्कर के पूर्व विरोधियों ने ब्रेयर को भड़काया भी होगा। वैसे भी, द फेसबुक की एकतरफा सौदेबाजी को लेकर ब्रेयर अंदर-ही-अंदर पार्कर से नाखुश था। हकीकत भी यही थी कि पार्कर के चलते ही एसेल पार्टनर्स को उन शर्तों को भी मानना पड़ा था, जो कभी भी किसी उद्यम पूँजीपति ने शायद स्वीकार न की होंगी। आगे भी ब्रेयर को सबसे बड़ी बाधा पार्कर ही नजर आ रहा था। सौदा संपन्न हो जाने बाद भी पिछले चार महीनों में पार्कर ने कभी भी ब्रेयर या एसेल के अन्य साझीदारों से कोई नजदीकी बनाने की कोशिश नहीं की थी। इस मामले में भी पार्कर ने ब्रेयर को किसी प्रकार की कोई सफाई देने की जरूरत नहीं महसूस की थी। लिहाजा, ब्रेयर ने पार्कर के खिलाफ कंपनी की तरफ से अनुशासनात्मक काररवाई को जरूरी बताया था।

जाहिर है कि जुकरबर्ग ने सीन पार्कर को दोषी मानने से इनकार करते हुए ब्रेयर की राय को सिरे से खारिज कर दिया था। वह न केवल पार्कर द्वारा कंपनी में किए गए महत्त्वपूर्ण योगदान के लिए एहसानमंद था, बल्कि वह जानता था कि पार्कर दिल का बुरा नहीं था। इसके अलावा, जुकरबर्ग को पता था कि आगे भी खुद उसको तथा कंपनी को भी पार्कर की बहुत जरूरत पड़ने वाली थी। लेकिन ब्रेयर अपने तर्कों पर अड़ा रहा था और जुकरबर्ग को यही समझाने की कोशिश करता रहा था कि अपनी तमाम प्रतिभाओं के बावजूद पार्कर कंपनी के अध्यक्ष पद के योग्य नहीं था। इस विवाद में जुकरबर्ग के अन्य नजदीकी भी खुलकर पार्कर के पक्ष में नहीं आ रहे थे। दबी जुबान से ही सही, अधिकांश लोग पार्कर के ढुलमुल रवैए को कंपनी के दूरगामी हितों के लिए खतरा बता रहे थे। कुल मिलाकर कंपनी के भीतर यह आम राय थी कि पार्कर अध्यक्ष के रूप कंपनी का चेहरा बने रहने लायक नहीं था।

ज्यों-ज्यों समय बीत रहा था, जुकरबर्ग पर पार्कर के खिलाफ मनोवैज्ञानिक दबाव बढ़ रहा था। शुरू में महज सुझाव देनेवाला ब्रेयर इस मुद्दे को कंपनी की तथा खुद की प्रतिष्ठा का मुद्दा बनाकर पार्कर को कंपनी से बाहर करने की जिद पर अड़ गया था। लेकिन जुकरबर्ग कम जिद्दी नहीं था। वह भी अड़ गया था कि पार्कर के खिलाफ कोई काररवाई नहीं होगी। लिहाजा, कंपनी के अंदर एक अनिश्चितता का माहौल गहराने लगा था। ऐसे में बुजुर्ग जेफ रोथ्सचाइल्ड ने मध्यस्थ की भूमिका अदा की थी। भले ही रोथ्सचाइल्ड एसेल पार्टनर्स की पैरवी पर कंपनी में आया था, लेकिन अब तक वह युवा इंजीनियर्स के बीच काफी लोकप्रिय हो गया था। जुकरबर्ग भी उसका दिल से आदर करने लगा था। कंपनी का कानूनी सलाहकार और प्लाक्सो के जमाने से पार्कर का नजदीकी स्टीव वेनुटो भी मामले को सुलझाने में रोथ्सचाइल्ड की मदद के लिए सक्रिय हुआ था।

दोनों जुकरबर्ग व पार्कर से घंटों बातचीत करते रहे थे, लेकिन मामला सुलझ नहीं पा रहा था। जुकरबर्ग टस से मस होने को तैयार नहीं था।

इस बीच ब्रेयर अपना आपा खो बैठा था। निदेशक मंडल के सदस्य होने के नाते सारे मामले की पूर्व सूचना न दिए जाने के मामले को अदालत में भी ले जाने की बातें करने लगा था। ऐसे में देवदूत निवेशक पीटर थिएल को सामने आना पड़ा था। उसने पार्कर को मामले की संवेदनशीलता पर खुले दिमाग से सोचने के लिए मजबूर किया था। थिएल ने आग्रह किया था कि उसे अपने तथा कंपनी के बेहतर भविष्य के लिए रस्ते से हट जाना चाहिए। पार्कर के सामने तो पहले भी इससे ज्यादा गंभीर स्थितियाँ आ चुकी थीं। लिहाजा, उसे यह समझने में देर नहीं लगी थी कि मामला जितना आगे बढ़ेगा, उतना ही गंभीर होता चला जाएगा। उसे इस बात की तसल्ली थी कि जुकरबर्ग उसका ऐसा सच्चा दोस्त था, जो लाभ-हानि की परवाह किए बिना किसी भी हद तक उसका साथ दे सकता था। उसने खुद आगे बढ़कर जुकरबर्ग से लंबी बातचीत की थी और अध्यक्ष पद से हट जाने का प्रस्ताव कर दिया था।

यह तीसरा मौका था, जब पार्कर को एक बार फिर उस कंपनी से निकलना पड़ा रहा था, जिसे बनाने में उसने जी-जान लगाई हुई थी। लेकिन पिछली दोनों घटनाओं से उसने सबक सीखा था और जुकरबर्ग के साथ-साथ खुद के लिए भी कानूनी सुरक्षा कवच बनाया हुआ था। कंपनी प्रावधान के मुताबिक भले ही पार्कर कंपनी का पदाधिकारी न रहे, उसे निदेशक पद से हटने तथा अपनी हिस्सेदारी त्यागने की जरूरत नहीं थी। लेकिन ब्रेयर ने उसके निदेशक पद पर बने रहने और अपनी मौजूदा हिस्सेदारी के आधार पर अंतिम मालिकाना अधिकार बनाने को भी अवैधानिक करार दिया था। इसका कानूनी पेंच यह था कि पार्कर को अभी कंपनी में ज्यादा समय नहीं हुआ था। कंपनी का निदेशक पद व हिस्सेदारी का अंतिम मालिकाना हक व्यक्ति विशेष के कंपनी में योगदान की अवधि से जुड़ा होता है। कंपनी में पार्कर की मौजूदगी साल भर से कुछ ज्यादा समय की थी। लिहाजा, वह कंपनी के सुरक्षा प्रावधानों को पूरी तरह से अपने पक्ष में लागू कर पाने की स्थिति में नहीं था।

ऐसे में, बीच का रास्ता निकला था। कंपनी निदेशक मंडल ने पार्कर को उसके अब तक के योगदान के आधार पर अपनी हिस्सेदारी को कायम रखने की अवधि को एक साल के लिए आगे बढ़ा दिया था। लेकिन इस राहत के बदले में पार्कर को भी अपनी आधी हिस्सेदारी त्यागने के लिए राजी होना पड़ा था। निदेशक के स्थान को बनाए रखने में भी एक कानूनी पेच था। कंपनी निदेशक मंडल बहुमत से उसे निदेशक पद से हटाने का फैसला कर सकता था; लेकिन निदेशक स्थान के मालिकाना हक से वंचित नहीं कर सकता था। यानी, निदेशक पद से हट जाने के लिए मजबूर कर दिए

जाने के बावजूद पार्कर के पास यह हक सुरक्षित था कि वह अपने निदेशक स्थान पर किसे नामित करे।

'द फेसबुक इफेक्ट' के लेखक डेविड किर्कपैट्रिक का कहना है कि शुरू में पार्कर इस स्थान को जुकरबर्ग को देने के पक्ष में नहीं था। जुकरबर्ग के पास पहले से दो निदेशक स्थान सुरक्षित थे। तीसरा स्थान हासिल करने के बाद कंपनी में जुकरबर्ग अकेले स्पष्ट बहुमत की स्थिति में आ जाता और उसके किसी फैसले को चुनौती दे पाना असंभव हो जाता। यानी, जुकरबर्ग अकेले ही कंपनी के भाग्य-निर्माता की स्थिति में आ जाता। किर्कपैट्रिक के मुताबिक, ऐसा सोचने के बावजूद पार्कर के पास कोई बेहतर विकल्प नहीं था। उसके पास जुकरबर्ग से बेहतर और कोई विश्वसनीय व्यक्ति नहीं था, जिसे वह अपने निदेशक स्थान के लिए नामित करे। पार्कर की पक्की धारणा थी कि ज्यों ही बाहरी निवेशकों के पास बहुमत की ताकत आएगी, वे जुकरबर्ग को भी निकाल बाहर करने में देर नहीं लगाएँगे। पार्कर किसी भी हालत में ऐसी स्थिति पैदा नहीं होने देने चाहता था। उसने तो यह प्रावधान अपने हितों की सुरक्षा तथा जुकरबर्ग के साथ कंपनी में अपने शक्ति-संतुलन की स्थिति को बनाए रखने के लिए किया था। उसने कभी यह अनुमान नहीं लगाया था कि इस कंपनी से बाहर जाने की नौबत आ जाएगी। अब जब ऐसी नौबत आ ही गई थी तो भी पार्कर ने यही सुनिश्चित किया था कि कंपनी उसके मूल संस्थापक के पास ही रहे। कम-से-कम पार्कर सपने में भी नहीं सोच सकता था कि कंपनी बाहरी लोगों के कब्जे में जाए। अब चूँकि उसे खुद नहीं रहना था तो जुकरबर्ग के अलावा आखिर किसे चुन सकता था?

खैर, पार्कर ने अपने निदेशक स्थान के लिए संस्थापक व सी.ई.ओ. मार्क जुकरबर्ग को नामित कर दिया था। जुकरबर्ग ने कुछ समय तक अपने स्थान के अलावा दो निदेशक स्थानों को खाली रखने का ही फैसला किया था। अब थिएल व ब्रेयर से गंभीर मतभेद की स्थिति में जुकरबर्ग अपनी मरजी से दो निदेशकों को नामित कर सकता था और बहुमत से उनकी किसी भी चुनौती का सामना कर सकता था। इस तरह, जुकरबर्ग भले ही द फेसबुक साम्राज्य का सर्वशक्तिमान राजा हो गया था, लेकिन उसने पार्कर को अपने से ज्यादा दूर नहीं होने दिया था। बाद में भी पार्कर उसका अघोषित सलाहकार बना रहा था और अभी भी जुकरबर्ग ने उसकी बड़े भाई की हैसियत को कायम रखा हुआ है। यही कारण था कि अध्यक्ष व निदेशक पद गँवाने के बावजूद फेसबुक के अंदर व बाहर पार्कर की प्रतिष्ठा को किसी ने कम करने की जुर्रत नहीं की थी।

□

फेसबुक-प्रभाव एवं माइक्रोसॉफ्ट से विज्ञापन सौदा

सितंबर 2005 में अमेरिकी विश्वविद्यालयों के नया शिक्षा सत्र शुरू होने के बाद डस्टिन मोस्कोवित्ज ने गरमी की छुट्टियों में विस्तार की पूर्व तैयारियों को अमल में लाना तेज कर दिया था। देखते-देखते सेवा के दायरे में आनेवाले विश्वविद्यालयों व महाविद्यालयों की कुल संख्या दोगुनी यानी 1,800 कर दी गई थी। नतीजतन यूजर्स की संख्या में तेजी से इजाफा हुआ था। जब 23 सितंबर को नई संशोधित वेबसाइट का नए ज्ञानक्षेत्र (डोमेन) नाम फेसबुक.कॉम नाम से शुभारंभ हो गया था, तब तक अमेरिकी विश्वविद्यालयों के करीब 85 फीसदी छात्र इसके यूजर्स बन चुके थे। इनमें से 60 फीसदी रोजाना फेसबुक पर लौट रहे थे। अब नेटवर्क का दायरा बढ़ाना जरूरी हो गया था। जुकरबर्ग पहले ही सोच चुका था। नए फेसबुक को अमेरिका के 37 हजार निजी एवं सरकारी उच्चतर माध्यमिक विद्यालयों के लिए खोलने का फैसला किया था, लेकिन हाई स्कूल के छात्रों के पास उनकी पहचान के लिए कोई संस्थागत इ-मेल पता था नहीं, फिर उनकी पहचान कैसे सुनिश्चित हो ?

जुकरबर्ग व मोस्कोवित्ज ने इसका बेजोड़ हल निकाल लिया था और मौजूदा यूजर्स को अपने पूर्व विद्यालय के छात्रों का जमानतदार बना दिया था। अभी-अभी स्नातक प्रथम वर्ष में दाखिल होनेवाले छात्र सदस्यों को अपने मित्रों को आमंत्रित करने के लिए प्रोत्साहित किया गया था। मतलब, इस नेटवर्क में शामिल होने के लिए विश्वविद्यालय के प्रमाणित छात्रों का आमंत्रण-अनुमोदन जरूरी था। हालाँकि हाई स्कूल के छात्रों का खाता भी फेसबुक.कॉम पर ही खुलता था, लेकिन वे विश्वविद्यालय के यूजर्स के नेटवर्क में नहीं घुस सकते थे। उनके नेटवर्क को बिल्कुल अलग रखा गया था।

अब चाइना डिलाइट रेस्तराँ के ऊपर मौजूदा दफ्तर (471 एमर्सन स्ट्रीट, पा़लो आल्टो) काफी छोटा पड़ने लगा था। लिहाजा, कंपनी का नया दफ्तर 156 यूनिवर्सिटी एवेन्यू (पालो आल्टो) में स्थानांतरित कर लिया गया था। पुरानी जगह से एक ब्लॉक

सितंबर 2005 में अमेरिकी विश्वविद्यालयों के नया शिक्षा सत्र शुरू होने के बाद डस्टिन मोस्कोवित्ज ने गरमी की छुट्टियों में विस्तार की पूर्व तैयारियों को अमल में लाना तेज कर दिया था।

आगे यह स्थान स्टैनफोर्ड विश्वविद्यालय परिसर के ज्यादा नजदीक आ गया था। गूगल का पहला मुख्यालय (165 यूनिवर्सिटी एवेन्यू) इस गली के ठीक सामने है, जहाँ उससे पहले लॉजिटेक, बाद में डेंजर (एंड्रॉइड की मूल निर्माता कंपनी) एवं पेपाल जैसी कंपनियों ने सफलता हासिल की थी। पहले इसी को किराए पर लेने की कोशिश की गई थी, लेकिन बात नहीं बनी थी। सभी को अपना सामान खुद नए दफ्तर में लाना व जमाना पड़ा था।

अनुमान के मुताबिक, यूजर्स की संख्या में तूफानी बढ़त जारी थी, जो अक्तूबर में 50 लाख (जून में 30 लाख) के स्तर पर पहुँच गई थी। नेटवर्क के सभी 1,800 महाविद्यालयों के औसतन 50 फीसदी छात्र फेसबुक नेटवर्क में आ चुके थे। उनके अनुमोदन से उच्चतर माध्यमिक विद्यालय के छात्रों की सदस्यता भी तेजी से बढ़ रही थी। अक्तूबर के अंत में रोजाना औसतन 20 हजार नए यूजर्स फेसबुक नेटवर्क से जुड़ रहे थे। रोजाना औसतन 23 करोड़ फेसबुक पृष्ठों का अवलोकन होने लगा था। इसका असर विज्ञापन राजस्व पर भी हुआ था। औसत मासिक आमदनी 10 लाख डॉलर स्तर पर आ गई थी। अधिकांश राशि परंपरागत सस्ते बैनर विज्ञापन के जरिए आ रही थी। एप्पल व विक्टोरियाज सीक्रेट के प्रायोजित समूह की आमदनी भी बढ़ी थी। महाविद्यालय की छिटपुट घोषणा संबंधी विज्ञापनों का योगदान भी बढ़ा था। लेकिन औसत मासिक खर्च 15 लाख डॉलर के स्तर पर चल रहा था। यानी, हर माह 5 लाख डॉलर का घाटा। लेकिन इसकी परवाह किए बिना जुकरबर्ग व मोस्कोवित्ज दिन-रात अपनी नई योजनाओं को आगे बढ़ाने में जुटे हुए थे। हाँ, मोस्कोवित्ज ने पिछले माह खरीदी गई अपनी शानदार बी.एम.डब्ल्यू. (6-शृंखला) पर घूमने का एक नया शौक जरूर पाल लिया था। यूजर्स की संख्याओं में तूफानी बढ़त पूरे फेसबुक दल के उत्साह को कायम रखने के लिए काफी थी।

इस बीच 19 जुलाई, 2005 को अंतरराष्ट्रीय मीडिया महारथी रूपर्ट मर्डोक की कंपनी न्यूज कॉरपोरेशन द्वारा 58 करोड़ डॉलर मूल्यांकन पर 'माइस्पेस' की खरीदारी के बाद सोशल नेटवर्किंग बाजार बेहद गरम हो चुका था। लिहाजा, अन्य प्रतिस्पर्धी महारथी मीडिया कंपनी द्वारा फेसबुक को अधिगृहीत किए जाने की चर्चाएँ भी बढ़ने लगी थीं। दिलचस्प बात यह थी कि जनवरी-अक्तूबर 2005 के दौरान माइस्पेस के यूजर्स की संख्या 60 लाख से 2.40 करोड़ के स्तर पर पहुँच चुकी थी। जाहिर है कि ऐसे में, खासतौर पर मोस्कोवित्ज फेसबुक की तेज बढ़त के लिए कुछ ज्यादा ही व्याकुल

हो रहा था। इस बीच जुकरबर्ग फेसबुक पर एक अनुप्रयोग को आजमाने की तैयारियों में जुटा हुआ था। इसकी बदौलत फेसबुक नेटवर्क इफेक्ट की एक तूफानी स्थिति को हासिल करनेवाली थी। उस वक्त जुकरबर्ग ने कतई अनुमान नहीं लगाया था कि खेल-खेल में शुरू की तसवीर साझेदारी सेवा उसकी वायरहॉग की आसमानी कल्पनाओं को साकार करने वाली थी।

फोटोज सेवा से फेसबुक इफेक्ट का नया दौर

5 अक्तूबर, 2005 को फेसबुक के यूजर्स के लिए एक नई सुविधा शुरू की गई थी, जिसे 'फेसबुक फोटोज' के नाम से जाना जाता है। उस वक्त तक फेसबुक रूपरेखा पर यूजर्स अपनी एक ही तसवीर डाल सकता था। चौंकानेवाले तथ्य सामने आ रहे थे कि अधिकांश यूजर्स तेजी से अपनी रूपरेखा तसवीर को बदल रहे थे। कई तो दिन भर में कई बार बदल रहे थे। यानी, फेसबुक पर ज्यादा फोटो डालने की सुविधा को लागू किया जाना अनिवार्य हो गया था।

इसकी एक बड़ी वजह यह भी थी। यानी इंटरनेट पर फोटो होस्टिंग कारोबार का विस्फोट-सा हो रहा था। खासतौर पर मार्च 2005 में याहू द्वारा 3.50 करोड़ डॉलर में फ्लिकर फोटो सेवा के अधिग्रहण के बाद इस कारोबार में क्रांतिकारी बदलाव आया था। इस सेवा के जरिए इंटरनेट यूजर्स न केवल अपनी अनगिनत तसवीरों को मुफ्त में ऑनलाइन कर सकते थे, बल्कि टैग (बिल्ला) के जरिए उन्हें आसानी से खोज भी सकते थे। इंटरनेट पर टेक्स्ट को ढूँढ़ना तो काफी पहले आसान हो चुका था, लेकिन फोटो खोजने की यह प्रौद्योगिकी नायाब थी। फोटो को फ्लिकर पर डालते समय यूजर्स को खुद ही उस पर बिल्ला लगाने के लिए कहा जाता था, जिससे सर्च इंजन को फोटो खोजने में आसानी होती थी।

जाहिर है कि फेसबुक पर यह सुविधा होनी चाहिए थी। लेकिन कैसे? क्या फेसबुक के लिए सोशल नेटवर्किंग अपने मूल काम से भटककर फोटो होस्टिंग व स्टोरेज सर्विस में कदम रखना चाहिए था? फोटो होस्टिंग व स्टोरेज के लिए बहुत बड़े सर्वर-नेटवर्क की जरूरत थी, क्योंकि टेक्स्ट के मुकाबले तसवीरें बहुत ज्यादा सर्वर-स्टोरेज स्थान घेरती हैं। जुकरबर्ग वायरहॉग सेवा के जरिए फोटो सेवा को आजमा चुका था। नेटवर्क की सुस्ती के चलते वह सेवा लोकप्रिय नहीं हो सकी थी। उसे कुछ समय बाद ही बंद करना पड़ा था। लेकिन उसकी असफलता का बड़ा कारण यह था कि उसे फेसबुक नेटवर्क के साथ एकीकृत नहीं किया गया था; बल्कि वह नेटवर्क से जुड़ी बिल्कुल अलग सेवा थी। लेकिन फेसबुक के साथ फोटो सेवा को एकीकृत करने का सीधा मतलब था नेटवर्क की मौजूदा सादगी के साथ खिलवाड़ करना। लेकिन सुविधा

की अनिवार्यता सिर पर खड़ी थी। जल्द ही इसका हल नहीं ढूँढ़ा गया तो फेसबुक यूजर्स का ध्यान फ्लिकर जैसी सेवाओं की तरफ भटक सकता था।

फेसबुक की नई प्रतिभाओं ने इस भीषण चुनौती का बीड़ा उठाया था। फेसबुक के डिजाइन गुरु साबित होने जा रहे आरोन पिट्टीग को फेसबुक के यूजर्स अंतराफलक (यूजर इंटरफेस) को फोटो सेवा की जरूरतों के मुताबिक डिजाइन करने का काम सौंपा गया था। स्टैनफोर्ड में एम.एस.ई.ई. की पढ़ाई छोड़कर शामिल होनेवाले फेसबुक के उत्पाद प्रबंधक स्कॉट मार्लेट ने फोटो सेवा के सॉफ्टवेयर की रचना का काम सँभाला था। अगस्त 2005 में फेसबुक में उपाध्यक्ष—उत्पादन पद पर शामिल होनेवाले डॉग हिर्स्च ने परियोजना की कमान सँभाली थी।

[टफ्ट्स विश्वविद्यालय (मेडफोर्ड/समरविले, मिडिलसेक्स काउंटी, मैसाचुसेट्स, बोस्टन के पास) स्नातक, राजनीति-विज्ञान की उपाधि हासिल करनेवाले हिर्स्च ने याहू में वरिष्ठ निवेशक-समुदाय (अप्रैल 1996 से जनवरी 2001) तथा याहू एंटरटेनमेंट में महाप्रबंधक (जुलाई 2001 से जुलाई 2005) की जिम्मेदारियाँ निभाई थीं। (दिसंबर 2005 में हिर्स्च ने फेसबुक छोड़ दिया था। फिर मार्च 2005 में शुरू की गई अपनी स्वास्थ्य-केंद्रित सोशल नेटवर्किंग सेवा 'डेलीस्ट्रेंथ' के संस्थापक-सी.ई.ओ. के रूप में काम करने लगा था। वर्ष 2008 में एच.एस.डब्ल्यू. इंटरनेशनल द्वारा 'डेलीस्ट्रेंथ' के अधिग्रहण के बाद उसने कई अन्य सोशल नेटवर्किंग सेवाओं में काम किया था और अगस्त 2011 से दवा अनुशंसा सेवा 'गुडआरएक्स' के सह-संस्थापक व सी.ई.ओ. हैं।]

कुछ सप्ताहों की मशक्कत के बाद पिट्टीग-मार्लेट-हिर्स्च की तिकड़ी ने एक ऐसी फोटो होस्टिंग सेवा का ईजाद किया था, जो पारंपरिक तकनीक पर आधारित होते हुए भी फेसबुक की जरूरतों के हिसाब से बेजोड़ थी। अन्य सेवाओं की तरह इसमें भी मनचाही संख्या में रूपरेखा पृष्ठ पर तसवीरें डालने, उन्हें ऑनलाइन फोटो एल्बम में शामिल करने तथा दूसरे यूजर्स को उन तसवीरों पर टिप्पणी (कमेंट) करने में सक्षम बनाने आदि सुविधाएँ शामिल की गई थीं। लेकिन एक मामले में यह सेवा सबसे अलग थी। इसमें फोटो को सिर्फ एक ही तरीके से टैग करना संभव रखा गया था, तसवीर में दिखनेवाले व्यक्ति विशेष या व्यक्ति समूह के असल नाम से।

यह सुनने में भले ही मामूली लगता हो, लेकिन इससे पहले ऐसा कभी भी किसी ने नहीं किया गया था। ऐसा करने के पीछे फेसबुक का पहचान-दर्शन काम कर रहा था, जिससे यह सुनिश्चित होता था कि यूजर्स अपनी या अपने सुनिश्चित मित्र-समूहों की तसवीरें ही उपयोग कर रहे थे। यानी, जब कोई यूजर अपने रूपरेखा पटल पर कोई तसवीर डालता था तो टैग करने के लिए उसे संबंधित व्यक्ति का नाम भरना पड़ता

था। फेसबुक की तसवीर सेवा प्रणाली इसके बारे में तत्काल संबंधित यूजर या यूजर्स को चेतावनी संदेश भेज देती थी। सभी संबंधित व्यक्तियों की फेसबुक रूपरेखाओं की मित्र-सूचियों में उनके नाम के आगे एक प्रतीक-चिह्न (आइकॉन) प्रदर्शित हो जाता था। ऐसे में यदि किसी ने भी तसवीर पर आपत्ति जताई तो उस तसवीर का प्रदर्शन खुद-ब-खुद बाधित हो जाता था।

जी हाँ, यह फेसबुक की स्वयं नियंत्रित आभासी दुनिया थी। यहाँ आजादी तो थी, लेकिन उसके संचालकों ने शुरू से ही यह भी सुनिश्चित किया था कि कोई सदस्य मनमानी न कर सके। ऐसे में, आप बेवजह किसी की भी, कैसी भी तसवीरें नहीं डाल सकते थे। अपने मित्रों से संबंधित भी आप वही तसवीरें डाल सकते थे, जिन पर उन्हें कोई आपत्ति न हो। फेसबुक की यही खासियत उसे अन्य सभी सोशल नेटवर्क्स से अलग बनाती थी।

यह फोटो सेवा यूँ ही लोकप्रिय नहीं हो गई थी। फेसबुक एक तरफ आपको नियंत्रित करता था तो आपको बेहद आसान सुविधाएँ भी प्रदान करता था। ऐसी दो खूबियाँ इस फोटो सेवा में समाहित की गई थीं। अब आपको एल्बम के दूसरे फोटो को देखने के लिए 'नेक्स्ट' बटन पर क्लिक करने की जरूरत नहीं थी। आप जिस फोटो को देख रहे हैं, उसी पर क्लिक करें तो अगला फोटो सामने आ जाता था। आपको अपने कर्सर इधर-उधर खिसकाने की जहमत उठाने की जरूरत नहीं थी। बस, क्लिक करते जाइए और खो जाइए। यदि आप सोच रहे हैं कि यह सिर्फ आपकी सुविधा के लिए ही किया गया था तो आप आधा सच ही जान पा रहे हैं। इसके पीछे का असल इरादा आपको फेसबुक प्रभामंडल में बनाए रखना (नहीं, फँसाए रखना) था। आप इसे 'फेसबुक-नशे की पुड़िया' कह सकते हैं। पहली खुराक लेते ही आपको दूसरी-तीसरी…अनंत खुराक लेने का मन करने लगता था और आप फेसबुक के नशे की गिरफ्त में आ जाते थे।

लेकिन यह यूँ ही संभव नहीं था। अन्य सेवाएँ यह प्रभाव क्यों नहीं डाल पा रही थीं। इसकी बेहद संवेदनशील तकनीकी वजह थी। जी हाँ, फेसबुक फोटोज सेवा प्रणाली की तीसरी खूबी यह थी कि यह आपके द्वारा डाली गई तसवीरों के संपीड़ित-समाधान (कंप्रेस्ड रिजॉल्यूशन) पेश करती थी। यानी आप चाहे जितनी बड़ी या सघन तसवीर डालें, फेसबुक की अंतर्निहित प्रणाली उसे तत्काल पूर्व-परिभाषित अंकीय प्रारूप (प्रीडिफाइंड डिजिटल फॉर्मेट) में बदल देने में सक्षम थी। यदि आपकी तसवीर की गुणवत्ता परिभाषित सीमा से कम हुई, यानी जो तसवीर आपके कंप्यूटर चित्रपट पर ठीक प्रकार से नहीं दिखाई दे सकती थी, प्रणाली उसे स्वत: खारिज कर देती थी और यदि तसवीर की सघनता जरूरत से ज्यादा थी तो उसे स्पष्ट प्रदर्शन की सीमा में समेट देती थी। इससे फेसबुक पर डाली गई सभी तसवीरों की प्रदर्शन गुणवत्ता व आकार सुनिश्चित होता था।

लेकिन जब यह अनुप्रयोग तैयार हुआ तो फेसबुक टोली के सामने वाजिब आशंका थी—आखिर कोई निम्न समाधान (लो रिजॉल्यूशन) तसवीर डालना क्यों पसंद करेगा? तो सेवा शुरू होने के बाद सभी दम साधे बड़े चित्रपटवाले कंप्यूटर पर नजर गड़ाए हुए यूजर्स की प्रतिक्रियाओं का इंतजार करने लगे थे। डेविड किर्कपैट्रिक अपनी पुस्तक 'द फेसबुक इफेक्ट' में लिखते हैं कि उस सेवा का इस्तेमाल कर फेसबुक पर डाली गई पहली तसवीर थी बिल्ली का कार्टून। फेसबुक फोटोज कार्यदल के सदस्य इंजीनियर चिंतित होकर एक-दूसरे को देखने लगे थे। बस, एक मिनट बाद के उन्हें लड़कियों, लड़की समूहों, मौज-मस्ती करती लड़कियाँ, एक-दूसरी की तसवीरें उतारती लड़कियाँ आदि तसवीरें डालने का सिलसिला दिखाई पड़ने लगा था···और सबने राहत की साँसें ली थीं। खुदा खैर करे! उनकी आशंकाएँ गलत साबित हुई थीं। वे लड़कियाँ अपनी दोस्ती की खुशियाँ मनाने में जुटी हुई थीं। चूँकि फोटो डालने की कोई संख्या निर्धारित नहीं की गई थी इसीलिए सभी लड़कियाँ बेतहाशा अपनी रूपरेखाओं पर फोटो शृंखलाएँ डालती जा रही थीं। इसकी दूसरी वजह यह थी कि निम्न समाधान तसवीरों को डालने की प्रक्रिया बेहद आसान थी। फेसबुक फोटो प्रणाली खुद-ब-खुद उन तसवीरों को पलक झपकते ही संपीड़ित कर भंडारित करती जा रही थी।

बात यहीं खत्म नहीं होती थी, बल्कि यहाँ से फेसबुक इफेक्ट ने अपना असर दिखाना शुरू किया था। यह बिल्कुल सटीक समय पर शुरू हुई सेवा थी। डिजिटल कैमरा आम हो रहा था। फोटो खींचना अब पेशेवर कलाकारी नहीं रह गई थी। युवाओं के पास उनके कंप्यूटर में तसवीरें भरी पड़ी थीं। अब उनको मित्र-मंडली में साझा करना चुटकियों का खेल हो गया था। यह एक अघोषित प्रतियोगिता जैसी बन गई थी। जरा याद करिए फेसमैश की दुर्घटना को, जब जुकरबर्ग पर निजता के उल्लंघन का मामला बनाया गया था। अब लोग खुद ही अपनी व मित्रों की तसवीरें डाल रहे थे, अपनी निजता को एक-दूसरे से साझा कर रहे थे और एक-दूसरे की खूबसूरती पर बेधड़क टिप्पणियाँ कर रहे थे। खास बात यह थी कि इस सामाजिक क्रांति में युवकों के मुकाबले युवतियाँ ज्यादा सक्रियता दिखा रही थीं। यह उनके लिए युवाओं के बीच अपनी लोकप्रियता बढ़ाने का जरिया बन गया था। युवक भी पीछे हटनेवाले नहीं थे। वे पसंदीदा लड़कियों पर कलात्मक अंदाज में टिप्पणियाँ कर रहे थे। यानी उनसे निकटता बढ़ाने के लिए चारा डाल रहे थे। जी हाँ, यहाँ से फेसबुक की श्वेत-श्याम अक्षरों की दुनिया में जीती-जागती रंगीनियों का दौर शुरू हुआ था—और वह भी पूरी तरह से नियंत्रित माहौल में। असल जिंदगी की संपूर्ण गतिविधियाँ फेसबुक की आभासी दुनिया में प्रकट होने लगी थीं या यों कहें, दोनों एक-दूसरे को बाँहों में भर रही थीं, एकाकार हो रही थीं।

सेवा शुरू होने के एक महीने के भीतर 85 फीसदी यूजर्स कम-से-कम एक तसवीर

के टैग कर चुके थे। जो नहीं चाहते थे, मतलब जो फेसबुक पर यदा-कदा आते थे, उन्हें भी इस खेल में शामिल होना पड़ रहा था; क्योंकि उनके इ-मेल पर इसकी सूचना मिल रही थी। स्थिति हँसे कि फँसे वाली थी। आपने इ-मेल कड़ी को क्लिक किया नहीं कि फेसबुक सामने और वहाँ गए तो बस, खो गए। आप सामने से जिन खूबसूरत लड़कियों को देखने में संकोच कर रहे थे, उन्हें अब जी भरकर निहार सकते थे और यदि तसवीरों पर सार्वजनिक टिप्पणी करने में घबराहट हो तो उसे व्यक्तिगत संदेश भी भेज सकते थे। याद रहे, अभी 'लाइक' सेवा नहीं शुरू हुई थी। नतीजा क्या हुआ था? 70 फीसदी यूजर्स रोजाना फेसबुक पर मँडराने लगे और 85 फीसदी सप्ताह में एक बार जरूर यहाँ आने लगे थे।

लेकिन यह अचानक बढ़ी हलचल को सँभालने का बेहद पेचीदा तकनीकी मामला था। जुकरबर्ग ने इस सेवा के पूर्व खपत अनुमानों के मुताबिक सर्वर-नेटवर्क पर छह महीनों का स्थान सुरक्षित किया था; लेकिन इसकी तूफानी लोकप्रियता डेढ़ महीने के भीतर ही सारी भंडारण क्षमता को चट कर गई थी। शुक्र था कि अब फेसबुक के पास इन समस्याओं से निपटने के लिए दिग्गज डाटा केंद्र सॉफ्टवेयर विशेषज्ञ मौजूद था। लेकिन यह अनुमान से कई गुना ज्यादा बड़ा यातायात था और रोथ्सचाइल्ड को रातें सांताक्लारा स्थित डाटा केंद्र में ही गुजारनी पड़ी थीं। शुक्र यह भी था कि नेटवर्क में लगातार नए सर्वर जोड़ते रहने के लिए फेसबुक के पास फिलहाल धन की कोई दिक्कत नहीं थी।

बाद में फेसबुक का नकदी प्रवाह विवरण (कैश फ्लो स्टेटमेंट) जग-जाहिर हुआ था, जिससे पता चला था कि वित्त वर्ष 2005 (अक्तूबर 2004 से 30 सितंबर, 2005 तक) में कंपनी को 3.63 लाख डॉलर का शुद्ध घाटा हुआ था। इतना ही नहीं, यूजर्स बढ़त को सँभालने के लिए कंपनी को पूँजीगत निवेश (कैपिटल इन्वेस्टमेंट) मद में यानी सर्वर-नेटवर्क विस्तार व अन्य तकनीकी जरूरतों के लिए अंधाधुंध खर्च करना पड़ रहा था। यही कारण था कि कंपनी ने अप्रैल से दिसंबर 2005 के बीच एसेल द्वारा निवेश की रकम का भी 70 लाख डॉलर खर्च कर लिया था। इस तरह वर्ष 2006 के लिए फेसबुक के पास मौजूदा निवेश में से सिर्फ 57 लाख डॉलर ही बचे थे।

खैर, जुकरबर्ग को धन से ज्यादा फेसबुक की कार्यक्षमता को बढ़ाने की चिंता हो रही थी। सिलिकॉन वैली से प्रतिभाएँ सामने आ रही थीं। वे फेसबुक के बिंदास माहौल में समायोजित नहीं हो पा रही थीं। लिहाजा, जुकरबर्ग ने फेसबुक नेटवर्क पर हार्वर्ड विश्वविद्यालय से जुड़ी प्रतिभाओं को तलाशना शुरू किया था। उसने अपनी पसंद की सूची बहालीकर्ता सलाहकार रोबिन रीड को पकड़ा दी थी। रीड ने उनसे बातचीत शुरू की थी। वर्ष 2003 व 2004 में हार्वर्ड के कंप्यूटर विज्ञान विभाग में शिक्षण सहायक (टीचिंग असिस्टेंट) रह चुके चार लोगों ने फेसबुक में शामिल होना सुनिश्चित किया था।

इनमें से तीन माइक्रोसॉफ्ट में और एक अमेजन.कॉम के सिएटल क्षेत्र स्थित मुख्यालयों में काम कर रहा था। ये चारों धुरंधर कार्यक्रम निर्माता थे। इनमें एक चार्ली चीवर भी था, जिसे फेसमैश मामले में जुकरबर्ग की मदद करने के आरोप में हार्वर्ड अनुशासन समिति के सामने पेश होना पड़ा था। ये लोग जनवरी 2006 में फेसबुक में शामिल होने के लिए सिलिकॉन वैली में रहना शुरू करने वाले थे। अब जुकरबर्ग की मानव-संसाधन संबंधी चिंता थोड़ी कम हुई थी।

जुकरबर्ग की कार्यशैली और विआकॉम की दौड़

फेसबुक इफेक्ट सिर्फ विश्वविद्यालय व उच्चतर माध्यमिक विद्यालयों के छात्रों को ही अपनी गिरफ्त में नहीं ले रहा था, बल्कि प्रौद्योगिकी राजधानी सिलिकॉन वैली सहित अमेरिका की आर्थिक राजधानी न्यूयॉर्क में विराजमान महारथी निवेशकों एवं मीडिया कंपनियों को भी ललचाने लगा था। जुलाई में रूपर्ट मर्डोक द्वारा शिकार (माइस्पेस सौदा) झपट लिये जाने के बाद न्यूज कॉरपोरेशन की प्रतिस्पर्धी कंपनी विआकॉम बुरी तरह बेचैन हो उठी थी। उसने पिछले साल 7.50 करोड़ डॉलर में द फेसबुक को खरीदने का प्रस्ताव रखा था, जिसे जुकरबर्ग ने सीधे ठुकरा दिया था। विआकॉम का बुनियादी केबल व उपग्रह टेलीविजन चैनल प्रभाग विआकॉम मीडिया नेटवर्क (एम.टी.वी. का संचालक) एक बार फिर से फेसबुक की तरफ आकर्षित हुआ था।

एम.टी.वी. का मूल ग्राहक समुदाय युवा वर्ग ही था, जिसे फेसबुक तेजी से अपनी तरफ खींचता चला जा रहा था। एम.टी.वी. के बाजार विशेषज्ञों को यह बात समझते देर नहीं लगी थी कि जल्द ही उसके विज्ञापनदाताओं का बड़ा वर्ग फेसबुक मंच की तरफ आकर्षित होगा। इसके अलावा, फेसबुक की फोटो सेवा की शुरुआती सफलता भी एम.टी.वी. के लोगों के लिए चिंता का कारण बनने लगी थी। उनके लिए यह अनुमान लगाना कठिन नहीं था कि फेसबुक की अगली तार्किक सेवा वीडियो साझा सेवा ही बनने वाली थी। दूसरी तरफ, यू-ट्यूब ने अपनी स्थापना के पहले आठ महीनों (फरवरी-सितंबर 2005) में ही वीडियो/टेलीविजन कारोबार को प्रभावित करना शुरू कर दिया था। लेकिन सबसे बड़ी वजह न्यूज कॉरपोरेशन द्वारा 'माइस्पेस' के अधिग्रहण के बाद शुरू होनेवाली प्रतिस्पर्धा का था। ऐसे में, एम.टी.वी. को फेसबुक अपने वीडियो कारोबार को फैलाने, विज्ञापन राजस्व के आशंकित स्थानांतरण को सुरक्षित करने तथा न्यूज कॉरपोरेशन के साथ प्रतिस्पर्धा करने का बेजोड़ माध्यम नजर आ रहा था।

विआकॉम मीडिया नेटवर्क (उस वक्त एम.टी.वी. नेटवर्क) के कार्यकारी उपाध्यक्ष (रणनीति व व्यवसाय विकास) डेनमार्क वेस्ट ने ही पिछले साल भी फेसबुक को खरीदने का प्रस्ताव रखा था। इस बार भी उसी ने एम.टी.वी. व फेसबुक के बीच रणनीतिक

गठजोड़ संबंधी बातचीत के लिए मार्क जुकरबर्ग से मिलने के लिए मैट कोहलर से संपर्क साधा था। लेकिन कोहलर ने जवाब दिया था कि जुकरबर्ग सिर्फ सी.ई.ओ. स्तर की बातचीत के लिए ही इच्छुक था। उसने कहा था कि यदि विआकॉम के सी.ई.ओ. टॉम फ्रेस्टन खुद बातचीत में हिस्सा लें तो जुकरबर्ग बैठक के लिए आ सकता था। फिर जुकरबर्ग एवं कोहलर ने न्यूयॉर्क की उड़ान भरी थी। विआकॉम मुख्यालय में उनकी मुलाकात टॉम फ्रेस्टन एवं एम.टी.वी. नेटवर्क के सी.ई.ओ. जुडी मैकग्रॉथ से हुई थी। फ्रेस्टन ने एम.टी.वी. व फेसबुक के ग्राहकों की परस्पर व्याप्ति (ओवरलैपिंग) के आधार पर दोनों कंपनियों के बीच रणनीतिक तालमेल की व्यापक संभावनाओं की उत्सुकतापूर्ण व्याख्या की थी। मसलन, उसने सुझाया था कि फेसबुक के बढ़ते दर्शकों के लिए एम.टी. वी. सामग्री विकसित करने में मदद कर सकता था; लेकिन जुकरबर्ग ने फेसबुक को उपयोगिता मंच (यूटिलिटी मंच) बताकर दो-टूक शब्दों में फ्रेस्टन के विचार को खारिज कर दिया था। फिर फ्रेस्टन ने सुझाया था कि एम.टी.वी. वयस्क यूजर्स तक पहुँचने में फेसबुक की मदद कर सकता था। इस पर जुकरबर्ग ने जवाब दिया था कि फेसबुक का सारा ध्यान महाविद्यालय व विद्यालय पर केंद्रित था।

कुल मिलाकर यह मुलाकात महज एक औपचारिकता भर थी, जहाँ जुकरबर्ग ने धन्यवाद सहित विआकॉम के शीर्ष नेतृत्व को आगाह कर दिया था कि फेसबुक की एम.टी.वी. से तालमेल करने में कोई रुचि नहीं थी। सभी हैरान थे कि जब जुकरबर्ग को मना ही करना था तो उसने न्यूयॉर्क आने की जहमत क्यों उठाई थी? जी हाँ, यह फेसबुक के सी.ई.ओ. की खुद को प्रशिक्षित करने की कोशिश थी। जुकरबर्ग को पता था कि आनेवाले समय में उसे ऐसे महारथियों से मिलना-जुलना पड़ेगा। साथ ही इस मुलाकात के बाद जुकरबर्ग यह अंदाजा लगा सका था कि विआकॉम फेसबुक से हाथ मिलाने के लिए क्यों बेसब्र था।

खैर, नवंबर 2005 की शुरुआत में मैकिंजे ऐंड कंपनी में निदेशक माइकल जे. वुल्फ ने एम.टी.वी. नेटवर्क के अध्यक्ष व मुख्य परिचालन अधिकारी (प्रेसिडेंट व सी.ओ.ओ.) का पद सँभाला था। एम.टी.वी. के सी.ई.ओ. जुडी मैकग्रॉथ ने वुल्फ को जुकरबर्ग के साथ मेल-जोल बढ़ाने की जिम्मेदारी सौंपी थी, ताकि एक बार फिर से एम.टी.वी. व फेसबुक के बीच ठोस बातचीत का सिलसिला शुरू हो। इस बीच एम.टी.वी. ने फेसबुक इफेक्ट को परखने के लिए विश्वविद्यालय के छात्रों के बीच विशेष अध्ययन सत्रों का भी आयोजन किया था। इससे भी यह बात पुख्ता हो रही थी कि फेसबुक युवाओं से संबंधित ऑनलाइन विज्ञापन कारोबार में उथल-पुथल मचाने जा रहा था।

ऐसे में बिना कोई देर किए वुल्फ ने पालो आल्टो की उड़ान भरी थी। वह जुकरबर्ग व फेसबुक की गतिविधियों को अपने नजरिए से परखना चाहता था। यही कारण था

कि बाहर किसी होटल या रेस्तराँ में मिलने की बजाय उसने फेसबुक दफ्तर में आकर जुकरबर्ग से मिलने की गुजारिश की थी। जुकरबर्ग को इस बात की परवाह कहाँ थी कि उससे कौन मिलने आ रहा था। वह अपनी पसंदीदा पोशाक टी-शर्ट, घुटने तक का पाजामा व एडिडास के खुले अँगूठेवाले सैंडल में बहुत ही अनौपचारिक अंदाज में वुल्फ से मिला था। हालाँकि वुल्फ परिचयात्मक मुलाकात के लिए आया था, लेकिन उसने भी मौका देखकर बस यों ही फेसबुक की बिक्री की बातचीत छेड़ दी थी। जाहिर है कि जुकरबर्ग का किसी भी स्थिति में फेसबुक को बेचने का इरादा नहीं था। उसने वुल्फ को अपनी यही धारणा बता दी थी। अब जुकरबर्ग भी शातिर हो रहा था। बातचीत के क्रम में उसने भी यूँ ही पूछ लिया था कि विआकॉम फेसबुक को कितना दे सकता था? वुल्फ ने चिंतनशील मुद्रा बनाते हुए जवाब दिया था कि फेसबुक का मूल्यांकन कम-से-कम 2 अरब डॉलर तो होना ही चाहिए था। जी हाँ, अप्रैल से नवंबर 2005 के बीच फेसबुक का बाजार मूल्यांकन 9.80 करोड़ डॉलर से 200 करोड़ डॉलर के स्तर पर आ चुका था; जबकि कंपनी संस्थापक अभी 21 साल का भी नहीं हो सका था।

इस बीच, सितंबर 2005 में जुकरबर्ग ने रोबिन रीड के जरिए ओवेन वैन नाटा (जन्म—12 नवंबर, 1969) को उपाध्यक्ष, व्यापार विकास नियुक्त किया था। कैलिफोर्निया विश्वविद्यालय (सांताक्रूज, सैन जोस से 51 कि.मी. दक्षिण) से स्नातक, अंग्रेजी वैन नाटा ने जून 1998 से अगस्त 2005 तक अमेजन.कॉम में उपाध्यक्ष, विश्वव्यापी व्यापार व कॉरपोरेट विकास पद पर काम किया था। जाहिर है कि वैन नाटा के अनुभव से जुकरबर्ग को काफी फायदा हुआ था। कार्यभार सँभालने के तत्काल बाद उसने फेसबुक की पहली व्यापार रणनीति योजना बनाई थी, कई औसत दर्जे के इंजीनियर्स की नियुक्तियों को खारिज कर मासिक खर्च को संतुलित किया था और बहुत हद तक दफ्तर के आंतरिक अनौपचारिक माहौल को भी बदलने की कोशिश की थी। पाँच हफ्ते के कामकाज से प्रभावित होकर जुकरबर्ग ने उसे फेसबुक का मुख्य परिचालन अधिकारी (सी.ओ.ओ.) पदोन्नत कर दिया था।

लेकिन वैन नाटा की वास्तविक काबिलियत सौदेबाजी थी। वह एम.टी.वी. के सी.ओ.ओ. वुल्फ के जुकरबर्ग से सीधे संवाद से खुश नहीं था। वुल्फ ने ए.आई.एम. (ए.ओ.एल. की तत्काल संवाद सेवा) के जरिए जुकरबर्ग से संपर्क कर अपनी मुलाकात का वक्त तय किया था। इस तरीके से वैन नाटा खुश नहीं हुआ था। उसने वुल्फ को बाकायदा हिदायत दी थी कि आगे वह उसके जरिए ही जुकरबर्ग से मुलाकात करे। लेकिन वुल्फ ने वैन नाटा के निर्देश को नजरअंदाज करना जारी रखा था। वह समय-समय पर किसी-न-किसी बहाने जुकरबर्ग से मिलने का संवाद भेजता रहता था। जब जुकरबर्ग राजी हो जाता तो वह न्यूयॉर्क से उड़कर पालो आल्टो पहुँच जाता था। जाहिर

है, इन मुलाकातों से दोनों के बीच नजदीकियाँ कायम हो रही थीं।

जुकरबर्ग से मिलने आनेवाले संचार-माध्यम व प्रौद्योगिकी क्षेत्र के बड़े पदाधिकारियों की आमदरफ्त तेज हो चुकी थी। फेसबुक के दफ्तर के अलावा नजदीकी रेस्तराँ यूनिवर्सिटी कैफे इन मुलाकातों का मुख्य अड्डा बन गया था।

असल में, वुल्फ अकेला बड़ा अधिकारी नहीं था, जो जुकरबर्ग से मिलने तथा नजदीकी संबंध बनाने की कोशिश कर रहा था। अब तक जुकरबर्ग से मिलने आनेवाले संचार-माध्यम व प्रौद्योगिकी क्षेत्र के बड़े पदाधिकारियों की आमदरफ्त तेज हो चुकी थी। फेसबुक के दफ्तर के अलावा नजदीकी रेस्तराँ यूनिवर्सिटी कैफे इन मुलाकातों का मुख्य अड्डा बन गया था। इन मुलाकातियों में वाणिज्यिक प्रसारण टेलीविजन व रेडियो नेटवर्क नेशनल ब्रॉडकास्टिंग कंपनी (एन.बी.सी.), न्यूज कॉरपोरेशन, माइक्रोसॉफ्ट व याहू आदि के पदाधिकारी प्रमुख थे। जाहिर है कि ये मिलनेवाले मुख्य तौर पर ए.आई.एम. के जरिए जुकरबर्ग से लगातार संबंध बनाए रखते थे। अब तक यह बात जग-जाहिर हो गई थी कि फेसबुक के सी.ई.ओ. से संवाद करने का सबसे कारगर तरीका ए.आई.एम. ही था।

यही कारण था कि ए.ओ.एल. के अधिकारियों ने भी ए.आई.एम. सेवा को फेसबुक से एकीकृत करने की सौदेबाजी शुरू की थी। पहले फेसबुक के लिए विशेष ए.आई.एम. सेवा विकसित करने के मुद्दे पर चर्चा शुरू हुई थी, लेकिन जल्द ही एक ऐसा सौदा हुआ था, जिसके जरिए ए.आई.एम. सदस्य इस सेवा से जुड़े अपनी मित्र-मंडली को फेसबुक पर आमंत्रित करने में सक्षम हो गए थे। जल्द ही यह सेवा फेसबुक पर लोकप्रिय हो गई थी।

खैर, जुकरबर्ग की इन मुलाकातों से फेसबुक के अंदर के कर्मचारियों में एक अजीबोगरीब माहौल बनना शुरू हो गया था। सभी यही अंदाजा लगा रहे थे कि फेसबुक बहुत जल्द भारी कीमतों पर विआकॉम, न्यूज कॉरपोरेशन या याहू द्वारा अधिगृहीत होने जा रहा था। वे भी अपने हिस्सेदारी विकल्प की बदौलत जल्द ही अमीर बनने के सपने देख रहे थे। लेकिन जुकरबर्ग किसी को सफाई देने के लिए बाध्य नहीं था। वह इन मुलाकातों को एक कुशल सी.ई.ओ. के रूप में खुद को प्रशिक्षित करने का जरिया मान रहा था। वह दिन में भले ही बाहरी लोगों से मिलने में व्यस्त रहता हो, लेकिन उसकी शाम अपने खासमखासों—कोहलर, डी. एंजेलो व मोस्कोवित्ज के साथ गुजरती थी, जिसमें अकसर पार्कर भी मौजूद रहता था; लेकिन जुकरबर्ग का स्वभाव इतना आत्म-संयमित था कि इन नजदीकी मित्रों को भी उसके असल इरादे पर शक होता था।

जुकरबर्ग की इन व्यस्तताओं से सबसे ज्यादा परेशान रोबिन रीड हो रही थी।

फेसबुक में शामिल होनेवाले अधिकांश अनुभवी लोगों को रीड ने भरती किया था; लेकिन फेसबुक में जुकरबर्ग व उसकी आंतरिक मंडली का वर्चस्व कायम रहने के चलते इन पेशेवरों में निराशा का भाव पैदा हो रहा था। रीड की परेशानी की वजह यह थी कि जुकरबर्ग कभी भी किसी मुद्दे पर खुलकर बात नहीं करता था। सीन पार्कर भले ही अध्यक्ष पद के काबिल नहीं था, लेकिन कर्मचारियों से लगातार संवाद कायम रखने के मामले में वह बेहतर था। ऐसे में, दफ्तर की आंतरिक राजनीति भी बढ़ रही थी। याहू से उपाध्यक्ष, उत्पाद विकास पद पर लाए गए डॉग हिर्स्च को लगता था कि उसे फेसबुक में वयस्क पर्यवेक्षण (एडल्ट सुपरविजन) के लिए लाया गया था। लिहाजा, वह नए इंजीनियर्स के साथ बदतमीजी से पेश आ रहा था। इतना ही नहीं, वह जुकरबर्ग को भी नाबालिग समझने की गलती कर रहा था। उसे लगता था कि कंपनी का अगला सी.ई.ओ. वही बनने वाला था।

चूँकि दफ्तर में सिर्फ रीड के पास ही केबिन था, इसलिए सभी उसी के पास जाकर अपनी परेशानी बताते थे। लेकिन जुकरबर्ग की बाहरी लोगों के साथ व्यस्तता के चलते रीड उसे इन स्थितियों से अवगत नहीं करा पा रही थी। रीड का धैर्य जवाब देने लगा था। 'द फेसबुक इफेक्ट' के वर्णन के मुताबिक, जुकरबर्ग न्यूयॉर्क से तथाकथित सी.ई.ओ. स्तर की एक मुलाकात के बाद से वापस सैनफ्रांसिस्को हवाई अड्डे पर उतरने वाला था। रीड ने उसे घर वापस जाने से पहले अत्यावश्यक मुलाकात का ए.आई.एम. संदेश भेजा था। लेकिन उड़ान काफी देर से थी। जुकरबर्ग मध्य रात्रि के बाद 2.30 बजे सैनफ्रांसिस्को हवाई अड्डे पर उतरा था। रीड मरीन काउंटी स्थित निवास से कार चलाकर सैनफ्रांसिस्को के मुख्य नगर केंद्र में गोल्डन गेट पुल के पास के रेस्तराँ में पहुँची थी। रीड ने अपनी निराशा को जुकरबर्ग के सामने विस्तार से पेश किया था। उसने जुकरबर्ग को फेसबुक बेचने के बारे में अपनी स्थिति स्पष्ट करने तथा वरिष्ठ अधिकारियों से नियमित संवाद कायम करने का सुझाव दिया था। उसने जुकरबर्ग को प्रभावी नेता बनने का प्रशिक्षण लेने का भी सुझाव दिया था।

उस मुलाकात में जुकरबर्ग ने रीड की बातों का कोई स्पष्ट जवाब नहीं दिया था, लेकिन दफ्तर में उसके व्यवहार में काफी अंतर आ गया था। उसने अपने लिए नेतृत्व कला प्रशिक्षक नियुक्त कर लिया था और वरिष्ठों के साथ अकेले में सीधे संवाद करने लगा था। करीब एक सप्ताह बाद उसने फेसबुक की पहली बैठक बुलाई थी, जिसमें सभी कर्मचारियों को शामिल किया गया था। उस दिन वह बीमार था, इसलिए फर्श पर पालथी लगाकर ही संबोधित किया था। फिर उसने वरिष्ठ पदाधिकारियों के साथ दफ्तर के बाहर गुप्त बैठक की थी, ताकि कंपनी के लक्ष्य, रणनीति व बेहतर संवाद प्रणाली पर विचार-विमर्श किया जा सके। उसके बाद जुकरबर्ग में तेजी से बदलाव

आने लगा था। अब वह खुलकर बात कर सकता था कि वह कंपनी को किस मुकाम पर ले जाना चाहता था। उसने फेसबुक को इंटरनेट की प्रमुख ताकत बनाने की बात कही थी और बार-बार यह स्पष्ट किया था कि वह कंपनी को किसी भी स्थिति में बेचने के पक्ष में नहीं था।

लेकिन डॉग हिर्स्च किसी भी तरह जुकरबर्ग से तालमेल नहीं बना पा रहा था। हिर्स्च का अहं भाव टकरा रहा था कि वह जुकरबर्ग से ज्यादा अनुभवी व समझदार था। उसने अन्य इंटरनेट कंपनियों की तरह फेसबुक के लिए विज्ञापन प्रवाह को बढ़ाने की कई कार्ययोजनाएँ पेश की थीं। जाहिर है कि जुकरबर्ग उन्हें सिरे से खारिज कर रहा था। उसे यह सब जुकरबर्ग की अनुभवहीनता लग रही थी। वह जुकरबर्ग की यूजर्स-केंद्रित कई आदर्शवादी योजनाओं से भी सहमत नहीं हो पा रहा था। इतना ही नहीं, जुकरबर्ग को विश्वास में लिये बिना ही वह अनधिकारिक तौर पर गूगल के लोगों से भी मुलाकात कर रहा था। दफ्तर के अंदर उससे नाराज बैठे युवा इंजीनियर खुसुर-फुसुर करने लगे थे कि वह गुपचुप तरीके से फेसबुक को गूगल को बेचने की कोशिशों में जुटा हुआ था। ऐसे में, दिसंबर की शुरुआत में जुकरबर्ग ने अपने दफ्तर में बुलाकर हिर्स्च से बातचीत की थी और दोनों सहमत थे कि उनके बीच बात नहीं बन रही थी। जुकरबर्ग ने अपनी तरफ से उसे नौकरी से निकालने की कोई बात नहीं की थी, लेकिन उसने खुद ही कंपनी छोड़ने का फैसला कर लिया था।

असल में, रीड ने अपने हिसाब से फेसबुक के लिए जरूरी प्रबंधन ढाँचा खड़ा करने की कोशिश की थी; लेकिन इसके लिए उसने जिन लोगों को चुना था, वे न केवल जुकरबर्ग को अनुभवहीन समझ रहे थे, बल्कि उसके द्वारा विकसित फेसबुक की विशिष्ट अवधारणा, सामाजिक लक्ष्य व कार्य-संस्कृति से भी तालमेल नहीं बिठा पा रहे थे। जाहिर है कि ऐसे लोगों को साल के भीतर ही फेसबुक से बाहर होने के लिए मजबूर होना पड़ा था। ऐसे लोगों के भितरघात व दुष्प्रचारों के चलते सिलिकॉन वैली के पेशेवरों के बीच जुकरबर्ग की अड़ियल प्रबंधन शैली की आलोचनाएँ शुरू हो गई थीं।

लेकिन मार्क एंड्रिस्से जैसे वरिष्ठ सलाहकारों ने जुकरबर्ग को प्रोत्साहित किया था कि वह अपने सोच व अवधारणा के मुताबिक ही कंपनी को आगे बढ़ाए। एंड्रिसे खुश था कि जुकरबर्ग में दो-टूक फैसले करने की क्षमता आ गई थी। वह अपने सोच के मुताबिक काम न होने की स्थिति में तेजी से बदलाव कर रहा था और अपने साथ तालमेल बिठा पाने में असफल रहे लोगों को बाहर का रास्ता दिखा रहा था। एंड्रिसे का तर्क था कि फेसबुक जैसी तेजी से बढ़ रही कंपनी के लिए लगातार हो रही नियुक्तियों के बारे में हमेशा सही फैसला ले पाना संभव नहीं था। कंपनी में गलत व्यक्ति का आना संभव था और जो गलत साबित हो, उसका जल्द-से-जल्द बाहर निकाला जाना भी जरूरी

था। ऐसे में, जुकरबर्ग ने तेज बदलाव का साहस नहीं दिखाया होता और किसी प्रकार की ढिलाई बरती होती तो कंपनी की कार्यक्षमता पर बुरा असर पड़ता और संस्थापक की सोच के मुताबिक कंपनी का आगे बढ़ पाना मुश्किल हो जाता।

लेकिन अभी 21 साल भी पूरा न कर सके सी.ई.ओ. जुकरबर्ग के लिए यह सब कर पाना बहुत मुश्किल काम था। इसका असर उसके स्वास्थ्य पर दिखना शुरू हो गया था। वह न तो समय पर जरूरी भोजन ले पा रहा था और न ही पूरी नींद। नतीजा सामने था कि वह अकसर मूर्च्छित होने लगा था—दफ्तर के अंदर भी और बाहर भी। वह कई बार बैठकों के बीच में ही या अपने कंप्यूटर पर काम करते हुए अचानक लुढ़क जाता था। नजदीकियों ने इस मामले को गंभीरता से लिया था और उसे नियमित भोजन व नींद के लिए बाध्य कर दिया था। लिहाजा, जल्द ही उसकी हालत काबू में थी।

इस बीच दिसंबर 2005 की शुरुआत में 'फॉर्च्यून' पत्रिका के वरिष्ठ प्रौद्योगिकी लेखक के रूप में काम कर रहे डेविड किर्कपैट्रिक (जिसने बाद में 'द फेसबुक इफेक्ट' की रचना की थी) ने अपनी पत्रिका के लिए प्रौद्योगिकी-केंद्रित सालाना विचार-मंथन सम्मेलन फॉर्च्यून ब्रेनस्टॉर्म का आयोजन किया था। उस कार्यक्रम में न्यूज कॉरपोरेशन के शीर्ष रणनीतिकार तथा रूपर्ट मर्डोक के नजदीकी सलाहकार जेरेमी फिलिप्स सहित एम.टी.वी. के सी.ओ.ओ. माइकल वुल्फ एवं प्रौद्योगिकी उद्योग से जुड़े कई बड़े पदाधिकारियों ने हिस्सा लिया था। रात्रिकालीन भोजन के दौरान फिलिप्स ने यूँ ही माइस्पेस के अधिग्रहण और उससे कंपनी को होनेवाले फायदे की चर्चा कर दी थी और साथ में यह भी कह दिया था कि फेसबुक का प्रदर्शन भी अच्छा चल रहा था। किर्कपैट्रिक ने 'द फेसबुक इफेक्ट' में इस घटना का उल्लेख करते हुए लिखा है कि फिलिप्स के मुँह से फेसबुक की चर्चा सुनकर वुल्फ दहशत में आ गया था और अपने भोजन को बीच में ही छोड़ बाहर चला गया था।

वुल्फ की परेशानी लाजमी थी। वह इस बात से दहशत में आ गया था कि यदि विआकॉम इस बार भी अपनी कोशिशों में नाकाम रहा और माइस्पेस की तरह रूपर्ट मर्डोक की कंपनी न्यूज कॉरपोरेशन फेसबुक को भी खरीदने में कामयाब हो गई तो विआकॉम का चेयरमैन समर रेडस्टोन आसमान सिर पर उठा लेगा। (आगे ऐसा ही हुआ भी था। सितंबर 2006 में रेडस्टोन ने एम.टी.वी. के तत्कालीन सी.ई.ओ. टॉम फ्रेस्टन को मुअत्तल कर मनोरंजन व संचार माध्यम जगत् को हैरान कर दिया था। उसका मानना था कि माइस्पेस खरीदने में असफल रहने के चलते वर्ष 2006 में विआकॉम के शेयर भाव में 20 फीसदी की गिरावट आई थी।) किर्कपैट्रिक के वर्णन के मुताबिक, माइकल वुल्फ ने बाहर निकलकर जुकरबर्ग को फोन मिलाकर सीधा सवाल किया था कि क्या फेसबुक खुद को न्यूज कॉरपोरेशन को बेचने के बारे में विचार कर रहा था? जुकरबर्ग

ने बिना किसी लाग-लपेट के फेसबुक व न्यूज कॉरपोरेशन के बीच चल रही प्रारंभिक सौदा वार्त्ता शृंखलाओं की खबरों की पुष्टि कर दी थी।

इस हकीकत को जानकर वुल्फ की हालत का अंदाजा लगाया जा सकता था। उसे अपनी जन-संपर्क कुशलता पर बड़ा नाज रहा था और उससे ऐसी चूक कभी भी नहीं हुई थी। वह हैरान था कि जुकरबर्ग से लगातार संपर्क के बावजूद उसे इस बात का पता क्यों नहीं चल सका था। लेकिन राहत की बात यह थी कि अभी फेसबुक ने कोई अंतिम फैसला नहीं किया था और न्यूज कॉरपोरेशन के बारे में जुकरबर्ग की धारणा नकारात्मक थी। जुकरबर्ग ने न्यूज कॉरपोरेशन को बहुत ज्यादा हॉलीवुड जैसी कंपनी, यानी सस्ती लोकप्रियता व मुद्रीकरण के पीछे भागनेवाली कंपनी करार दिया था। उसका मानना था कि ऐसी संचार माध्यम कंपनियाँ फेसबुक जैसी भविष्योन्मुख प्रौद्योगिकी कंपनियों को ठीक प्रकार से नहीं समझ सकती थीं। जाहिर है कि इस सामान्य टिप्पणी में जुकरबर्ग ने न्यूज कॉरपोरेशन के बहाने वुल्फ की कंपनी विआकॉम/एम.टी.वी. को भी लपेट लिया था। शायद वुल्फ को जुकरबर्ग का यह इशारा समझ नहीं आया था। असल में, इस सौदे को पटाने के लिए उस पर शीर्ष नेतृत्व का इतना ज्यादा दबाव था कि वह जुकरबर्ग के संकेत को जान-बूझकर नजरअंदाज कर रहा था। वह हर हाल में जुकरबर्ग को इस सौदे के लिए राजी करने को मजबूर था।

अबकी बार वुल्फ ने स्थानीय रेस्तराँ में भोज देने की बजाय जुकरबर्ग को खुश करने के लिए विआकॉम के शानदार निजी विमान में न्यूयॉर्क की सैर कराने का प्रस्ताव रख दिया था। जुकरबर्ग को न्यूयॉर्क सिटी के नजदीक (करीब 45 कि.मी. दूर) अपने घर (डोब्स फेरी, वेस्टचेस्टर काउंटी) में माता-पिता व बहनों के साथ क्रिसमस की छुट्टियाँ बिताने तथा निजी विमान में घूमने का पहला मौका मिल रहा था, अत: भला वह इस प्रस्ताव को कैसे ठुकरा सकता था? जाहिर है कि उसने वुल्फ के प्रलोभन को स्वीकार कर लिया था। चूँकि विआकॉम का कॉरपोरेट जेट उपलब्ध नहीं था, इसलिए वुल्फ ने सैनफ्रांसिस्को हवाई अड्डे से वेस्टचेस्टर काउंटी हवाई अड्डे की यात्रा के लिए किराए के विमान 'गल्फस्ट्रीम जी-5' को सुरक्षित किया था। यात्रा के दिन अपनी गुपचुप योजना के मुताबिक वुल्फ पहली उड़ान से न्यूयॉर्क से सैनफ्रांसिस्को हवाई अड्डे पर पहुँचा था, जहाँ 'गल्फस्ट्रीम जी-5' वेस्टचेस्टर काउंटी की उड़ान भरने के लिए तैयार खड़ा था। वुल्फ ने जुकरबर्ग को पूरे सम्मान के साथ विमान में बिठाया था और फिर दोनों के बीच करीब पाँच घंटे तक चलनेवाली लंबी हवाई बैठक शुरू हुई थी। वुल्फ को जुकरबर्ग से मिलने का इतना वक्त कभी भी नहीं मिला था। वह इस यात्रा के जरिए विआकॉम द्वारा फेसबुक की खरीद का रास्ता साफ करने के लिए कृतसंकल्प था।

वुल्फ ने इस यात्रा को दोस्ताना संबंध बढ़ाने के इरादे से आयोजित किया था;

लेकिन इस लंबी यात्रा के दौरान भी जुकरबर्ग ने वुल्फ को अपने बारे में ज्यादा कुछ नहीं बताया था। वह अपने स्वभाव के मुताबिक बिल्कुल संयत बना रहा था। इसके उलट, वह एम.टी.वी. की गहन छानबीन के लिए वुल्फ पर एक के बाद दूसरे सवाल दागता रहा था। यह पुलिस द्वारा मुजरिम के साथ की जानेवाली एक तरफा पूछताछ जैसा था। मसलन, विआकॉम जैसी कंपनियाँ कैसे कमाई करती थीं, एम.टी.वी. विज्ञापन की क्या कीमत वसूलती है, उसमें से कितना हिस्सा लाभ था, एम.टी.वी. अपना दर्शक वर्ग कैसे तैयार करती थी ? आदि-आदि। बीच-बीच में मौका पाकर वुल्फ ने जुकरबर्ग को यह समझाने की कोशिश की थी कि एम.टी.वी. का विशाल तंत्र, खासतौर पर विज्ञापन बिक्री सेना, किस तरह फेसबुक की मदद कर सकता था। इस बातचीत के क्रम में जुकरबर्ग सिर्फ अपने मतलब की बात को ढूँढ़ता रहा था। उसे सिर्फ 'लगुना बीच' व 'द हिल्स' जैसे कुछ एम.टी.वी. कार्यक्रम ही फेसबुक के प्रचार के लिए सटीक लगे थे, जो करोड़ों अमेरिकी किशोरों व युवाओं के बीच बेहद लोकप्रिय थे। जुकरबर्ग ने वुल्फ को बताया था कि इन कार्यक्रमों के दौरान फेसबुक पर यातायात कम हो जाते थे। यानी, एम.टी.वी. से हाथ मिलाने से फेसबुक को इन कार्यक्रमों के दौरान प्रचार करने का मौका मिल सकता था।

वेस्टचेस्टर काउंटी हवाई अड्डे पर दो गाड़ियाँ इंतजार कर रही थीं। विमान से उतरते हुए जुकरबर्ग ने गल्फस्ट्रीम जी-5 की आनंददायक उड़ान की तारीफ की थी, तो वुल्फ को अपनी बात कहने का मौका मिला था। वुल्फ ने मुसकराते हुए कहा था कि वह फेसबुक का एक छोटा हिस्सा बेचकर अपना ऐसा निजी विमान खरीद सकता था। फिर वुल्फ अपनी कंपनी कार में न्यूयॉर्क सिटी के लिए रवाना हो गया था। दूसरी कार में जुकरबर्ग के माता-पिता उसका इंतजार कर रहे थे। उनके लिए यह अन्य छुट्टियों में विश्वविद्यालय से लौटनेवाले जुकरबर्ग को घर लिवा ले जाने जैसा ही एक और मौका था। लेकिन इस बार बात यह थी कि उसका बेटा गल्फस्ट्रीम से उतरा था।

वुल्फ खुश था कि वह अपने मकसद में बहुत हद तक कामयाब हुआ था। जनवरी 2006 की शुरुआत में वह एम.टी.वी. के मुख्य विज्ञापन रणनीतिकार के साथ आगे की बातचीत के लिए पालो आल्टो पहुँचा था। इस बार जुकरबर्ग ने उन्हें वुडसाइड के उसी महँगे रेस्तराँ 'विलेज पब' में आमंत्रित किया था, जिसमें पिछले सौदे से पहले एसेल पार्टनर्स के जिम ब्रेयर ने द फेसबुक टीम को रात के भोजन पर आमंत्रित किया था। जुकरबर्ग ने मैट कोहलर व ओवेन वैन नाटा को इस बातचीत में साथ रखा था। वुल्फ ने दोनों कंपनियों के बीच तालमेल की संभावनाओं पर एक पॉवर पॉइंट प्रदर्शन पेश किया था। वुल्फ ने फेसबुक में एक हिस्सेदारी के साथ विज्ञापन में बड़ी भागीदारी का प्रस्ताव रखा था। जुकरबर्ग ने विनम्रतापूर्वक वुल्फ की बातें सुनी थीं; लेकिन दो-टूक शब्दों में

कह दिया था कि वह ऐसे किसी सौदे पर विचार नहीं करेगा, जिसमें कंपनी के फैसले लेने की प्रक्रिया पर उसका संपूर्ण नियंत्रण न हो।

फरवरी की शुरुआत में माइकल वुल्फ नए प्रस्ताव के साथ जुकरबर्ग के सामने प्रस्तुत हुआ था। अब तक दोनों के बीच दोस्ती हो गई थी। वे शाम को पालो आल्टो की पाम वृक्षों से सजी खूबसूरत गलियों में घूमते हुए बातें कर रहे थे। बस, यों ही जुकरबर्ग उसे एक शयनकक्षवाले अपने किराए के अपार्टमेंट में ले गया था। फर्श पर बेतरतीबी से चादरवाला गद्दा बिछा था, बगल में किताबों का ढेर लगा हुआ था, बाँस की एक चटाई बिछी थी और एक बिजली का लैंप। जी हाँ, यह 200 अरब डॉलर के मूल्यांकनवाले फेसबुक के संस्थापक व सी.ई.ओ. का विशेष निवास था। यह निवास भी उसने सलाहकारों के काफी दबाव के बाद साथियों से एक निश्चित दूरी कायम रखने के लिए चुना था। उसके बाद जुकरबर्ग पास के रेस्तराँ में वुल्फ को रात का खाना खिलाने ले गया था।

वुल्फ को जुकरबर्ग के साधारण रहन-सहन पर हैरानी हुई थी। अब वह जुकरबर्ग का मित्र बन चुका था। उसके मन में कई सवाल घुमड़ रहे थे। उसे जुकरबर्ग की हालत पर दया आ रही थी। वह सोच रहा था कि शायद जुकरबर्ग खर्च बचाने के लिए ऐसा कर रहा था। तभी तो रेस्तराँ में खाने के लिए बैठते ही उसने जुकरबर्ग को सलाह दी थी कि आखिर वह कंपनी को विआकॉम को बेच क्यों नहीं देता? वह तो रातोरात अरबपति बन सकता था! वुल्फ को आशा नहीं थी कि जुकरबर्ग उसकी बातों पर हँस देगा। जी हाँ, जुकरबर्ग ने वुल्फ को मित्र-भाव से अपना आदर्शवादी जीवन-दर्शन बताया था। उसने कहा था कि वह उसके अपार्टमेंट को देखकर चिंता न करे। उसे सचमुच में ज्यादा धन की जरूरत नहीं थी और वह उसके अच्छे विचार (फेसबुक बेचने) को कभी भी अपनाने की सोच नहीं सकता था। इसी क्रम में जुकरबर्ग ने वुल्फ को हिदायत दी थी कि वह आगे से फेसबुक को बेचने की बात न करे और कम-से-कम 2 अरब डॉलर के मूल्यांकन पर किसी प्रकार के साझेदारी विकल्प पर अपना ध्यान केंद्रित करे। जुकरबर्ग का मतलब साफ था, 'मैं 2 अरब डॉलर चाहता हूँ और यदि तुम मुझे 2 अरब डॉलर भुगतान करते हो (तो) मैं बेचना नहीं चाहता हूँ। धन्यवाद।'

लिहाजा वुल्फ को अपने आकाओं—विआकॉम के सी.ई.ओ. टॉम फ्रेस्टन और एम.टी.वी. नेटवर्क के सी.ई.ओ. जुडी मैकग्रॉथ से मिलने के लिए न्यूयॉर्क वापस लौटना पड़ा था। उन लोगों ने साझेदारी के विकल्प को मानने से इनकार कर दिया था। खासतौर पर विआकॉम चेयरमैन समर रेडस्टोन हर हाल में फेसबुक को खरीदने के लिए आतुर था। लिहाजा, टॉम फ्रेस्टन ने जुकरबर्ग को 1.50 अरब डॉलर में विआकॉम द्वारा फेसबुक को खरीदने का प्रस्ताव भेज दिया था। इसमें से 51 फीसदी नकद और बाकी 49 फीसदी

फेसबुक के भविष्य के कारोबारी प्रदर्शन के आधार पर भुगतान किए जाने की बात कही गई थी। यह फेसबुक के लिए अब तक की सबसे उल्लेखनीय व ठोस पेशकश थी। लेकिन जुकरबर्ग ने उस प्रस्ताव का जवाब देना भी उचित नहीं समझा था।

जरा सोचिए, विआकॉम जैसी महारथी कंपनी के मुख्यालय में क्या हलचल मची होगी? एक दिन, दो दिन—और इस तरह एक सप्ताह से ज्यादा गुजर गए थे। वुल्फ सहित फ्रेस्टन व मैकग्रॉथ हैरान था कि दो साल की पिद्दी सी कंपनी के सी.ई.ओ. ने उनके प्रस्ताव का जवाब तक नहीं भेजा था! तीनों रेडस्टोन की आशंकित विस्फोटक प्रतिक्रिया को लेकर परेशान थे। आखिरकार वुल्फ ने जुकरबर्ग को फोन मिलाया था। दोनों के बीच असंगत बातें हुई थीं, जिसका कोई नतीजा नहीं निकला था। जुकरबर्ग अपनी बात से टस से मस नहीं हो रहा था। जुकरबर्ग से दोस्ती बढ़ाने की वुल्फ की कोशिशें नाकाम साबित हो रही थीं। वुल्फ के पास अन्य दरवाजे खटखटाने के अलावा कोई और रास्ता नहीं बचा था। उसने पीटर थिएल व जिम ब्रेयर से जुकरबर्ग के हठ की शिकायत की थी। लेकिन दोनों ने अपने हाथ खड़े कर दिए थे। उन्होंने साफ कह दिया था कि उनके पास जुकरबर्ग को समझा सकने की कोई प्रभावी ताकत नहीं थी। लेकिन फेसबुक में खुद को जबरदस्त सौदेबाज समझनेवाला एक शख्स था ओवेन वैन नाटा, कंपनी का तथाकथित सी.ओ.ओ., जिसने वुल्फ को गुपचुप विश्वास दिलाया था कि वह जुकरबर्ग को पटरी पर लाने की कोशिश कर रहा था।

इस बीच विआकॉम के शीर्ष नेतृत्व को खबर मिली थी कि याहू भी फेसबुक को खरीदने की कोशिश कर रही थी। विआकॉम के सी.ई.ओ. टॉम फ्रेस्टन तथा याहू के तत्कालीन सी.ई.ओ. टेरी सेमेल में अच्छी जान-पहचान थी। दोनों अकसर लॉस एंजिल्स में एक साथ टेनिस खेलते थे। लिहाजा, एक दिन फ्रेस्टन ने सेमेल से फेसबुक की चर्चा कर दी थी। सेमेल की तरफ से 'हाँ' में जवाब मिला था। जाहिर है, फ्रेस्टन पर दबाव बढ़ गया था। अब तक वुल्फ ने बड़ी कठिनाई से विआकॉम व फेसबुक के बीच की सौदेबाजी को रहस्य बनाए रखा हुआ था। विआकॉम के शीर्ष नेतृत्व में भी बहुत कम लोगों को इस बात की जानकारी थी; लेकिन 28 मार्च, 2006 को 'बिजनेस वीक' पत्रिका के ऑनलाइन संस्करण में 'फेसबुक की नीलामी' शीर्षक से धमाकेदार खबर प्रकाशित हुई थी। उस खबर में फेसबुक द्वारा 75 लाख डॉलर का प्रस्ताव ठुकराने तथा 2 अरब डॉलर की अपेक्षा करने की अधूरी जानकारी दी गई थी। हालाँकि उस खबर में साफतौर पर यह नहीं कहा गया था कि विआकॉम बोलीकर्ता थी; लेकिन इस सौदे में रुचि लेनेवाली कंपनियों में उसके भी शामिल होने की बात कही गई थी। जाहिर है कि विआकॉम की तिकड़ी की सारी हवा निकल गई थी। उन्होंने यही अनुमान लगाया था कि फेसबुक की तरफ से अतिरिक्त बोलियाँ बटोरने के लिए जान-बूझकर इस खबर

की रिसाव की गई थी। उनकी आशंका तब और पुख्ता हो गई थी, जब खबर प्रकाशित होने के कुछ दिनों बाद जुकरबर्ग ने वुल्फ को फोन किया था कि वह अब भी बातचीत करने को इच्छुक था।

तब फेसबुक बिल्कुल बिक्री सौदे को अंतिम रूप देती नजर आई थी। जुकरबर्ग व वैन नाटा ने न्यूयॉर्क के लिए उड़ान भरी थी। उसके बाद वुल्फ दल-बल सहित पालो आल्टो पहुँचा था। वे फेसबुक दफ्तर के सभाकक्ष में डेरा डाले बैठे थे। जुकरबर्ग, कोहलर व वैन नाटा सभाकक्ष में आते थे, फिर दूसरे छोटे सभाकक्ष में लौट जाते थे। विआकॉम का दल आस-पड़ोस का चक्कर लगाकर फिर से सभाकक्ष में जम जाता था। फेसबुक दल ज्यादा नकद की माँग कर रहा था और विआकॉम दल ज्यादा जमानत की। आमतौर पर ऐसी आर्थिक सौदेबाजी के लिए विशेषज्ञ इन्वेस्टमेंट बैंकर की जरूरत पड़ती है; लेकिन दोनों में से किसी पक्ष ने ऐसे किसी सलाहकार को नियुक्त नहीं किया था। अंततः वुल्फ ने प्रस्तावित कुल 1.50 अरब डॉलर के सौदे में नकद भुगतान की राशि को 75 करोड़ डॉलर से बढ़ाकर 80 करोड़ डॉलर कर दिया था; लेकिन वह बाकी 70 करोड़ डॉलर के भुगतान की कोई स्पष्ट रूपरेखा तय नहीं कर सका था।

इंटरनेट दर्शक माप कंपनी कॉमस्कोर मीडिया मैट्रिक्स द्वारा फरवरी 2006 में जारी यातायात मूल्यांकन क्रम का उल्लेख कर रहा था, जिसमें फेसबुक को रोजाना औसत 5.50 अरब पृष्ठ अवलोकन के साथ इंटरनेट का सातवीं सबसे अधिक यातायातवाली वेबसाइट बताया गया था।

असल में, वुल्फ की भी अपनी सीमा थी। विआकॉम का मुख्य वित्तीय अधिकारी (सी.एफ.ओ.) फेसबुक के वित्तीय नतीजे व अनुमानों पर सवाल खड़े कर रहा था। फेसबुक ने अपने दो साल के इतिहास में कुल 2 करोड़ डॉलर का राजस्व हासिल किया था और कंपनी दावा कर रही थी कि वह वर्ष 2006 में 2.20 करोड़ डॉलर और 2007 में 5.50 करोड़ डॉलर का राजस्व हासिल करेगी। इन राजस्व अनुमानों पर विआकॉम के लोग विश्वास नहीं कर पा रहे थे। वे पहले ही 80 करोड़ डॉलर के नकद भुगतान को बहुत बड़ी रकम मान रहे थे। बीते जुलाई 2005 में न्यूज कॉरपोरेशन ने सिर्फ 58 करोड़ डॉलर में माइस्पेस.कॉम को खरीदा था। ऐसे में माइस्पेस के मुकाबले फेसबुक का 1.50 अरब डॉलर का सौदा स्वाभाविक रूप से बहुत महँगा दिख रहा था। लिहाजा, वे बाकी के 70 करोड़ डॉलर के भुगतान की समय सीमा तय नहीं कर पा रहे थे।

दूसरी तरफ जुकरबर्ग विआकॉम के मूल्यांकन को काफी कम बता रहा था। वह बार-बार इंटरनेट दर्शक माप कंपनी कॉमस्कोर मीडिया मैट्रिक्स द्वारा फरवरी 2006 में जारी यातायात मूल्यांकन क्रम का उल्लेख कर रहा था, जिसमें फेसबुक को रोजाना औसत

5.50 अरब पृष्ठ अवलोकन के साथ इंटरनेट का सातवीं सबसे अधिक यातायातवाली वेबसाइट बताया गया था। इसके अलावा, फेसबुक टीम को विआकॉम की शर्तें भी जटिल नजर आ रही थीं। लिहाजा दोनों पक्ष ठंडे पड़ गए थे।

लेकिन जुकरबर्ग को धन की तत्काल आवश्यकता थी, क्योंकि कंपनी की कार्यशील पूँजी जल्द ही खत्म होने वाली थी। कई उद्यम पूँजी कंपनियों से तीसरे चक्र के निवेश की वार्त्ताएँ जारी थीं। इस बार सिलिकॉन वैली की सबसे पुरानी उद्यम पूँजी कंपनी ग्रेलॉक पार्टनर्स (मेनलो पार्क) ने फेसबुक की अजस्र संभावनाओं में विश्वास प्रकट किया था और 50 करोड़ डॉलर के मूल्यांकन पर फेसबुक में तीसरे चक्र के निवेश का नेतृत्व किया था। इसमें मैरीटेक कैपिटल पार्टनर्स (पालो अल्टो) सहित कुछ अन्य छोटे निवेशकों ने भी हिस्सा लिया था। याद रहे कि 11 महीने पहले अप्रैल 2005 में दूसरे चक्र के निवेश में एसेल पार्टनर्स ने फेसबुक का मूल्यांकन 9.80 करोड़ डॉलर आँका था, जबकि अगस्त 2004 में पहले चक्र के निवेश में देवदूत निवेशक पीटर थिएल का मूल्यांकन सिर्फ 49 लाख डॉलर था। तीसरे चक्र में अपने हिस्सेदारी स्तर को बरकरार रखने के लिए पीटर थिएल व एसेल पार्टनर्स को धन लगाना पड़ा था।

इस तरह, अप्रैल 2006 के तीसरे सप्ताह में फेसबुक में कुल 2.75 करोड़ डॉलर का पूँजी निवेश हुआ था। जुकरबर्ग ने बड़ी राहत की साँस ली थी। अब वह अपने हिसाब से विआकॉम सहित अन्य कंपनियों के साथ आराम से सौदेबाजी का खेल जारी रख सकता था।

वर्क नेटवर्क व माइक्रोसॉफ्ट से विज्ञापन सौदा

अमेरिका में फेसबुक इफेक्ट की खुशबू दुनिया भर के अन्य बाजारों में फैल रही थी और उसकी तेजी से नकल शुरू हो चुकी थी। विद्यालयों में सेवा विस्तार के साथ-साथ फेसबुक ने अमेरिका से बाहर भी अपने पाँव पसारने शुरू किए थे; लेकिन उसकी गति काफी धीमी थी। 1 अक्तूबर, 2005 को फेसबुक ने ब्रिटेन के 21 बड़े निजी विश्वविद्यालयों सहित मेक्सिको की सबसे बड़ी निजी विश्वविद्यालय परिसर शृंखला मॉण्टेरी इंस्टीट्यूट ऑफ टेक्नोलॉजी ऐंड हायर एजुकेशन के उस वक्त के कुल 30 परिसरों, प्यूर्टो रिको विश्वविद्यालय, प्यूर्टो रिको के अंतर-अमेरिकी विश्वविद्यालयों एवं कैरीबियाई द्वीप समूहों के विश्वविद्यालयों में अपनी सेवा का विस्तार कर लिया था। 11 दिसंबर, 2005 को ऑस्ट्रेलिया व न्यूजीलैंड के विश्वविद्यालयों को जोड़ने के बाद फेसबुक नेटवर्क में 2,000 से अधिक विश्वविद्यालय/महाविद्यालय तथा 25,000 से अधिक अमेरिकी उच्चतर माध्यमिक/उच्च विद्यालय जुड़ चुके थे।

फेसबुक की अनुपस्थिति का फायदा उठाकर दुनिया भर में फेसबुक की नकल शुरू

होने लगी थी। जर्मनी में स्टडीवीजेड (studiVZ) यानी छात्र-निर्देशिका एक ऐसी ही सेवा थी। अक्तूबर 2005 में यह सेवा जर्मनी के प्रमुख विश्वविद्यालयों में शुरू हुई थी, जिसे तत्काल लोकप्रियता हासिल हो गई थी। यह तकनीकी व बनावट के लिहाज से पूरी तरह से फेसबुक की नकल थी। फर्क सिर्फ इतना था कि स्टडीवीजेड ने मूल डिजाइन तत्त्वों के लिए लाल रंग का इस्तेमाल किया था, जबकि फेसबुक में नीला अपनाया गया था। जनवरी 2007 में स्टडीवीजेड के यूजर्स की संख्या 15 लाख तक पहुँच गई थी, जब विश्वव्यापी प्रकाशन नियंत्रक कंपनी जॉर्ज वॉन होल्जब्रिंक पब्लिशिंग ग्रुप (स्टुटगार्ड, बेडेन वुर्टेमबर्ग, जर्मनी) ने उसे खरीद लिया था। (फेसबुक इतनी चिंतित हुई थी कि वह वर्ष 2007 के अंत में इसे 4 फीसदी फेसबुक शेयर हस्तांतरण पर खरीदने को तैयार हो गई थी। फिर अचानक अदालत में चली गई थी, जहाँ अंतिम फैसला स्टडीवीजेड के पक्ष में चला गया था।)

इसी तरह दिसंबर 2005 में चीन में भी जिआनोई नेटवर्क यानी विश्वविद्यालय परिसर नेटवर्क नामक चीनी सोशल नेटवर्किंग सेवा शुरू की गई थी। इसके संस्थापक जोसेफ चेन ने डेलावेयर विश्वविद्यालय, स्टैनफोर्ड बिजनेस स्कूल एवं मैसाचुसेट्स इंस्टीट्यूट्स ऑफ टेक्नोलॉजी (एम.आई.टी.) से शिक्षा प्राप्त की थी। (अगस्त 2009 में इसका नाम बदलकर रेनरेन नेटवर्क यानी 'हरेक की वेबसाइट' कर दिया गया था।) यह भी फेसबुक की नकल थी और तत्काल लोकप्रिय हो गई थी।

खैर, तब जुकरबर्ग का पूरा ध्यान अमेरिकी बाजार पर केंद्रित था। माइस्पेस खरीदने के बावजूद न्यूज कॉरपोरेशन का मुखिया रूपर्ट मर्डोक फेसबुक से इतना मोहित था कि उसने जुकरबर्ग से अपनी नजदीकियाँ बढ़ाई थीं। दोनों के बीच की बढ़ती दोस्ती की चर्चा आम होने लगी थी। मर्डोक फेसबुक के 21 साल के नौजवान सी.ई.ओ. जुकरबर्ग की लगन व जुनून का दीवाना था तो जुकरबर्ग अंतरराष्ट्रीय जन-संचार उद्योग के बादशाह रूपर्ट मर्डोक की वैश्विक दृष्टि का। मर्डोक में यह सोच विकसित हो रही थी कि इंटरनेट समूचे जन-संचार उद्योग के ढाँचे को बदलने जा रहा था। इसलिए वह माइस्पेस को अपनी दूरगामी अधिग्रहण रणनीति का पहला कदम ही मान रहा था; लेकिन मर्डोक के लिए भी यह चौंकानेवाली खबर थी कि विआकॉम ने फेसबुक का मूल्यांकन 1.50 अरब डॉलर किया था, जबकि उसके मुकाबले काफी बड़ी वेबसाइट माइस्पेस उसे सिर्फ 58 करोड़ डॉलर में हासिल हो गई थी। यही कारण था कि जुकरबर्ग व मर्डोक की बातचीत बस, अनौपचारिक मेल-मिलाप ही साबित हुई थी। शुरू में लगा था कि जुकरबर्ग मर्डोक के चक्कर में आ जाएगा, लेकिन विआकॉम की तरह यह सौदा वार्त्ता कभी भी गंभीर शक्ल नहीं ले सकी थी।

असल में, जुकरबर्ग कुछ हद तक गुस्ताख भी होने लगा था। हर कोई उससे बात

करना चाहता था। हर कंपनी फेसबुक को खरीदने में रुचि दिखा रही थी। हर कोई फेसबुक का उपयोग करना चाहता था। सबसे बड़ी बात यह थी कि हर खरीद प्रस्ताव पिछले के मुकाबले ज्यादा ऊँचा था। इस बीच फेसबुक सेवा अपनी नियमित चाल से आगे बढ़ रही थी। जुकरबर्ग आत्मविश्वस्त था कि ज्यों-ज्यों फेसबुक बड़ी होती जाएगी, उसका मूल्यांकन भी बढ़ता जाएगा। चूँकि उसे कंपनी को बेचना तो था नहीं, इसलिए वह इन सौदा वार्त्ताओं में से किसी में भी उतावलापन या जल्दबाजी जाहिर नहीं कर रहा था। लेकिन हकीकत यह भी थी कि सेवा-गुणवत्ता को कायम रखने और विस्तार पर फेसबुक को काफी रकम खर्च करनी पड़ रही थी; जबकि उस हिसाब से विज्ञापन राजस्व का जुटान नहीं हो पा रहा था। ऐसे में गंभीर सवाल यह था कि आखिर निवेशित रकम की बदौलत फेसबुक कब तक अपने खर्चे पूरे कर सकेगी?

दिलचस्प तथ्य यह है कि जुकरबर्ग ने अब भी विज्ञापन के बारे में अपना आदर्शवादी रवैया कायम रखा हुआ था। यहाँ भी संयोग ने जुकरबर्ग का साथ दिया था। माइक्रोसॉफ्ट, गूगल व याहू जैसी महारथी कंपनियों को फेसबुक, माइस्पेस जैसी सोशल नेटवर्किंग सेवाएँ लक्षित विज्ञापन प्रदर्शन के जरिए अथाह धन पैदा कर सकनेवाली ऑनलाइन रियल इस्टेट नजर आने लगी थीं। जाहिर है कि इन कंपनियों ने फेसबुक के विज्ञापन स्थानों को भी हड़पने की कोशिशें तेज कर दी थीं। लेकिन चौंकने की जरूरत नहीं कि जुकरबर्ग उनकी आसान धन (इजी मनी) कमाने की कोशिशों को नाजायज मानता था। वह फेसबुक को हासिल तथाकथित ऑनलाइन रियल एस्टेट को यूजर्स की संपत्ति समझता था। उसके लिए फेसबुक यूजर्स की सुरक्षित निजी दुनिया थी। जाहिर है कि वही इस दुनिया का सर्वशक्तिमान बादशाह था। लेकिन वह खुद को पहरेदार से अधिक कुछ भी नहीं समझता था। ऐसे में वह किसी को भी इस अनोखी दुनिया में गैर-जरूरी दखल देने की इजाजत नहीं दे सकता था। वह आसान धन का विरोधी था; लेकिन इसका मतलब यह नहीं था कि उसे फेसबुक को चलाने के लिए धन की जरूरत नहीं थी। इसके लिए उसने पहले से फेसबुक पर विज्ञापन के मानक तय कर रखे थे। उसे पता था कि ये कंपनियाँ उसकी धारणाओं को चुनौती देंगी और आसान धन कमाने के प्रस्ताव रखेंगी। लिहाजा, उन विज्ञापन सौदा वार्त्ताओं में उसने खुद की उपस्थिति को जरूरी नहीं माना था और उन कंपनियों के सौदेबाजों से निपटने की जिम्मेदारी अपने सिपहसालारों को सौंप दी थी।

वर्क नेटवर्क समुदाय की ठंडी प्रतिक्रिया—अब तक अमेरिका के लगभग हर विश्वविद्यालय/महाविद्यालय व हायर सेकंडरी स्कूल में फेसबुक की सेवा आरंभ हो चुकी थी और अधिकांश छात्र उसके यूजर बन चुके थे। यानी, फेसबुक बाजार-संतृप्ति (मार्केट सेचुरेशन) के कगार पर पहुँच रहा था। अक्तूबर 2005 में फोटोज सेवा के

साथ अमेरिकी हायर सेकेंडरी स्कूल/हाई स्कूलों की सेवा शुरू हुई थी, जो 11 दिसंबर, 2005 तक 25 हजार से अधिक (लगभग सभी) विद्यालयों में फैल चुकी थी। अब उन विद्यालयों के अधिकांश छात्र फेसबुक के यूजर बन चुके थे। इससे जुकरबर्ग की यह धारणा पक्की हो गई थी कि फेसबुक में नए समूह में भी तेजी से फैलने की क्षमता थी; लेकिन इसकी मूल वजह कॉलेज व हाई स्कूल के छात्रों के बीच का आपसी रिश्ता था। इन समूहों का अगला पड़ाव क्या था, यानी ये छात्र किसलिए पढ़ाई कर रहे थे? इनकी मंजिल कहाँ थी? सीधा जवाब था—कार्यस्थल (वर्क प्लेस)। लिहाजा जुकरबर्ग ने फेसबुक को कंपनियों के कर्मचारियों के लिए खोलने का फैसला किया था और इस नए समूह को वर्क-नेटवर्क नाम दिया था।

जाहिर है कि वर्क-नेटवर्क के जरिए फेसबुक पहली बार वयस्कों के बड़े बाजार में घुसने की कोशिश कर रही थी। क्या इससे उसके द्वारा कायम रखी गई विशिष्टता को खतरा नहीं था? क्या फेसबुक भी अन्य नेटवर्क्स की तरह ही खुद को पूरी तरह से खोलने की दिशा में बढ़ रही थी? क्या इतने बड़े समुदाय पर फेसबुक का कोई नियंत्रण रह पाएगा? इन सारे सवालों को जुकरबर्ग ने पहले ही समझ लिया था। यहाँ भी फेसबुक की विशिष्टता पूरी तरह सुरक्षित रखी गई थी। यह अनियंत्रित व अराजक समाज नहीं था। यहाँ भी विश्वविद्यालय वाला तरीका अपनाया गया था। कंपनी या संस्था विशेष के इ-मेल पते के जरिए इस समुदाय के सभी सदस्यों की पहचान सुनिश्चित की गई थी। जुकरबर्ग को विश्वास था कि वर्क-नेटवर्क धीरे-धीरे पूरे समाज को और फिर पूरी दुनिया को फेसबुक पर समेट लेगा। चूँकि इस प्रक्रिया को वर्क-नेटवर्क के सदस्यों के जरिए आगे बढ़ाया जाने वाला था, फेसबुक के अराजक होने की कोई गुंजाइश नहीं बचती थी।

मई 2006 में फेसबुक ने तमाम कंपनियों व सरकारी संस्थाओं के वर्क नेटवर्क चालू कर दिए थे। ज्यादातर ने इसके प्रति कोई खास रुचि नहीं दिखाई थी; लेकिन इसके कुछ अपवाद थे। अमेरिकी थल सेना (आर्मी), नौ सेना (नेवी) व वायु सेना (एयरफोर्स)। इन सेनाओं के खासतौर पर युवा सैनिकों ने फेसबुक को तेजी से अपना लिया था, जो अनुभवों को साझा करने में विश्वास रखते थे। इसकी मुख्य वजह यह थी कि युवा सैनिकों के लिए उनके कार्यस्थल भी विश्वविद्यालय जैसे ही थे। अपेक्षा के उलट, आम कार्यस्थलों यानी बड़ी कंपनियों के कर्मचारियों ने शुरू में फेसबुक में लगभग नहीं के बराबर दिलचस्पी ली थी। चूँकि सेवा शुरू किए जाने से पहले लक्षित समुदाय में जागरूकता पैदा करने की कोशिश नहीं की गई थी, इसलिए बहुत कम कर्मचारियों को ही पता चल सका था कि उनके लिए फेसबुक का दरवाजा खोला जा चुका था। अधिकांश वयस्क अब भी यही मान रहे थे कि फेसबुक की सेवा सिर्फ छात्रों तक ही सीमित थी।

यह एक खतरनाक स्थिति थी। अब तक फेसबुक पर खाता खोलने के लिए

यूजर्स को लंबी प्रतीक्षा करनी पड़ी थी। ऐसे में वयस्कों की तरफ से इस सेवा में रुचि न दिखाना फेसबुक की अब तक की उपयोगिता-प्रतिष्ठा पर सवाल खड़े कर रहा था। यदि यह स्थिति ज्यादा दिनों तक ऐसी ही बनी रहती तो फेसबुक के मूल्यांकन पर काफी बुरा असर हो सकता था।

असल में, जब फेसबुक ने वर्क-नेटवर्क शुरू किया था, ठीक उसी वक्त अमेरिका की लोकप्रिय समाचार विश्लेषण पत्रिका 'न्यू यॉर्कर' (15 मई, 2006 अंक) में मार्क जुकरबर्ग व फेसबुक की सफलता पर बड़ी रूपरेखा प्रकाशित हुई थी। यह मुख्यधारा के किसी अखबार या पत्रिका द्वारा जुकरबर्ग या फेसबुक के बारे में इतनी गहराई व विस्तार से लिखी गई पहली तहकीकात थी; लेकिन ब्रिटिश मूल के अमेरिकी पत्रकार और 'न्यू यॉर्कर' में कर्मचारी लेखक जॉन कासिडी ने अपने इस आलेख में फेसबुक की सफलता को नकारात्मक नजरिए से आँकने की कोशिश की थी। उसने 'हार्वर्ड कनेक्शन' (कनेक्ट यू) के संस्थापकों (अंतरराष्ट्रीय तैराकी जोड़ी कैमरून विंकलेवोस व टायलर विंकलेवोस एवं दिव्य नरेंद्र) द्वारा फेसबुक के खिलाफ दाखिल मुकदमे में लगाए गए आरोपों को अपने विश्लेषण का मुख्य आधार बनाकर फेसबुक की बढ़त को युवाओं की जिज्ञासा तथा उसके यूजर्स की गतिविधियों को असामाजिक करार दिया था। कासिडी ने लिखा था कि फेसबुक की लोकप्रियता की एक बड़ी वजह यह थी कि वह यूजर्स को असल संबंधों के परिश्रम को भूल जाने की सुविधा प्रदान करती थी। फिर समाज-विज्ञानियों को उद्धृत करते हुए कासिडी ने माइस्पेस तथा अन्य डेटिंग वेबसाइटों की तरह फेसबुक की लोकप्रियता की असल वजह भी दर्शनरति (वोययूरिज्म) यानी दूसरों को संभोगरत देखकर यौन-सुख प्राप्त करने की गतिविधि व प्रदर्शनवाद को ही बताया था।

कुल मिलाकर इस आलेख ने फेसबुक का अनुभव न कर सकनेवाले वयस्कों की इस आशंका को और भी पुख्ता कर दिया था कि वह भी एक डेटिंग वेबसाइट ही थी, जहाँ युवा यूजर बिना किसी उद्देश्य अपना वक्त गँवाने में या फिर संदेहास्पद गतिविधियों में मस्त थे। वयस्कों की नकारात्मक सोच की एक और पुख्ता वजह खुद फेसबुक द्वारा दोस्ती के संबंध में पूछा जानेवाला एक सवाल भी था। उस समय जब आप फेसबुक पर किसी नए मित्र को जोड़ने की कोशिश करते थे तो एक बक्सा उछलकर सामने आता था, जो पूछता था कि आप उसे कैसे जानते थे। उसके जवाब के लिए आपको प्रस्तुत जवाब विकल्पों में से एक को चुनना पड़ता था। ऐसा अब भी होता है; लेकिन उस वक्त एक विकल्प सामने आता था—वी हूक्ड अप। इस खिचड़ी बोली के वाक्यांश के कई मतलब होते हैं, लेकिन इसका चालू मतलब हम प्रेम संबंध में हैं, से था। ऐसे में किसी भी नए वयस्क यूजर के मन में स्वाभाविक सवाल उठता था कि यह सेवा किसी पेशेवर के लिए कैसे हो सकती थी?

> **जुकरबर्ग के लिए राहत की बात यह थी कि वर्ष 2006 की गरमी की छुट्टियों में उसकी अपनी पूर्व प्रेमिका प्रिसिला चान उसके साथ दुबारा रिश्ता कायम करने को तैयार हो गई थी।**

जाहिर है कि फेसबुक को मुरगी या अंडावाली दुविधा का सामना करना पड़ रहा था। वयस्क इससे जुड़ने से हिचकिचा रहे थे। वे फेसबुक पर अन्य वयस्कों के आने का इंतजार कर रहे थे, ताकि उनका अपना समुदाय बन सके। ऐसे जुकरबर्ग की परेशानी का अंदाजा लगाया जा सकता था। यह उसके सोशल नेटवर्किंग सिद्धांत की कठिन परीक्षा की घड़ी थी। फेसबुक के लोग भी यह सोचने लग पड़े थे कि शायद यह सेवा वयस्कों के लिए उपयोगी नहीं थी। यह एक बड़ा झटका था। जुकरबर्ग को काफी निराशा हुई थी और वह कुछ भी साफ न सोच पाने की गंभीर स्थिति में फँस गया था। शायद दुनिया उतनी तेजी से पारदर्शी नहीं हो पा रही थी, जैसा कि जुकरबर्ग ने सोचा था। ऐसा तो कभी भी नहीं हुआ था कि जुकरबर्ग ने कुछ नया किया हो और उस पर यूजर्स की ऐसी सूखी प्रतिक्रिया आई हो।

प्रिसिला चान से दूरगामी रिश्ता-अनुबंध—खैर, जुकरबर्ग के लिए राहत की बात यह थी कि वर्ष 2006 की गरमी की छुट्टियों में उसकी अपनी पूर्व प्रेमिका प्रिसिला चान उसके साथ दुबारा रिश्ता कायम करने को तैयार हो गई थी। दोनों की पहली मुलाकात 7 नवंबर, 2003 को हार्वर्ड में यहूदी छात्र बिरादरी अल्फा एप्सिलॉन पी द्वारा आयोजित रात्रिकालीन आयोजित जश्न के दौरान हुई थी, जब दोनों बेसमेंट में प्रसाधन कक्ष में जाने की पंक्ति में खड़े थे। दोनों के बीच गुफ्तगू हुई थी और फिर दोनों के बीच नजदीकी रिश्ता कायम हो गया था। उस वक्त चान विश्वविद्यालय में स्नातक—जीव विज्ञान (बी.एस.-बायोलॉजी) की प्रथम वर्ष की छात्रा थी। जुकरबर्ग स्नातक, कंप्यूटर विज्ञान के द्वितीय वर्ष का छात्र था और फेसमैश की दुर्घटना के बाद हार्वर्ड में कुख्यात हो रहा था।

वर्ष 2004 की गरमियों में जुकरबर्ग के सिलिकॉन वैली स्थानांतरित हो जाने के बाद दोनों के रिश्तों में दूरी आ गई थी। इस बीच जुकरबर्ग का संबंध कैलिफोर्निया विश्वविद्यालय (बर्कले) की एक छात्रा से कायम हो गया था; लेकिन पिछले कुछ समय से जुकरबर्ग बिल्कुल अकेला था और अपनी पुरानी प्रेमिका चान की याद सताने लगी थी। वह चान से अपने नजदीक आने की गुजारिश कर रहा था। चान का अभी द्वितीय वर्ष ही पूरा हुआ था और अभी हार्वर्ड पाठ्यक्रम का अंतिम वर्ष पूरा होना बाकी था। पिछले दो वर्षों में जुकरबर्ग ने सफलता हासिल की थी, चान उससे पूरी तरह वाकिफ थी। जुकरबर्ग ने भले ही अपनी पढ़ाई बीच में छोड़ दी हो, लेकिन वह 50 करोड़ डॉलर के मूल्यांकन और करीब 100 कर्मचारियोंवाली संभावनाशील फेसबुक का सबसे बड़ा

हिस्सेदार व सी.ई.ओ. था। जुकरबर्ग जिंदगी भर का साथ निभाने का वायदा कर रहा था। ऐसे में प्रिसिला चान के पास जुकरबर्ग के प्रेम-प्रस्ताव को ठुकराने का कोई कारण नहीं था; लेकिन वह अपनी पारिवारिक पृष्ठभूमि को लेकर काफी संजीदा थी और अपने निजी व पेशेवर जिंदगी को हर लिहाज से सुरक्षित करना चाहती थी। जुकरबर्ग कट्टर यहूदी परिवार का था, जबकि प्रिसिला चीनी-वियतनामी मूल की थी।

वियतनाम युद्ध के बाद, '70 के दशक में प्रिसिला के पिता डेनिस चान अपने परिवार के साथ अमेरिका पहुँचे थे। अप्रैल 1975 से नवंबर 1979 तक चान परिवार ने एशियाई शरणार्थी शिविरों में समय बिताया था। चान के चीनी मूल को लेकर साफ जानकारी उपलब्ध नहीं है। 'डेली मेल' को चीनी स्रोतों से प्राप्त जानकारी के मुताबिक, चान पूर्वी चीन में जिआंगसु प्रांत के जुझाउ शहर के मूल निवासी हैं। यह रूपर्ट मर्डोक की पत्नी वेंडी डेंग का गृह नगर है। कुछ लोग इस परिवार को जिआंगसु प्रांत की राजधानी नानजिंग का निवासी मानते हैं। यह परिवार वियतनाम कैसे पहुँचा था, इसके बारे में भी कोई साफ जानकारी नहीं है।

खैर, '80 के दशक के शुरू में चान परिवार बोस्टन के पास ब्रेनट्री (नॉरफोक काउंटी, मैसाचुसेट्स) में रहने लगा था। डेनिस एवं उसकी अकाउंटेंट पत्नी वॉन्नी ने काफी मेहनत से इतनी पूँजी इकट्ठा कर ली थी कि वे अपना कारोबार शुरू कर सकें। उन्होंने बोस्टन (267 हटिंगटन एवेन्यू) में 'टेस्ट ऑफ एशिया' नाम से चीनी रेस्तराँ शुरू किया था। इस बीच 24 फरवरी, 1985 को उनकी पहली संतान प्रिसिला का जन्म हुआ था। वे अपनी अगली पीढ़ी को अमेरिकी सपनों के मुताबिक पालना चाहते थे। लिहाजा, अपने रेस्तराँ को सफल बनाने के लिए उन्होंने दिन-रात एक कर दिया था। दोनों को रोजाना करीब 18 घंटे रेस्तराँ में गुजारने पड़ते थे। जल्द ही चान परिवार ने ब्रेनट्री के साधारण मध्यम वर्गीय इलाके में अपना चार शयन कक्षोंवाला निवास भी बना लिया था। माता-पिता के कारोबार में व्यस्त रहने के चलते प्रिसिला एवं उसकी दो छोटी बहनें ऐलेन व मिशेल अपनी दादी की गोद में पली-बढ़ी थीं। वह बहुत शालीन महिला थीं, जो सिर्फ चीनी भाषा ही बोलती-समझती थीं। जाहिर है कि चीनी-वियतनामी-अमेरिकी चान बहनों पर उनकी दादी का पारंपरिक चीनी संस्कारों का काफी असर था।

(वर्ष 2006 में प्रिसिला के माता-पिता ने 67 सीटोंवाले लोकप्रिय रेस्तराँ 'टेस्ट ऑफ एशिया' को थाईलैंड मूल के अमेरिकी नागरिक नपत श्रीवान्नावित को बेच दिया। उसके बाद उस रेस्तराँ का नाम 'फो ऐंड आई' बन गया था। उसके बाद डेनिस चान परिवार ने थोक मछली कारोबार को अपनी आमदनी का मुख्य जरिया बना लिया था।)

नौवीं कक्षा में प्रिसिला को बोस्टन से सटे सार्वजनिक विद्यालय क्विंसी हाई स्कूल (कोडिंगटन स्ट्रीट, क्विंसी, नॉरफोक काउंटी मैसाचुसेट्स) में दाखिल कराया गया था।

माता-पिता ने प्रिसिला को अमेरिकी सपने दिखाए थे। लिहाजा, उसने पढ़ाई में अव्वल रहने के लिए जबरदस्त मेहनत की थी। वह शुरू से हार्वर्ड में पढ़ने के सपने देखा करती थी। शिक्षकों ने भी उसकी मदद की थी और उसे हर लिहाज से हार्वर्ड के लायक बनाया था। यही कारण था कि पढ़ाई के साथ-साथ प्रिसिला को टेनिस में भी विशेष रूप से प्रशिक्षित किया गया था। वर्ष 2003 में वह अपनी कक्षा में अव्वल रही थी और उसे हार्वर्ड के लिए भी चुन लिया गया था।

जाहिर है कि जब जुकरबर्ग ने प्रिसिला पर अपने साथ होने के लिए पालो आल्टो स्थानांतरित होने का दबाव बनाया था तो उसके लिए फैसला करना आसान नहीं था। अपनी सहमति देने से पहले उसने जुकरबर्ग के साथ कई चक्रों में लंबी बातचीत की थी। संभवतः दोनों ने अपने परिवारों को भी इस बातचीत में शामिल किया था। दोनों वैधानिक रिश्ता अनुबंध में बँधे थे। इस अनुबंध की बाकी शर्तें गोपनीय हैं, लेकिन बाद में उजागर हुए तथ्य के मुताबिक, प्रिसिला ने जुकरबर्ग को कई कठिन शर्तों में बाँधा था। मसलन दोनों के बीच सप्ताह में सिर्फ 100 मिनट तक अकेले में गुजारने तथा एक बार डेटिंग (अंतरंग संबंध बनाने) पर जाने का समझौता हुआ था। यह भी तय हुआ था कि डेटिंग का स्थान न तो जुकरबर्ग का निजी निवास और न ही सामूहिक कर्मचारी निवास फेसबुक हाउस होगा, जहाँ जुकरबर्ग ने सप्ताहांत गुजारने के लिए एक कमरा अपने लिए आरक्षित रखा था।

वर्ष 2007 में हार्वर्ड से स्नातक होने के बाद प्रिसिला ने पालो आल्टो में रहना शुरू किया था; लेकिन वह जुकरबर्ग से अलग ही रहती थी। अगस्त 2007 से जून 2008 तक पालो आल्टो से करीब 27 कि.मी. दूर सैन जोस के हार्कर स्कूल में उसने एक विज्ञान शिक्षक के रूप में काम किया था। वर्ष 2008 में वह यू.सी.एस.एफ. (कैलिफोर्निया विश्वविद्यालय, सैन फ्रांसिस्को) स्कूल ऑफ मेडिसिन में आयुर्विज्ञान चिकित्सक (डॉक्टर ऑफ मेडिसिन/एम.डी.) पाठ्यक्रम में दाखिल हुई थी। सितंबर 2010 में प्रिसिला ने स्टैनफोर्ड विश्वविद्यालय के निकट पालो आल्टो के कॉलेज टैरेस इलाके में स्थित जुकरबर्ग के निवास में रहना शुरू किया था। बाल रोग चिकित्सक की शिक्षा पूरी कर लेने के बाद ही प्रिसिला शादी को तैयार हुई थी। इस बीच जुकरबर्ग ने पालो आल्टो के उच्च वर्गीय आवासीय इलाके क्रिसेंट पार्क एजवुड ड्राइव) में करीब 70 लाख डॉलर में अपना पहला घर खरीद लिया था। सिलिकॉन वैली के अन्य अमीरों के मुकाबले यह साधारण घर था, जहाँ 19 मई, 2012 को आयोजित सादे समारोह में जुकरबर्ग व प्रिसिला शादी के बंधन में बँध गए थे।

फेसबुक पर बड़े विज्ञापनदाताओं के सचेत प्रयोग—'वर्क-नेटवर्क' को निराशाजनक समर्थन मिलने से पहले ही बड़े विज्ञापनदाताओं ने फेसबुक को आजमाने

के लिए सचेत प्रयोग शुरू कर दिए थे। वे लोग विआकॉम सहित अन्य बड़ी कंपनियों की आश्चर्यजनक सौदा-वार्त्ताओं की खबरों से फेसबुक की तरफ आकर्षित हो रहे थे। वैसे तो जुकरबर्ग की अवधारणाओं के मुताबिक फेसबुक के विज्ञापन बिक्री दल पहले से ही बड़े विज्ञापनदाताओं के सामने विशिष्ट उपयोगकर्ता-केंद्रित विज्ञापन कार्यक्रमों को पेश करते आ रहे थे, लेकिन उनकी बातों को गंभीरता से सुना जाने लगा था।

असल में, मार्च 2006 में माइक मर्फी ने उपाध्यक्ष, वैश्विक बिक्री के रूप में फेसबुक के विज्ञापन विभाग का काम सँभाला था। नॉर्थ टेक्सास विश्वविद्यालय (डेंटन, टेक्सास) से स्नातक मर्फी ने शौकिया पत्रिकाओं की प्रकाशक कंपनी जफ्फि मीडिया से अपना पेशेवर जीवन शुरू किया था। उसके बाद उसने 'टैग' नामक अपनी खुद की विज्ञापन व विपणन सलाहकार कंपनी का संचालन किया था। फेसबुक में आने से पहले वह याहू में उपाध्यक्ष, जनसंचार बिक्री (पश्चिमी क्षेत्र) का काम देख रहा था। फेसबुक में शामिल होते वक्त जुकरबर्ग ने मर्फी को सख्त हिदायत दी थी कि विज्ञापन सिर्फ राजस्व जुटाने के लिए नहीं होने चाहिए, बल्कि वे फेसबुक यूजर्स के लिए उपयोगी होने चाहिए। जाहिर है कि मर्फी ने बॉस के आदेश को ही लागू करने की कोशिश की थी और उसके बेहतर नजीजे मिले थे।

बहुराष्ट्रीय बैंकिंग व वित्तीय सेवाओं की नियंत्रक कंपनी—जेपी मॉर्गन चेस ऐंड कंपनी (पार्क एवेन्यू, मैनहट्टन, न्यूयॉर्क सिटी) ने न्यूयॉर्क की छोटी विज्ञापन एजेंसी 'नॉइज मार्केटिंग' के जरिए फेसबुक पर अनूठा प्रयोग किया था। कंपनी ने विश्वविद्यालय के छात्रों के लिए जारी एक विशेष क्रेडिट कार्ड चेस+1 का शुभारंभ किया था, जो सिर्फ फेसबुक यूजर्स को ही उपलब्ध करवाया गया था। उस कार्ड का रंग काला रखा गया था, क्योंकि छात्रों ने इसी रंग की माँग की थी। चेस क्रेडिट कार्ड अपने यूजर्स को उनकी खरीदारी की मात्रा के आधार पर कर्म अंक भी देता था, जिसके जरिए संगीत समारोहों के प्रवेश-पत्र जैसे मामूली पुरस्कार भुनाए जा सकते थे। लेकिन अन्य कार्डों के विपरीत, यह क्रेडिट कार्ड हरेक खरीदारी के लिए, चाहे रकम कितनी भी छोटी क्यों न हो, छात्रों को ज्यादा कर्म अंक जमा करने का मौका देता था। चेस फेसबुक ग्रुप प्रायोजित समूह में शामिल होने तथा क्रेडिट कार्ड के प्रबंधन के ऑनलाइन पाठ्यक्रम के लिए अलग से कर्म अंक मिलते थे। इससे भी आगे बढ़कर चेस ने प्रचार अभियान को बाकायदा सामाजिक बना दिया था। फेसबुक मित्र भी आपस में कर्म अंक का आदान-प्रदान कर सकते थे।

नतीजा क्या हुआ था? एक सप्ताह के भीतर चेस फेसबुक ग्रुप पर सदस्यों की संख्या 34 हजार से ज्यादा हो गई थी और हजारों क्रेडिट कार्ड भी बिक गए थे। तो यह थी फेसबुक के उपयोगकर्ता-केंद्रित प्रचार अभियान की ताकत। इससे न सिर्फ अमेरिका के सबसे बड़े बैंक जेपी मॉर्गन चेस ऐंड कंपनी को फेसबुक की ताकत का सबूत मिला

था, बल्कि इस घटना ने समूचे विज्ञापन उद्योग में खलबली-सी मचा दी थी। फेसबुक विज्ञापन प्रतिनिधियों को पारंपरिक बैनर विज्ञापन के लिए परेशान करनेवाली महारथी विज्ञापन एजेंसियों को एहसास हुआ था कि उपयोगकर्ता-केंद्रित अनुकूलित विज्ञापन कार्यक्रम (कस्टमाइज्ड एडवरटाइजिंग प्रोग्राम) के जरिए सेवा या उत्पाद के विपणन क्या कमाल संभावना हो सकते थे। लेकिन उनकी अकड़ धीरे-धीरे ढीली पड़ रही थी।

कुछ महीनों बाद बहुराष्ट्रीय उपभोक्ता सामान कंपनी—प्रोक्टर ऐंड गैंबल कंपनी/पी ऐंड जी (सिनसिनाटी, ओहियो) ने भी कुछ इसी तरह का विपणन प्रयोग आजमाया था। उस वक्त पी ऐंड जी का तत्कालीन सी.ई.ओ. एजी लाफली अपने भाषणों में ग्राहकों के अधिक-से-अधिक नजदीक पहुँचने की जरूरत पर बल दे रहा था। न्यूयॉर्क के प्रतिनिधि केविन कोलेरन ने यह खबर पढ़ी थी और अपने शातिर अंदाज में पी ऐंड जी के न्यूयॉर्क विपणन कार्यालय का दरवाजा खटखटा दिया था। कोलेरन ने सिर्फ इतना ही पूछा था कि कहीं कंपनी अपने किसी ब्रांड को विश्वविद्यालय बाजारों पर केंद्रित करने के लिए कोई योजना तो नहीं बना रही थी? पता चला था कि पी ऐंड जी का दाँत निखार उत्पाद क्रेस्ट व्हाइटस्ट्रिप्स, जिसे कंपनी ने विशेष रूप से कॉलेज के छात्रों को लक्षित कर नहीं उतारा था, की सबसे ज्यादा बिक्री विश्वविद्यालयों के नजदीकी वॉलमार्ट भंडारों में हो रही थी। कोलेरन के सुझाव पर पी ऐंड जी के विपणन रणनीतिकारों ने विशेष फेसबुक प्रचार अभियान 'स्माइल स्टेट' की योजना तैयार की थी।

एप्पल, विक्टोरियाज सीक्रेट, चेस क्रेडिट कार्ड की तरह ही पी ऐंड जी ने भी क्रेस्ट व्हाइटस्ट्रिप्स के लिए प्रायोजित फेसबुक समूह की रचना की थी। इस समूह को स्माइल स्टेट विज्ञापन अभियान के जरिए सिर्फ उन्हीं 21 सरकारी विश्वविद्यालयों के छात्रों के बीच प्रचारित किया गया था, जिनके परिसर के पास वॉलमार्ट भंडार थे। समूह में शामिल होनेवाले हरेक छात्र को प्रोत्साहन पुरस्कार के रूप में आगामी 22 दिसंबर, 2006 को जारी होनेवाली फिल्म 'वी आर मार्शल' का प्रवेश टिकट दिया जा रहा था।

['वी आर मार्शल' महाविद्यालयों के छात्र दर्शक वर्ग पर ही केंद्रित फिल्म है, जिसमें मार्शल विश्वविद्यालय (हटिंगटन, पश्चिम वर्जीनिया) की फुटबॉल टोली थंडरिंग हर्ड के पुनर्निर्माण की कहानी को मार्मिक अंदाज में चित्रित किया गया है। 14 नवंबर, 1970 को सरेडो (वायने काउंटी, पश्चिम वर्जीनिया) के पास पहाड़ी पर स्थित ट्राई स्टेट एअरपोर्ट पर पहुँचने से पहले ही आरक्षित विमान मैकडोनल डगलस डीसी-9 दुर्घटनाग्रस्त हो गया था, जिसमें सवार थंडरिंग हर्ड के सभी 25 खिलाड़ी एवं 8 सदस्यों के प्रशिक्षण दल सहित उड़ान चालक दल के सभी 5 सदस्य भी मारे गए थे।]

इसके अलावा, क्रेस्ट व्हाइटस्ट्रिप्स फेसबुक ग्रुप में शामिल होनेवाले सबसे अधिक

सदस्योंवाले महाविद्यालयों में हिप हॉप संगीत के लिए मशहूर रिकॉर्ड कंपनी डेफ जाम रिकॉर्डिंग्स (यूनिवर्सल म्यूजिक ग्रुप की सहयोगी कंपनी) की तरफ से संगीत समारोहों का भी आयोजन किया जाने वाला था। चूँकि इस प्रचार अभियान को भी फेसबुक यूजर्स के लिए उपयोगी बनाया गया था, इसलिए उसे जबरदस्त समर्थन मिला था। 20 हजार छात्रों ने उस समूह में हिस्सा लेकर क्रेस्ट व्हाइटस्ट्रिप्स ब्रांड के प्रति अपना लगाव जाहिर किया था। यह पी ऐंड जी व फेसबुक दोनों के लिए बड़ी उपलब्धि थी।

दिलचस्प तथ्य यह है कि मई 2006 में कोका-कोला कंपनी ने अपने नीबू स्वादवाले कैफीन-मुक्त रंगहीन शीतल पेय 'स्प्राइट' को नई साज-सज्जा के साथ दुबारा बाजार में उतारा था। कंपनी का प्रचार अभियान युवा ग्राहकों को ध्यान में रखकर तैयार किया गया था। कोका-कोला की विज्ञापन एजेंसी ने फेसबुक विज्ञापन दल के सामने 10 लाख डॉलर का बड़ा बैनर विज्ञापन प्रस्ताव रखा था, जिसके तहत सिर्फ एक दिन के लिए फेसबुक के मुखपृष्ठ को हरा किया जाना था। अंदाजा लगाइए, फेसबुक की तरफ से क्या प्रतिक्रिया हुई होगी? जुकरबर्ग ने न सिर्फ वह धनराशि लेने से मना कर दिया था, बल्कि उस बड़े सौदे को हासिल करने के लिए विज्ञापन एजेंसी को समझाने की कोशिश की थी। सैन फ्रांसिस्को की डिजिटल मीडिया की बड़ी विज्ञापन एजेंसी के शीर्ष पदाधिकारियों का दिमाग चकरा गया था और वे फेसबुक मुख्यालय में जुकरबर्ग से मिलने को मजबूर हो गए थे। उनके होश तब ठिकाने आए थे, जब उनकी मुलाकात फेसबुक सी.ई.ओ. से हुई थी। जुकरबर्ग ने अपनी पसंदीदा वेशभूषा—घुटने तक से ऊपरवाले पाजामा व टी-शर्ट में नंगे पाँव उन लोगों से अपने दफ्तर में मुलाकात की थी। उसने आगंतुकों से विनम्रतापूर्वक बातचीत की थी, लेकिन उनके विज्ञापन प्रस्ताव को मानने से इनकार कर दिया था। जाहिर है कि जुकरबर्ग ने उनसे अपने प्रस्ताव में फेर-बदल करने के लिए भी नहीं कहा था। अब जाकर इन अवसरवादी बाजारियों को समझ आया था कि दुनिया में जुकरबर्ग जैसे लोग भी थे, जो धन से ज्यादा अपने आदर्शों को अहमियत देते थे।

अकेले कोका-कोला ही नहीं, ऐसी बहुत सी बड़ी कंपनियाँ थीं, जिनके विपणन रणनीतिकारों को अभी भी यह समझ नहीं आ रहा था कि वे फेसबुक विशिष्ट उपभोक्ता समुदाय का लाभ कैसे उठा सकते थे। ऐसे में, जून 2006 में, दुनिया की सबसे बड़ी चार विज्ञापन नियंत्रक कंपनियों में शुमार की जानेवाली इंटर पब्लिक ग्रुप ऑफ कंपनीज (न्यूयॉर्क सिटी) चौंकानेवाले अंदाज में फेसबुक के समर्थन में आ गई थी। उसने अगले एक साल में अपने ग्राहकों की तरफ से फेसबुक पर 1 करोड़ डॉलर से अधिक की विज्ञापन राशि खर्च करने का ऐलान कर दिया था।

[31 जुलाई, 2013 तक डब्ल्यू.पी.सी., लंदन (15.6 अरब डॉलर), ऑम्नीकॉम

वैन नाटा व रोज ने माइक्रोसॉफ्ट की इसी कमजोरी का फायदा उठाया था। उन्हें पता था कि गूगल ने माइस्पेस विज्ञापन सौदे में माइक्रोसॉफ्ट को पटकनी दी थी। लोहा पूरी तरह गरम था और माइक्रोसॉफ्ट को माइस्पेस जैसे ही किसी वैकल्पिक सौदे की तलाश थी।

ग्रुप, न्यूयॉर्क सिटी (14.3 अरब डॉलर) एवं पब्लिसिस, पेरिस (7.7 अरब डॉलर) के बाद इंटरपब्लिक ग्रुप (6.693 अरब डॉलर) चौथे स्थान की दुनिया की सबसे बड़ी विज्ञापन नियंत्रक कंपनी थी।] इस सौदे के तहत इंटरपब्लिक ग्रुप ने फेसबुक का 0.5 फीसदी शेयर भी खरीदा था।

माइक्रोसॉफ्ट के साथ विज्ञापन समझौता—8 अगस्त, 2006 को गूगल ने अपनी खोज व विज्ञापन सेवा के लिए 'माइस्पेस' के साथ आगामी तीन वर्षों के लिए 90 करोड़ डॉलर का समझौता किया था। उस एक सौदे ने पिछले जुलाई 2005 में रूपर्ट मर्डोक की कंपनी द्वारा माइस्पेस के 58 करोड़ डॉलर के अधिग्रहण सौदे को सार्थक बना दिया था। इससे सोशल नेटवर्किंग सेवाओं के विज्ञापन-स्थापन को अचानक एक नई कीमत मिल गई थी। जिस तरह 'माइस्पेस' के अधिग्रहण के बाद फेसबुक को अपना बाजार मूल्यांकन बढ़ाने का मौका मिला था, ठीक उसी तरफ अब उसे अपने विज्ञापन-स्थान को सोने की खान की तरह बेचने का आधार मिल गया था।

9 अगस्त, 2006 को माइस्पेस ने अपने पंजीकृत यूजर्स की संख्या 10 करोड़ हो जाने का दावा किया था; जबकि फेसबुक 90 लाख के आसपास पहुँच रहा था, यानी उस वक्त फेसबुक के मुकाबले माइस्पेस का आकार करीब ग्यारह गुना बड़ा था। हैरान होने की जरूरत नहीं। आकार में छोटा होने के बावजूद फेसबुक अपने विज्ञापन स्थान को माइस्पेस के मुकाबले तीन गुना से भी ज्यादा कीमत पर बेचने जा रहा था। कैसे?

फेसबुक के सी.ओ.ओ. ओवेन वैन नाटा एवं उपाध्यक्ष, व्यवसाय विकास डैन रोज पहले से ही माहौल को गरम कर रहे थे। उनकी गूगल, माइक्रोसॉफ्ट व याहू तीनों से समानांतर बातचीत चल रही थी। फेसबुक ने माइक्रोसॉफ्ट के ऑनलाइन प्रभाग एम.एस.एन. (माइक्रोसॉफ्ट नेटवर्क) के साथ विज्ञापन-स्थान बेचने का एक छोटा सौदा कर रखा था। अब गूगल व माइस्पेस सौदे के बाद अचानक माइक्रोसॉफ्ट के शीर्ष नेतृत्व की आँखें खुली थीं। इंटरनेट कारोबार में गूगल द्वारा बुरी तरह से हरा दिए जाने के बाद से माइक्रोसॉफ्ट घायल शेर की तरह हो गई थी। वह गूगल को हराने के लिए (जो कभी संभव नहीं हो सका) कितना भी बड़ा दाँव खेलने के लिए फटाफट तैयार हो जाती थी।

वैन नाटा व रोज ने माइक्रोसॉफ्ट की इसी कमजोरी का फायदा उठाया था। उन्हें पता था कि गूगल ने माइस्पेस विज्ञापन सौदे में माइक्रोसॉफ्ट को पटकनी दी थी। लोहा

पूरी तरह गरम था और माइक्रोसॉफ्ट को माइस्पेस जैसे ही किसी वैकल्पिक सौदे की तलाश थी। रोज ने जान-बूझकर माइक्रोसॉफ्ट के ऑनलाइन सेवा समूह के संबंधित अधिकारी का मन टटोला था कि वे लोग फेसबुक के बारे में क्या सोच रहे थे? अपेक्षा के मुताबिक दूसरी तरफ से सकारात्मक जवाब मिला था। वे लोग फेसबुक के पेशगी मूल्य (आस्किंग प्राइस) के बारे में जानना चाहते थे। वैन नाटा व रोज ने तो पहले ही इसकी तैयारी की हुई थी। उन्होंने माइक्रोसॉफ्ट के सामने रसीला सौदा प्रस्ताव पेश किया था—माइक्रोसॉफ्ट अपने विज्ञापन बिक्री नेटवर्क के जरिए फेसबुक के बैनर विज्ञापन स्थानों को बेचे तथा फेसबुक को हरेक प्रकाशित विज्ञापन के लिए पी.सी.एम. (प्रति हजार अवलोकन लागत) दर पर निश्चित राशि भुगतान की जमानत दे।

यानी फेसबुक माइक्रोसॉफ्ट को वह काम देना चाहता था, जो वह खुद नहीं करना चाहता था, यानी पारंपरिक बैनर विज्ञापन। जाहिर है कि फेसबुक ने उपयोगकर्ता-केंद्रित रचनात्मक विज्ञापन कार्यक्रमों पर ध्यान केंद्रित करने का फैसला किया था। बैनर विज्ञापन की स्थान संरचना को लेकर भी जुकरबर्ग अड़ा रहा था; लेकिन मामूली फेर-बदल के बाद 22 अगस्त, 2006 को फेसबुक व माइक्रोसॉफ्ट के बीच बैनर विज्ञापन सौदे का ऐलान कर दिया गया था; याद रहे कि मार्च में विआकॉम से सौदा वार्त्ता करते हुए कंपनी ने वर्ष 2006 में 2.20 करोड़ डॉलर एवं 2007 में 5.50 करोड़ डॉलर का राजस्व हासिल करने का दावा किया था; लेकिन माइक्रोसॉफ्ट के सहयोग से फेसबुक ने 2006 में अपना विज्ञापन राजस्व करीब दो गुना से भी ज्यादा 5.20 करोड़ डॉलर कर लिया था। दिल थामकर बैठिए, वर्ष 2007 के लिए माइक्रोसॉफ्ट ने सिर्फ बैनर विज्ञापन स्थान के लिए फेसबुक को 10 करोड़ डॉलर राजस्व की जमानत दी थी और फेसबुक का कुल राजस्व 15 करोड़ डॉलर के स्तर पर पहुँचने वाला था।

यदि गूगल व माइस्पेस के सौदे की तुलना करें तो माइक्रोसॉफ्ट को यह सौदा तीन गुना से ज्यादा महँगा पड़ा था। गूगल ने 10 करोड़ उपभोक्ताओंवाले मंच माइस्पेस को तीन साल में 90 करोड़ डॉलर राजस्व की जमानत दी थी। यानी एक साल में सिर्फ 30 करोड़ डॉलर, जो प्रति करोड़ उपयोगकर्ता के हिसाब से गूगल को सिर्फ 3 करोड़ डॉलर की पड़ी थी; जबकि फेसबुक ने महज 90 लाख उपयोगकर्ताओं के आधार पर सिर्फ वर्ष 2007 के लिए माइक्रोसॉफ्ट से 10 करोड़ डॉलर का भुगतान सुरक्षित कर लिया था। गूगल ने तीन साल का सौदा किया था; जबकि माइक्रोसॉफ्ट का सौदा सिर्फ एक साल का ही था, यानी साल भर बाद फेसबुक अपनी कीमत बढ़ा सकता था, जबकि माइस्पेस तीन सालों तक गूगल के कब्जे में रहने वाला था।

□

न्यूज फीड, इ-मेल पंजीकरण एवं फेसबुक प्लेटफॉर्म

वर्ष 2006 की गरमी की छुट्टियाँ कई मायने में महत्त्वपूर्ण थीं। मार्च के अंत में विआकॉम का सौदा ठंडा पड़ गया था, लेकिन इससे फेसबुक सी.ई.ओ. जुकरबर्ग को काफी कुछ सीखने को मिला था। 'वर्क-नेटवर्क' की सूखी प्रतिक्रिया ने फेसबुक दल को परेशान जरूर किया था, लेकिन वे लोग फोटोज अनुप्रयोग से प्रेरणा लेकर एक क्रांतिकारी सेवा 'न्यूज फीड' की तैयारियों में जुटे हुए थे। जुकरबर्ग को भरोसा था कि यह फेसबुक प्रभाव को एक नए शिखर पर ले जाएगा; लेकिन इसे सितंबर में नया शिक्षा सत्र शुरू होने के बाद शुरू करने की योजना बनाई गई थी। तीसरे चक्र के उद्यम पूँजी निवेश से तात्कालिक राहत तो मिल गई थी। विज्ञापन आमदनी में अपेक्षित प्रगति न होने के चलते जुकरबर्ग पर दूरगामी दबाव कायम था।

ऐसे में, जब वर्क नेटवर्क की सूखी प्रतिक्रिया मिली थी तो स्वाभाविक रूप से एसेल पार्टनर्स के जिम ब्रेयर को विशेष घबराहट हुई थी। अभी यह खबर जग-जाहिर नहीं हुई थी कि फेसबुक को वयस्क समुदाय पसंद नहीं कर रहा था और याहू जैसी महारथी कंपनी फेसबुक के अधिग्रहण में काफी रुचि ले रही थी। लिहाजा, ब्रेयर ने अगले मौके पर फेसबुक परियोजना से खुद को बाहर (एग्जिट) कर लेने का मन बनाया था। उसने इस बाबत जुकरबर्ग पर दबाव बनाया था कि अच्छे भाव पर अधिग्रहण सौदा कर लेने में ही समझदारी थी। चूँकि उस वक्त जुकरबर्ग भी काफी तनाव में था, अतः उसने कह दिया था कि यदि 2 अरब के मूल्यांकन पर कम-से-कम 1 अरब डॉलर का नकद मिल जाए तो बात आगे बढ़ाई जा सकती थी। लिहाजा याहू के साथ सौदेबाजी का सिलसिला जारी रहा था। लेकिन अगस्त के अंत में माइक्रोसॉफ्ट के सौदे और 'न्यूज फीड' की जबरदस्त संभावनाओं के कारण जुकरबर्ग का आत्मविश्वास बढ़ रहा था।

'न्यूज फीड' की तैयारी तथा याहू का खरीद प्रस्ताव

अक्तूबर 2005 में फोटोज अनुप्रयोग की आश्चर्यजनक सफलता के बाद से ही फेसबुक की शीर्ष टोली में यह बहस तेज हो गई थी कि यूजर्स की अगली जरूरत क्या थी? इस सवाल का जवाब फोटोज सेवा की सफलता में छिपा था। यूजर्स ने फोटोज को क्यों पसंद किया था? जवाब था कि इससे उन्हें अपने मित्रों की गतिविधियों की नई जानकारी मिलती थी, मतलब खबर मिलती थी। वैसे भी, फेसबुक पर लोग क्यों आते थे, एक-दूसरे के बारे में जानने के लिए ही न? तो फिर एक ऐसी सेवा क्यों न शुरू की जाए, जिससे फेसबुक यूजर्स को मित्रों की तमाम गतिविधियों की जानकारी एक स्थान पर मिल जाए? इसके लिए अलग-अलग हरेक की रूपरेखा की छानबीन करने की जरूरत न पड़े।

यानी उपयोगकर्ता रूपरेखा के साथ समाचार पटल (बुलेटिन बोर्ड) जैसा कोई चित्रपट हो, जो मित्र-मंडली की हर गतिविधि बिल्कुल समाचार सेवा की तरह लगातार प्रवाह में पेश करे। जुकरबर्ग ने इस जरूरत की व्याख्या इस तरह से की थी, "*अफ्रीका में लोग मर रहे हैं, की तुलना में आपके घर के सामने एक गिलहरी मर रही है, आपकी रुचि के लिए अधिक प्रासंगिक हो सकती है।*" यानी इस सेवा के जरिए फेसबुक यूजर्स सामाजिक रूप से ज्यादा सजग हो सकते थे। फेसबुक ने इस परियोजना को 'न्यूज फीड' नाम दिया था।

जनवरी 2006 में कैलिफोर्निया इंस्टीट्यूट ऑफ टेक्नोलॉजी/कैलटेक (पासाडेना, लॉस एंजिल्स काउंटी, कैलिफोर्निया) से स्नातक, कंप्यूटर विज्ञान का पाठ्यक्रम पूरा होने के बाद जुकरबर्ग का मित्र एडम डी. एंजेलो उपाध्यक्ष, प्रौद्योगिकी के रूप में कंपनी की प्रौद्योगिकी चुनौतियों पर माथा-पच्ची कर रहा था। उसने 'न्यूज फीड' की सॉफ्टवेयर संरचना विकास का काम प्रतिभाशाली सॉफ्टवेयर इंजीनियर क्रिस्टोफर क्रिस कॉक्स को सौंपा था। डी. एंजेलो ने कॉक्स के सामने चुनौती रखी थी—इंटरनेट करोड़ों सवालों के जवाब देने में सक्षम था, लेकिन अभी तक ऐसा कोई साधन ईजाद नहीं हो सका था, जो लोगों को उसके सबसे महत्त्वपूर्ण लोगों की जानकारियाँ दे सके। मतलब, लोग कहीं भी रहें, जब भी फेसबुक पर आएँ तो अपने से जुड़े लोगों का सारा हाल-चाल एक साथ पता चल जाए और वे उनके साथ अपनी प्रतिक्रिया व विचार साझा कर सकें।

कॉक्स ने जनवरी 2006 में स्टैनफोर्ड विश्वविद्यालय के विशेष स्नातक पाठ्यक्रम सिंबॉलिक सिस्टम्स प्रोग्राम/एस.एस.पी. (सांकेतिक प्रणाली कार्यक्रम) पूरा किया था। यह शिक्षा कार्यक्रम कृत्रिम व प्राकृतिक प्रणालियों—कंप्यूटर व दिमाग पर केंद्रित है, जो संवाद करने तथा सूचना का प्रतिनिधित्व करने के लिए प्रतीकों का उपयोग करता है। इस पाठ्यक्रम में कंप्यूटर विज्ञान, भाषा विज्ञान (लिंग्विस्टिक्स), दर्शनशास्त्र (फिलॉसफी),

मनोविज्ञान (साइकोलॉजी), संचार (कम्युनिकेशन), सांख्यिकी (स्टेटिस्टिक्स) व शिक्षा (एजुकेशन) को शामिल किया था। काक्स का पाठ्यक्रम इस विषय के कृत्रिम बुद्धि (आर्टिफिशियल इंटेलिजेंस) पर एकाग्र था। सन् 1982 में कॉक्स का जन्म अटलांटा में हुआ था, लेकिन वह शिकागो नगर केंद्र से 26 कि.मी. उत्तर में स्थित ग्रामीण इलाके विनेटका (उत्तरी कुक काउंटी, इलिनोइस) में पला-बढ़ा था। उसने विनेटका के न्यू ट्रायर हाई स्कूल से बारहवीं की थी, जहाँ उसकी माता अंग्रेजी व मानविकी की शिक्षिका थी। उसके पिता शिकागो की एक बीमा कंपनी में अधिकारी थे। वह बचपन से ही कंप्यूटर व पियानो का दीवाना था और हाई स्कूल बैंड का बेहद प्रतिभाशाली कीबोर्ड वादक माना जाता था।

['न्यूज फीड' की आशातीत सफलता के बाद जुकरबर्ग ने कॉक्स को निदेशक, मानव संसाधन की जिम्मेदारी सौंपी थी। उसके बाद उपाध्यक्ष, उत्पाद के रूप में उसने फेसबुक के विश्वव्यापी उत्पाद प्रबंधन, डिजाइन व विपणन कार्यों का संचालन किया था। मई 2014 में उसका पदनाम बदलकर मुख्य उत्पाद अधिकारी (चीफ प्रोडक्ट ऑफिसर/सी.पी.ओ.) कर दिया गया था।]

फेसबुक के न्यूज फीड की कलनविधि (एल्गोरिद्म) की रचना बेहद जटिल, श्रमसाध्य व अति महत्त्वाकांक्षी परियोजना थी। कॉक्स के लिए उसकी चुनौतियों पर खरे उतरना आसान नहीं था; लेकिन डी. एंजेलो ने उसे जान-बूझकर यह काम सौंपा था। फेसबुक में कॉक्स ही एकमात्र इंजीनियर था, जो कृत्रिम बुद्धि (कंप्यूटर बुद्धि) व मानव मस्तिष्क के तालमेल का विशेषज्ञ था। इसका प्रायोगिक प्रारूप (वोर्किंग प्रोटोटाइप) बनाने में कॉक्स को आठ महीनों की कठोर तपस्या करनी पड़ी थी। यह ऐसी कलनविधियों का सुमेल था, जो फेसबुक के हरेक यूजर की गतिविधियों व रूपरेखा बदलावों को उसके दोस्तों की रुचियों के नजरिए से चुनता था और फिर, विपरीत कालानुक्रम (रिवर्स क्रोनोलॉजी) में सजाकर सभी संबंधित लोगों की रूपरेखा पटल पर प्रदर्शित करता था। इस कार्यक्रम को फेसबुक के तत्कालीन ग्राफिकल यूजर इंटरफेस (जी.यू.आई.) के साथ एकीकृत करना कंपनी के लिए अब तक की सबसे बड़ी प्रौद्योगिकी चुनौती थी। इसके लिए जी.यू.आई. में आमूलचूल परिवर्तन की जरूरत थी। कुल मिलकर न्यूज फीड को एकीकृत करना एक बार फिर से नया फेसबुक बनाने जैसा ही था।

उस वक्त फेसबुक के औसत यूजर के पास करीब 100 दोस्त थे। न्यूजफीड सॉफ्टवेयर कार्यक्रम को उन सभी दोस्तों की हरेक गतिविधि की निगरानी करनी थी। फिर यूजर के फेसबुक खोलने पर उसकी रुचि के मुताबिक उसके दोस्तों की गतिविधियों का मूल्यांकन करना था। यह कार्यक्रम यूजर की रुचि का अंदाजा उसके पहले के व्यवहारों के आधार पर तय करता था। इसी तरह यह कार्यक्रम उस यूजर के सभी दोस्तों की

रुचियों का भी आकलन करता था। फिर हरेक को उसकी रुचि के हिसाब से ही न्यूज फीड पर जानकारियाँ प्रसारित करता था और सबसे ताजा जानकारी सबसे ऊपर रखता था। यूजर की हरेक गतिविधि के लिए अलग-अलग विशेष तर्क (लॉजिक) कलनविधि रची गई थी और उन सभी कलनविधियों को एकीकृत किया गया था। यानी आपने अपनी रूपरेखा पर कभी किसी फिल्म की चर्चा नहीं की तो आपकी न्यूज फीड में इससे संबंधित सूचना नहीं होगी। न्यूज फीड सॉफ्टवेयर कार्यक्रम प्रणाली हर 15 मिनट में या उसके आसपास खुद को अपडेट करती थी। दिसंबर 2005 में फेसबुक के यूजर्स की संख्या करीब 6 करोड़ थी। अब जरा अनुमान लगाइए कि इस प्रणाली को हरेक 15 मिनट बाद कितनी गणनाएँ करनी पड़ती होंगी। इसके अलावा, इस कार्यक्रम को यूजर्स की संख्या व सक्रियता के हिसाब से खुद का स्तर भी ऊपर उठाना पड़ता था।

इस बीच, 21 मार्च, 2006 को ऑनलाइन सोशल नेटवर्किंग व माइक्रोब्लॉगिंग (छोटे संवादोंवाला ब्लॉग) सेवा शुरू हो चुकी थी और लोकप्रिय भी होने लगी थी। हालाँकि ऊपरी तौर पर न्यूजफीड इससे मिलती-जुलती सेवा लग रही थी, लेकिन इसकी आधारभूत संरचना कृत्रिम बुद्धि की जटिलतम चुनौतियों का समाधान ढूँढ़ने की कोशिश कर रही थी। लिहाजा, ज्यों-ज्यों न्यूजफीड के विकास का काम आगे बढ़ रहा था, फेसबुक की प्रौद्योगिकी चुनौतियाँ भी बढ़ रही थीं; लेकिन जुकरबर्ग का आत्मविश्वास भी बढ़ता जा रहा था। जुकरबर्ग को लग रहा था कि यह कार्यक्रम फेसबुक का भविष्य बदलने जा रहा था। यह वर्क नेटवर्क की रूखी प्रतिक्रिया से पैदा हुई निराशा के माहौल में आशा की किरण नजर आ रही थी।

याहू का अधिग्रहण प्रस्ताव—इस बीच जुकरबर्ग द्वारा विआकॉम के सौदे को ठुकरा दिए जाने के बाद सिलिकॉन वैली की महारथी कंपनी याहू के मुख्यालय (सनीवेल, पालो आल्टो से 15 कि.मी. दूर) में अजीबोगरीब उत्साह का माहौल था। पिछले काफी समय से याहू का शीर्ष नेतृत्व फेसबुक पर नजर गड़ाए हुए था, लेकिन विआकॉम से सीधे मुकाबले से बचने की कोशिश कर रहा था। गूगल के ऑरकुट के मुकाबले याहू के पास कोई सोशल नेटवर्किंग मंच नहीं था। भविष्य की बाजार रणनीति के हिसाब से याहू को हर हाल में इसका विकल्प ढूँढ़ना था। याहू का तत्कालीन सी.ई.ओ. टेरी सेमेल लगातार फेसबुक पर लट्टू होता जा रहा था। याहू का मुख्य परिचालन अधिकारी (सी.ओ.ओ.) डैन रोसेनवेइग, जो जुकरबर्ग के गृह नगर (डोब्स फेरी, वेस्टचेस्टर काउंटी, न्यूयॉर्क) का ही था और वर्ष 2005 में ही जुकरबर्ग से मिल चुका था, अब तक दोनों के बीच काफी नजदीकियाँ हो चुकी थीं। वह कई मुलाकातों में जुकरबर्ग को साफ कर चुका था कि यदि वह तैयार होगा तो याहू अधिग्रहण पर विचार कर सकता था। लेकिन जुकरबर्ग ने ऐसी कोई रुचि नहीं दिखाई थी।

लेकिन जून 2006 में याहू के शीर्ष पदाधिकारियों ने फेसबुक को अधिगृहीत करने का एकमत से फैसला कर लिया था। उन्हें पता था कि कुल 1.50 अरब डॉलर के मूल्यांकन पर विआकॉम 80 करोड़ डॉलर नकद का प्रस्ताव कर चुका था, लेकिन बाकी के 70 करोड़ डॉलर के भुगतान की समय-सीमा को लेकर मामला उलझ गया था। जाहिर है कि याहू नेतृत्व ने इसी हिसाब से तैयारी की थी। याहू सी.ई.ओ. सेमेल ने खुद ही जुकरबर्ग से संपर्क साधा था और दोनों के बीच बातचीत का सिलसिला शुरू हो गया था। जल्द ही यह साफ हो गया था कि याहू 1 अरब डॉलर तक के नकद भुगतान के लिए तैयार हो सकता था। लिहाजा, याहू व फेसबुक के बीच विधिवत् सौदा-वार्त्ताओं का दौर शुरू हुआ था। इस वार्त्ता में याहू की तरफ से सेमेल, रोसेनवेइग व याहू के चीफ स्ट्रेटेजी ऑफिसर (सी.एस.ओ.) टोबी कॉप्पेल शामिल थे; जबकि फेसबुक की तरफ से सी.ओ.ओ. ओवेन वैन नट्टा, उपाध्यक्ष, उत्पाद प्रबंधन मैट कोहलर व जुकरबर्ग खुद। वार्त्ता की गोपनीयता को बनाए रखने के लिए कई बैठकें वैन नट्टा के निवास पर हुई थीं, क्योंकि सी.ई.ओ. जुकरबर्ग का एक शयन-कक्ष का फर्नीचर-रहित आवास इस बैठक के लिए उचित नहीं था।

खैर, कई दौर की बातचीत के बाद फेसबुक का अधिग्रहण सौदा अंतिम दौर में पहुँच गया था। जुकरबर्ग अजीबोगरीब स्थिति में था। वह तय नहीं कर पा रहा था कि इसका जश्न मनाए या फिर विरोध करे, लेकिन इसी ऊहापोह में उसने 4 जुलाई, 2006 को फेसबुक के सभी कर्मचारियों के लिए सामूहिक जश्न का आयोजन किया था। उसने किसी प्रबंधक को 500 डॉलर के पटाखे लाने के लिए भी कहा था, जिसे पालो आल्टो पार्क में छोड़ा गया था; लेकिन वह पटाखा अवैध था, जिसके लिए फेसबुक प्रबंधन को पुलिस की पूछताछ का भी सामना करना पड़ा था। अगले दिन याहू सी.ई.ओ. सेमेल ने फेसबुक अधिग्रहण सौदे के अंतिम नियम-पत्रक को एक विशेष दूत के हाथ जुकरबर्ग तक पहुँचा दिया था।

वास्तव में, जुकरबर्ग व डस्टिन मोस्कोवित्ज जैसे नजदीकी इस सौदे को लेकर खुश नहीं थे। याहू के लोगों ने एक तरह से जुकरबर्ग को घेर-सा लिया था। कंपनी की असल मूल्यांकन-प्रक्रिया को समझने की जिज्ञासा में जुकरबर्ग भी उन वार्त्ताओं में रुचि ले रहा था। एक बातचीत में कोई सवाल उठता था तो वे अगली बैठक में उसका हल ढूँढ़कर नई पेशकश कर दे रहे थे। ऐसे में जुकरबर्ग के पास इस बातचीत से मुकरने का कोई तार्किक कारण नहीं मिल रहा था। अब तो याहू ने बाकायदा नियम-पत्रक भी पेश कर दिया था। नियमानुसार इस प्रस्ताव को निदेशक मंडल के सामने रखा जाना और उस पर विचार-विमर्श होना जरूरी था। जुकरबर्ग अपने स्तर पर इसे खारिज नहीं कर सकता था।

'एसेल पार्टनर्स' के प्रतिनिधि एवं फेसबुक निदेशक मंडल के सदस्य जिम ब्रेयर ने

इस सौदे को बेहद लाभप्रद मौके के रूप में देखा था। हर उद्यम पूँजी कंपनी को ऐसे ही मौके की तलाश रहती है, जब अच्छी कमाई के साथ अपनी हिस्सेदारी बेचकर परियोजना से बाहर हो सके। यदि यह सौदा होता था तो एसेल को 14 महीने की अवधि में अपने निवेश पर दस गुना से भी ज्यादा कमाई होती। जाहिर है कि ब्रेयर ने याहू के सौदे पर चर्चा के लिए जुकरबर्ग पर दबाव बनाया था। ब्रेयर यही तर्क दे रहा था कि निदेशक मंडल की बैठक में इस मुद्दे पर गंभीर चर्चा होनी चाहिए थी, ताकि सौदे का मूल्यांकन संभव हो; लेकिन जुकरबर्ग इस मामले को टालता रहा था। आखिरकार निदेशक मंडल की एक बैठक में जब ब्रेयर ने सौदे के पक्ष में कुछ ज्यादा दबाव बनाने की कोशिश की थी तो जुकरबर्ग बिफर पड़ा था। उसने दो-टूक शब्दों में ब्रेयर को चेताया था कि यदि वह फेसबुक को बेचना नहीं चाहता तो निदेशक मंडल उसे बेचने के लिए मजबूर नहीं कर सकता था। जुकरबर्ग फेसबुक का सर्वशक्तिमान बादशाह था और निदेशक मंडल के किसी भी विपरीत फैसले को खारिज कर सकता था। अब ब्रेयर के पास जुकरबर्ग के सामने घुटने टेक देने के अलावा और कोई चारा नहीं था। लिहाजा, उसने जुकरबर्ग से शांत होकर इस प्रस्ताव का विश्लेषण करने की गुजारिश की थी।

दूसरी तरफ, फेसबुक के अंदर भी ऐसे बहुत से कर्मचारी थे, जो इस सौदे में मोटी कमाई का मौका देख रहे थे। सी.ओ.ओ. वैन नट्टा व उपाध्यक्ष कोहलर भी इस सौदे को सुनहरा अवसर मान रहे थे और फेसबुक को याहू को बेच देने के बारे में ब्रेयर के साथ सुर मिला रहे थे। चूँकि वे लोग पेशेवर थे, उन्होंने फेसबुक की कूटलिपि नहीं लिखी थी, इसलिए स्वाभाविक रूप से फेसबुक से उनका कोई गहरा भावनात्मक लगाव नहीं था। उनकी नजर में 1 अरब डॉलर की नकदी बहुत बड़ी रकम थी। सीन पार्कर, जो अब भी फेसबुक का बड़ा शेयरधारक था, जुकरबर्ग व मोस्कोवित्ज के पक्ष में था। उसने भी फेसबुक को इस मुकाम तक पहुँचाने में अहम भूमिका अदा की थी और वह भी कंपनी के भविष्य को लेकर जुकरबर्ग व मोस्कोवित्ज की तरह ही भावनात्मक लगाव रखता था। उन तीनों का मानना था कि फेसबुक तो अभी बस शुरू हुआ था और उसकी अजस्र संभावनाएँ थीं। देवदूत निवेशक पीटर थिएल भी पेपाल जैसी क्रांतिकारी प्रौद्योगिकी का रचनाकार रहा था, इसलिए वह शुरू से ही जुकरबर्ग के साथ भावनात्मक रूप से जुड़ा हुआ था। लिहाजा, थिएल ने जुकरबर्ग के साथ इस सौदे से जुड़े विभिन्न मुद्दों पर घंटों बातचीत तो की थी, लेकिन उस पर किसी भी प्रकार का कोई दबाव नहीं बनाया था। वह हर हाल में जुकरबर्ग का साथ देने के लिए कृतसंकल्प था और अंत में उसी के साथ डटकर खड़ा हो गया था।

जुकरबर्ग भी याहू के प्रस्ताव को आकर्षक मानता था; लेकिन जब वह न्यूजफीड की संभावित सफलता के आईने में देखता था तो उसे यह प्रस्ताव मूल्यहीन नजर आता

था। यही तो संस्थापक की दूरदर्शिता थी। बस, दो महीनों की तो बात थी। न्यूज फीड सेवा को नए शिक्षा-सत्र के शुरू होते ही आरंभ किए जाने की तैयारियाँ जोरों पर थीं। इतना ही नहीं, जुकरबर्ग व मोस्कोवित्ज अब फेसबुक को सभी के लिए खोल देने की योजनाओं पर भी अमल कर रहे थे। 'वर्क-नेटवर्क' इस दिशा में पहली कोशिश थी। मूल ढाँचा पहले की तरह कायम रखते हुए फेसबुक का कई नए दायरों में विस्तार संभव था। फेसबुक के पास यूजर्स की पहचान को सुनिश्चित करने के विशाल आँकड़े जमा हो चुके थे। अब फेसबुक मंच पर अपनी पहचान छुपा पाना संभव नहीं था।

इस बीच जुलाई के पहले दो सप्ताहों में वैन नट्टा के निवास पर दोनों पक्षों की वार्त्ता जारी रही थी। याहू 1 अरब डॉलर के नकद पर फेसबुक को अधिगृहीत करने को लगभग तैयार था। वैन नट्टा व कोहलर उनके पक्ष में थे और जुकरबर्ग को 'वर्क-नेटवर्क' की शुरुआती असफलता से डरा रहे थे; लेकिन जुकरबर्ग अनचाहे मन से उस बातचीत में भाग ले रहा था। उसने अपनी तरफ से अब तक कोई साफ फैसला नहीं सुनाया था। वह बातचीत के बीच से अचानक बाहर चला जाता था। उसकी बेरुखी से याहू के लोग परेशान हो रहे थे।

इसी बीच, 19 जुलाई, 2006 को याहू ने चालू वित्त वर्ष की दूसरी तिमाही का नतीजा घोषित किया था। वॉल स्ट्रीट के 30 वित्तीय विश्लेषकों ने याहू द्वारा 1.14 अरब डॉलर के राजस्व का अनुमान लगाया था, जबकि घोषित नतीजों से यह सिर्फ 1.12 अरब डॉलर ही रहा था। इसके अलावा, याहू ने नए विज्ञापन सॉफ्टवेयर में भी देरी होने की सूचना दी थी। लिहाजा तीसरी तिमाही के नकारात्मक अनुमानों के चलते उस दिन याहू का शेयर 7.04 डॉलर (करीब 22 फीसदी) गिरकर 25.20 डॉलर रह गया था। इस तरह चालू वर्ष में याहू के शेयर भाव में कुल 36 फीसदी की गिरावट आ चुकी थी। दिलचस्प बात यह थी कि मई में याहू निदेशक मंडल ने सी.ई.ओ. सेमेल की 90 लाख शेयरों की अधिलाभ व प्रतिधारण योजना (बोनस ऐंड रिटेंशन प्लान) को अनुमोदित किया था, जिनमें 60 शेयरों का अभ्यास मूल्य (एक्सरसाइज प्राइस) 31.59 डॉलर निर्धारित किया गया था।

इस घटना ने याहू के सी.ई.ओ. सेमेल के फेसबुक अधिगृहीत करने के उत्साह पर पानी फेर दिया था। उसके लिए यह अनुमान लगाना कठिन नहीं था कि यदि उसने विआकॉम के मुकाबले 20 करोड़ डॉलर ज्यादा कीमत पर बिना किसी लाभ वाली कंपनी फेसबुक को अधिगृहीत करने का दु:साहस किया तो वॉल स्ट्रीट कैसी प्रतिक्रिया जताएगा। लिहाजा, सेमेल ने अपनी बोली को 1 अरब डॉलर से घटाकर 85 करोड़ डॉलर कर दिया था, यानी विआकॉम से सिर्फ 5 करोड़ डॉलर ज्यादा। सेमेल का फोन रखने के बाद जुकरबर्ग अपने दफ्तर से निकलकर मोस्कोवित्ज की मेज तक पहुँचा था और यह

खुशखबरी सुनाई थी। उसके बाद जुकरबर्ग ने तत्काल दूरभाष सम्मेलन (टेलीकॉन्फ्रेंसिंग) के जरिए फेसबुक निदेशक मंडल की बैठक बुलाई थी। करीब 10 मिनट की चर्चा के बाद निदेशकों ने बहुमत से याहू की पेशकश को खारिज कर दिया था। सबसे बड़ी बात यह थी कि इस फैसले से जिम ब्रेयर पूरी तरह सहमत था।

ए.ओ.एल. की फेसबुक के अधिग्रहण तैयारी—इस बीच याहू के 1 अरब डॉलर के फेसबुक अधिग्रहण प्रस्ताव की खबरें आम हो चुकी थीं। कई अन्य प्रौद्योगिकी व जनसंचार महारथी कंपनियों ने फेसबुक को खरीदने के बारे में गंभीरता से विचार-विमर्श शुरू कर दिया था। इस मामले में अमेरिकी बहुराष्ट्रीय मीडिया निगम—ए.ओ.एल. टाइम वार्नर के प्रमुख प्रभाग ए.ओ.एल. (अमेरिका ऑनलाइन) का सी.ई.ओ. जोनाथन मिलर सबसे आगे था।

[डॉट कॉम बुलबुला फूटने के दौर में 10 जनवरी, 2000 को ए.ओ.एल. ने 164 अरब डॉलर के शेयर हस्तांतरण सौदे में टाइम वार्नर समूह को अधिगृहीत करने का ऐलान किया था और 11 जनवरी, 2001 को दोनों कंपनियों का विधिवत् विलय हो गया था। इस विलय को अमेरिकी कंपनी इतिहास में सबसे बड़ी गलती के रूप में याद किया जाता है। 9 दिसंबर, 2009 को टाइम वार्नर ने ए.ओ.एल. को फिर से स्वतंत्र कंपनी बना दिया था।]

वर्ष 1997 में ए.आई.एम. (ए.ओ.एल. इंस्टेंट मैसेंजर) सेवा के जरिए ए.ओ.एल. ने ही ऑनलाइन सोशल नेटवर्किंग सेवा की नींव रखी थी। लिहाजा, मिलर की नजर में ए.ओ.एल. ही फेसबुक का सबसे तार्किक खरीदार था। जुकरबर्ग खुद ए.आई.एम. का दीवाना था और उसने ए.आई.एम. को फेसबुक के साथ जोड़ने के लिए रणनीतिक समझौता भी किया था। लेकिन मिलर को यह भी पता था कि जुकरबर्ग कोई शेयर हस्तांतरण सौदा नहीं करेगा। डॉट कॉम बुलबुला फटने के बाद ए.ओ.एल. टाइम वार्नर के शेयर रसातल में चले गए थे, जिसमें अभी भी कोई खास सुधार नहीं हुआ था। लिहाजा, मिलर ने सौदे के लिए नकदी के जुगाड़ की कोशिशें शुरू की थीं।

ए.ओ.एल. संयुक्त कंपनी में महज एक प्रभाग था, इसलिए मिलर कोई स्वतंत्र फैसला नहीं कर सकता था; लेकिन वह फेसबुक के अधिग्रहण के लिए जुनूनी हो गया था। इसके लिए उसने एक रचनात्मक रणनीति बनाई थी। उसने समूह के पत्रिका कारोबार प्रभाग टाइम इनकॉरपोरेशन के सी.ई.ओ. एन. मूर को इस सौदे के पक्ष में किया था। दोनों ने अपने-अपने प्रभाग की कुछ परिसंपत्तियों को बेचकर नकदी जुटाने की योजना बनाई थी। मिलर ने ए.ओ.एल. के मैपक्वेस्ट व टेगिक सॉफ्टवेयर को बेचकर 60 करोड़ डॉलर और मूर ने अपनी ब्रिटिश पत्रिका प्रकाशक कंपनी आई.पी.सी. मीडिया लिमिटेड (लंदन) को बेचकर 50 करोड़ डॉलर जुटाने की सारी तैयारियाँ पूरी कर ली थीं। इस

तरह, कुल 1.10 अरब डॉलर की नकदी का जुगाड़ संभव था और वे आराम से फेसबुक को खरीदने की दिशा में आगे बढ़ सकते थे।

फिर मिलर व मूर ने यह प्रस्ताव ए.ओ.एल. टाइम वार्नर के तत्कालीन अध्यक्ष जेफरी लॉरेंस जेफ बेवकेस (1 जनवरी, 2009 से टाइम वार्नर के चेयरमैन व सी.ई.ओ.) के सामने रखा। जेफ बेवकेस समूह की पुरानी बादशाहत को दुबारा कायम करने की कोशिशों में जुटा हुआ था। उसे यह सौदा बहुत ही जोखिम भरा नजर आया था। लिहाजा, उसने फेसबुक को खरीदने की इजाजत नहीं दी। उलटे उसने मिलर व मूर को कहा था कि यदि उनका काम चल सकता हो तो वे प्रस्तावित संपत्तियों को बेचकर सारी नकदी संयुक्त कंपनी के खाते में डाल दें।

'न्यूज फीड' संकट तथा इ-मेल पंजीकरण का जादू

आधी गरमी की छुट्टियाँ बीत जाने के बाद फेसबुक की दो नई सेवाओं—न्यूज फीड व इ-मेल पंजीकरण की तैयारियाँ अपने चरम पर पहुँच रही थीं। नए शिक्षा-सत्र यानी सितंबर 2006 के पहले सप्ताह में इन्हें शुरू किया जाना था। सभी अपने-अपने कार्यक्रमों को अंतिम रूप देने तथा उसके परीक्षण में व्यस्त थे। फेसबुक मुख्यालय में जबरदस्त उत्तेजना का माहौल अपने उफान पर पहुँच रहा था। इस बीच इ-मेल पंजीकरण की तैयारियों में जुटे कार्यदल ने फेसबुक पर मित्रों को शामिल करने का एक नया एप्लीकेशन एड्रेस बुक इंपोर्टर तैयार कर लिया था। इसके जरिए यूजर प्रमुख इ-मेल सेवाओं—हॉटमेल, याहू मेल, जीमेल व एओल से महज कुछ क्लिक के जरिए अपनी इ-मेल एड्रेस बुक को आसानी से फेसबुक पर डाउनलोड कर सकते थे। इससे तुरंत पता चल जाता था कि कौन पहले से फेसबुक के यूजर्स थे। जो लोग फेसबुक पर नहीं थे, उन्हें आमंत्रण भेजना आसान हो गया था और यही एड्रेस बुक इंपोर्टर फेसबुक के खुले पंजीकरण का मूल आधार बन गया था।

जुलाई के मध्य में चेरिस कॉक्स ने न्यूज फीड का कार्यशील प्रारूप तैयार कर लिया था। उसके बाद इस जादुई सेवा का प्रायोगिक परीक्षण शुरू हो गया था। यह फेसबुक यूजर्स का निजी ऑनलाइन समाचार-पत्र जैसा था। न्यूज फीड कार्यक्रम प्रणाली प्रकाशक थी, जो यूजर्स की हर गतिविधि को खबर (न्यूज स्टोरी) के रूप में ग्रहण करती थी, फिर हरेक यूजर की रुचि के मुताबिक खबरों का चुनाव कर उसकी रूपरेखा पटल पर प्रकाशित करती थी। कॉक्स ने एक रात इस प्रणाली को सबसे पहले जुकरबर्ग व अपनी फेसबुक रूपरेखा से जोड़कर आजमाया था। यह चमत्कार की तरह था। उधर जुकरबर्ग ने अपनी रूपरेखा के एल्बम में नया फोटो जोड़ा था, इधर कॉक्स की रूपरेखा पटल पर तत्काल खबर प्रसारित हो गई थी—मार्क ने एक फोटो जोड़ा है। और फिर न्यूज फीड

उस वक्त बाहरी एप्लीकेशन डेवलपर्स द्वारा फेसबुक के अंतर्गत एप्लीकेशंस की रचना करने का अवसर प्रदान करने के लिए सॉफ्टवेयर मंच—फेसबुक प्लेटफॉर्म की तैयारियाँ भी चल रही थीं।

ने जुकरबर्ग की गतिविधियों को क्रमश: सूचीबद्ध तरीके से पेश करना शुरू कर दिया था।

शुरुआती प्रायोगिक सफलताओं के साथ जुकरबर्ग व उसके निकटतम मित्रों, खासतौर पर मोस्कोवित्ज व पार्कर का आत्मविश्वास सातवें आसमान पर पहुँच रहा था। याद रहे कि भले ही पार्कर फेसबुक की वेतन-सूची में शामिल नहीं था, लेकिन वह फेसबुक की हर गतिविधि से पुराने लगाव व उत्साह के साथ ही जुड़ा हुआ था। जुकरबर्ग के लिए वह पहले की तरह मित्र, शागिर्द व मार्गदर्शक था। उस वक्त बाहरी एप्लीकेशन डेवलपर्स द्वारा फेसबुक के अंतर्गत एप्लीकेशंस की रचना करने का अवसर प्रदान करने के लिए सॉफ्टवेयर मंच—फेसबुक प्लेटफॉर्म की तैयारियाँ भी चल रही थीं। इसके विपणन के लिए मोस्कोवित्ज व पार्कर एक योग्य उम्मीदवार की तलाश कर रहे थे। इस सिलसिले में वे एप्पल के उत्पाद व विपणन विभाग में कार्यरत प्रबंधक डेव मोरिन को पटाने की कोशिश कर रहे थे।

[पश्चिमी अमेरिका के मोंटाना प्रांत की राजधानी हेलेना में पले-बढ़े डेव मोरिन (जन्म—14 अक्तूबर, 1980) अमेरिकी जूनियर ओलंपिक टीम के उत्तरी प्रभाग में स्कीइंग (बर्फ पर फिसलने का खेल) का खिलाड़ी था। वर्ष 2003 में कोलोराडो विश्वविद्यालय (बोल्डर, कोलोराडो) से स्नातक-अर्थशास्त्र (बी.ए.-इकोनॉमिक्स) करने के बाद अगस्त 2004 से एप्पल में काम कर रहा था। उसने अक्तूबर 2006 से फरवरी 2010 तक फेसबुक में वरिष्ठ मंच प्रबंधक की सेवा दी थी। फिर मोबाइल उपकरणों के लिए सोशल नेटवर्किंग सक्षम तसवीर साझा व संदेश सेवा-प्रदाता कंपनीपाथ (सैन फ्रांसिस्को, कैलिफोर्निया) की सह-स्थापना की थी और उसके सी.ई.ओ. की भूमिका अदा करने लगा था।]

जाहिर है कि मोरिन को एप्पल के मुकाबले फेसबुक में कोई खास संभावना नजर नहीं आ रही थी। बाद में 'द फेसबुक इफेक्ट' के लेखक डेविड किर्कपैट्रिक से बातचीत में मोरिन ने 'न्यूज फीड' के चालू होने पर एक दिन पहले की उस दिलचस्प घटना को याद किया था। फेसबुक की संभावनाओं के बारे में मोरिन के मन में स्वाभाविक रूप से दुविधा बनी हुई थी। तब पार्कर ने कहा था, *''मोरिन, कल वह दिन होगा, जो तय करेगा कि ''फेसबुक अप्रासंगिक होगा या गूगल से ज्यादा बड़ा होगा।''* मोस्कोवित्ज ने पार्कर की तरह इतना बड़ा दावा तो नहीं किया था, लेकिन न्यूज फीड के बारे में उसका आत्मविश्वास भी जबरदस्त था। उसने इस तरह मोरिन को विश्वास दिलाने की कोशिश

की थी, ''कल नए मुख पृष्ठ को तुम इतना ज्यादा प्यार करने लगोगे कि तुम यहाँ पर मुफ्त में काम करना चाहोगे।'' जरा सोचिए कि जुकरबर्ग के खासमखास न्यूज फीड को लेकर कितने उत्साहित थे।

...और इसी उत्साहपूर्ण माहौल में मंगलवार, 5 सितंबर, 2006 को तड़के सुबह (सूरज निकलने से पहले) में फेसबुक ने पूरी तरह नई बनावटवाले मुखपृष्ठ के साथ खबर की इलेक्ट्रॉनिक संचरण सेवा 'न्यूज फीड' का शुभारंभ कर दिया था।

जी हाँ, यहाँ से फेसबुक ने ऑनलाइन सोशल नेटवर्किंग के नए युग का आगाज किया था और सबसे बड़ी बात यह थी कि फेसबुक के तथाकथित अराजक युवा संचालकों को बाकायदा पता था कि वे क्या करने जा रहे हैं। फेसबुक के सॉफ्टवेयर इंजीनियर्स का समूचा दल रात भर काम करता रहा था। दफ्तर में चारों तरफ कंप्यूटर उपकरणों की तारें, कागज आदि इधर-उधर बिखरे पड़े थे। बड़े जश्न का पूरा इंतजाम पहले से ही कर लिया गया था। दफ्तर के बड़े रेफ्रिजरेटर शैंपेन (सफेद चमकीली मदिरा) की बोतलों से भरे हुए थे। अब उनके खुलने की बारी आ गई थी। रेफ्रिजरेटर से बोतलों के निकलने तथा उसके झाग को उछालने, सीधे बोतल से मुँह लगाकर शैंपेन पीने-पिलाने, नव-वर्ष के शोर मचानेवाले वाद्य उपकरणों को बजाए जाने का सिलसिला शुरू हो गया था। इसी बीच सबको एक सेकंड के लिए शांत रहने को कहा गया था और 'न्यूज फीड' के आधिकारिक शुभारंभ के लिए कंप्यूटर बटन दबा दिया गया था। सभी दम साधे नियंत्रक कंप्यूटर के विशाल चित्रपट के आसपास जमा हो गए थे। जुकरबर्ग अपनी पसंदीदा वेशभूषा लाल टी-शर्ट व घुटने तक के पाजामे में नंगे पाँव खड़ा था।

उत्पाद प्रबंधक रुचि सांघवी ने फेसबुक ब्लॉग पर 'फेसबुक नए चेहरे के साथ' शीर्षक के साथ न्यूज फीड का संक्षिप्त विवरण जारी किया था। उस ब्लॉग पर सांघवी ने लिखा था—

''हमने दो बेहतरीन सुविधाएँ जोड़ी हैं—न्यूज फीड, जो आपके मुखपृष्ठ पर दिखती है और मिनी फीड, जो हर व्यक्ति की रूपरेखा पर दिखती है। न्यूज फीड आपके फेसबुक पर सामजिक दायरे की गतिविधियों को उजागर करता है। यह सारा दिन खबरों की व्यक्तिगत सूची को अपडेट करता है, ताकि आप जान सकें कि कब मार्क (जुकरबर्ग) ब्रिटनी स्पीयर्स को अपनी पसंदीदा सूची में जोड़ता है या फिर कब आपकी चाहत फिर से अकेली है।... मिनी फीड भी एक समान है, सिवाय इसके कि यह एक व्यक्ति के आसपास केंद्रित रहता है। हरेक व्यक्ति का मिनी फीड, उनकी रूपरेखा में क्या बदलाव हुए और उन्होंने किन सामग्रियों (टिप्पणियाँ, तसवीरें आदि) को जोड़ा है, की जानकारी रखता है।''

अब तक फेसबुक पर यूजर्स की कुल संख्या करीब 94 लाख हो चुकी थी। अपेक्षा

के विपरीत, पहली नजर में अधिकांश यूजर्स को फेसबुक का नया बदलाव व नई सेवाएँ पसंद नहीं आई थीं। उनकी तरफ से नकारात्मक प्रतिक्रियाओं का सिलसिला शुरू हो गया था। पहली प्रतिक्रिया थी—'इस गंदगी को बंद करो'। यह एकमात्र प्रतिक्रिया ही फेसबुक इंजीनियर्स के उत्साह-उफान पर पानी फेरने के लिए काफी थी। शैंपेन का स्वाद अचानक कसैला हो गया था। बोतलें पकड़े जो जहाँ था, सन्न भाव से एक-दूसरे को देखने लगा था। फिर उनकी नजरें अगली प्रतिक्रियाओं के लिए कंप्यूटर स्क्रीन पर जा टिकी थीं।

खुदा खैर करे! फेसबुक के सामने अब तक सबसे बड़ा संकट खड़ा हो गया था। न्यूज फीड के बारे में सौ में से सिर्फ एक प्रतिक्रिया ही सकारात्मक थी।

'न्यूज फीड' सेवा का जबरदस्त विरोध—नॉर्थ-वेस्टर्न विश्वविद्यालय (इवांसटन, शिकागो नगर केंद्र से 19 कि.मी. उत्तर, इलिनोइस) में स्नातक, राजनीति-शास्त्र तृतीय वर्ष का छात्र बेन पार (अब पत्रकार, लेखक व उद्यम पूँजीपति) इस सेवा से इतना चिढ़ गया था कि उसने मंगलवार की सुबह ही फेसबुक पर स्टूडेंट्स अगेंस्ट फेसबुक न्यूज फीड समूह का गठन कर उसके खिलाफ मोरचा खोल दिया था। तीन घंटे के अंदर इस समूह के सदस्यों की संख्या 13,000 हो गई थी, जो उस रात 2 बजे तक 1,00,000 हो गई थी। बुधबार को 12 बजे से पहले तक यह संख्या 2,80,000 थी, जो शुक्रवार को बढ़कर 7,00,000 पर पहुँच गई।

इतना ही नहीं, इस बीच न्यूज फीड के अन्य विरोधी समूहों की संख्या 500 हजार के आसपास हो गई थी। दिलचस्प तथ्य यह है कि ये सारे मोरचे फेसबुक मंच पर ही खुले हुए थे और चार दिनों के भीतर करीब 10 फीसदी यानी कुल करीब 9.70 लाख फेसबुक यूजर्स न्यूज फीड के विरोध में अपनी प्रतिक्रियाएँ दर्ज करा चुके थे। मुख्य आधारभूत शिकायत यह थी कि न्यूज फीड सेवा यूजर्स की बहुत ज्यादा जानकारियाँ बहुत ज्यादा लोगों तक पहुँचा रही थी। कुछ यूजर्स ने रुचि सांघवी को शैतान कहा था तो एरिजोना विश्वविद्यालय, मिशिगन विश्वविद्यालयों के समाचार-पत्रों में छात्रों ने फेसबुक फीड को छिपकर पीछा करनेवाला शिकारी जैसा करार दिया था।

लेकिन फेसबुक की तरफ से आधिकारिक प्रतिक्रिया आने में आठ दिन लग गए थे। मंगलवार, 12 सितंबर, 2006 की रात में जुकरबर्ग ने जवाबी ब्लॉग लिखा था, जिसका शीर्षक था—*'शांत हो जाएँ। साँस लें। हम आपको सुन रहे हैं।'* उसने तर्कसंगत बातें लिखी थीं—

''हम इस बारे में फेसबुक समूहों की उछल-कूद से अनजान नहीं हैं। (वैसे रुचि शैतान नहीं है) और हम सहमत हैं कि छिपकर पीछा करना अच्छी बात नहीं; लेकिन अपने मित्रों के जीवन में क्या हो रहा है, पता करने के लिए सक्षम होना (अच्छी बात)

है। लेकिन यह अच्छी तरह से पुनर्गठित व संक्षेपित जानकारी है, जिसे लोग दैनिक आधार पर खुदाई करने के आदी हैं, ताकि लोग (उन) लोगों के बारे में जान सकें (जिनकी) वे परवाह करते हैं।''

और अंत में, जुकरबर्ग ने 'न्यूज फीड' के बारे में अपनी व फेसबुक सहयोगियों की आधारभूत अवधारणा को स्पष्ट किया था—*''आपकी कोई भी जानकारी किसी को भी दिखाई नहीं देती है, जो बदलावों से पहले इसे देख नहीं सकता था।''*

अगले दिन फेसबुक के पालो आल्टो मुख्यालय भवन के सामने टेलीविजन दलों व आंदोलनकारी छात्रों का इतना बड़ा जमावड़ा हो गया था कि कंपनी को कर्मचारियों को दफ्तर लाने व वापस ले जाने के लिए हिफाजत के लिए सुरक्षाकर्मियों की नियुक्ति करनी पड़ी थी। जाहिर है कि फेसबुक के पदाधिकारियों व कर्मचारियों में दहशत का माहौल बन गया था। सभाकक्ष में इस मुद्दे पर गंभीर बहस चल रही थीं। क्या 'न्यूज फीड' को बंद कर देना चाहिए? क्या यह सेवा कंपनी को खत्म करने जा रही थी? क्या लोगों की प्रतिक्रियाओं को 'न्यूज फीड' पर प्रसारित होने से रोक देना चाहिए?

संयोगवश उस दिन जुकरबर्ग पालो आल्टो में मौजूद नहीं था। वह प्रचार-यात्रा पर न्यूयॉर्क में था। वह वहीं से इ-मेल व फोन के जरिए अपने साथियों का उत्साहवर्धन कर रहा था। उसने पत्रकारीय ईमानदारी का हवाला देते हुए न्यूज फीड को बंद करने या फिर उस पर समूहों की प्रतिक्रियाओं को रोकने से साफ मना कर दिया था। उसने कहा था कि बहस को बंद करना या उसमें रुकावट डालना खुलेपन की उस भावना के खिलाफ था, जिस मूल सोच के आधार पर उसने फेसबुक की स्थापना की थी।

नई गोपनीयता नियंत्रण सुविधा—खैर, इस घटना का विरोधाभासी पहलू भी था, जो जुकरबर्ग सहित फेसबुक इंजीनियर्स के मनोबल को बढ़ा रहा था। यह घटना अपने आप में न्यूज फीड की प्रभावशीलता (इफेक्टिवनेस) का सबूत भी थी। लोग न्यूज फीड के विरोध के लिए समूहों में इसलिए शामिल हो रहे थे कि उन्हें उन समूहों के न्यूज फीड से सारी सूचनाएँ मिल रही थीं। लेकिन यह इन शांत व चतुर तर्कों से तात्कालिक विरोध को शांत करना संभव नहीं था। लिहाजा, जुकरबर्ग समझौते के लिए सहमत हो गया था। चेरिस कॉक्स, रुचि सांघवी व एंड्र्यू बोज बोसवर्थ (उपाध्यक्ष, विज्ञापन व पृष्ठ) एवं अन्य इंजीनियर्स ने लगातार 48 घंटों की माथा-पच्ची के बाद एक नई गोपनीय नियंत्रण सुविधा (प्राइवेसी कंट्रोल फीचर) की रचना की थी, फेसबुक यूजर्स को कुछ हद तक न्यूज फीड के प्रसारण को नियंत्रित करने मौका देता था। मसलन, इस सुविधा के जरिए तसवीरों पर की जानेवाली टिप्पणियों, रिश्ते की स्थिति में बदलाव आदि गतिविधियों को प्रसारित होने से रोका जाना संभव हो गया था।

[एंड्र्यू बोज बोसवर्थ ने वर्ष 2004 में हार्वर्ड विश्वविद्यालय से स्नातक,

कंप्यूटर विज्ञान की उपाधि ली थी और शिक्षण सहायक के रूप में जुकरबर्ग को पढ़ाया था। दो वर्षों तक माइक्रोसॉफ्ट में डिजाइन इंजीनियर के रूप में काम करने के बाद जुकरबर्ग के आमंत्रण पर जनवरी 2006 में फेसबुक शामिल हुआ था। उसने गोपनीयता सुविधा के अलावा भी कई संवेदनशील सुरक्षा अनुप्रयोगों की रचना का काम सँभाला था और अभी भी उपाध्यक्ष, विज्ञापन व पृष्ठ के रूप में महत्त्वपूर्ण भूमिका अदा कर रहा है।]

इस गोपनीयता नियंत्रण सुविधा की घोषणा के लिए 14 सितंबर, 2006 को जुकरबर्ग न्यूयॉर्क के अपने होटल कक्ष में सारी रात एक नया ब्लॉग डाक लिखता रहा था। यह दो दिन पहले के ब्लॉग के मूल सुर से बिल्कुल अलग था—

"हमने वास्तव में इसको गड़बड़ कर दिया। नई सुविधाओं की व्याख्या कर हमने बुरा काम किया और उससे भी बुरा काम आपको उनका नियंत्रण देकर किया। हमने सीधे उचित गोपनीयता नियंत्रण का निर्माण नहीं किया। यह हमारे स्तर पर एक बड़ी चूक थी और मैं इसके लिए माफी चाहता हूँ।"

इसके साथ ही जुकरबर्ग ने घोषित किया था कि वह कुछ घंटों बाद नए फेसबुक समूह—इंटरनेट पर सूचना का मुक्त प्रवाह (फ्री फ्लो ऑफ इन्फॉर्मेशन ऑन द इंटरनेट) पर आयोजित लाइव चैटिंग में हिस्सा लेने जा रहा था।

'न्यूज फीड' के जरिए जुकरबर्ग की सार्वजनिक माफी की खबर भी तूफानी तेजी से समूचे फेसबुक पर प्रसारित हो गई थी। इसका भी वैसा ही तेज असर हुआ था। तब तक फेसबुक 'न्यूज फीड' के विरुद्ध छात्र समूह पर सदस्यों की संख्या 7.50 लाख हो चुकी थी। इसके सहित अन्य समूहों ने आगे आयोजित होने जा रहे विरोध प्रदर्शनों को तत्काल रद्द किए जाने की घोषणा कर दी थी। गोपनीयता नियंत्रण सुविधा ने इन विरोधी छात्र यूजर्स का गुस्सा ठंडा कर दिया था।

'न्यूज फीड' का करिश्मा—फेसबुक न्यूज फीड के विरुद्ध छात्र समूह की जबरदस्त सफलता का नतीजा यह हुआ था कि फेसबुक पर कई बचकानी हरकतोंवाले समूह भी बन गए थे। इसमें मुफ्त विज्ञापन समर्थित ऑनलाइन संगीत सेवा—रुक्कुस नेटवर्क (हेर्नडोन, फेयरफैक्स काउंटी, वर्जीनिया, वाशिंगटन, डी.सी. महानगरीय क्षेत्र) द्वारा बनाया गया समूह था। अपने नाम के शाब्दिक अर्थ की तरह यह सेवा सचमुच में हंगामा नेटवर्क ही था। बाद में हुए खुलासे से जाहिर हुआ था कि इस कंपनी ने जॉर्जिया इंस्टीट्यूट ऑफ टेक्नोलॉजी/जॉर्जिया टेक (अटलांटा, जॉर्जिया) के इ-मेल पते का इस्तेमाल कर फर्जी 'ब्रोडी रुक्कुस' नाम से फेसबुक पर एक समूह की रचना की थी।

इस समूह का नाम था—यदि यह समूह 1,00,000 तक पहुँच जाता है। 'न्यूज फीड' के जरिए यह खबर तूफानी गति से प्रसारित हुई थी और तीन दिनों में इस समूह

की सदस्यता 1,00,000 को पार कर गई थी। फिर ब्रोडी रुक्कुस ने समूह में 3,00,000 लोग शामिल होने पर अपने यौन मुठभेड़ की तसवीरें ऑनलाइन डाक करने का वादा किया था। सात दिनों के अंदर इस समूह के सदस्यों की संख्या 4,00,000 से ऊपर हो गई थी। फिर ब्रोडी रुक्कुस ने दावा किया था कि फेसबुक का सबसे बड़ा समूह बनने पर वह त्रिगुट संभोग का वेब चलचित्र प्रसारित करेगा।

जल्द ही यह गतिविधि फेसबुक प्रशासन की नजर में आ गई थी और उसने सेवा अनुबंध की शर्तों का इस्तेमाल कर ब्रोडी रुक्कुस के फेसबुक खाते सहित उस समूह का संचालन बंद कर दिया था। वाशिंगटन विश्वविद्यालय (सेंट लुइस) छात्र अखबार 'स्टूडेंट लाइफ' की तहकीकात में रुक्कुस नेटवर्क के सी.ई.ओ. माइक वेवेल ने कंपनी द्वारा ब्रोडी रुक्कुस नामक किसी आधिकारिक खाते से इनकार कर दिया था। वेवेल ने बस, इतना स्वीकार किया था कि कंपनी के एक किशोर विपणन प्रतिनिधि ने यह गुस्ताख योजना बनाई थी। फेसबुक को ऐसे कई फर्जी समूहों की तहकीकात करनी पड़ी थी और उनका संचालन बंद करना पड़ा था।

इस बीच सेव डार्फर कोएलिशन (वाशिंगटन, डी.सी.) ने फेसबुक पर सेव डार्फर समूह की रचना की थी। यह 190 से अधिक धार्मिक, राजनीतिक व मानवाधिकार संगठनों का एक गठबंधन था, जो सूडान के पश्चिमी क्षेत्र डार्फर में सेना के अत्याचार के खिलाफ जन-जागरूकता बढ़ाने तथा बड़े पैमाने पर प्रतिक्रिया जुटाने की कोशिश कर रहा था। इस समूह में रोजाना हजारों सदस्य शामिल हो रहे थे। (चालू होने के 689 दिनों में इस समूह की सदस्यता 10,85,463 के स्तर पर पहुँच गई थी।)

तो फेसबुक ने अभूतपूर्व संकट की स्थिति को झेल लिया था। अगस्त 2006 में फेसबुक यूजर्स का कुल पृष्ठ अवलोकन 12 अरब था, जो न्यूज फीड की अपार लोकप्रियता की बदौलत अक्तूबर में 22 अरब पृष्ठ पर पहुँच गया था। यानी दो महीने में फेसबुक के पृष्ठ अवलोकन में 10 अरब पृष्ठों का इजाफा हुआ था, यानी न्यूज फीड फेसबुक की जादुई सेवा साबित हो रही थी और यही तो जुकरबर्ग व उसकी टीम का भरोसा था! इस सेवा ने सूचना प्राप्त करने के तरीके को उलट दिया था। पहले आपको सूचना हासिल करने के लिए खुद आगे बढ़कर पहल करनी पड़ती थी, यानी दूसरों को इ-मेल भेजना पड़ता था; लेकिन अब ऐसी कोई जरूरत नहीं थी। 'न्यूज फीड' आपकी गतिविधि संबंधी सूचनाओं को आपके नियंत्रित आदेश के मुताबिक आपकी मित्र-मंडली को स्वत: प्रसारित कर रहा था।

इस सेवा ने यूजर्स की मित्र संख्या बढ़ाने की होड़ को बंद करने में अहम भूमिका अदा की थी। इसके जरिए उन्हें फेसबुक मंच की असल अहमियत का पता चला था कि यह असली दुनिया के असल मित्रों का नेटवर्क था, जिनके बीच किसी प्रकार के दुराव-

सितंबर 2006 जुकरबर्ग की नेतृत्व कला व दूरदर्शिता की सबसे कठिन परीक्षा का महीना था। न्यूज फीड का बवाल थमा ही था और पंजीकरण खोलने की चुनौती सामने थी।

छिपाव की गुंजाइश नहीं होनी चाहिए थी। यानी, आप अपनी गतिविधि को किसी से छुपाना चाहते हैं तो वह आपकी मित्र-मंडली में क्यों है ? और यदि कोई मित्र-मंडली में है, तो उसे आपकी गतिविधियों को जानने का स्वाभाविक हक है। यही तो असल सोशल नेटवर्किंग था और जुकरबर्ग ने इसी मूल अवधारणा पर फेसबुक की रचना की थी। इस तरह जुकरबर्ग ने खुलेपन की भावना को बढ़ावा देने की दिशा में क्रांतिकारी कदम आगे बढ़ा दिया था।

खुले पंजीकरण एवं याहू सौदे की दुविधा—'न्यूज फीड' की संकटपूर्ण शुरुआत के बावजूद जुकरबर्ग फेसबुक के लगातार नए समुदायों में विस्तार को बेहद जरूरी मान रहा था। वह जल्द-से-जल्द खुले इ-मेल पंजीकरण की तैयारी को लागू करना चाहता था। असल में, जुकरबर्ग फेसबुक के यूजर्स की संख्या में बढ़त को कभी भी संभावित कमाई से जोड़कर नहीं देखता था, बल्कि उसकी सोच थी कि इससे फेसबुक मंच ज्यादा उपयोगी व मजबूत हो सकेगा; लेकिन वह यह भी नहीं चाहता था कि इसको लेकर कोई नया बवाल मचे।

वर्ष 2006 में हार्वर्ड से स्नातक कला व इतिहास का पाठ्यक्रम पूरा होने के बाद जुकरबर्ग का मित्र क्रिस ह्यूजेस पालो आल्टो स्थानांतरित हो चुका था और पूर्णकालिक रूप से फेसबुक के जनसंपर्क विभाग को सँभाल रहा था। ह्यूजेस के अलावा विपणन संचार रणनीतिज्ञ मेलानी दीच (निदेशक विपणन, दिसंबर 2005 से नवंबर 2007) ने भी जुकरबर्ग को खुले इ-मेल पंजीकरण को चालू करने से पहले अतिरिक्त गोपनीयता नियंत्रण इंतजाम करने का सुझाव दिया था, ताकि युवा यूजर्स के मन में वयस्कों के बहुमत में आ जाने को लेकर कोई नकारात्मक विचार न आए। लिहाजा, जुकरबर्ग ने इसे दो सप्ताह के लिए टाल दिया था।

इस बीच, याहू ने एक बार फिर से अधिग्रहण सौदा वार्त्ता तेज कर दी थी। स्वाभाविक रूप से उसमें भी जुकरबर्ग का दिमाग उलझा हुआ था। सितंबर 2006 जुकरबर्ग की नेतृत्व कला व दूरदर्शिता की सबसे कठिन परीक्षा का महीना था। न्यूज फीड का बवाल थमा ही था और पंजीकरण खोलने की चुनौती सामने थी। इसी बीच जुलाई की भारी गिरावट के बाद याहू की शेयर कीमतों में काफी हद तक सुधार हो चुका था। इसी जोश में याहू का सी.ई.ओ. टेरी सेमेल भी नई तैयारियों के साथ फेसबुक को खरीदने के अभियान में जुट गया था। उसने जुकरबर्ग के सामने अपने 1 अरब डॉलर के पुराने भाव से भी ऊपर जाने का खुला प्रस्ताव रख दिया था।

न्यूज फीड संकट को जुकरबर्ग ने बहुत ही शांत दिमाग से झेल लिया था; लेकिन इस घटना ने उसे बहुत हद तक हतोत्साहित भी किया था। अब उसके लिए फेसबुक यूजर्स की भविष्य की प्रतिक्रियाओं का ठोस अंदाजा लगा पाना मुश्किल हो रहा था। उसके ऊपर 'वर्क-नेटवर्क' के कामयाब न हो पाने का दबाव तो पहले से ही बना हुआ था, ऐसे में खुले पंजीकरण की बेहतर संभावनाओं को लेकर उसका आत्मविश्वास कमजोर पड़ रहा था। अभी 21 साल का ही तो हुआ था बेचारा जुकरबर्ग! ऐसे में जब निदेशक मंडल में याहू के नए प्रस्ताव को लेकर चर्चा हुई थी तो उसने गंभीरता से विचार करने का वायदा कर लिया था। लेकिन एक बार फिर से उसके व एसेल पार्टनर्स के जिम ब्रेयर के बीच तीखी नोक-झोंक हुई थी। इस मुद्दे पर पुराना मतभेद फिर से गहरा गया था। वह ब्रेयर के तर्कों से तंग आ चुका था और वायदा कर लिया था कि यदि पंजीकरण खोलने के बाद भी यूजर्स की संख्या नहीं बढ़ी तो 1 अरब डॉलर या उससे ऊपर के याहू के प्रस्ताव को स्वीकार करने की कोशिश करेगा।

वैध इ-मेल पते के साथ पंजीकरण खोलने की तैयारियाँ पूरी हो चुकी थीं। यूजर्स को गोपनीयता नियंत्रण के लिए अतिरिक्त सुविधाओं का समावेश किया गया था। इसी के साथ पता-पुस्तिका आयातक को भी शुरू किया जाना था। यह जुकरबर्ग व फेसबुक दोनों की परीक्षा की घड़ी थी। यदि वयस्कों ने फेसबुक को नहीं अपनाया तो यह साबित हो जाएगा कि जुकरबर्ग की धारणा गलत थी और फेसबुक के भविष्य का दायरा शिक्षा क्षेत्र में ही सिमट जाएगा। फिर जिम ब्रेयर के नेतृत्व में याहू सौदे के अन्य समर्थकों—सी.ओ.ओ. ओवेन वैन नट्टा, उपाध्यक्ष मैट कोहलर सहित शेयर विकल्प को भुनाकर रातोरात अमीर होने के सपने देखनेवाले अन्य कर्मचारियों के लिए जुकरबर्ग को फेसबुक बेच देने के लिए मजबूर करना आसान हो जाएगा।

ऐसे चौतरफा दबावों के बीच पार्कर, मोस्कोवित्ज सहित अन्य पुराने-नए उत्साही साथियों के भरोसे की बदौलत जुकरबर्ग ने 26 सितंबर, 2006 को फेसबुक पर खुले पंजीकरण की प्रक्रिया को शुरू करने का साहसिक फैसला लागू कर दिया था। अब वैध इ-मेल पते के साथ 13 वर्ष और उससे ऊपर का कोई भी व्यक्ति फेसबुक का सदस्य बन सकता था।

अगले दो सप्ताहों तक फेसबुक के छह सदस्यों—मार्क जुकरबर्ग, जिम ब्रेयर, पीटर थिएल, ओवेन वैन नट्टा, मैट कोहलर व डस्टिन मोस्कोवित्ज का दल हर रोज फेसबुक के ताजे आँकड़ों का गंभीर विश्लेषण करता रहा था। सितंबर के अंतिम पाँच दिनों में कोई साफ रुझान सामने नहीं आ सका था। यानी, फेसबुक का बिक जाना तय-सा लग रहा था। याहू के वकीलों की फौज सौदे को अंजाम तक पहुँचाने की तैयारियों में जुटी हुई थी। उन्हें फेसबुक निदेशक मंडल के अंतिम फैसले का इंतजार था। फेसबुक के

दायरे से बाहर खड़ा सीन पार्कर सारी स्थितियों पर नजर रखे हुए था और जुकरबर्ग को किसी भी सूरत में हतोत्साहित होने से बचाने की कोशिशें कर रहा था। लेकिन स्थितियाँ उलट थीं। पार्कर भी अंदर से हिला हुआ था। यह सिर्फ जुकरबर्ग की ही नहीं, बल्कि उसकी भी हार साबित होने वाली थी।

लेकिन जुकरबर्ग व उसकी अवधारणा में भरोसा रखनेवाले पार्कर, मोस्कोवित्ज, डी. एंजेलो, क्रिस ह्यूजेस जैसे दूरदर्शियों की जीत सुनिश्चित थी। एक सप्ताह के भीतर ही फेसबुक 1 करोड़ यूजर्स की ऊँची सीमा को पार कर गई थी। यह फेसबुक के लिए ऐतिहासिक मील पत्थर था। जल्द ही आँकड़े साबित करने लगे थे कि वयस्क यूजर्स न केवल खुद को पंजीकृत कर रहे थे, बल्कि युवाओं की तरफ दोस्तों को आमंत्रित करने, फोटो भेजने तथा अन्य गतिविधियों में रुचि दिखाने लगे थे। 26 सितंबर से पहले फेसबुक पर रोजाना औसत 20 हजार नए यूजर्स शामिल हो रहे थे। लेकिन अक्तूबर के दूसरे सप्ताह में यह दर 50 हजार के स्तर पर पहुँच गई थी। संभवत: वयस्क यूजर्स सपर न्यूज फीड के बवाल का डर खत्म हो चुका था या फिर उन्हें इस सेवा का आनंद आने लगा था। जो भी हो, अब उन्हें भी फेसबुक की सुविधाओं का आनंद आने लगा था। वे भी फेसबुक पर मस्त व व्यस्त हो रहे थे और जुकरबर्ग तथा उसके नजदीकियों की क्रांतिकारी अवधारणा सोशल नेटवर्किंग के सुनहरे भविष्य के रोज नए प्रमाण पेश करती जा रही थी।

सबकुछ आँकड़े बोल रहे थे। याहू सौदे की वकालत करनेवालों की जुकरबर्ग से आँख मिलाने की हिम्मत नहीं हो रही थी। जुकरबर्ग शांत बना रहा था। कंपनी बच गई थी, लेकिन कुछ लोग जुकरबर्ग की नजरों से उतर चुके थे। आनेवाले समय में जुकरबर्ग ने ब्रेयर को आड़े हाथों लिया था। वैन नट्टा ने याहू सौदे को लेकर जिस तरह का उतावलापन दिखाया था, वह माफी के लायक नहीं था। जुकरबर्ग ने वैन नट्टा को सी.ओ.ओ. पद से हटाया नहीं था, लेकिन उसके पास कुछ करने को बचा नहीं था और उसके लिए साल भर काट पाना मुश्किल हो गया था। मैट कोहलर को भी याहू-प्रेम की सजा मिली थी। वह तो जुकरबर्ग का खासमखास रहा था, इसलिए उसे जुकरबर्ग की वफादारी की ज्यादा कठिन परीक्षा झेलनी पड़ी थी। उसे काफी समय तक फेसबुक सी.ई.ओ. की आंतरिक मित्र-मंडली से बाहर रहना पड़ा था। जी हाँ, मार्क जुकरबर्ग का मित्र वही हो सकता था, जो फेसबुक से सचमुच प्यार करता हो। फेसबुक को बेचने की कोशिश करनेवाले सभी लोगों को जुकरबर्ग ने लंबे समय तक याद रखा और कभी भी दिल से माफ नहीं किया था।

जुकरबर्ग के लिए सितंबर 2006 का एक-एक दिन कैसे गुजरा होगा, इसका अंदाजा लगाना कठिन नहीं है। वैसे भी, जिंदगी किसका इम्तिहान नहीं लेती! विश्व

इतिहास में कोई ऐसा महान् शख्स नहीं है, जिसके सामने वास्तविक सफलता से ठीक पहले कोई बड़ा संकट न आया हो। यही तो इनसान को महान् बनाने की कसौटी होती है और यही तो जुकरबर्ग के साथ भी हुआ था। वह अपने जीवन की महानता के रास्ते की सबसे बड़ी बाधा को पार कर चुका था। जाहिर है कि फेसबुक के अंदर सी.ई.ओ. के रूप में जुकरबर्ग की क्षमता प्रमाणित हो गई थी और सबकी नजरों में अचानक उसका कद काफी बड़ा हो गया था।

6 दिसंबर, 2006 को फेसबुक के यूजर्स की संख्या 1.20 करोड़ हो चुकी थी। अब जुकरबर्ग की छात्र मंडलीवाली फेसबुक 150 कर्मचारियोंवाली सिलिकॉन वैली की प्रमुख इंटरनेट प्रौद्योगिकी कंपनी बन चुकी थी। यह समूचे फेसबुक दल के लिए बड़ी उपलब्धि थी और कंपनी ने इस उपलक्ष्य में रात्रिकालीन मनोरंजन के लिए मशहूर ग्रेट अमेरिका म्यूजिक हॉल (ओ फारेल स्ट्रीट, सैन फ्रांसिस्को) में भव्य जश्न का आयोजन किया था।

फेसबुक प्लेटफॉर्म का विकास और जुकरबर्ग की सनक

फेसबुक की स्थापना व शुरुआती सफलताओं के दिनों से ही मार्क जुकरबर्ग के मन में एक अजीब सी सनक थी। उसे लगता था कि माइक्रोसॉफ्ट व एप्पल की तरह फेसबुक भी एप्लीकेशन डेवलपर्स का मंच बन सकता था। मई 2004 में जब सीन पार्कर ने न्यूयॉर्क के ट्रिबेका चीनी रेस्तराँ में जुकरबर्ग को आमंत्रित किया था, तब भी उसने फेसबुक को एक सॉफ्टवेयर प्लेटफॉर्म के रूप में विकसित करने का दर्शन पेश किया था। उस वक्त पार्कर को जुकरबर्ग जरूरत से ज्यादा महत्त्वाकांक्षी व सनकी नजर आया था। उसने तब इसे दूर की कौड़ी बताया था और जुकरबर्ग से फेसबुक की बुनियादी सेवा पर ध्यान केंद्रित करने की जरूरत पर बल दिया था। बात भी सही थी। उस वक्त भला कौन एप्लीकेशन डेवलपर्स फेसबुक के लिए सॉफ्टवेयर विकसित करने की जहमत उठता? माइक्रोसॉफ्ट व एप्पल को सॉफ्टवेयर प्लेटफॉर्म बनने से पहले लंबी यात्रा तय करनी पड़ी थी, सफलताओं के झंडे गाड़ने पड़े थे, तब डेवलपर्स को उस मंच पर एप्लीकेशन विकास की संभावना नजर आई थी।

खैर, जब अप्रैल 2005 में फेसबुक में निवेश के बाद एसेल पार्टनर्स केविन एफ्रुसी मुख्य चिंता अधिकारी के रूप में हर वक्त जुकरबर्ग को कुछ-न-कुछ नई सलाह देने की कोशिश कर रहा था, तब भी जुकरबर्ग ने उससे किसी ऐसे इंजीनियर को खोजने को कहा था, जो फेसबुक प्लेटफॉर्म की रणनीति पर काम कर सके। एफ्रुसी को भी तब यह बात गैर-जरूरी लगी थी; लेकिन उसने जुकरबर्ग को सिलिकॉन वैली की ही व्यावसायिक उपक्रमों के लिए बुनियादी ढाँचा सॉफ्टवेयर उत्पादों की विशेषज्ञ कंपनी बी.ई.ए. सिस्टम्स (सैन जोस, सांता क्लारा काउंटी) से एक इंजीनियर को पटाने की

बात कही थी। लेकिन जुकरबर्ग ने उससे कहा था कि वह माइक्रोसॉफ्ट के बिल गेट्स की तरह कुछ खास करने की सोच रहा था। उसने एफ्रुसी को गेट्स से संपर्क का जरिया ढूँढ़ने को कहा था। एफ्रुसी ने उसे बताया कि शायद इस काम में जिम ब्रेयर उसकी मदद कर सकता था; लेकिन कुछ दिनों बाद जब एफ्रुसी फेसबुक दफ्तर पहुँचा था तो जुकरबर्ग ने उसे बताया था कि बिल गेट्स से उसकी बातचीत हो चुकी थी।

हर महान् प्रौद्योगिकी कंपनी को एक या दो प्रमुख संक्रमणकालीन क्षणों से गुजरना पड़ता है, जब उसके रचनाकारों को पता चलता है कि उन्होंने कुछ अलग व ज्यादा बड़ा आविष्कार कर लिया है, जिसका उन्हें शुरू में एहसास नहीं हुआ था। यही तो बिल गेट्स व पॉल एलन के साथ भी हुआ था, जब उन लोगों ने छोटी सी कंपनी माइक्रो इंस्ट्रुमेंटेशन ऐंड टेलीमेटरी सिस्टम (अल्बुकर्क, न्यू मेक्सिको) के तथाकथित दुनिया के सबसे पहले पर्सनल कंप्यूटर—एम.आई.टी.एस. अल्टेयर 8800 के लिए बुनियादी कंप्यूटर कार्यक्रम भाषा 'बेसिक' का दुभाषिया 'अल्टेयर बेसिक' बनाया था। तब गेट्स व एलन को एहसास हुआ था कि सॉफ्टवेयर अपने आप में एक उद्योग हो सकता था। जब वे इस दिशा में आगे बढ़े तो उन्हें दूसरी युगांतरकारी अनुभूति हुई थी कि एक परिचालन प्रणाली (ऑपरेटिंग सिस्टम) के आसपास समूचा कंप्यूटर उद्योग खड़ा किया जा सकता था। नतीजा क्या निकला? माइक्रोसॉफ्ट प्रौद्योगिकी इतिहास की सबसे लाभकारी कंपनी बन गई। यदि एप्पल के संस्थापक स्टीव जॉब्स ने मैकिनटोश परिचालन प्रणाली के आसपास बाहरी अनुप्रयोग विकासकर्ताओं को प्रोत्साहित नहीं किया होता तो माइक्रोसॉफ्ट के एकाधिकार को चुनौती दे पाना संभव न हो पाता और दुनिया विशिष्ट एप्पल उत्पादों व सेवाओं से वंचित रह जाती। याहू के संस्थापकों—जेरी यंग व जेफ फिलो को एक रात अचानक यह अनुभूति हुई थी कि उन्होंने सिर्फ इंटरनेट निर्देशिका का ही ईजाद नहीं किया था, बल्कि उस पर इंटरनेट की तमाम सेवाएँ खड़ी की जा सकती थीं। आगे क्या हुआ? याहू पहली सबसे बड़ी विज्ञापन समर्थित ऑनलाइन जन-संचार सेवा कंपनी बन गई। गूगल के संस्थापकों—लैरी पेज व सर्गेई ब्रिन ने जब विशाल इंटरनेट सर्च इंजन बना लिया तो उन्हें अनुभूति हुई थी कि यूजर्स की खोज सामग्रियों को मिलते-जुलते उपयोगी विज्ञापनों के विशाल डेटाबेस से एकीकृत किया जा सकता था। फिर क्या हुआ? इंटरनेट युग का सबसे शक्तिशाली कारोबारी प्रारूप (बिजनेस मॉडल) सामने आया। यदि समय रहते लैरी पेज को यह अनुभूति न होती कि मोबाइल परिचालन प्रणाली एंड्रॉइड विकसित किया जाना कितना जरूरी था तो मोबाइल इंटरनेट कारोबार पर आईफोन के जरिए एप्पल का एकाधिकार कायम नहीं हो जाता?

मार्क जुकरबर्ग व मोस्कोवित्ज को भी ऐसी ही पहली युगांतरकारी अनुभूति हुई थी, जब उन्हें लगा था कि फेसबुक को विश्वविद्यालय के दायरे से पार भी ले जाया

जा सकता था। दूसरा संक्रमणकालीन क्षण तब आया था, जब फोटोज अनुप्रयोग को आशातीत सफलता मिली थी। उन्हें साफ दिखाई देने लगा था कि फेसबुक पर कुछ बहुत ही खास घटित हो रहा था। फेसबुक फोटोज सेवा में ऐसी कोई खास सुविधा नहीं थी, जो लोकप्रिय तसवीर साझा सेवाओं में थी। इसमें यूजर उच्च समाधान (हाई रिजॉल्यूशन) वाली तसवीरों को एलबम में भंडार नहीं कर सकते थे, क्योंकि यह अनुप्रयोग अपने आप ही तसवीरों का समाधान सीमित कर देता था। इसके अलावा, इन तसवीरों का छापा (प्रिंट) निकलना भी संभव नहीं था, यहाँ तक कि उस वक्त एलबम की तसवीरों का क्रम बदलना भी संभव नहीं था। फिर भी, फेसबुक फोटोज इंटरनेट पर सबसे ज्यादा यातायात आकर्षित करनेवाला एप्लीकेशन क्यों बन गया था?

ऐसा ही कुछ हाल में ही शुरू हुए फेसबुक इवेंट्स के साथ भी हुआ था। इस एप्लीकेशन के जरिए यूजर्स मित्रों को अपने समुदाय में आयोजित होनेवाले कार्यक्रमों के बारे में बता सकते थे और सामाजिक समारोहों का आयोजन कर सकते थे। इसके लिए ऐप्लीकेशन सॉफ्टवेयर में आयोजित कार्यक्रम का नाम, प्रकार, समुदाय नेटवर्क, आयोजक व मेजबान (होस्ट) का नाम, समय, स्थान व आमंत्रित दोस्त मेहमानों की सूची भरनी पड़ती थी। कार्यक्रम सार्वजनिक या निजी हो सकता था। निजी कार्यक्रमों की सूचनाओं को खोज पाना संभव नहीं था और उसमें सिर्फ निमंत्रण द्वारा ही शामिल होना संभव किया गया था। जिन्हें आमंत्रित नहीं किया गया, वे लोग निजी कार्यक्रमों का विवरण या तसवीरें नहीं देख सकते थे। निजी कार्यक्रमों की खबरें न्यूज फीड के जरिए प्रसारित नहीं होती थीं। जल्द ही इस सेवा ने उस वक्त की सबसे पुरानी व लोकप्रिय आमंत्रण सेवा इवाइट.कॉम को पछाड़ दिया था। क्यों?

जुकरबर्ग व मोस्कोवित्ज ने फेसबुक फोटोज व फेसबुक इवेंट्स की अनपेक्षित सफलताओं पर गंभीर माथापच्ची की थी। तब उन्हें यह अनुभूति हुई थी कि फेसबुक का वास्तविक मूल्य उसके यूजर्स द्वारा बनाए गए मित्र-समुदायों के विशाल बुनियादी ढाँचे में निहित था और ऐसा ठोस ढाँचा किसी और के पास नहीं था। अन्य तसवीर साझेदारी या आमंत्रण सेवाओं को फेसबुक जैसे किसी व्यापक सोशल नेटवर्किंग मंचों के साथ एकीकृत नहीं किया गया था। यह फेसबुक की स्वयं विकसित अवधारणा की सफलता थी, जिसे जुकरबर्ग ने 'सोशल ग्राफ' नाम दिया था। तब उन्हें एहसास हुआ था कि इस सोशल ग्राफ के जरिए फेसबुक पर एप्लीकेशंस का विशाल साम्राज्य खड़ा किया जा सकता था।

कंप्यूटर विज्ञान के गणितीय अर्थों में फेसबुक का सोशल-ग्राफ सामुदायिक आसंधियों (नोड्स) व संबंधों (कनेक्शंस) की श्रृंखलाएँ थीं। यहाँ आसंधि का मतलब व्यक्ति विशेषों के केंद्रीय मिलन-बिंदु से है, जहाँ वे मिलते हैं या फिर अलग-अलग दिशाओं में आगे बढ़ जाते हैं। इसी तरह संबंध का मतलब दोस्ती का रिश्ता से है,

अर्थात् फेसबुक व्यक्तियों व संबंधों का विशाल वितरण-तंत्र (डिस्ट्रीब्यूशन मेकैनिज्म) था, जिस पर सोशल ग्राफ के जरिए किसी भी प्रकार की सूचना को वितरित किया जा सकता था। यदि आपकी रूपरेखा पर आप द्वारा तसवीर बदलने या फिर अन्य सूचनाओं को न्यूज फीड के जरिए स्वत: प्रसारित करना संभव था तो आपके द्वारा इस्तेमाल किए जानेवाले एप्लीकेशंस को भी आसानी से लोकप्रिय बनाया जा सकता था। फोटोज व इवेंट्स जैसे अनुप्रयोग इसीलिए तो लोकप्रिय हो सके थे। लेकिन फेसबुक स्वयं ऐसे कितने एप्लीकेशंस को विकसित कर सकता था?

फेसबुक बहुत कुछ कर सकता था। मसलन, वह खरीदारी अनुप्रयोग बना सकता था, ऑनलाइन खेल, व्यावसायिक अनुप्रयोग या फिर कोई भी अनुप्रयोग; लेकिन जुकरबर्ग के निर्देश पर कंपनी ने फिलहाल अनुप्रयोगों का विकास रोक दिया था। सितंबर 2006 के आसपास जुकरबर्ग पर लंबे समय से लंबित फेसबुक प्लेटफॉर्म योजना को लागू करने की सनक तेज होने लगी थी। वह इंटरनेट पर वही करना चाहता था, जो गेट्स ने पर्सनल कंप्यूटरों के लिए किया था। मतलब, ऐसे मानक सॉफ्टवेयर बुनियादी ढाँचा (स्टैंडर्ड सॉफ्टवेयर इन्फ्रास्ट्रक्चर) निर्माण, जो बाहरी डेवलपर्स के लिए फेसबुक-आधारित एप्लीकेशंस के विकास को आसान बनाए। कुल मिलाकर जुकरबर्ग फेसबुक को परिचालन-प्रणाली के तौर पर विकसित करना चाहता था, जिस पर स्वतंत्र डेवलपर्स के बड़े समूह द्वारा सामाजिक तत्त्ववाले तरह-तरह के एप्लीकेशंस का विकास कर सकें। इससे फेसबुक यूजर्स को अपनी जरूरतों के हिसाब से एप्लीकेशंस का विशाल भंडार उपलब्ध हो जाएगा, तो स्वतंत्र प्रोग्रामर्स को बड़ा बाजार मिल जाएगा और एक व्यापक मंच के तौर पर फेसबुक की उपयोगिता सातवें आसमान पर पहुँच जाएगी।

हकीकत यह थी कि जुकरबर्ग के मन में सॉफ्टवेयर मंच के विकास का विचार उसी वक्त से विकसित होना शुरू हो गया था, जब बचपन में उसके पिता ने उसे कूटलिपि रचना (कोडिंग) करना सिखा दिया था। अभी वह मिडिल स्कूल में पढ़ रहा था कि वह उस वक्त की प्रभावशाली ऑनलाइन सेवा ए.ओ.एल. (अमेरिका ऑनलाइन) पर काम करने योग्य सुविधाओं की कूटलिपि रचने लगा था। वह ज्यों-ज्यों बड़ा होता गया था, कंप्यूटर हैकर समुदाय का हिस्सा बन गया था, जो ए.ओ.एल. को एक सॉफ्टवेयर विकास मंच के रूप में इस्तेमाल करने लगा था। तभी तो जब वह एक्सेटर एकेडमी में पहुँचा था तो अपने सहपाठी एडम डी. एंजेलो के साथ मिलकर 'सिनेप्स' नामक एमपी-3 संगीत सुननेवाला सॉफ्टवेयर विकसित किया था। सिनेप्स इसलिए लोकप्रिय हो गया था, क्योंकि उसमें अन्य कार्यक्रम निर्माताओं के द्वारा सहयोगी कार्यक्रम—कंप्यूटर विज्ञान की भाषा में 'प्लग इन' जोड़े जा सकते थे। मतलब, सिनेप्स में मन-माफिक सुविधा जोड़ी जा सकती थी।

इसी तरह जब जुकरबर्ग ने दोस्तों के बीच एम3 म्यूजिक फाइल साझा करनेवाली

कुख्यात सेवा 'नैपस्टर' की तर्ज पर सभी अंकीयकृत सामग्री संचियों को साझा करनेवाली सेवा 'वायरहॉग' की रचना की थी, तब उसमें भी उसने फेसबुक को एक मंच की तरह ही इस्तेमाल करने का सोचा था। उस वक्त फेसबुक उतना बड़ा मंच नहीं बन सका था। वायरहॉग की अपनी खुद की तकनीकी व स्वत्वाधिकार संबंधी वैधानिक समस्याएँ भी थी। लिहाजा जुकरबर्ग को उस महत्त्वाकांक्षी परियोजना को ठंडे बस्ते में डालना पड़ा था।

गेट्स ने विंडोज का विचार स्टीव जॉब्स की करिश्माई परिचालन प्रणाली मैक ओएस (मैकिनटोश ऑपरेटिंग सिस्टम) से चुराया था और उसे विंडोज-95 के स्तर तक पहुँचने में करीब एक दशक लग गए थे।

सॉफ्टवेयर प्लेटफॉर्म बनाना, जिस पर दूसरों को अपने एप्लीकेशंस को संचालित करने का मौका मिले--कंप्यूटर प्रौद्योगिकी के महान् चमत्कारों में से एक है। माइक्रोसॉफ्ट ने करीब दो दशकों तक प्रौद्योगिकी उद्योग पर अपना वर्चस्व कायम रखा तो उसका एकमात्र कारण यही था कि बिल गेट्स ने विंडोज परिचालन प्रणाली को समूचे पर्सनल कंप्यूटर उद्योग के मंच के रूप में विकसित कर लिया था। यह जग-जाहिर है कि गेट्स ने विंडोज का विचार स्टीव जॉब्स की करिश्माई परिचालन प्रणाली मैक ओएस (मैकिनटोश ऑपरेटिंग सिस्टम) से चुराया था और उसे विंडोज-95 के स्तर तक पहुँचने में करीब एक दशक लग गए थे। यदि एप्पल ने जॉब्स को निकाल बाहर नहीं किया होता और मैक ओएस को सिर्फ मैकिनटोश कंप्यूटर तक ही सीमित नहीं किया होता तो बिल गेट्स को विंडोज के विस्तार का मौका नहीं मिलता। तब न तो माइक्रोसॉफ्ट की वह हैसियत बन पाती और न ही बिल गेट्स की।

एप्पल में दुबारा वापसी के बाद जॉब्स ने मैक ओएस पर आधारित (मैक) ओएस एक्स सॉफ्टवेयर मंच विकसित किया था और दुनिया भर के डेवलपर्स ने मैकिनटोश कंप्यूटर शृंखला के ग्राहकों के लिए हजारों विशिष्ट एप्लीकेशंस की रचना कर जबरदस्त कमाई की थी। जॉब्स ने इसी तरह आइपॉड के लिए ओएक्स-आइ ट्यून्स और आइफोन व आइपैड के लिए आई.ओ.एस. एस.डी.के. (आइफोन ओ.एस. सॉफ्टवेयर डेवलपमेंट किट) मंचों का विकास किया। इनकी बदौलत दुनिया भर के डेवलपर्स द्वारा एप्पल उत्पादों व सेवाओं के लिए लाखों एप्लीकेशंस का विकास संभव हुआ, जो अपने आप में एक अलग उद्योग बन गया। जून 2014 में एप्पल के ऑनलाइन अनुप्रयोग भंडार—एप्प स्टोर (आई.ओ.एस.) पर आइफोन, आइपॉड टच, आईपैड, आईपैड मिनी व आइट्यून्स से संबंधित 12 लाख से अधिक एप्लीकेशंस उपलब्ध थे, जिन्हें 75 अरब से भी अधिक बार डाउनलोड किया जा चुका था, यानी हरेक एप्लीकेशन की औसत डाउनलोडिंग संख्या 62,500 से ऊपर थी।

लेकिन 'प्लेटफॉर्म' शब्द को लोकप्रिय बनाने का श्रेय व्यक्ति के रूप में बिल गेट्स को, प्रौद्योगिकी कंपनी के रूप में माइक्रोसॉफ्ट कॉरपोरेशन को एवं परिचालन प्रणाली के रूप में माइक्रोसॉफ्ट विंडोज को ही जाता है।

अब अंदाजा लगाना मुश्किल नहीं है कि जुकरबर्ग फेसबुक को सॉफ्टवेयर प्लेटफॉर्म के रूप में क्यों विकसित करना चाहता था। यह वातावरण या मंच एक सॉफ्टवेयर विकास कंपनी को अपने उत्पादों व सेवाओं पर आश्रित भागीदारों के पारिस्थितिकी तंत्र (इकोसिस्टम) का गठजोड़ बनाने का मौका देता है। मंच के रूप में विकसित होने से फेसबुक को हरेक क्षेत्र में खुद को श्रेष्ठ साबित करने के बोझ से भी मुक्ति मिलने वाली थी। फेसबुक ही क्यों, किसी भी अकेली सॉफ्टवेयर कंपनी के लिए यूजर्स की पसंद के हरेक अनुप्रयोग विकसित करना संभव नहीं हो सकता था। ऐसे में यदि फेसबुक सामूहिक सॉफ्टवेयर मंच के रूप में विकसित नहीं करती तो कई क्षेत्रों के विशेषज्ञ सॉफ्टवेयर डेवलपर्स या कंपनियों के लिए फेसबुक को पछाड़ पाना ज्यादा मुश्किल काम नहीं था। जुकरबर्ग इस क्रूर हकीकत को बखूबी जानता था और ऐसा कुछ हो, उससे पहले ही फेसबुक को प्रतिभाशाली अनुप्रयोग डेवलपर्स का मंच बना देने की दिशा में आगे बढ़ चुका था। उसने तय किया था कि फेसबुक की मूल विशेषज्ञता यूजर्स की रूपरेखाओं को सँभालने और उनके दोस्तों के नेटवर्क को जीवंत बनाए रखने में थी, और कंपनी अपना सारा ध्यान उसी पर केंद्रित करेगी और फेसबुक यूजर्स की बाकी सभी जरूरतें बाहरी प्रतिभाएँ व कंपनियाँ पूरा करेंगी।

15 अगस्त, 2006 को फेसबुक के अनुप्रयोग सॉफ्टवेयर विकास मंच फेसबुक डेवलपमेंट प्लेटफॉर्म की शुरुआत हो चुकी थी। जुकरबर्ग ने इस महत्त्वाकांक्षी परियोजना की जिम्मेदारी प्रतिभाशाली हार्वर्ड कंप्यूटर विज्ञान स्नातक डेव फेटरमैन को सौंपी थी। वह हार्वर्ड में शिक्षण सहायक के रूप में काम करने के बाद माइक्रोसॉफ्ट में काम कर रहा था और जुकरबर्ग के विशेष आमंत्रण पर जनवरी 2006 में हार्वर्ड के तीन अन्य साथियों के साथ फेसबुक में शामिल हुआ था। लेकिन दुनिया को फेसबुक की इस क्रांतिकारी योजना का पता नहीं चला था, क्योंकि 5 सितंबर को 'न्यूज फीड' के शुभारंभ के बाद सबका ध्यान उससे उठे विरोध-तूफान की तरफ चला गया था। तकनीकी भाषा में इस सुविधा को 'एप्लीकेशन प्रोग्रामिंग इंटरफेस' (ए.पी.आई.) कहा जाता है, इसलिए इस परियोजना को फेसबुक ए.पी.आई. कहा गया था। इसने यूजर्स को फेसबुक यूजर नेम व पासवर्ड के साथ दूसरी वेबसाइटों पर लॉग ऑन/लॉग इन करने योग्य बना दिया था, ताकि साझीदार वेबसाइट उनका आँकड़ा निचोड़ सके।

फेसबुक में ज्यादा उम्रवाले पदाधिकारियों ने इस कदम को गलत बताया था, क्योंकि इसके जरिए फेसबुक बदले में कुछ लिये बिना ही मुफ्त में अपना मूल्यवान् आँकड़ा

दूसरों को लुटा रहा था। लेकिन जुकरबर्ग व उसकी युवा टीम ने पारंपरिक सोचवाले लोगों की धारणा को नजरअंदाज कर अपनी योजना को आगे बढ़ाने का साहस दिखाया था। ए.पी.आई. के प्रायोगिक प्रदर्शन के बाद फेसबुक ने 'फेसबैंक' नामक बाहरी वेबसाइट अनुप्रयोग की रचना की थी। बाद में इस अनुप्रयोग का नाम बदलकर 'मूचस्पॉट' कर दिया था, जिसे दोस्तों के बीच छोटे कर्ज के लेन-देन पर नजर रखने के लिए इस्तेमाल किया गया था।

हजारों बाहरी डेवलपर्स ने फेसबुक ए.पी.आई. के चारों तरफ चक्कर लगाया था, लेकिन बहुत कम लोगों ने इसका उपयोग किया था। इसमें रुचि लेनेवाले फेसबुक यूजर्स की संख्या भी कम ही थी। फेसबुक अनुप्रयोग कार्यक्रम निर्माण अंतरफलक (ए.पी.आई.) की असल दिक्कत यह थी कि वह बाहरी अनुप्रयोग डेवलपर्स का बहुत ज्यादा सहयोग नहीं कर पा रहा था, क्योंकि इसमें तेज-तर्रार वितरण की सुविधा नहीं थी। डेवलपर्स को फेसबुक के असल सोशल ग्राफ का पता नहीं चल पा रहा था, लेकिन 'न्यूज फीड' का बवाल शांत होने के बाद कंपनी ने इस तरफ अपना ध्यान केंद्रित किया था। एडम डी. एंजेलो व चार्ली चीवर ने काफी मशक्कत से फेसबुक की क्रांतिकारी सूचना प्रसारण सेवा 'न्यूज फीड' को ए.पी.आई. के साथ जोड़ दिया था। अब यूजर्स द्वारा अनुप्रयोग के उपयोग संबंधी सूचनाओं के वितरण की समस्या खत्म हो गई थी। अन्य फेसबुक गतिविधियों की तरह आपके द्वारा अपनी रूपरेखा पर स्थापित किए जानेवाले अनुप्रयोगों की सूचनाएँ भी आपके दोस्तों को मिलने लगी थीं और वे भी उसका फायदा उठाने लगे थे। वैध इ-मेल के जरिए फेसबुक पर पंजीकरण खुलने से ए.पी.आई. के उपयोग को तेजी से बढ़ावा मिला; क्योंकि फेसबुक पर तेजी से नए वयस्क समुदायों का जमघट बढ़ने लगा था।

इस बीच अक्तूबर 2006 में एप्पल छोड़कर फेसबुक में शामिल हुए डेव मोरिन ने वरिष्ठ प्रबंधक के रूप में फेसबुक डेवलपमेंट प्लेटफॉर्म के विपणन का काम सँभाल लिया था। इस जिम्मेदारी के तहत उसका मुख्य कार्य स्वतंत्र अनुप्रयोग डेवलपर्स एवं कंपनियों को फेसबुक मंच की तरफ आकर्षित करना था। एप्पल में रहते हुए मोरिन मैक ओएस पर फेसबुक को जोड़ पाने में कामयाब नहीं हो सका था। लिहाजा मोरिन ने मंच संचालक डेव फेटरमैन के साथ ईबेय, एप्पल व सेल्सफोर्स.कॉम सहित प्लेटफॉर्म कार्यक्रमों को सफलतापूर्वक लागू करनेवाली अन्य कंपनियों का भी दौरा किया था। लेकिन दूसरों का तरीका फेसबुक टोली को पसंद नहीं आ रहा था। तमाम बाहरी तरीकों की खोजबीन करती हुई वह टोली बार-बार एक ही उल्लेख-बिंदु फोटोज पर वापस आ रही थी। उनके सामने एक ही सवाल आ रहा था—फोटोज की तरह अनुप्रयोगों को यूजर्स की रूपरेखा के साथ कैसे जोड़ा जाए? हर रूपरेखा पृष्ठ पर एलबम का बक्सा

प्रदर्शित होता था। उस पर क्लिक करते ही यूजर एक समूचे पृष्ठ पर चला जाता था, जो एक स्वतंत्र वेबसाइट जैसा नजर आता था। इसलिए फेसबुक विकास मंच के प्रोग्रामर्स की टोली ने बाहरी डेवलपर्स को रूपरेखा-पटल पर अपने-अपने बक्से लगाने तथा फेसबुक के अंदर ही अनुप्रयोग पृष्ठों की रचना करने की अनुमति दे दी। ऐसे में, ज्यों ही यूजर संबंधित अनुप्रयोग बक्से को क्लिक करता था तो वह न्यूज फीड कार्यक्रम के लिए एक खबर बन जाती थी, जो मिनी फीड के जरिए संबंधित मित्र-मंडली में फैल जाती थी।

इस तर्क के आधार पर आगे बढ़ते हुए जुकरबर्ग ने फेसबुक पर भी समान अवसर (लेवल प्लेइंग फील्ड) का सिद्धांत लागू किया था। यानी, फेसबुक भी अपने अनुप्रयोगों में ऐसा कुछ नहीं करेगा, जो बाहरी डेवलपर नहीं कर सकते थे। इस नीति का कड़ाई से पालन किया गया था। यही कारण था कि फेसबुक ने अपने फोटोज अनुप्रयोग से एक सुविधा भी हटा ली थी, जिस कारण बाहरी डेवलपर अपने फोटोज अनुप्रयोग में शामिल नहीं कर पा रहा था। इतना ही नहीं, जुकरबर्ग ने बाहरी अनुप्रयोग डेवलपर्स को और भी ज्यादा असामान्य आजादी प्रदान करने का साहस दिखाया था। उसने फैसला किया था कि वह डेवलपर्स से कुछ लिये बिना ही उन्हें फेसबुक मंच पर कमाई करने का भी मौका देगा। फेसबुक मंच की वैधानिक सीमाओं के दायरे में सभी को मनचाहा करने की इजाजत मिलेगी। डेवलपर्स फेसबुक विकास मंच का उपयोग कर अपना स्वतंत्र कारोबार निर्माण कर सकेंगे, अपना विज्ञापन चला सकेंगे, प्रायोजक जुटा सकेंगे, अपनी चीजें बेच सकेंगे और दूसरी वेबसाइटों के साथ अपने फेसबुक पृष्ठ को जोड़ सकेंगे—कुछ भी।

जी हाँ, यह था जुकरबर्ग के समान अवसर का आदर्शवाद। वह एक अज्ञेयवादी (अग्नोस्टिक) की तरह व्यवहार कर रहा था, जिसका मानना था कि भौतिक परिघटना (मटेरियल फेनोमेना) के परे भगवान् के अस्तित्व या स्वभाव के बारे में कुछ भी ज्ञात नहीं है और न ही ज्ञात हो सकता है। लेकिन क्या ऐसा आदर्शवाद फेसबुक को बेहतर कारोबारी अवसर प्रदान कर सकता था? लेकिन वह इस सवाल का जवाब नहीं देता था। उसका मानना था कि जब तक फेसबुक अपनी कारोबारी स्थिति को मजबूत नहीं कर लेता, तब तक यह जानने की जरूरत नहीं थी कि कमाई कैसे होगी। मतलब, उस वक्त जुकरबर्ग की पहली प्राथमिकता फेसबुक के आधार को व्यापक व मजबूत बनाना थी और उसे पक्का भरोसा था कि जब फेसबुक उस स्थिति में आ जाएगा तो कमाई के रास्ते भी अपने आप सामने आ जाएँगे। हम कह सकते हैं कि जुकरबर्ग कर्मवादी था, जो फल की चिंता किए बगैर अपने रास्ते पर आगे बढ़ता चला जा रहा था और सफलताएँ उसके कदम चूमती जा रही थीं।

जाहिर है कि यह रास्ता बेहद जोखिम भरा था। जुकरबर्ग के इस फैसले से सभी सहमत नहीं थे। इस बार खासतौर पर वे लोग सामने आ गए थे, जो फेसबुक के

लिए विज्ञापन जुटा रहे थे। उनका सवाल वाजिब था कि आखिरकार बाहरी अनुप्रयोग निर्माताओं को विज्ञापन बेचने की इजाजत देकर फेसबुक 'आ बैल मुझे मार' जैसी कहावत को दोहरा रहा था? वह अपने ही मंच पर दूसरों को खुद से प्रतिस्पर्धा करने के लिए क्यों आमंत्रित कर रहा था? फेसबुक मुख्यालय में जुकरबर्ग के निजी सभाकक्ष में इन मुद्दों पर तीखी बहस का दौर जारी रहा था। लेकिन जुकरबर्ग था कि अपने फैसले पर अडिग था और अपने अज्ञेयवाद पर अड़ा रहा था। उसका तर्क था कि बाहरी अनुप्रयोगों की गतिविधियाँ फेसबुक पर और ज्यादा गतिविधियों का विकास करेंगी। इनसे फेसबुक के पृष्ठों की अवलोकन संख्या में और ज्यादा इजाफा होगा और यहाँ तक कि अनुप्रयोग पृष्ठों पर भी अपने सुरक्षित स्थानों पर फेसबुक अपना खुद का विज्ञापन प्रदर्शित कर सकेगा। जी हाँ, यह जुकरबर्ग का निगमित डार्विनवाद (कॉरपोरेट डार्विनिज्म) था, जो उन्नसवीं सदी के महान् प्रकृतिवादी व भू-विज्ञानी चार्ल्स डार्विन के योग्यतम की उत्तरजीविता (सर्वाइवल ऑफ द फिटेस्ट) की अवधारणा पर आधारित था। यानी, यदि फेसबुक को खुद को सर्वश्रेष्ठ बनाए रखना था तो उसे लगातार कठिन प्रतिस्पर्धाओं से गुजरना पड़ेगा। यदि फेसबुक का अनुप्रयोग श्रेष्ठ नहीं था तो उसे फेसबुक पर जारी रहने का हक क्यों दिया जाना चाहिए था? इस प्रतिप्रश्न पर सभी को चुप होकर जुकरबर्ग के कक्ष से बाहर आना पड़ता था।

खैर, विकास मंच की सफलता के लिए फेसबुक को एप्लीकेशन डेवलपर्स के बीच खुद को प्रचारित करना जरूरी था। इसी उद्देश्य से डेव मोरिन व मैट कोहलर ने दुनिया भर में तूफानी दौरे किए थे। उन्होंने शुरुआती स्तर की सॉफ्टवेयर विकास कंपनियों के संस्थापकों सहित तमाम बड़ी कंपनियों की विकास टोलियों से मुलाकातें की थीं। उनके सामने फेसबुक के सोशल ग्राफ के रोमांचकारी आँकड़े पेश किए थे और फिर फेसबुक डेवलपमेंट प्लेटफॉर्म की अहमियत व संभावनाओं को चित्रित किया था। 24 मई, 2007 को फेसबुक डेवलपमेंट प्लेटफॉर्म के शुभारंभ के लिए सैन फ्रांसिस्को डिजाइन सेंटर (हेनरी एडम्स सेंट, सैन फ्रांसिस्को) के विशाल सभागार में भव्य कार्यक्रम की योजना बनाई गई थी। उस कार्यक्रम को 'फेसबुक एफ-8' यानी फेसबुक फेट (फेसबुक का भाग्य) नाम दिया गया था। इसके लिए दिग्गज कार्यक्रम योजनाकार (इवेंट प्लानर) माइकल क्राइस्टमैन को नियुक्त किया गया था।

ज्यों-ज्यों फेसबुक एफ-8 की तारीख नजदीक आती गई थी, फेसबुक मुख्यालय में उत्तेजना का भाव बढ़ता चला गया था। फेसबुक कर्मचारियों का उत्साह चरम पर था और वे अपने काम में ऐसे जुटे हुए थे, मानो इतिहास रचने जा रहे हों। भित्ति चित्रों से सजे विशाल कक्षों में बैठनेवाले इंजीनियर्स ने चारों तरफ तरह-तरह की घोषणाएँ कर रखी थीं। मसलन, हम इंटरनेट बदलने वाले हैं! हम इंटरनेट को सामाजिक बनाने वाले हैं!

करीब 750 लोगों से पूरी तरह भरे सभागार में सभी साधारण कद-काठी के जुकरबर्ग को देखने के लिए बेताब हो रहे थे। वह अपनी पसंदीदा वेशभूषा जींस, टी-शर्ट, ऊनी जैकेट व सैंडल में सबके सामने प्रकट हुआ था। वह टहलता हुआ मंच पर आया था और कहा था—''आज हम एक साथ एक आंदोलन शुरू कर रहे हैं। एफ-8 में आपका स्वागत है।''

हम अंततः लोगों को इंटरनेट पर रखने वाले हैं! हम वेब पर असल अर्थव्यवस्था की रचना कर रहे हैं!…आदि। फेसबुक प्लेटफॉर्म की प्रोग्रामिंग की प्रक्रिया लंबी दूरी की दौड़ प्रतियोगिता मैराथन जैसी ही थी। एडम डी. एंजेलो व उसके प्रोग्रामर्स की टोली पिछले तीन महीनों से सप्ताह के सातों दिन कूटलिपि टंकन तथा उसके प्रायोगिक परीक्षण में जुटी हुई थीं, लेकिन शुभारंभ की तारीख से एक दिन पहले तक प्रोग्रामिंग का काम पूरा नहीं हो सका था।

प्रोग्रामर्स का मुख्य समूह डब्ल्यू सैन फ्रांसिस्को होटल के कमरे में सारी रात कार्यक्रम को अंतिम रूप देने की कोशिशें करता रहा था। उनमें से अधिकांश पिछली कई रातों से सोए नहीं थे, लेकिन फिर भी वे फेसबुक प्लेटफॉर्म को ठीक प्रकार से काम कर सकने लायक तैयार नहीं कर सके थे। खुद को रात भर जगाए रखने के लिए कई लोग पिछले काफी दिनों से सतर्कता दवा 'प्रोविजुअल' का भी सेवन करते आ रहे थे। उनकी हालत अर्द्ध-विक्षिप्तों जैसी हो गई थी, लेकिन वे अपने काम के उस्ताद थे और उन्होंने कार्यक्रम शुरू होने से करीब एक घंटा पहले आखिरकार सबकुछ ठीक कर लिया था।

फेसबुक एफ-8 की तैयारियों व उद्‍देश्य को पूरी तरह से गोपनीय रखा गया था। अग्रिम तौर पर एप्लीकेशंस की रचना के लिए सहमत होनेवाले कुछ साझीदार डेवलपर्स के अलावा फेसबुक से बाहर के लोगों को कुछ भी पता नहीं था कि इस कार्यक्रम में क्या होने वाला था। हाँ, सिलिकॉन वैली में हर किसी को यह जरूर पता था कि फेसबुक कोई बड़ी घोषणा करने जा रहा था। सभागार के सामने की पंक्तियों को सैकड़ों पत्रकारों ने भर रखा था। सिलिकॉन वैली सहित दूर-दराज की सॉफ्टवेयर कंपनियों ने भी उस कार्यक्रम में शरीक होने के लिए अपने प्रतिनिधि इंजीनियर्स के दल भेजे थे। करीब 750 लोगों से पूरी तरह भरे सभागार में सभी साधारण कद-काठी के जुकरबर्ग को देखने के लिए बेताब हो रहे थे। वह अपनी पसंदीदा वेशभूषा जींस, टी-शर्ट, ऊनी जैकेट व सैंडल में सबके सामने प्रकट हुआ था। वह टहलता हुआ मंच पर आया था और कहा था—''आज हम एक साथ एक आंदोलन शुरू कर रहे हैं। एफ-8 में आपका स्वागत है।''

सैन फ्रांसिस्को की रणनीति व विपणन सलाहकार कंपनी स्टोन यामाशिता पार्टनर्स (एस.वाय.पी.) ने इस कार्यक्रम की रणनीति बनाई थी। जुकरबर्ग के मुँह से निकला

पहला वाक्यांश भी एस.वाय.पी. का ही सुझाया हुआ था। जुकरबर्ग ने खुद भी इस कार्यक्रम के मुख्य भाषण के लिए काफी मेहनत की थी। वैसे यह उसका अब तक का सबसे ज्यादा अभ्यास किया हुआ सार्वजनिक प्रदर्शन था, फिर भी वह काफी घबराया हुआ था। वह पहली बार इतने बड़े कार्यक्रम को संबोधित करने जा रहा था, जहाँ सभी उसके एक-एक शब्द को गौर से सुनने वाले थे। उसके माता-पिता भी दर्शक दीर्घा में बैठे हुए थे। लिहाजा वह अंतिम समय तक अपने स्लाइड्स को संशोधित करता रहा था। जरूरत से ज्यादा सावधानी में चूक हो ही जाती थी और जुकरबर्ग के साथ भी ऐसा ही हुआ था। शुरुआत में उसके भाषण व स्लाइड्स का तालमेल बिगड़ गया था। वह थोड़ी देर को रुका था और उलझन में दिख रहा था। कार्यक्रम के कर्मचारियों व फेसबुक पदाधिकारियों की साँसें अटकी हुई थीं। तभी जुकरबर्ग ने मजाक कर माहौल को हलका बना दिया था। खैर, यह मेरे कार्यालय में काम कर रहा था…तभी सही स्लाइड सामने आ गया था और उसने ठीक प्रकार से अपना प्रदर्शन पूरा किया था।

जुकरबर्ग ने कहा था कि फेसबुक अब सिर्फ एक और सोशल नेटवर्किंग वेबसाइट नहीं रह जाएगी, बल्कि वह ऐसी जगह बनने का लक्ष्य कर रही है, जहाँ आप अपनी तमाम ऑनलाइन गतिविधियों में अपने मित्रों को शामिल कर सकेंगे। उस वक्त फेसबुक के पास 2.40 करोड़ सदस्य थे, जिनमें से आधे से थोड़ा कम अभी विश्वविद्यालयों में पढ़ रहे थे और रोजाना औसतन 1.50 लाख नए यूजर्स पंजीकृत हो रहे थे। उसने कहा था कि फेसबुक पर सबसे तेजी से बढ़ती जनसंख्या 25 वर्ष की आयु वर्ग की थी; 50 फीसदी पंजीकृत यूजर्स रोजाना साइट पर वापस आ रहे थे; पिछले साल न्यूज फीड के शुभारंभ व पंजीकरण खोलने के बाद फेसबुक पर दर्शक प्रति माह 40 अरब पृष्ठों का अवलोकन कर रहे थे, यानी हरेक यूजर रोजाना औसतन 50 पृष्ठों का अवलोकन कर रहा था। फेसबुक अमेरिका की छठी सबसे ज्यादा यातायातवाली वेबसाइट बन चुकी थी। वह ईबेय से भी ज्यादा पृष्ठ अवलोकन आकर्षित कर रही थी और कंपनी का अगला लक्ष्य गूगल थी।

जुकरबर्ग ने कहा था कि फेसबुक के एप्लीकेशंस फोटोज, ग्रुप्स, इवेंट्स आदि लोगों के असल संबंधों का उपयोग कर रहे थे। फोटोज इंटरनेट का पहले स्थान का तसवीर साझा एप्लीकेशन बन चुका था और कार्यक्रम आयोजन के लिए एवाइट.कॉम के मुकाबले से तीन गुना ज्यादा लोग 'फेसबुक इवेंट्स' एप्लीकेशन का उपयोग कर रहे थे। उसने कहा था कि ऐसा इसलिए संभव हो रहा था कि ये सारे एप्लीकेशन फेसबुक के सोशल ग्राफ से एकीकृत थे। नतीजतन, फेसबुक अब किसी भी कंपनी, इंटरनेट सेवा या सॉफ्टवेयर निर्माता को अपने सदस्यों के लिए सेवाओं के निर्माण का अवसर प्रदान कर रही थी।

जुकरबर्ग ने अपने भाषण में कोई नया दावा नहीं किया था। इंटरनेट यातायात मापन सेवा—नेलसन नेटरेटिंग्स पहले ही चौंकानेवाले रुझान पेश कर चुकी थी। नेलसन नेटरेटिंग्स के मुताबिक, अप्रैल 2006 में फेसबुक पर 1.40 करोड़ अद्वितीय अमेरिकी वेब आगंतुक आ रहे थे। उस वक्त माइस्पेस पर फेसबुक के मुकाबले चार गुना ज्यादा कुल 5.70 करोड़ अमेरिकी यातायात था; लेकिन चौंकानेवाला तथ्य यह था कि माइस्पेस के मुकाबले फेसबुक पर यातायात वृद्धि दर तीन गुना ज्यादा थी। यानी, वह समय बहुत दूर नहीं था, जब फेसबुक माइस्पेस से आगे निकल जाएगी।

फेसबुक की लोकप्रियता एफ-8 समारोह में साफ दिखी थी। उस कार्यक्रम के दौरान फेसबुक प्लेटफॉर्म पर माइक्रोसॉफ्ट व वाशिंगटन पोस्ट कंपनी सहित कुल 65 कंपनियों के द्वारा कुल 85 एप्लीकेशंस जारी किए गए थे। माइक्रोसॉफ्ट ने दो एप्लीकेशंस जारी किए, जो उसके इंटरनेट सॉफ्टवेयरों को फेसबुक के साथ एकीकृत होने में मदद कर रहे थे। वाशिंगटन पोस्ट ने 'पोलिटिकल कंपास' नामक एप्लीकेशन जारी किया था, जिसके जरिए यूजर्स अपने व दोस्तों के राजनीतिक विचारों की तुलना कर सकते थे। फेसबुक के पूर्व अध्यक्ष सीन पार्कर ने जुकरबर्ग के हार्वर्ड छात्रावास रूममेट जोए ग्रीन के साथ मिलकर 'कॉजेज' नामक एक एप्लीकेशन जारी किया था, जिसके जरिए गैर-लाभकारी संस्थाएँ धन इकट्ठा कर सकती थीं। एप्पल के आइट्यून या माइक्रोसॉफ्ट के विंडोज मीडिया प्लेयर के जरिए संगीत साझा करने की सेवा प्रदान वाली कंपनी आइलाइक (19 अगस्त, 2009 को माइस्पेस द्वारा अधिगृहीत) ने भी फेसबुक के लिए एक विशेष अनुप्रयोग जारी किया था।

औपचारिक घोषणाओं के बाद फेसबुक एफ-8 आठ घंटे के हैकाथन (सामूहिक सॉफ्टवेयर विकास कार्यक्रम) में बदल गया था, जब कोई भी एप्लीकेशन डेवलपर जुकरबर्ग व फेसबुक के प्रोग्रामर्स के नजदीक बैठकर वास्तविक समय कूटलिपि लेखन (रियल टाइम एन्क्रिप्शन), जिसे तकनीकी भाषा में ऑन-द-फ्लाई-एन्क्रिप्शन कहते हैं, कर सकता था। खाने-पीने व नाच-गाने के जश्न के साथ आधी रात को इस कार्यक्रम का समापन हो गया था। लेकिन फेसबुक टोली के लिए यह एक और जागते रहनेवाली रात थी। अपने होटल में लौटने के बाद उन्होंने विभिन्न सभाकक्षों में फैलकर अपने लैपटॉप पर विभिन्न जरूरी कूटलिपि संशोधनों का काम जारी रखा था। डस्टिन मोस्कोवित्ज तथा डेव मोरिन प्रतीक्षा गृह (लॉबी) के सोफे पर बैठे होटल के वाई-फाई का इस्तेमाल कर अपने लैपटॉप पर जुटे रहे थे। काफी मशक्कत के बाद फेसबुक प्लेटफॉर्म लाइव (चालू) हो गया था। एक बार फिर से पीने-पिलाने का दौर चला था और वे नींद के आगोश में पसर गए थे।

अगली सुबह जब तक डेव मोरिन की आँख खुली थी, उसके मोबाइल पर कई

आपातकालीन संदेश आ चुके थे। सबसे जरूरी संवाद आइलाइक की तरफ से था। उसकी वेबसाइट पर अचानक इतना यातायात आ गया था कि उसके कारिंदों को समझ नहीं आ रहा था कि क्या करें? वे लोग नए सर्वरों के इंतजाम के लिए मोरिन से मदद माँग रहे थे। आइलाइक के इंजीनियर्स ने सिएटल से सुबह की उड़ान भरी थी। मोरिन ने उनके लिए स्थानांतरण उपकरण व भंडारण सेवा कंपनी यू-हॉल का ट्रक किराए पर लिया था और वे लोग सैन फ्रांसिस्को में सिलिकॉन वैली की तरफ रवाना हुए थे। मोरिन ने विभिन्न प्रौद्योगिकी कंपनियों से पर्याप्त संख्या में सर्वरों का जुगाड़ किया था। एफ-8 कार्यक्रम के अगले दिन 25 मई, 2006 को 40 हजार फेसबुक यूजर्स अपनी रूपरेखाओं पर आइलाइक अनुप्रयोग स्थापित कर चुके थे। दो दिनों बाद, 27 मई को, यह संख्या 4 लाख को पार कर गई थी।

इस बीच मोरिन ने फेसबुक के सैन फ्रांसिस्को स्थित डाटा केंद्र संचालक से एक नए सर्वर केज (सर्वरों को स्थापित करनेवाला पिंजरा) का इंतजाम किया था। फेसबुक ने इस सुविधा के जरिए अपने डेवलपर्स को यातायात प्रबंधित करने का अवसर दिया था। लेकिन जल्द ही वह व्यवस्था भी छोटी साबित हुई थी और फेसबुक को इस काम के लिए एक ज्यादा बड़ा समूचा डाटा केंद्र ही किराए पर लेना पड़ा था।

समूचे प्रौद्योगिकी उद्योग में एफ-8 की जबरदस्त प्रतिक्रिया हुई थी। हम यूँ कह सकते हैं कि इस कार्यक्रम ने खासतौर पर सिलिकॉन वैली में उन्माद का-सा माहौल पैदा कर बना दिया था। जिसको देखो वही फेसबुक के लिए एप्लीकेशन विकसित कर रहा था। उनके बीच एक अजीबोगरीब होड़-सी लग गई थी। चारों तरह फेसबुक की सबसे संभावनाशील प्रौद्योगिकी कंपनी के रूप में चर्चा शुरू हो गई थी। अब कोई भी फेसबुक को महाविद्यालय-छात्रों का जमघट समझने की गलती नहीं कर रहा था। करीब एक माह बाद 29 जून, 2006 को एप्पल के आइफोन का शुभारंभ हुआ था। उसके साथ एफ-8 को वर्ष 2006 की सबसे चर्चित प्रौद्योगिकी घटनाओं में शुमार किया गया था। एफ-8 से पहले जुकरबर्ग व उसकी टोली ने अगले साल भर में अधिक-से-अधिक 5,000 एप्लीकेशंस के फेसबुक पर आने तथा आधे यूजर्स द्वारा उन्हें स्थापित करने का अनुमान लगाया था। लेकिन अगले छह महीनों में फेसबुक डेवलपमेंट प्लेटफॉर्म पर 2.50 लाख से अधिक डेवलपर्स ने खुद को पंजीकृत किया था। उनके 25 हजार से अधिक एप्लीकेशन फेसबुक पर परिचालित हो रहे थे और आधे से अधिक यूजर्स ने कम-से-कम एक एप्लीकेशन अपनी रूपरेखा पर स्थापित कर लिया था।

एफ-8 के मौके पर यानी 24 मई को फेसबुक यूजर्स की कुल संख्या 2.40 करोड़ थी, जिसमें रोजाना 1.50 लाख का इजाफा हो रहा था। उनमें 25 से 34 वर्ष के करीब 50 लाख, 35 से 44 वर्ष के 10 लाख और 65 वर्ष से ऊपर के दो लाख यूजर्स शामिल

थे। एक साल के भीतर, यानी मई 2008 में फेसबुक यूजर्स की संख्या करीब तीन गुना बढ़कर 7 करोड़ हो गई थी, जो तीन महीने बाद अगस्त 2008 में 10 करोड़ का आँकड़ा पार कर गई थी।

एप्लीकेशंस की कमाई और फेसबुक की सर्वव्यापकता

एफ-8 की उन्मादी तैयारियों के बीच जुकरबर्ग व फेसबुक टोली ने आश्चर्यजनक रूप से इस बात पर बहुत कम ध्यान दिया था कि आखिर फेसबुक पर किस प्रकार के एप्लीकेशन सबसे अच्छी तरह से काम कर सकेंगे। जैसा कि फेसबुक में अकसर होता आया था, इस मामले में भी जुकरबर्ग की दूरगामी दृष्टि व ऊँचा सोच ही चला था। फेसबुक टोली ने यही अनुमान लगाया था कि आम जरूरत के एप्लीकेशन नए पारिस्थितिकी तंत्र में अहम भूमिका अदा करेंगे। मसलन, उन्होंने फोटोज एप्लीकेशन से स्वामित्व-सुविधाओं (प्रोपराइटरी फीचर्स) को बाहर निकाल लिया था और उम्मीद जताई थी कि कोई बेहतर एप्लीकेशन विकसित होगा, जो फोटोज के साथ प्रतिस्पर्धा करेगा। विचार तो यही था कि यह सबसे अच्छा, सबसे कार्यात्मक एवं सबसे अधिक परिष्कृत मंच हो। उनकी सोच तो यही थी कि इसके जरिए एडोबी, इलेक्ट्रॉनिक आर्ट्स व इनटूइट जैसी दिग्गज एप्लीकेशन डेवलपर्स कंपनियों के समानांतर फेसबुक पर अनुप्रयोगों की समूची नई पीढ़ी खड़ी हो जाएगी।

लेकिन हकीकत यह थी फेसबुक यूजर्स की सामूहिक गतिविधियों के अलावा कुछ भी नहीं थी। वहाँ पर जो कुछ भी फेसबुक यूजर्स की पसंद पर निर्भर था, इस बात पर नहीं कि जुकरबर्ग की महान् सोच के मुताबिक उन्हें क्या करना चाहिए। फेसबुक प्लेटफॉर्म के जरिए जुकरबर्ग ने थोड़े कष्टदायक अनुभव के साथ यह पाठ सीखा था। फेसबुक पर जो एप्लीकेशन तेजी से उभरकर सामने आ रहे थे, उनका जुकरबर्ग की ऊँची सोच से कोई लेना-देना नहीं था। वे जाहिर तौर पर मूर्खतापूर्ण गतिविधियों को बढ़ावा देनेवाले एप्लीकेशन थे; लेकिन उनकी आंतरिक बनावट को सामाजिक तत्त्वों के साथ बिल्कुल नायाब तरीके से बुना गया था। इंटरनेट यूजर्स ने इस तरह के एप्लीकेशंस का अब तक अनुभव नहीं किया था।

फेसबुक पर जो सबसे पहला एप्लीकेशन सबसे ज्यादा लोकप्रिय हुआ था, उसका नाम था—(फ्लफ) फ्रेंड्स। यह आपको एक आभासी कुत्ता या बिल्ली को इलेक्ट्रॉनिक तरीके से पालतू बनाने के अलावा और कोई मौका नहीं देता था; लेकिन आप ज्यों ही दोस्त के कुत्ते को पालतू बनाते थे, आपकी तसवीर उनकी रूपरेखाओं पर प्रदर्शित हो जाती थी। यह दोस्तों के बीच मामूली संवाद भेजने का अजूबा तरीका था, जिन्हें 50 लाख फेसबुक यूजर्स ने पसंद किया था। इसी तरह का एक दूसरा एप्लीकेशन 'वैंपायर बाइट'

आपको अपने दोस्तों को पिशाचों की तरह काट खाने का निशान बनाने का मौका देता था। 'फूड फाइट' एप्लीकेशन आपको अपने दोस्तों को खाना भेजने का मौका देता था, जो कुछ सप्ताहों में 20 लाख लोगों तक पहुँच गया था। एक ऐसा ही मूर्खतापूर्ण छोटा सा एप्लीकेशन था 'ग्राफिटी', जो आपको अपने दोस्तों के पृष्ठों पर मनचाहे भित्ति चित्र बनाने या कुछ भी घसीटा मारने का मौका देता था; लेकिन यह दूसरा सबसे लोकप्रिय एप्लीकेशन बन गया था।

वयस्कों की नजरों में भले ही मूर्खतापूर्ण लगें, लेकिन ये सही मायने में सोशल एप्लीकेशन थे। इनके जरिए वास्तविक दुनिया की बचकानी व मूर्खतापूर्ण हरकतें अब सफलतापूर्वक आभासी दुनिया में भी प्रकट हो रही थीं। जी हाँ, इनकी लोकप्रियता साबित कर रही थी कि फेसबुक पर अभी हाई स्कूल के किशोरों एवं महाविद्यालयों के युवाओं का बहुमत था और यही समुदाय सबसे ज्यादा सक्रिय थे।

सीन पार्कर के शुरुआती मार्गदर्शक ट्राइब.नेट के संस्थापक एवं पीटर थिएल के साथ फेसबुक में निवेश करनेवाले मार्क पिंकस ने फेसबुक पर होनेवाली इस परिघटना का बखूबी अंदाजा लगा लिया था। उसने अप्रैल 2006 में 'प्रेसिडियो मीडिया' (सैन फ्रांसिस्को) नामक सामाजिक ऑनलाइन खेल सेवा कंपनी की स्थापना की थी। पिंकस चौड़े मुँहवाले अमेरिकी नस्ल के कुत्ते जिंगा का दीवाना था और खुद भी एक पाल रखा था। इसी से प्रेरित होकर उसने कंपनी का प्रतीक चिह्न (लोगो) भी जिंगा जैसा ही बनाया था और कंपनी का नाम भी बदलकर 'जिंगा' रख लिया था। जुलाई 2007 में जिंगा ने अपना पहला सोशल गेमिंग एप्लीकेशन 'टेक्सास होल्डम पोकर' (अब जिंगा पोकर) को फेसबुक पर जारी किया था। यह फेसबुक यूजर्स को अपने माहौल में पोकर (ताश से खेला जानेवाला जुआ) खेलने का अवसर प्रदान करता था।

जुकरबर्ग खुद भी इस तरह के एप्लीकेशन की मूर्खतापूर्ण हरकतों से काफी निराश हुआ था। वह तो यह चाहता था कि फेसबुक पर एक-से-एक बेहतरीन एप्लीकेशन का विकास हो, ताकि लोग गंभीर व सार्थक गतिविधियों में बढ़-चढ़कर हिस्सा लें, लेकिन हो उलटा रहा था। फेसबुक मूर्खतापूर्ण ऑनलाइन खेलों का अड्डा बन रहा था। फेसबुक के किशोर व युवा यूजर्स बचकानी हरकतों में ज्यादा आनंद ले रहे थे।

'स्क्रेबुलोउस' की लोकप्रियता तथा कानूनी विवाद—इस बीच ऑनलाइन शब्द खेल 'स्क्रेबुलोउस' ने फेसबुक पर धूम मचाना शुरू कर दिया था। उसकी रचना सेंट जेवियर्स कॉलेज (कोलकाता, भारत) में वाणिज्य (कॉमर्स) की पढ़ाई कर रहे दो भाइयों रजत अग्रवाल (26 वर्ष) व जयंत अग्रवाल (21 वर्ष) ने की थी। 5 जुलाई, 2006 को अग्रवाल बंधुओं ने कोलकाता में 'स्क्रेबुलोउस' नामक कंपनी की स्थापना की थी और अपनी स्वतंत्र वेबसाइट पर इस शब्द खेल को आरंभ किया था। फेसबुक

प्लेटफॉर्म की शुरुआत के समय इस वेबसाइट पर करीब 20 हजार पंजीकृत यूजर्स इस जादुई सामूहिक ऑनलाइन शब्द-खेल का आनंद ले रहे थे। अग्रवाल बंधुओं ने फेसबुक ए.पी.आई. के इस्तेमाल से एक एप्लीकेशन की रचना की थी और जुलाई 2007 के अंत में 'स्क्रेबुलोउस' को फेसबुक से जोड़ दिया था। इसके जरिए आप कई दोस्तों के साथ, जितना आप चाहते हों, कई खेल खेल सकते थे और जब मन चाहे या फुरसत हो तो दुबारा वहीं से खेल शुरू कर सकते थे। यह शब्द-खेल फेसबुक यूजर्स के बीच सनसनी साबित हुआ था। 'न्यूयॉर्क टाइम्स' (4 अक्तूबर, 2006) के मुताबिक, उस वक्त तक 'स्क्रेबुलोउस' का इस्तेमाल करनेवाले फेसबुक यूजर्स की संख्या 8.40 लाख हो चुकी थी और रोजाना औसतन 5 लाख खिलाड़ी उस सामूहिक खेल में हिस्सा लेने लगे थे। 'पी.सी. वर्ल्ड' पत्रिका ने 26 मई, 2008 को जारी वर्ष 2008 की 100 सर्वश्रेष्ठ उत्पाद की सूची 15वें स्थान पर रखा था। इस सूची में ऑनलाइन वर्गीकृत विज्ञापन सेवा क्रेगलिस्ट को 14वें तथा इलेक्ट्रॉनिक खेल उपकरण (गेम कंसोल) निनतेंडो वी को 16वें स्थान पर रखा था।

दिलचस्प तथ्य यह है कि 'स्क्रेबुलोउस' ने जल्द ही जुकरबर्ग का ध्यान अपनी तरफ खींच लिया था। वह अब तक अपने दादा-दादी को फेसबुक का यूजर बनने के लिए राजी नहीं कर सका था, लेकिन वे लोग अपने पोते (जुकरबर्ग) के साथ 'स्क्रेबुलोउस' खेलने के लिए फेसबुक पर पंजीकृत हो गए थे। यह वह खेल था, जिसने ऑनलाइन खेल के प्रति जुकरबर्ग की अरुचि को खत्म कर दिया था। अपने दादा-दादी के साथ यह खेल खेलते हुए जुकरबर्ग को यह एहसास हुआ था कि 'स्क्रेबुलोउस' के जरिए लोग अपनों से जुड़ रहे थे। यह कोई बचकाना व मूर्खतापूर्ण गतिविधियों से समय खराब करनेवाली हरकत नहीं थी। यह शब्दों का बौद्धिक खेल स्क्रेब्बल जैसा खेल था, जो अमेरिकी प्रतिभाशाली छात्रों के बीच काफी पहले से लोकप्रिय था। हार्वर्ड में जानेवाले छात्र भी इसे बड़े चाव से खेलते थे। जुकरबर्ग भी उन्हीं में से एक था। जाहिर है कि उसे तसल्ली हुई थी कि फेसबुक पर बौद्धिक खेल भी लोकप्रिय हो सकता था।

लेकिन जुकरबर्ग का यह उत्साह जल्द ही खत्म होने वाला था। स्क्रेब्बल अमेरिकी बहुराष्ट्रीय खिलौना व बोर्ड गेम कंपनी हैस्ब्रो इनकॉरपोरेशन (प्रोविडेंस, रोड आइलैंड) का व्यापार चिह्न (ट्रेडमार्क) था, जिसका स्वामित्व-क्षेत्र संयुक्त राज्य अमेरिका व कनाडा था। स्क्रेब्बल नामक दो या चार व्यक्तियों द्वारा 15×15 वर्ग-जालवाले पटल पर खेला जानेवाला खेल था। जनवरी 2008 में हैस्ब्रो ने 'स्क्रेबुलोउस' को अधिगृहित करने के लिए तथाकथित तौर पर अग्रवाल बंधुओं को 1 करोड़ डॉलर का प्रस्ताव दिया था। उस वक्त स्क्रेबुलोउस प्रतिमाह औसतन 25 हजार डॉलर का विज्ञापन आकर्षित कर रहा था। कथित तौर पर अग्रवाल बंधुओं ने अपनी वेबसाइट के लिए हैस्ब्रो से कई करोड़ डॉलर

> **24 जुलाई, 2008 को हैस्ब्रो ने अग्रवाल बंधुओं एवं उसकी कंपनी आरजे सॉफ्टवेयर के खिलाफ अमेरिकी जिला न्यायालय में स्वत्वाधिकार व व्यापार चिह्न उल्लंघन का मुकदमा दायर दिया था।**

की माँग कर दी थी और इसके लिए वे अन्य ग्राहकों से भी बातचीत कर रहे थे। जनवरी 2008 में अग्रवाल बंधुओं ने 'स्क्रेबुलोउस' के कानूनी विकल्प के रूप में फेसबुक पर एक और शब्द खेल 'वर्डस्क्रैपर' को भी जारी किया था।

फरवरी 2008 में हैस्ब्रो ने फेसबुक को स्क्रेबुलोउस एप्लीकेशन का संचालन बंद करने के लिए लीगल नोटिस भेज दिया था; लेकिन इसकी लोकप्रियता के मद्देनजर फेसबुक ने उसे अनसुना कर दिया था। मार्च 2008 के अंत में दिग्गज अमेरिकी खिलौना निर्माण कंपनी मैटेल इनकॉरपोरेशन (एल सेगुंडो, लॉस एंजिल्स काउंटी, कैलिफोर्निया) ने उत्तरी अमेरिका से बाहर के बाजारों में फेसबुक पर स्क्रेब्बल का आधिकारिक संस्करण जारी किया था। मैटेल के पास उत्तरी अमेरिका से बाहर स्क्रेब्बल का विश्वव्यापी बिक्री अधिकार था। स्क्रेबुलोउस के दीवाने खिलाड़ियों ने मैटेल व हैस्ब्रो के खिलाफ फेसबुक पर 'स्क्रेबुलोउस बचाओ' नामक समूह का गठन किया था। जल्द ही इस समूह में 54 हजार से अधिक सदस्य जुड़ गए थे। वे मैटेल व हैस्ब्रो के उत्पादों का इस्तेमाल न करने की धमकी के साथ स्क्रेबुलोउस को कानूनी लफड़ों से दूर रखने की माँग कर रहे थे।

आखिरकार 24 जुलाई, 2008 को हैस्ब्रो ने अग्रवाल बंधुओं एवं उसकी कंपनी आरजे सॉफ्टवेयर के खिलाफ अमेरिकी जिला न्यायालय (दक्षिणी जिला, न्यूयॉर्क) में स्वत्वाधिकार व व्यापार चिह्न उल्लंघन का मुकदमा दायर दिया था। इस मुकदमे में विश्व बौद्धिक संपदा संगठन (वर्ल्ड इंटेलेक्चुअल प्रॉपर्टी ऑर्गेनाइजेशन/डब्ल्यू.आई.पी.ओ.) की 1996 संधि के तहत पारित अमेरिकी स्वत्वाधिकार कानून 'डिजिटल मिलेनियम कॉपीराइट एक्ट' का इस्तेमाल किया गया था। नतीजतन 29 जुलाई, 2008 को फेसबुक ने उत्तरी अमेरिका में स्क्रेबुलोउस को बंद करने का ऐलान किया था। लेकिन इस सूचना के साथ बाकी दुनिया में इसका संचालन जारी रखने का वेब लिंक भी प्रकाशित किया था। एक महीने बाद फेसबुक को भारत के अलावा अन्य सभी स्थानों पर स्क्रेबुलोउस का परिचालन निलंबित करना पड़ा था।

26 सितंबर, 2008 को दिल्ली उच्च न्यायालय के फैसले के बाद अग्रवाल बंधुओं को भारत में भी अपनी वेबसाइट स्क्रेबुलोउस को बंद करना पड़ा था; लेकिन न्यायालय ने हैस्ब्रो के स्क्रेब्बल से संबंधित स्वत्वाधिकार दावों को खारिज कर दिया था और अग्रवाल बंधुओं को किसी अन्य नाम से अपने शब्द खेल वेबसाइट के संचालन की अनुमति दे दी गई थी। 3 दिसंबर, 2008 को 'लेक्सुलोउस' नाम से इस खेल को दुबारा

ऑनलाइन किया गया था। 20 दिसंबर, 2008 को हैस्ब्रो ने अपना मुकदमा वापस ले लिया था। 1 जनवरी, 2009 को 'लेक्सुलोउस' को फेसबुक पर आरंभ किया गया, जिस पर 23 मार्च, 2009 को औसत मासिक यूजर्स की संख्या 5.85 लाख के स्तर पर पहुँच गई थी। जुलाई 2014 में भी 'लेक्सुलोउस' के फेसबुक संस्करण पर एक लाख खिलाड़ी यूजर्स पंजीकृत थे।

जिंगा खेलों की जबरदस्त कामयाबी—स्क्रेबुलोउस के बाद टेक्सास होल्डम पोकर (अब जिंगा पोकर) दूसरा ऑनलाइन खेल था, जो तेजी से लोकप्रिय हो रहा था। मार्च 2011 में 3.80 करोड़ खिलाड़ियों के साथ 'जिंगा पोकर' दुनिया की सबसे बड़ी पोकर खेलने वेबसाइट बन चुकी थी, जो 18 भाषाओं में उपलब्ध हो रही थी। कंपनी वेबसाइट के मुताबिक, जुलाई 2014 में रोजाना 6 लाख लोग इस मुफ्त जीवंत ऑनलाइन खेल में हिस्सा ले रहे थे और 6 करोड़ से अधिक हाथ जीत रहे थे।

इस बीच, टेक्सास होल्डम पोकर की शुरुआती सफलता के बाद जिंगा ने जनवरी व जुलाई 2008 में दो चक्रों में कुल 3.90 करोड़ डॉलर की उद्यम पूँजी निवेश हासिल कर लिया था। इसी दौरान ब्राउजर का आधारित आभासी दुनिया खेल 'योविल्ले' (अप्रैल 2014 के बाद 'योवर्ल्ड') को अधिगृहीत किया था। अप्रैल 2009 में 4 करोड़ मासिक सक्रिय यूजर्स के साथ जिंगा फेसबुक प्लेटफॉर्म का सबसे बड़ा एप्लीकेशन निर्माता बन गया था। इसके बाद जिंगा ने वीडियो गेम विकासकर्ता बिग ह्यूज गेम्स (टमोनियम, मेरीलैंड) के सी.ई.ओ. ब्रायन रेनॉल्ड्स को मुख्य गेम डिजाइनर नियुक्त किया था और उसके नेतृत्व में बाल्टीमोर (मेरीलैंड) में 'जिंगा ईस्ट' नामक बाहरी स्टूडियो की स्थापना की थी।

इसी दौरान जिंगा ने 'माय मिनी लाइफ' को अधिगृहीत कर एक फार्मिंग सिमुलेशन सोशल नेटवर्क गेम 'फॉर्मविले' का विकास किया था, जिसे 19 जून, 2009 को फेसबुक पर जारी किया गया। अगस्त में इसके रोजाना सक्रिय यूजर्स की संख्या 1 करोड़ हो गई थी, जो अक्तूबर में दोगुना बढ़कर 2 करोड़ के स्तर पर चली गई। 23 नवंबर, 2009 को जिंगा के पहले 'फार्मविले' को पहले अकेले खड़े खेल के रूप में चालू किया गया था। दिसंबर 2009 में जिंगा 250 कर्मचारियों सहित 20 करोड़ डॉलर सालाना राजस्व हासिल करनेवाली कंपनी बन चुकी थी।

इस बीच अप्रैल 2008 में जिंगा ने बहु खिलाड़ी सोशल नेटवर्क खेल 'माफिया वार्स' को फेसबुक पर चालू किया था। अगस्त 2010 में 'माफिया वार्स' के मासिक सक्रिय यूजर्स की संख्या 4.55 करोड़ के स्तर पर चली गई थी, जो लगातार गिरावट दर्ज करती हुई अप्रैल 2011 में 1.07 करोड़, सितंबर 2011 में 57 लाख और अप्रैल 2013 में 5 लाख पर सिमट गई थी। 3 अगस्त, 2014 को फेसबुक पर सिर्फ 25 खिलाड़ी इस

खेल को खेल रहे थे। इस दौरान अक्तूबर 2011 में इसकी अगली कड़ी (सीक्वेल) 'माफिया वार्स-2' का भी फेसबुक पर जारी किया गया था, जिसे खराब प्रदर्शन के बाद 30 दिसंबर, 2012 को बंद करना पड़ा था।

एप्प डाटा के मुताबिक, जनवरी 2013 में फेसबुक पर सबसे लोकप्रिय 25 खेलों में जिंगा के 12 खेल शामिल थे। इनमें 4.35 करोड़ मासिक सक्रिय यूजर्स (एम.ए.यू./मंथली एक्टिव यूजर्स) के साथ 'फार्मविले 2' पहले स्थान पर था। टेक्सास होल्डम पोकर (3.39 करोड़ एम.ए.यू.) दूसरे, शेफविले (2.09 करोड़ एम.ए.यू.) पाँचवें, बबल सफारी (1.94 करोड़ एम.ए.यू.) छठे, बबल सफारी ओसियन (1.91 करोड़ ए.एम.यू.) सातवें, सिटीविले 2 (1.59 करोड़ ए.एम.यू.) दसवें, वड्‌र्स विथ फ्रेंड्स (1.40 करोड़ ए.एम.यू.) ग्यारहवें, फार्मविले (1.33 करोड़ ए.एम.यू.) बारहवें, जिंगा स्लीन्गो (1.31 करोड़ ए.एम.यू.) तेरहवें, कैसलविले (1.12 करोड़ ए.एम.यू.) सोलहवें, सिटीविले (1.06 करोड़ ए.एम.यू.) अठारहवें व रूबी ब्लास्ट एडवेंचर (84 लाख ए.एम.यू.) तेइसवें स्थान पर था।

इस बीच 16 दिसंबर, 2011 को जिंगा का प्रारंभिक सार्वजनिक प्रस्ताव (आई. पी.ओ.) आया था। फेसबुक के सोशल ग्राफ का उपयोग कर जिंगा ने वर्ष 2012 (31 दिसंबर तक) करीब 1.28 अरब डॉलर का राजस्व हासिल किया था। बी.बी.सी. (30 नवंबर, 2012) की खबर के मुताबिक, जिंगा के कुल राजस्व का करीब 80 फीसदी हिस्सा सिर्फ फेसबुक मंच के जरिए आ रहा था। लेकिन 31 मार्च, 2013 को फेसबुक ने जिंगा के साथ करीब सात साल पुराने संबंध का अंत कर दिया था। इससे जिंगा की आय को भारी नुकसान हुआ था। 30 जनवरी, 2014 को घोषित जिंगा के वित्तीय प्रतिवेदन के मुताबिक, विश्वव्यापी परिचालनों को घटाने के बावजूद कंपनी वर्ष 2013 (31 दिसंबर तक) में सिर्फ 87.32 करोड़ डॉलर का राजस्व हासिल कर सकी थी।

फेसबुक प्लेटफॉर्म की कमाई एवं सर्वव्यापकता—शुरुआत के पहले साल में फेसबुक प्लेटफॉर्म पर खेलों व मूर्खतापूर्ण एप्लीकेशंस की लोकप्रियता का सिलसिला जारी रहा था; लेकिन जुकरबर्ग के नाक-भौंह सिकोड़ने के बावजूद फेसबुक टोली इसकी निगरानी करने का कोई कारगर तरीका नहीं निकाल सकी थी। इस मंच पर कोई भी किसी भी तरह के एप्लीकेशन की रचना कर सकता था और फेसबुक के सोशल ग्राफ का फायदा उठाकर अपने लिए पर्याप्त ग्राहक भी जुटा ले रहा था। बात यहीं तक सीमित रहती तो गनीमत थी। एप्लीकेशंस के बीच अधिक-से-अधिक यूजर्स हासिल करने की होड़-सी लग गई थी और वे गुमराह करनेवाले हथकंडे अपनाने लगे थे। वे 'न्यूज फीड' के लिए भ्रामक कहानियाँ गढ़ने में माहिर हो रहे थे। जाहिर है कि यूजर्स की रूपरेखाओं पर एप्लीकेशन वेब-कड़ियों की बाढ़-सी आने लगी थी।

फेसबुक ने ऐसे गुमराह करनेवाले एप्लीकेशंस को जड़ से खत्म करने के लिए कई तरह के बदलाव किए थे; लेकिन इससे कई बार जायज एप्लीकेशंस का भी नुकसान हो रहा था। कंपनी ने एप्लीकेशंस पर निगरानी के लिए कई नियम लागू किए थे और यूजर्स को अवांछित थोक संदेश (स्पैम) की शिकायत करने का भी आग्रह किया था। 'न्यूज फीड' पर अनुप्रयोग संबंधी गुमराह करनेवाली कहानी के प्रसारण को कम करने के लिए उस प्रणाली में नए सॉफ्टवेयर भी शामिल किए गए थे।

असल में, इस काम के लिए फेसबुक ने सितंबर 2007 में प्रौद्योगिकी उद्योग के दिग्गज एवं तेज-तर्रार चीनी-अमेरिकी इंजीनियर बेंजामिन लिंग को निदेशक—मंच उत्पाद विपणन (डायरेक्टर प्लेटफॉर्म प्रोडक्ट्स मार्केटिंग) पद पर नियुक्त किया था। कैलिफोर्निया विश्वविद्यालय (बर्कले) से स्नातक कंप्यूटर इंजीनियरी तथा स्टैनफोर्ड विश्वविद्यालय से परास्नातक व पी-एच.डी. कंप्यूटर विज्ञान की उपाधियाँ हासिल करनेवाले बेन ने वर्ष 2004 में गूगल से अपना पेशेवर जीवन शुरू किया था। गूगल एस.एम.एस. की रचना के बाद बेन ऑनलाइन भुगतान संसाधन सेवा (पेमेंट प्रोसेसिंग सर्विसेज)—'गूगल चेकआउट' (अब 'गूगल वॉलेट') की स्थापना की थी और फेसबुक में शामिल होने से पहले महाप्रबंधक इलेक्ट्रॉनिक वाणिज्य (ई कामर्स) के पद पर गूगल उत्पाद खोज व गूगल चेकआउट का कामकाज सँभाल रहा था। (अगस्त 2008 में बेन वापस गूगल में चला गया था। उसने पहले यू-ट्यूब में वरिष्ठ निदेशक—साझेदारी व मंच और फिर गूगल में वरिष्ठ निदेशक खोज उत्पाद व स्थानीय कारोबार उत्पाद की महत्त्वपूर्ण जिम्मेदारियाँ निभाई थीं। अगस्त 2013 में बेन भारतीय मूल के अमेरिकी उद्यमी विनोद खोसला द्वारा संस्थापित व संचालित उद्यम पूँजी कंपनी खोसला वेंचर्स में निवेश साझीदार के रूप में शामिल हो गया था।)

तमाम कोशिशों के बावजूद वर्ष 2008 की गरमियों तक फेसबुक प्लेटफॉर्म की स्थिति काफी नाजुक हो गई थी। ऐसा लग रहा था कि फेसबुक अपने मंच पर मूर्खतापूर्ण एप्लीकेशंस की बाढ़ को रोक सकने में नाकामयाब हो गया था; लेकिन दूसरे एप्लीकेशंस विकासकर्ता सम्मेलन 2008 एफ-8 (23 जुलाई, सैन फ्रांसिस्को डिजाइन सेंटर) में फेसबुक ने एप्लीकेशंस के संचालन के लिए मूल्यांकन-प्रणाली (रेटिंग सिस्टम) सहित विभिन्न प्रकार के शुद्धीकरणों व नियम बदलावों की घोषणाएँ की थीं। अब फेसबुक अच्छे सत्यापन के जरिए अच्छे एप्लीकेशंस की आसानी से छँटाई कर सकता था। फेसबुक सिर्फ उन्हीं एप्लीकेशंस को बढ़ावा देना चाहता था, जो आनंददायक या उपयोगी हों। इस तरह तमाम मूर्खतापूर्ण हरकतों के बीच फेसबुक प्लेटफॉर्म पर अच्छी संख्या में संतोषजनक व उपयोगी एप्लीकेशंस को उभरकर सामने आने का मौका दिया गया था।

लेकिन सीन पार्कर व जोए ग्रीन द्वारा स्थापित ऑनलाइन प्रचार मंच कॉजेज.कॉम

(सैन फ्रांसिस्को) का फेसबुक एप्लीकेशन जुकरबर्ग का सबसे पसंदीदा था। यह गैर-लाभकारी संस्थाओं को धन उगाही करने में मदद के उच्च मकसद से प्रेरित था। जब फेसबुक यूजर दान देता था तो वह 'न्यूज फीड' की खबर बनती थी, जो दूसरे दोस्तों को भी दान के लिए प्रेरित करती थी। यह दान देनेवालों को पहचान देने का नायब तरीका था, जिसे काफी पसंद किया गया था। अगस्त 2014 में इस एप्लीकेशन को पसंद करनेवाले फेसबुक यूजर्स की संख्या 94.62 लाख से अधिक थी।

साल भर पूरा होने के बाद फेसबुक प्लेटफॉर्म पर दुनिया के 180 देशों के 10 लाख से अधिक विकासकर्ता पंजीकृत हो चुके थे। फेसबुक पर 5 लाख से अधिक एप्लीकेशंस का परिचालन हो रहा था। इनमें 250 से अधिक एप्लीकेशंस 10 से अधिक मासिक सक्रिय उपयोगकर्ता (एम.ए.यू.) जुटा पाने में सक्षम थे। इन एप्लीकेशंस विकासकर्ताओं एवं कंपनियों में निवेशकों का आकर्षण बढ़ गया था। फेसबुक पर सबसे लोकप्रिय एप्लीकेशन कंपनियों—जिंगा, प्लेफिश, रॉक यू, क्राउडस्टार एवं कॉजेज ने कुल करीब 35.90 करोड़ डॉलर का निवेश आकर्षित किया था। इनमें वर्ष 2009 के अंत में रूसी कंपनी डिजिटल स्काई टेक्नोलॉजी द्वारा जिंगा में किया गया 18 करोड़ डॉलर का निवेश भी शामिल था। फेसबुक एप्लीकेशंस डेवलपर्स पर केंद्रित वेबसाइट 'इनसाइड फेसबुक.कॉम' के संचालक जस्टिन स्मिथ के आकलन के मुताबिक, वर्ष 2009 के अंत तक भारी उद्यम पूँजी निवेशित करीब 50 सॉफ्टवेयर कंपनियाँ विकसित हो गई थीं, जिनका मुख्य कारोबार फेसबुक पर एप्लीकेशन बनना तथा संचालन करना ही थी। जिंगा इनमें सबसे बड़ी कंपनी बनी थी। दो से चार कार्यक्रम निर्माताओंवाली 200 से अधिक छोटी कंपनियाँ फेसबुक एप्लीकेशन के जरिए सालाना लाखों डॉलर का राजस्व हासिल कर रही थीं। इसके अलावा, करीब 300 एकल विकासकर्ता थे, जो फेसबुक एप्लीकेशन की आमदनी की बदौलत मजे में अपनी महत्त्वाकांक्षी परियोजनाओं को आगे बढ़ा पाने में सक्षम हो पा रहे थे।

दिलचस्प तथ्य यह है कि वर्ष 2009 के अंत में ये सभी बाहरी फेसबुक एप्लीकेशन डेवलपर व कंपनियाँ सामूहिक रूप से अनुमानतः 50 करोड़ डॉलर से अधिक राजस्व जुटा रही थीं, जो खुद फेसबुक के राजस्व से अधिक था। ये एप्लीकेशन कई तरीके से राजस्व जुटा रहे थे। अपने फेसबुक एप्लीकेशन पृष्ठों पर विज्ञापन स्थान बेचकर ये कंपनियाँ करीब 20 करोड़ डॉलर की कमाई कर रही थीं। इन विज्ञापन स्थानों पर आमतौर पर दूसरे फेसबुक एप्लीकेशंस के विज्ञापनों की मेजबानी की जाती थी। जब भी कोई यूजर उन एप्लीकेशंस को क्लिक कर स्थापित करता था तो मेजबान एप्लीकेशन को औसतन 50 सेंट की कमाई होती थी। विज्ञापन के मुकाबले लोकप्रिय एप्लीकेशंस को आंतरिक लेन-देन यानी यूजर्स के भुगतान से ज्यादा मोटी कमाई—करीब 30 करोड़ डॉलर की हो रही थी।

मसलन, 'प्लेफिश' ने वर्ष 2009 के वेलेंटाइन डे (14 फरवरी) के मौके पर गुलाबों की 50 लाख तसवीरें बेची थीं। औसतन 2 डॉलर मूल्य की इन गुलाब-तसवीरों को उपयोगकर्ता अपने दोस्तों को भेज सकते थे, यानी एक दिन में प्लेफिश ने सिर्फ इन तसवीरों के जरिए ही करीब 1 करोड़ डॉलर की कमाई कर ली थी। इसी तरह, जिंगा के 'टेक्सास होल्डम पोकर' खेल में भी यूजर्स अधिक चिप्स/ कैसीनो टोकन (कैसीनो/ जुआघरों में मुद्रा के एवज में इस्तेमाल होनेवाली छोटी डिस्क) हासिल करने के लिए असली मुद्रा खर्च कर रहे थे। उक्त फेसबुक पर कई ऐसे खेल थे, जिनका मासिक राजस्व 30 लाख डॉलर से अधिक हो गया था।

समझदार विपणन विशेषज्ञ फेसबुक प्लेटफॉर्म को प्रचार के मुफ्त माध्यम के रूप में इस्तेमाल कर रहे थे। यही कारण था कि 'वाशिंगटन पोस्ट' ने फेसबुक पर 'पोलिटिकल कंपास' एप्लीकेशन जारी किया था। इसी तरह अक्तूबर 2007 में बॉब डायलन के महानतम गानों का अपना नया म्यूजिक एल्बम जारी किया गया था, तो संगीत कंपनी ने डायलन की पुरानी वीडियो क्लिप का इस्तेमाल कर फेसबुक पर एक एप्लीकेशन जारी किया था। इसमें युवा डायलन के हाथों नोटिस बोर्ड दिखाया गया था और उस एप्लीकेशन के जरिए यूजर्स को उस पर अपना संवाद लिखने के लिए आमंत्रित किया गया था। यह फेसबुक पर प्रचार का अनूठा प्रयोग था।

वर्ष 2008 एफ-8 में फेसबुक खाते के जरिए दूसरी वेबसाइटों में प्रवेश (लॉग इन) करनेवाला प्रमाणीकरण ए.पी.आई. (अनुप्रयोग कार्यक्रम निर्माण अंतरफलक) समुच्चय 'फेसबुक कनेक्ट' की घोषणा की गई थी, जो दिसंबर 2008 में उपयोग के लिए उपलब्ध हो सका था। इसका प्रयोग बहुत तेजी से बढ़ रहा था। 80 हजार से अधिक बड़ी वेबसाइट इसका इस्तेमाल कर फेसबुक यूजर्स को अपनी तरफ आकर्षित कर रही थी। इनमें आधे से अधिक अमेरिका से बाहर की वेबसाइट थी। इस तरह फेसबुक प्लेटफॉर्म के जरिए जुकरबर्ग ने फेसबुक को सबके लिए उपयोगी तथा कमाई करने के सर्वव्यापक सामाजिक मंच के रूप में विकसित कर लिया था, जो लगातार अपने दायरे का विस्तार कर रहा था।

□

आश्चर्यजनक मूल्यांकन और अविश्वसनीय विस्तार

'न्यूज फीड' का बवाल थमने के तुरंत बाद जुकरबर्ग का फेसबुक पर इ-मेल पंजीकरण (26 सितंबर, 2006) खोलने का फैसला बेहद फलदायक साबित हुआ था। एक सप्ताह के भीतर फेसबुक ने 1 करोड़ यूजर्स का जादुई आँकड़ा पार कर लिया था, जो 6 दिसंबर को 1.20 करोड़ के स्तर पर चला गया था। यह सिलसिला लगातार तेज होता जा रहा था। अगले चार महीने में 80 लाख नए यूजर्स फेसबुक से जुड़ गए थे और अप्रैल 2007 में उनकी कुल संख्या 2 करोड़ हो चुकी थी। लेकिन फेसबुक को बाहरी एप्लीकेशन डेवलपर्स का मंच बना देने की जुकरबर्ग की सनक और भी फायदेमंद साबित हुई थी। फेसबुक प्लेटफॉर्म (24 मई, 2007) की शुरुआत के बाद अक्तूबर 2007 में यूजर्स की संख्या 5 करोड़ का आँकड़ा पार कर गई।

दिलचस्प तथ्य यह था कि पिछले छह महीनों में फेसबुक को अपनानेवाले 3 करोड़ नए यूजर्स में आधे से अधिक अमेरिका से बाहर के थे। यानी, जुकरबर्ग की सोशल नेटवर्किंग की मूल अवधारणा साकार होने लगी थी। अब फेसबुक की उपयोगिता अमेरिकी किशोरों, युवाओं, वयस्कों की सीमाओं को लाँघकर सारी दुनिया में सर्वव्यापक हो रही थी। फेसबुक प्लेटफॉर्म दुनिया भर के कंप्यूटर प्रोग्रामर्स के लिए वरदान साबित हो रहा था। यह सामाजिक तत्त्वोंवाले खेलों व अनुप्रयोगों के विशाल कारोबारी मंच के रूप में उभरा था और अपने साथ भारी संख्या में नए यूजर्स को भी फेसबुक की तरफ आकर्षित किया था। नतीजतन, 10 महीनों में दुनिया भर के 5 करोड़ नए लोग फेसबुक से जुड़ गए थे और अगस्त 2008 में यूजर्स की कुल संख्या 10 करोड़ का आँकड़ा पार गई थी।

असल में, फेसबुक प्लेटफॉर्म की शुरुआती सफलता के बाद ही वर्ष 2007 के मध्य में जुकरबर्ग को यह आभास हो गया था कि उसका सपना साकार तो होने लगा था, लेकिन फेसबुक के सामने गंभीर कारोबारी समस्या खड़ी होने वाली थी। दुनिया भर

अगले चार महीने में 80 लाख नए यूजर्स फेसबुक से जुड़ गए थे और अप्रैल 2007 में उनकी कुल संख्या 2 करोड़ हो चुकी थी। लेकिन फेसबुक को बाहरी एप्लीकेशन डेवलपर्स का मंच बना देने की जुकरबर्ग की सनक और भी फायदेमंद साबित हुई थी।

के यूजर्स को सुचारु सेवा देना बेहद चुनौतीपूर्ण काम था। तीन चक्रों में उद्यम पूँजी निवेश आकर्षित किए जा चुके थे। लिहाजा, अब जुकरबर्ग को अपना सारा ध्यान फेसबुक के राजस्व को बढ़ाने, यानी विज्ञापन बटोरने में लगाना चाहिए था। फेसबुक पर प्रदर्शित होनेवाले सारे विज्ञापन अमेरिका-केंद्रित थे, जबकि आधे से अधिक यूजर्स बाहर के थे। माइक्रोसॉफ्ट से किया गया विज्ञापन समझौता तो सिर्फ अमेरिका तक ही सीमित था। ऐसे में फेसबुक को अपनी संपूर्ण व्यापकता का फायदा उठाने के लिए वैश्विक स्तर पर विज्ञापन बिक्री की जरूरत थी।

फेसबुक के पास माइक्रोसॉफ्ट जैसा ताकतवर साझीदार पहले से मौजूद था, जो अपने स्थानीय समझौते को अंतरराष्ट्रीय बनाकर तत्काल समूचे फेसबुक पर विज्ञापन प्रदर्शित करने के लिए बेताब था; लेकिन जुकरबर्ग फेसबुक की लगातार बड़ी होती जा रही ऑनलाइन अचल संपत्ति को यूँ ही माइक्रोसॉफ्ट के हवाले नहीं करना चाहता था। वह पहले की तरह माइक्रोसॉफ्ट को बैनर विज्ञापन तक ही सीमित रखना चाहता था और उसके समानांतर उपयोगकर्ता-केंद्रित विज्ञापन आकर्षित करने के फेसबुक अभियान को और भी तेज करना चाहता था। उसे अब तक बखूबी अंदाजा हो चुका था कि निकट भविष्य में फेसबुक पर दुनिया भर के यूजर्स की विस्फोटक भीड़ इकट्ठा होने जा रही थी और वह उसी हिसाब से सर्वर-नेटवर्क में जबरदस्त विस्तार के साथ-साथ कर्मचारियों की संख्या में भारी बढ़त की योजना पर अमल कर रहा था; लेकिन अब तक अनुभवों से उसे यह भी पता था कि माइक्रोसॉफ्ट से अंतरराष्ट्रीय समझौते होने तथा फेसबुक के अपने उपयोगकर्ता-केंद्रित विज्ञापनों का राजस्व बढ़ने के बावजूद कंपनी के कुल राजस्व में अचानक इतनी बढ़त संभव नहीं थी कि फेसबुक का सारा घाटा पूरा हो जाए। तो फिर उसके पास एक ही रास्ता बचता था कि बड़े मूल्यांकन पर चौथे चक्र का निवेश हासिल करे।

और इस बार, संयोगवश फेसबुक के निशाने पर माइक्रोसॉफ्ट का अकूत खजाना आ गया था। चलिए, देखते हैं कि माइक्रोसॉफ्ट ने किस तरह 15 करोड़ डॉलर राजस्व वाली कंपनी फेसबुक का मूल्यांकन 15 अरब डॉलर किया था। याद रहे कि सितंबर 2006 में 'न्यूज फीड' एवं इ-मेल पंजीकरण खोलने के बीच एसेल पार्टनर्स के जिम ब्रेयर सहित फेसबुक के सी.ओ.ओ. ओबन वैन नट्टा तथा उपाध्यक्ष मैट कोहलर सहित कई अन्य लोगों ने जुकरबर्ग पर कंपनी को महज 1 अरब से कुछ ज्यादा कीमत पर

याहू को बेच देने का कितना बड़ा दबाव बनाया था। शुक्र था कि जुकरबर्ग की रणनीति कामयाब हुई थी और सबकी बोलती बंद हो गई थी।

15 अरब डॉलर का मूल्यांकन और माइक्रोसॉफ्ट का निवेश

न्यूज फीड, इ-मेल पंजीकरण व फेसबुक प्लेटफॉर्म की जबरदस्त सफलताओं के बाद अब जुकरबर्ग की रणनीति पर कोई सवाल उठाने वाला नहीं था; लेकिन कंपनी की कारोबारी हकीकत सबके सामने थी। ऐसे में जब जुकरबर्ग ने फेसबुक निदेशक मंडल के समक्ष चौथे चक्र का निवेश हासिल करने का प्रस्ताव रखा था तो एक सुर से जिम ब्रेयर व पीटर थिएल ने भी उसका समर्थन किया था। खासतौर पर थिएल वित्तीय बाजारों की जटिल घुमावदार चाल को भाँपने में माहिर था और उसने सितंबर 2008 में फेसबुक के लिए नया निवेश हासिल करने को उचित वक्त बताया था। वर्ष 2001-02 में डॉट कॉम बुलबुला फटने के बाद पूँजी बाजारों में प्रौद्योगिकी कंपनियों के शेयरों के भाव एक बार फिर से उच्चतम शिखर की ओर बढ़ रहे थे। निवेशकों में इन कंपनियों की हिस्सेदारी हासिल करने की होड़ शुरू हो चुकी थी। पहले विकासकर्ता सम्मेलन 2007 एफ-8 के आयोजन और फेसबुक प्लेटफॉर्म की शुरुआती कामयाबी के बाद फेसबुक के प्रति दिग्गज निवेशकों के नजरिए में उत्साहपूर्ण बदलाव आया था। थिएल को पता था कि इस माहौल में यदि फेसबुक के लिए निवेश आकर्षित करने की कोशिश की गई तो पूरी कंपनी खरीद के लिए भी कई आकर्षक प्रस्ताव आ सकते थे।

यह विचार थिएल के अलावा ब्रेयर को भी मोटी कमाई की गुदगुदी दे सकता था; लेकिन ऐसे किसी भी सोच मात्र से जुकरबर्ग की कँपकँपी छूट जाती थी। हालाँकि जुकरबर्ग के पास अभी भी तीन निदेशकों की ताकत थी, लेकिन वह फेसबुक को बेचने की किसी भी लालची स्थिति से खुद को दूर ही रखना चाहता था। लिहाजा जुकरबर्ग ने सी.ओ.ओ. वैन नाट्टा और हाल में ही नियुक्त सी.एफ.ओ. (चीफ फाइनेंशियल ऑफिसर/मुख्य वित्तीय अधिकारी) गिदोन यू को फेसबुक की छोटी हिस्सेदारी बेचने के लिए माहौल बनाने का काम सौंपा था।

[कोरियाई मूल के अमेरिकी नागरिक गिदोन यू ((जन्म—14 मई, 1971, सियोल, दक्षिण कोरिया) ने यूनिवर्सिटी स्कूल ऑफ नैशविल (नैशविल, टेनेसी) से बारहवीं, स्टैनफोर्ड विश्वविद्यालय से स्नातक-औद्योगिक अभियांत्रिकी तथा अभियांत्रिकी प्रबंधन व हार्वर्ड बिजनेस स्कूल से एम.बी.ए. की शिक्षा हासिल की थी। याहू के कोषाध्यक्ष व वरिष्ठ उपाध्यक्ष—वित्त के रूप में उसने अलीबाबा, ताओबाओ, ओवरचर, इंकटोमी, फ्लिकर डेल.इसिओ.अस सहित 30 बड़े अधिग्रहण सौदे तथा 5 अरब डॉलर से अधिक के पूँजी बाजार लेन-देन किए थे। फिर यू-ट्यूब

के सी.एफ.ओ. के रूप में गूगल के साथ 1.65 अरब डॉलर का आश्चर्यजनक बिक्री सौदा किया था। कुछ समय तक सिकोइया कैपिटल में साझीदार के रूप में काम करने के बाद गिदोन यू जुलाई 2007 के अंत में फेसबुक में सी.एफ.ओ. नियुक्त हुआ था। अगस्त 2009 के अंत में वह खोसला वेंचर्स में सामान्य साझीदार बन गया था। फिर अप्रैल 2011 में नेशनल फुटबॉल लीग के सैन फ्रांसिस्को 49 एर्स (सांता क्लारा, कैलिफोर्निया) का मुख्य रणनीति अधिकारी (सी.एस.ओ.) व अध्यक्ष नियुक्त हुआ और बाद में उसका सह-स्वामी (को-ओनर) भी बन गया था।]

अप्रैल 2006 में फेसबुक ने तीसरे चक्र में 52.50 करोड़ डॉलर के मूल्यांकन पर 2.75 करोड़ डॉलर का निवेश हासिल किया था। ऐसे में गिदोन यू का अनुमान था कि यदि फेसबुक को 4 अरब डॉलर के मूल्यांकन पर निवेश मिल जाए तो वह कंपनी के लिए बड़ी कामयाबी होगी; लेकिन यह फेसबुक था और उसे पहले भी अप्रत्याशित मूल्यांकन मिलते रहे थे। लिहाजा, जब वैन नट्टा व गिदोन ने बाजार की नब्ज टटोली थी तो उनके आश्चर्य का ठिकाना नहीं रहा था। कई निवेशक 10 अरब डॉलर तक के मूल्यांकन पर भी फेसबुक में हिस्सेदारी खरीदने को तैयार हो गए थे। गिदोन के लिए यह बहुत बड़ी बात हो सकती थी, लेकिन फेसबुक की असल कीमत तो सिर्फ जुकरबर्ग को ही पता थी। लिहाजा, जब वैन नट्टा व गिदोन ने जुकरबर्ग से 10 अरब डॉलर मूल्यांकनवाले निवेश प्रस्तावों की चर्चा की थी तो उनकी आँखें एक बार फिर से खुली-की-खुली रह गई थीं। जुकरबर्ग ने फेसबुक का उचित मूल्य 20 अरब डॉलर बताया था और उन्हें इस मूल्यांकन पर निवेशक तलाशने की हिदायत दी थी। उनके सामने अपने बाल नोचने के अलावा और कोई रास्ता नहीं बचा था। उन्होंने आपस में तय किया था कि यदि कोई 15 अरब डॉलर के मूल्यांकन पर भी कोई तैयार हो गया तो वे जुकरबर्ग को राजी कर सौदा पटा लेंगे।

यह वही वक्त था, जब फेसबुक व माइक्रोसॉफ्ट के बीच अंतरराष्ट्रीय विज्ञापन समझौते की सौदेबाजी चल रही थी। माइक्रोसॉफ्ट के लिए यह बड़ा मौका था; लेकिन उसके अधिकारीगण पुराने स्थानीय समझौते पर दुबारा सौदेबाजी का दबाव बनाए हुए थे। 22 अगस्त, 2006 को अमेरिकी बाजारों के बैनर विज्ञापन के लिए फेसबुक व माइक्रोसॉफ्ट के बीच विज्ञापन अनुबंध हुआ था, जिसके तहत माइक्रोसॉफ्ट ने फेसबुक को सालाना 10 करोड़ डॉलर के भुगतान की जमानत दी थी। फेसबुक भी दुबारा बातचीत करना चाहता था, ताकि यूजर्स की बढ़ी हुई संख्या के आधार पर जमानत राशि को बढ़ाया जा सके; लेकिन माइक्रोसॉफ्ट इसलिए दुबारा बातचीत करना चाहता था कि उसे पुराने अनुबंध पर हर माह 30 लाख डॉलर का घाटा हो रहा था।

माइक्रोसॉफ्ट ने फेसबुक द्वारा निर्धारित स्थानों पर बैनर विज्ञापन प्रदर्शित करने की भरसक कोशिशें की थीं; लेकिन विज्ञापनदाताओं को उसका कोई खास नतीजा नहीं मिल

पा रहा था। इसका असल कारण यह था कि फेसबुक यूजर्स परंपरागत बैनर विज्ञापनों में कोई रुचि नहीं दिखा रहे थे, क्योंकि उन्हें उनमें कोई सीधा फायदा नहीं नजर आता था। जाहिर है कि विज्ञापन स्थानों को भरने के लिए माइक्रोसॉफ्ट ने बैनर विज्ञापनों की दरें काफी कम कर दी थीं। लेकिन वह फेसबुक को हरेक प्रदर्शित विज्ञापन के लिए प्रति पी.सी.एम. (प्रति हजार अवलोकन लागत) 30 सेंट चुकता करता जा रहा था। ऐसे में, यह तय हो गया था कि फेसबुक की पूरी जमानत राशि अदा करने के लिए माइक्रोसॉफ्ट को करीब 3.60 करोड़ डॉलर का घाटा उठाना पड़ेगा। लेकिन इसमें फेसबुक की कोई गलती तो थी नहीं, अनुबंध के लिए तो खुद माइक्रोसॉफ्ट ही राजी हुआ था।

माइक्रोसॉफ्ट-फेसबुक विज्ञापन अनुबंध के वक्त, यानी अगस्त 2006 में फेसबुक यूजर्स की कुल संख्या करीब 90 लाख थी, जो मई 2007 में 2 करोड़ हो चुकी थी। उसके बाद उसमें हर माह औसतन 50 लाख का इजाफा हो रहा था और वह अगस्त 2007 में फेसबुक यूजर्स की संख्या करीब 3.50 करोड़ पहुँच चुकी थी। यानी साल भर में फेसबुक के यूजर्स की संख्या में चार गुना से भी ज्यादा बढ़त हो चुकी थी। यदि सिर्फ अमेरिका के ही यूजर्स की बात करें तो वे भी दो गुना से ज्यादा बढ़ चुके थे। जाहिर है कि जुकरबर्ग उसी हिसाब से अमेरिका के लिए भी बढ़ी हुई जमानत राशि की उम्मीद कर रहा था। जुकरबर्ग सहित फेसबुक शीर्ष नेतृत्व को पता था कि माइक्रोसॉफ्ट पुराने अनुबंध को कायम रखने के साथ-साथ नए अंतरराष्ट्रीय अनुबंध के लिए मुँहमाँगी रकम देगा।

ऐसा क्यों ? माइक्रोसॉफ्ट पीछे भी तो हट सकता था ? बिल्कुल नहीं। इसकी बहुत ही रणनीतिक वजह थी। ऑनलाइन विज्ञापन कारोबार में माइक्रोसॉफ्ट जो भी कर रहा था, वह सब गूगल से प्रतिस्पर्धा के कारण कर रहा था। गूगल का खोज विज्ञापन समूचे ऑनलाइन विज्ञापन कारोबार के आधे से अधिक हिस्से पर कब्जा जमाए हुए था और उसकी पकड़ लगातार मजबूत होती जा रही थी। यही होता तो गनीमत थी। गूगल इस कमाई की बदौलत मुफ्त पर्सनल कंप्यूटर (पी.सी.) सॉफ्टवेयर शृंखलाओं की रचना कर माइक्रोसॉफ्ट को उसके मूल बादशाहत क्षेत्र में कड़ी चुनौती पेश कर रहा था। ऐसे में गूगल के मुकाबले में बने रहना माइक्रोसॉफ्ट की रणनीतिक जरूरत थी, या यों कहें कि यह माइक्रोसॉफ्ट की मजबूरी थी। यही कारण था कि माइक्रोसॉफ्ट अपने इंटरनेट सर्च इंजन व विज्ञापन वितरण प्रणाली को सुदृढ करने के लिए अरबों डॉलर का निवेश झोंक रहा था।

इसी क्रम में 18 मई, 2007 को माइक्रोसॉफ्ट ने 6 अरब डॉलर में अंतरराष्ट्रीय डिजिटल विपणन सेवा व विज्ञापन वितरण कंपनी ए-क्वांटेटिव इनकॉरपोरेशन (सिएटल, वाशिंगटन) को अधिगृहीत किया था। यह माइक्रोसॉफ्ट के इतिहास में अब तक का सबसे बड़ा अधिग्रहण था। (10 मई, 2011 को माइक्रोसॉफ्ट कॉरपोरेशन ने 8.5 करोड़

डॉलर में स्काइप कम्युनिकेशंस का अधिग्रहण कर एक नया इतिहास बनाया था।) इस अधिग्रहण के बाद ए-क्वांटेटिव की सेवाओं को संगठित कर माइक्रोसॉफ्ट ने विज्ञापनदाता व प्रकाशक समाधान (ए.पी.एस./एडवरटाइजर ऐंड पब्लिशर्स सोलूशंस) समूह की रचना की थी। जाहिर है कि माइक्रोसॉफ्ट को इस भारी-भरकम ऑनलाइन विज्ञापन नेटवर्क समूह की लागत का खर्च पूरा करने के लिए विश्वव्यापी विज्ञापन-स्थान भंडार की जरूरत थी और फेसबुक संभावनाशील विकल्प था।

दूसरी वजह यह थी कि गूगल इंटरनेट कारोबार का निर्विवाद बादशाह बन चुका था और इस क्षेत्र में आगे बढ़ने की कोशिश में माइक्रोसॉफ्ट को लगातार पटकनी देता आ रहा था। गूगल की आक्रामकता से खासतौर पर माइक्रोसॉफ्ट के सी.ई.ओ. स्टीव बामर (जनवरी 2000 से फरवरी 2014 तक) को बार-बार मुँह की खानी पड़ रही थी। बिल गेट्स के खासमखास बामर ने सॉफ्टवेयर कारोबार में माइक्रोसॉफ्ट की बादशाहत कायम करने में अहम भूमिका अदा की थी और वह विश्व प्रौद्योगिकी उद्योग के सबसे ताकतवर व खुर्राट नायक के रूप में उभरकर सामने आया था। लेकिन पिछले कुछ वर्षों में बामर को गूगल के संस्थापकों लैरी पेज व सर्गेई ब्रिन और उनके अभिभावक के तौर पर सी.ई.ओ. व चेयरमैन की भूमिका अदा कर रहे एरिक शिमट (मार्च 2001 से जनवरी 2011 तक) से गंभीर रणनीतिक चुनौतियाँ मिल रही थीं। हाल के तीन बड़े सौदों में इस गूगल-त्रिमूर्ति ने बामर को ऐसी तगड़ी पटकनियाँ दी थीं कि उसके माइक्रोसॉफ्ट की सी.ई.ओ. की कुरसी सँभाले रखने की क्षमता पर ही सवाल खड़े होने लगे थे।

मसलन दिसंबर 2005 में एओल-टाइम वार्नर समूह के साथ ऑनलाइन विज्ञापन साझेदारी सौदेबाजी को निपटाने के लिए बामर ने खुद ही न्यूयॉर्क की उड़ान भरी थी। सिएटल वापस लौटते हुए वह खुशफहमी में था कि उसने एक ऐतिहासिक बाजी मार ली थी। बामर ने ए.ओ.एल. को गूगल की बजाय एम.एस.एन. (माइक्रोसॉफ्ट नेटवर्क) को अपना खोज इंजन बनाने तथा अपने नेटवर्क पर माइक्रोसॉफ्ट के विज्ञापन प्रदर्शन के लिए करोड़ों डॉलर का नकद प्रस्ताव किया था। वामर का प्रस्ताव इतना बड़ा था कि ए.ओ.एल. अधिकारियों की लार टपकने लगी थी। उसी वक्त बामर ने मान लिया था कि ए.ओ.एल. को इससे बेहतर प्रस्ताव नहीं मिलेगा। लेकिन 17 दिसंबर, 2005 को 'वाशिंगटन पोस्ट' में प्रकाशित खबर ने बामर को पागल बना दिया था। उस खबर के मुताबिक, वीरवार (15 दिसंबर) की रात में ही ए.ओ.एल. ने गूगल के प्रस्ताव पर मुहर लगा दी थी। गूगल ने अगले पाँच वर्षों तक खोज इंजन बने रहने के लिए गंभीर नकदी संकट की हालत से गुजर रही कंपनी ए.ओ.एल. में 5 फीसदी हिस्सेदारी के लिए 1 अरब डॉलर के नकद निवेश करने तथा उसके नेटवर्क पर प्रदर्शित विज्ञापनों की आमदनी का 20 फीसदी हिस्सा देने का प्रस्ताव किया था। इस सौदे की आधिकारिक घोषणा

20 दिसंबर, 2005 को हुई थी और उसके संचार माध्यमों ने बामर की काबिलियत पर सवाल खड़े करने शुरू किए थे।

बामर को दूसरा बड़ा झटका तब लगा था, जब 7 अगस्त, 2006 को घोषित सौदे में रूपर्ट मर्डोक की न्यूज कॉरपोरेशन द्वारा अधिगृहीत कंपनी माइस्पेस के साथ गूगल ने 90 करोड़ डॉलर की जमानत पर तीन वर्षीय विज्ञापन सौदे की घोषणा की थी। उस सौदे में बामर कथित तौर पर माइस्पेस को 1.15 अरब डॉलर तक की जमानत देने को तैयार हो गया था; लेकिन मर्डोक ने करीब 25 करोड़ डॉलर कम पर गूगल के साथ साझेदारी करना बेहतर समझा था; क्योंकि वही ऑनलाइन विज्ञापन का सुयोग्य खिलाड़ी था। इससे माइक्रोसॉफ्ट की साख को जबरदस्त बट्टा लगा था और एक बार फिर से संचार माध्यमों ने बामर की योग्यता को कठघरे में खड़ा किया था। यही कारण था कि 22 अगस्त, 2006 को माइक्रोसॉफ्ट ने गूगल-माइस्पेस सौदे के मुकाबले तीन गुना से भी ज्यादा कीमत पर फेसबुक के साथ अमेरिकी बाजारों का स्थानीय बैनर विज्ञापन सौदा किया था।

माइक्रोसॉफ्ट को तीसरा बड़ा झटका तब लगा था, जब गूगल ने 13 अप्रैल, 2007 को डिजिटल विपणन प्रौद्योगिकी व सेवा-प्रदाता कंपनी 'डबल क्लिक' (न्यूयॉर्क) को 3.10 अरब डॉलर में अधिगृहीत करने का ऐलान किया था। उस वक्त 'डबल क्लिक' 17 दफ्तरों एवं 15 डाटा केंद्रों के विश्वव्यापी नेटवर्क तथा कुल 1,200 से अधिक कर्मचारियों के जरिए दुनिया भर की तमाम बड़ी वेबसाइटों पर बैनर विज्ञापनों का वितरण कर रही थी। यह सौदा चूकने के बाद ही बामर ने 18 मई, 2007 को गूगल के सौदे के मुकाबले करीब दो गुना कीमत 6 अरब डॉलर में ए-क्वांटेटिव का अधिग्रहण किया था। अब बामर के सामने इस आश्चर्यजनक सौदे का औचित्य साबित करने की गंभीर चुनौती खड़ी हो गई थी और वह इसके लिए कुछ भी करने को तैयार हो सकता था।

गूगल की फेसबुक-खरीद की कोशिश नाकाम—सौदेबाजी में माहिर फेसबुक सी.ओ.ओ. ओवेन वैन नट्टा माइक्रोसॉफ्ट व बामर की कमजोरी को बखूबी जानता था। इसलिए उसने जान-बूझकर कट्टर प्रतिद्वंद्वी कंपनी गूगल के साथ फेसबुक के संभावित अंतरराष्ट्रीय विज्ञापन सौदे की बातचीत छेड़ दी थी। गूगल के उपाध्यक्ष—विज्ञापन बिक्री व परिचालन टिमोथी टिम आर्मस्ट्रांग (मार्च 2009 से ए.ओ.एल. के चेयरमैन व सी.ई.ओ.) ने इस मामले को गंभीरता से लिया था। इस बीच, 10 अक्तूबर, 2007 को गूगल ने अपने सबसे बड़े विज्ञापनदाताओं के सालाना समारोह—गूगल जेइटजीस्ट/गूगल युग सत्य (जब गूगल पर सबसे ज्यादा लगातार खोज प्रश्नों की सूची जारी की जाती है) को संबोधित करने के लिए मार्क जुकरबर्ग को प्रमुख वक्ता के तौर पर आमंत्रित किया था। उसी दिन गूगल निदेशक मंडल की बैठक भी हुई थी, जिसमें टिम आर्मस्ट्रांग

को फेसबुक से अंतरराष्ट्रीय विज्ञापन सौदे की बातचीत को आगे बढ़ाने की अनुमति मिल गई थी।

गूगल ने फेसबुक के विज्ञापन सौदे में अपनी रुचि को रहस्य नहीं रखा था। इस मौके पर आयोजित संवाददाता सम्मेलन में गूगल चेयरमैन व सी.ई.ओ. एरिक श्मिट ने ऑनलाइन सोशल नेटवर्किंग सेवाओं को बहुत ही वास्तविक परिघटना करार दिया था। श्मिट ने साफगोई से कहा था, ''इंटरनेट पर सोशल नेटवर्क्स में कितने पृष्ठों का अवलोकन है, लोग इस तथ्य की सराहना नहीं करते हैं।'' इस कथन के जरिए श्मिट ने गूगल की दूरगामी चिंता इंटरनेट पर सोशल नेटवर्किंग मंचों के स्वामित्व की दीवारों में घिरी सूचना-सामग्रियों को विशाल भंडार में गूगल सर्च इंजन द्वारा खोज न कर पाने को प्रकट कर दिया था। जाहिर है कि गूगल अंतरराष्ट्रीय विज्ञापन सौदे के जरिए फेसबुक की सूचना-सामग्रियों के विशाल साम्राज्य में भी घुसपैठ करने का रास्ता निकालने की कोशिश कर रहा था। जी हाँ, गूगल का समूचे ब्रह्मांड की सभी प्रकार की सूचनाओं को सर्व-सुलभ बनाने का सपना आज भी अधूरा है। गूगल का यह महान् सपना तब तक पूरा नहीं हो सकता, जब तक फेसबुक उसके सर्च इंजन को अपने नेटवर्क में प्रवेश की इजाजत न दे; और आगे भी ऐसा हो पाना संभव नहीं दिखाई दे रहा है, क्योंकि फेसबुक अपनी समानांतर दुनिया के विस्तार में मस्त है।

खैर, गूगल के माउंटेन व्यू मुख्यालय के नजदीकी पार्क में आयोजित गूगल जेइटजीस्ट के भव्य रात्रिकालीन भोज में जब अमेरिका के सबसे बड़े विज्ञापनदाताओं के करीब 250 से अधिक प्रतिनिधि लजीज अंतरराष्ट्रीय व्यंजनों का आनंद ले रहे थे तो एक विशाल मेज के चारों तरफ बैठे गूगल व फेसबुक के शीर्ष प्रबंधन के बीच संभावित सौदे पर गंभीर चर्चा का दौर जारी था। गूगल की तरफ से सह-संस्थापक लैरी पेज, विज्ञापन प्रमुख टिम आर्मस्ट्रांग एवं सौदा विशेषज्ञ मेगन स्मिथ मौजूद थे, तो फेसबुक की तरफ से सह-संस्थापक-सी.ई.ओ. मार्क जुकरबर्ग, सी.ओ.ओ. ओवेन वैन नट्टा एवं उपाध्यक्ष—व्यवसाय विकास व मुद्रीकरण डैन रोस। फेसबुक टोली ने साफ कर दिया था कि उनकी माइक्रोसॉफ्ट के साथ भी गंभीर वार्त्ता चल रही थी। दूसरी तरफ से टिम आर्मस्ट्रांग ने भी साफ कर दिया था कि गूगल भी इस सौदे को हासिल करने के लिए गंभीर थी। लिहाजा भोजन के बाद 10 बजे वे लोग टहलते हुए गूगल मुख्यालय में चले गए थे, जहाँ सौदे को अंतिम रूप देने की चर्चाओं का दौर देर रात तक जारी रहा था।

गूगल अमेरिका व अंतरराष्ट्रीय विज्ञापन सौदों के लिए तैयार हो गया था। 15 अरब डॉलर के मूल्यांकन पर फेसबुक में छोटा निवेश भी गूगल को जायज व तार्किक लगा था, इसलिए उसने इसके लिए भी सहमति दे दी थी। यह गूगल की तरफ से माइक्रोसॉफ्ट से रिश्ता तोड़ने के लिए फेसबुक को दी जानेवाली प्रोत्साहन राशि जैसा ही था। इसी क्रम

में माइक्रोसॉफ्ट से आशंकित कानूनी लफड़ों पर भी चर्चा हुई थी। गूगल को पता था कि यदि फेसबुक माइक्रोसॉफ्ट के मौजूदा विज्ञापन सौदे से बाहर निकलेगा तो वह कानूनी पलटवार करेगा और उससे निपटना काफी महँगा भी रहेगा। सबकुछ ठीक-ठाक चल रहा था कि इसी क्रम में गूगल प्रतिनिधि ने एक कदम आगे बढ़कर 15 अरब डॉलर से कुछ कम कीमत पर फेसबुक के एकमुश्त अधिग्रहण की भी इच्छा जता दी। गूगल की तरफ से यह एक बड़ी चूक थी। जुकरबर्ग यहाँ फेसबुक को बेचने की बातचीत के लिए नहीं, बल्कि रणनीतिक विज्ञापन सौदे के लिए आने को राजी हुआ था। गूगल के लोगों को पता नहीं था कि जुकरबर्ग इस मुद्दे पर कितना संवेदनशील था। लिहाजा, जुकरबर्ग की तरफ से उन्हें रूखा-सा जवाब मिला था कि फेसबुक बिक्री के लिए उपलब्ध नहीं था। गूगल पक्ष ने यह भी महसूस किया था कि विज्ञापन प्रदर्शन के मामले में जुकरबर्ग लचीला नहीं था और वह गूगल को सिर्फ पूर्व निर्धारित स्थानों में ही सीमित रखना चाहता था। बातचीत के क्रम में गूगल पक्ष को फेसबुक पर माइक्रोसॉफ्ट के रिश्ते का प्रभाव साफ-साफ नजर आया था। उन्हें फेसबुक को माइक्रोसॉफ्ट के मौजूदा रिश्ते से अलग करने की कोशिशों में कोई खास उम्मीद भी नजर नहीं आई थी। लिहाजा, बिना किसी ठोस नतीजे के बातचीत जहाँ-की-तहाँ स्थगित कर दी गई थी।

बामर को जुकरबर्ग का जोरदार झटका—गूगल का अनुमान बिल्कुल सही था। पिछले साल भर में फेसबुक व माइक्रोसॉफ्ट के बीच नजदीकियाँ बढ़ रही थीं। इस रिश्ते की शुरुआत वर्ष 2005 के मध्य में जुकरबर्ग द्वारा प्लेटफॉर्म विकास के बारे में बिल गेट्स से फोन पर हुई चर्चा के बाद ही हो गई थी। अगस्त 2006 में फेसबुक से विज्ञापन समझौते के पहले से ही माइक्रोसॉफ्ट का मुख्य सॉफ्टवेयर वास्तुकार रे ओज्जी अकसर पालो आल्टो की यात्राएँ करता आ रहा था। माइक्रोसॉफ्ट ने फेसबुक प्लेटफॉर्म के लिए एप्लीकेशंस भी डेवलप किए थे और एफ-8 समारोह में रे ओज्जी खुद भी शरीक हुआ था। गूगल से अंतरराष्ट्रीय विज्ञापन सौदे पर बातचीत से पहले माइक्रोसॉफ्ट सी.ई.ओ. स्टीव बामर भी रे ओज्जी के साथ पालो आल्टो की विशेष यात्रा कर चुका था और फेसबुक को अधिगृहीत करने के इरादे से जुकरबर्ग से नजदीकियाँ बढ़ाने की कोशिश की थी।

पहली मुलाकात में जुकरबर्ग उन्हें लंबी सैर पर ले गया था। इस दौरान उसने उन्हें सूचित किया था कि फेसबुक 15 अरब डॉलर के मूल्यांकन पर चौथे चक्र का निवेश हासिल करने जा रहा था। इस पर बामर ने तपाक से कहा था, ''हम 15 अरब डॉलर में तुम्हें खरीद क्यों न लें?'' यह इतनी बड़ी रकम थी कि यदि सचमुच में सौदा हो गया होता तो इस बात की पक्की आशंका थी कि माइक्रोसॉफ्ट के शेयरधारक इसके खिलाफ बवाल मचा देते और अंत में सौदे को रद्द करना पड़ता। 'द फेसबुक इफेक्ट' में डेविड

किर्कपैट्रिक ने सूत्रों के हवाले से लिखा है कि बामर के इस अविश्वसनीय प्रस्ताव का भी जुकरबर्ग पर कोई असर नहीं हुआ था। उसने बिना किसी उत्तेजना के बामर को ऐसे मौके पर दिया जानेवाला अपना पुराना बयान दोहराया था, *''जब तक मैं नियंत्रण न रख सकूँ, मैं कंपनी को बेचना नहीं चाहता हूँ।''* जुकरबर्ग बखूबी जानता था कि बिक जाने के बाद फेसबुक पर नियंत्रण रख पाना लगभग असंभव हो जाएगा। लिहाजा, वह इस मुद्दे पर बातचीत को टालने और सामनेवाले को चुप करने लिए इस तरह का बयान दिया करता था।

उसने बिना किसी उत्तेजना के बामर को ऐसे मौके पर दिया जानेवाला अपना पुराना बयान दोहराया था, ''जब तक मैं नियंत्रण न रख सकूँ, मैं कंपनी को बेचना नहीं चाहता हूँ।'' वह इस मुद्दे पर बातचीत को टालने और सामनेवाले को चुप करने लिए इस तरह का बयान दिया करता था।

लेकिन इस बार जुकरबर्ग के सामने खड़ा शख्स स्टीव बामर था, जो दुनिया के सबसे ताकतवर सॉफ्टवेयर समूह माइक्रोसॉफ्ट का सी.ई.ओ. था और उसने जुकरबर्ग के इस बयान को चुनौती के रूप में लिया था। रेडमोंड (सिएटल) मुख्यालय वापस जाने के बाद बामर ने फेसबुक को अधिगृहीत करने का विशेष तरीका निकाला था। उस योजना के मुताबिक माइक्रोसॉफ्ट शुरू में 15 अरब डॉलर के मूल्यांकन पर फेसबुक में अल्पमत हिस्सेदारी (माइनॉरिटी शेयर) खरीदेगा और उसके पास हर छह माह बाद फेसबुक का 5 फीसदी शेयर खरीदने का विकल्प मौजूद रहेगा। इस तरह कंपनी के संपूर्ण अधिग्रहण में 5 से 7 वर्ष का समय लगने का अनुमान लगाया गया था। इस दौरान माइक्रोसॉफ्ट हर बार बढ़ी हुई कीमत पर फेसबुक का शेयर खरीदेगा। यानी, इस बीच कंपनी पर जुकरबर्ग का संपूर्ण नियंत्रण बना रहेगा और अंततः उसे फेसबुक की 15 अरब डॉलर से काफी ज्यादा कीमत भी मिल सकेगी।

बामर को पूरा भरोसा था कि अब जुकरबर्ग सौदे से मुकर नहीं सकेगा। लिहाजा, उसने अक्तूबर के तीसरे सप्ताह में फेसबुक सौदे को संपन्न करने के इरादे से पालो आल्टो की विशेष यात्रा की थी। इस बार बामर के साथ माइक्रोसॉफ्ट के विंडोज व ऑनलाइन सेवा प्रभाग का सह-अध्यक्ष केविन जॉनसन आया था। सौदे की गोपनीयता को बनाए रखने के लिए ओवन वैन नट्टा ने उन्हें अपने निवास पर आमंत्रित किया था। लेकिन बामर बड़ी काली कैडिलेक एस्केलेड—जनरल मोटर्स का विलासिता खेल उपयोगिता वाहन (एस.यू.वी.) में अपने सुरक्षाकर्मियों की फौज के साथ आया था, जिन्होंने वैन नट्टा के घर और बैठक स्थल को पूरी तरह घेर रखा था। जुकरबर्ग वहाँ चुपचाप बैठा था, जबकि माइक्रोसॉफ्ट का मुख्य सॉफ्टवेयर वास्तुकार रे ओज्जी स्पीकर फोन के जरिए बातचीत को सुन रहा था।

वैन नट्टा ने बामर को बुरी खबर सुनाई थी कि फेसबुक अमेरिका के विज्ञापन सौदे को बदलना चाहता था। उसने साफ किया था कि माइक्रोसॉफ्ट को चाहे या न चाहे, फेसबुक जल्द ही अपना खुद का विज्ञापन बेचना शुरू करने जा रहा था। साथ ही उसने यह भी कहा था कि यदि माइक्रोसॉफ्ट को अंतरराष्ट्रीय विज्ञापन सौदा चाहिए तो उसे अमेरिका के विज्ञापन सौदे में ढील देनी पड़ेगी। और अंत में उसने विस्फोट किया था कि यदि माइक्रोसॉफ्ट इन शर्तों को मानने को राजी नहीं है तो फेसबुक से समझौते के लिए गूगल तैयार बैठा था।

वैन नट्टा के लिए बामर को यह सब कह पाना आसान नहीं था। वह बामर की हैसियत व ताकत से वाकिफ था। फिर भी उसने बातचीत की सीमा लाँघने का दुःसाहस दिखाया था। लेकिन बामर ने आश्चर्यजनक रूप से कोई प्रतिक्रिया नहीं जताई थी। वह बिल्कुल शांत बना रहा था। बामर ने साफ किया था कि उसकी अमेरिका के सौदे में कोई रुचि नहीं थी, बल्कि वह फेसबुक को खरीदने का इच्छुक था। अब यह जुकरबर्ग के लिए मुश्किल की घड़ी थी। याहू मामले में युवा सी.ई.ओ. को शिक्षा मिल चुकी थी कि एक बार खरीद सौदा पर बातचीत शुरू हो गई तो उसे बंद करना कितना मुश्किल होता है। लिहाजा, जुकरबर्ग ने भी तत्काल साफ कर दिया था कि वह फेसबुक को बेचने का इच्छुक नहीं था। यह बामर के लिए बड़े झटके से कम नहीं था।

लेकिन उसने अपना धैर्य नहीं खोया था। वह किसी भी कीमत पर फेसबुक को गूगल की तरफ नहीं जाने देना चाहता था। लिहाजा, उसने फेसबुक खरीदने का विचार त्याग दिया था। बामर व केविन जॉनसन वापस रेडमोंड (सिएटल, वाशिंगटन) के लिए रवाना हो गए थे। लेकिन माइक्रोसॉफ्ट के वरिष्ठ उपाध्यक्ष—रणनीति व भागीदारी, हैंक विजलि ने वैन नट्टा के साथ संभावित गठबंधन पर बातचीत का सिलसिला जारी रखा था।

माइक्रोसॉफ्ट-फेसबुक का अनोखा समझौता—फेसबुक ने सबसे पहले माइक्रोसॉफ्ट की मुफ्त इ-मेल सेवा हॉटमेल द्वारा फेसबुक के निमंत्रण इ-मेल को बाधित करने का मुद्दा उठाया था। इ-मेल पंजीकरण खोलने के बाद फेसबुक के लिए यूजर्स के विस्तार का सबसे अचूक हथियार एड्रेस बुक इंपोर्टर था। इसके जरिए फेसबुक यूजर अपनी इ-मेल सेवाओं पर मौजूद अपनी पता-सूची को फेसबुक पर आयात करता था और जो लोग फेसबुक पर पहले से मौजूद नहीं थे; उन्हें फेसबुक पर पंजीकरण के लिए स्वतः आमंत्रण संदेश भेजता था। लेकिन हॉटमेल की सॉफ्टवेयर प्रणाली फेसबुक की तरफ से भेजे गए निमंत्रण इ-मेल को स्पैम समझकर इस प्रक्रिया को रोक दे रही थी।

उस वक्त हॉटमेल काफी लोकप्रिय सेवा थी। इस बाधा से फेसबुक की यूजर वृद्धि दर में करीब 70 फीसदी की गिरावट आ गई थी। लेकिन यह रहस्य खोलने की बजाय फेसबुक ने माइक्रोसॉफ्ट को फेसबुक के लिए हॉटमेल का दरवाजा पूरी तरह खोल देने

के लिए मजबूर किया था। इस मसले के तकनीकी पहलुओं को सुलझाने के लिए वैन नट्टा के साथ डस्टिन मोस्कोवित्ज व एडम डी.एंजेलो ने भी माइक्रोसॉफ्ट मुख्यालय की यात्रा की थी। अगले कुछ दिनों में यह बाधा दूर हो गई थी। लेकिन फेसबुक ने इस छूट के बदले में माइक्रोसॉफ्ट को किसी प्रकार की कोई रियायत नहीं दी थी।

दिलचस्प तथ्य यह है कि माइक्रोसॉफ्ट से इस गंभीर बातचीत के क्रम में फेसबुक ने एक अलग स्थान पर गूगल के प्रतिनिधियों से सौदेबाजी को जारी रखा था।

फेसबुक का अगला मुद्दा स्थानीय विज्ञापन समझौते में आमूलचूल बदलाव का था। हैंक विजलि ने अमेरिका के कुल विज्ञापन-स्थानों में से 15 फीसदी फेसबुक के प्रयोग के लिए छोड़ने का प्रस्ताव रखा था, लेकिन उसके बदले में माइक्रोसॉफ्ट के एम.एस.एन. सर्च इंजन को फेसबुक पर संचालित किए जाने की शर्त रख दी थी। इस पर फेसबुक की तरफ से जवाबी शर्त रखी गई थी। माइक्रोसॉफ्ट फेसबुक पृष्ठ के शीर्ष (टॉप) एवं निचले बाएँ हिस्से में कोई बैनर विज्ञापन प्रदर्शित नहीं करेगा और खुद को सिर्फ निचले दाएँ हिस्से तक ही सीमित रखेगा। फिर माइक्रोसॉफ्ट ने पुराने समझौते की न्यूनतम विज्ञापन प्रदर्शन की संख्या व जमानत राशि को कम करने का मुद्दा उठाया था, तो फेसबुक ने हरेक विज्ञापन बिक्री राजस्व में साझेदारी का प्रारूप पेश कर दिया था। जाहिर था कि फेसबुक इसमें से बड़ी हिस्सेदारी अपने पास रखना चाहता था और माइक्रोसॉफ्ट को मजबूरन उसकी बात माननी पड़ी थी।

लेकिन सबसे बड़ा मामला था फेसबुक में छोटी हिस्सेदारी खरीद का, जिस मुद्दे पर अब तक कोई बातचीत नहीं हुई थी। वैन नट्टा ने साफ कह दिया था कि यदि माइक्रोसॉफ्ट फेसबुक के साथ अपने गठबंधन को और भी पक्का बनाना चाहता था तो उसे फेसबुक के चौथे निवेश चक्र का नेतृत्व करना चाहिए। वह इस बात पर जोर दे रहा था कि जब स्टीव बाम 15 अरब डॉलर के मूल्यांकन पर फेसबुक को खरीदने को तैयार था तो इसी दर पर वह अल्पमत हिस्सेदारी क्यों नहीं खरीदना चाहता था? जुकरबर्ग को पता था कि इस भाव में छोटी हिस्सेदारी के बदले में बड़ी रकम मिलेगी और उसके लिए फेसबुक के संभावित भारी परिचालन घाटे को पूरा करने में आसानी होगी। लिहाजा, वैन नट्टा ने माइक्रोसॉफ्ट को बुरी तरह घेर लिया था और सारी बातचीत का दारोमदार इसी मुद्दे पर अटका दिया था।

संयोग देखिए कि इसी बीच हांगकांग के कारोबारी थैलीशाह का-शिंग ली ('च्युंग कांग होल्डिंग' का चेयरमैन), जिसे 'एशिया का वारेन बफेट' कहा जाता है, ने भी 15 अरब डॉलर मूल्यांकन पर फेसबुक में छोटी हिस्सेदारी खरीदने का प्रस्ताव भेजा था। जाहिर है कि फेसबुक ने जान-बूझकर यह खबर फैला दी थी। जी हाँ,

बामर के पास जुकरबर्ग के प्रस्ताव को मानने के अलावा और कोई चारा नहीं था। हर हाल में फेसबुक को माइक्रोसॉफ्ट के साथ रखना उसकी रणनीतिक मजबूरी थी। लिहाजा, उसे 15 अरब डॉलर मूल्यांकन पर 24 करोड़ डॉलर में फेसबुक की 1.60 फीसदी हिस्सेदारी खरीदने के लिए राजी होना पड़ा था।

24 अक्तूबर, 2007 को जब इस सौदे की घोषणा हुई थी तो संचार माध्यमों ने आसमान सिर पर उठा लिया था। 'वाशिंगटन पोस्ट' ने फेसबुक को नवीनतम इंटरनेट जानेमन (न्यूएस्ट इंटरनेट डार्लिंग) करार दिया था तो 'लॉस एंजिल्स टाइम्स' ने 15 अरब डॉलर मूल्यांकन को चौंका देनेवाला। जी हाँ, यह किसी निजी प्रौद्योगिकी कंपनी, जिसने अभी तक लाभ का मुँह नहीं देखा था, को दिया जानेवाला अब तक का सबसे बड़ा मूल्यांकन था। मतलब साफ था—माइक्रोसॉफ्ट का सी.ई.ओ. स्टीव बामर सनकी था या फिर फेसबुक उतना बड़ा था, जिसका किसी ने अनुमान ही नहीं लगाया था? वॉल स्ट्रीट ने इसका जवाब दिया था—इस सौदे के बाद माइक्रोसॉफ्ट के शेयर में उछाल दर्ज किया गया था। यह बात ठीक है कि बामर को जुकरबर्ग की शर्तों के आगे नतमस्तक होना पड़ा था और उसने मजबूरी में यह फैसला किया था; लेकिन यह माइक्रोसॉफ्ट के लिए शुभ व लाभदायक था। उसने अपने कट्टर प्रतिद्वंद्वी गूगल को इंटरनेट पर एकाधिकार करने से रोक दिया था।

माइक्रोसॉफ्ट के अलावा फेसबुक ने 6 करोड़ डॉलर में 0.40 फीसदी हिस्सेदारी का-शिंग ली को बेच दी। कुछ महीनों बाद का-शिंग ली ने 6 करोड़ डॉलर का अतिरिक्त निवेश किया था, साथ ही म्यूनिख (जर्मनी) की उद्यम पूँजी कंपनी सांवेर ब्रदर्स ने 1.50 करोड़ डॉलर मूल्य के फेसबुक शेयर खरीदे थे। इस तरह से चौथे चक्र में फेसबुक ने महज 2.50 फीसदी हिस्सेदारी बेचकर 37.50 करोड़ डॉलर का निवेश हासिल कर लिया था।

उस वक्त दुनिया को पता नहीं था कि फेसबुक किस आर्थिक संकट से गुजर रहा था; लेकिन 31 जनवरी, 2008 को सूचना प्रौद्योगिकी कंपनियों पर केंद्रित प्रभावशाली समाचार वेब साइटटेक क्रंच में निजी कंपनी फेसबुक के गोपनीय वित्तीय नतीजे जग-जाहिर हो गए थे। इसके मुख्य बिंदु इस प्रकार थे—

- वर्ष 2007 राजस्व : 15 करोड़ डॉलर (2006 राजस्व : 5.20 करोड़ डॉलर)
- वर्ष 2008 राजस्व : 30 से 35 करोड़ डॉलर (अनुमानित)
- वर्ष 2007 कर्मचारी संख्या : 450; 2008 कर्मचारी संख्या : 1,000 (अनुमानित)
- वर्ष 2008 पूँजी व्यय (कैपिटल एक्सपेंडीचर/कैपेक्स) : 20 करोड़ डॉलर (मुख्य रूप से सर्वर-नेटवर्क पर होनेवाला अनुमानित व्यय)।

- वर्ष 2008 ब्याज, कर, मूल्य-ह्रास व परिशोधन पूर्व आय (ई.बी.आई.टी.डी.ए./ अर्निंग्स बिफोर इंटरेस्ट, टैक्स, डेप्रिसिएशन ऐंड अमोर्टाइजेशन) : 5 करोड़ डॉलर।
- वर्ष 2008 नकद प्रवाह/कैश फ्लो (ई.बी.आई.टी.डी.ए. कैपेक्स) : 15 करोड़ डॉलर (नकारात्मक)।

जाहिर है कि जुकरबर्ग ने अपनी सूझ-बूझ व दूरदर्शिता से फेसबुक के भविष्य को पूरी तरह से सुरक्षित कर लिया था। उसका अनुमान सही निकला था कि माइक्रोसॉफ्ट से अंतरराष्ट्रीय करार हो जाने के बावजूद फेसबुक के विज्ञापन राजस्व में तूफानी बढ़त नहीं होगी। जी हाँ, फेसबुक ने माइक्रोसॉफ्ट विज्ञापन सौदे में मिली आजादी का फायदा उठाकर कुछ नए प्रयोग किए थे; लेकिन वर्ष 2008 में कंपनी अनुमान से थोड़ा कम 28 करोड़ डॉलर का राजस्व हासिल कर सकी थी। इसके उलट यूजर्स की संख्या में तूफानी बढ़त के चलते फेसबुक के परिचालन खर्च में बेतहाशा बढ़त होती चली गई थी। अक्तूबर 2008 में फेसबुक यूजर्स की संख्या 10 करोड़ की ऊँचाई पर पहुँच गई थी, जो 2009 की जनवरी में 15 करोड़, अप्रैल में 20 करोड़, जुलाई में 25 करोड़, सितंबर में 30 करोड़ और दिसंबर में 35 करोड़ के स्तर पर चली गई थी। वर्ष 2009 में कंपनी का विज्ञापन राजस्व सीधे 77.50 करोड़ डॉलर के स्तर पर पहुँच गया था और फेसबुक हमेशा के लिए नकारात्मक नकदी प्रवाह के भीषण संकट से बाहर आ गई थी; लेकिन इसके लिए जुकरबर्ग को बड़ी मशक्कत करनी पड़ी थी और फेसबुक की आंतरिक प्रबंधन संरचना में बदलाव करने पड़े थे।

'बीकन' विवाद व सैंडबर्ग की अनुभवी कमान

माइक्रोसॉफ्ट के साथ ताजे समझौते ने फेसबुक की अपनी वेबसाइट पर विज्ञापन बेचने तथा उसमें नए प्रयोग की रुकावट को दूर कर दिया था। समझौते के महज एक पखवाड़े के बाद 6 नवंबर, 2007 को फेसबुक ने न्यूयॉर्क में विज्ञापन समुदाय के लिए अपने पहले बड़े समारोह का आयोजन किया था। इस मौके पर जुकरबर्ग ने मुफ्त फेसबुक पेज और स्वयं सेवा विज्ञापन प्रणाली 'फेसबुक बीकन' की घोषणा की थी।

फेसबुक पेज के जरिए कोई भी व्यावसायिक इकाई मुफ्त में प्रोफाइल पेज की रचना कर सकती थी। अनुप्रयोगों की मेजबानी सहित उसमें व्यक्तिगत फेसबुक प्रोफाइल पेज की तरह कई सुविधाएँ दी गई थीं और यह मुफ्त था, क्योंकि अब तक स्पॉन्सर्ड पेज की उपयोगिता खत्म हो चुकी थी। लेकिन फेसबुक इतनी दरियादिली क्यों दिखा रहा था? फेसबुक अपनी दूरगामी रणनीति पर काम कर रहा था। कंपनी

का पहला लक्ष्य जहाँ तक संभव हो, अधिक-से-अधिक कंपनियों व कारोबारियों को फेसबुक मंच पर लाना था। कंपनी का सोच था कि एक बार जब कंपनियाँ फेसबुक की सेवाओं का उपयोग करने लगेंगी तो उन्हें विज्ञापन मंच के रूप में फेसबुक की अहमियत खुद-ब-खुद समझ आने लगेगी और अंतत: वे विज्ञापन पर या फिर अन्य सेवाओं पर खर्च करेंगी।

फेसबुक यूजर्स दोस्त (फ्रेंड) की बजाय इन कंपनियों के प्रशंसक (फैन) बन सकते थे, बिल्कुल उसी तरह जैसा कि वे व्यक्ति विशेष के साथ करते रहे थे। ज्यों ही कोई यूजर्स किसी कंपनी का फैन बनता था तो यह खबर उसके दोस्तों के न्यूज फीड पर प्रसारित हो जाती थी। मसलन, कोई 'वाशिंगटन पोस्ट' के फेसबुक पृष्ठ का फैन बना तो वह खबर तत्काल उसके सारे दोस्तों तक पहुँच जाती थी। नतीजतन कंपनी विशेष को कई और नए फैन मिलते थे। यह कंपनियों के लिए खुद को प्रचारित करने का अनूठा माध्यम था, जो जल्द ही लोकप्रिय हो गया था।

लेकिन इसके साथ-साथ शुरू की स्वयं सेवा विज्ञापन प्रणाली 'फेसबुक बीकन' जल्द ही विवादों में घिर गई थी। बीकन का शब्दार्थ 'प्रकाश-स्तंभ' होता है। जुकरबर्ग की अवधारणा के मुताबिक फेसबुक की यह सेवा ऑनलाइन विज्ञापन कारोबार के लिए प्रकाश-स्तंभ साबित होने वाली थी। घोषणा के मौके पर जुकरबर्ग ने इसका शानदार परिचय कराया था, मानो फेसबुक कोई युगांतरकारी परिवर्तन करने जा रहा था। जुकरबर्ग के दावे ने विज्ञापन, जनसंचार माध्यम, प्रौद्योगिकी सहित बुद्धिजीवी समुदायों का भी व्यापक ध्यान आकर्षित किया था और बाद में गोपनीयता उल्लंघन के मुद्दे पर उसकी काफी जग-हँसाई हुई थी। जुकरबर्ग ने ऐसा क्या कहा था? यह सिलिकॉन वैली के सीमित दायरे से बाहर जुकरबर्ग का पहला बड़ा प्रचार-संभाषण था। उसने दावा किया था—

"हर सौ साल में एक बार मीडिया में परिवर्तन होता है। पिछला सौ वर्ष मास मीडिया द्वारा परिभाषित किया जाता रहा है। अगले सौ वर्षों में सिर्फ धकेलकर लोगों को सूचना नहीं दी जाएगी। यह लोगों के करोड़ों संपर्कों के बीच साझा की जाएगी।" विश्वस्त दोस्त की सिफारिश से अधिक कुछ भी लोगों को प्रभावित नहीं करता है।" विश्वस्त सिफारिश विज्ञापन गतिविधि की होली ग्रेल है।"

(पाँचवीं-छठी सदी के महान् ब्रिटिश राजा आर्थर द्वारा रचित साहित्य में वर्णित चमत्कारिक पकवान, थाली, पत्थर या कप को 'होली ग्रेल' कहा जाता है।)

दुर्भाग्यवश, 'फेसबुक बीकन' का असल इरादा स्वयं सेवा विज्ञापनों को प्रचारित करना था। यह सुविधा विज्ञापन-लक्ष्यीकरण को विश्वस्त सिफारिशों से ज्यादा आम

जनता को उपलब्ध कराने के लिए थी। लिहाजा, जुकरबर्ग का दावा गुमराह करनेवाला साबित हुआ था।

असल में, फेसबुक बीकन जल्दबाजी में तैयार की गई सतर्कता सेवा (अलर्ट सर्विस) थी, जो फेसबुक प्लेटफॉर्म विकास दल से तैयार करवाई गई थी। मूल रूप से यह कोई विज्ञापन-उत्पाद था ही नहीं, क्योंकि यह किसी प्रकार का राजस्व सृजन नहीं करता था। लिहाजा, फेसबुक विज्ञापन विकास दल ने इसकी सॉफ्टवेयर संरचना का विधिवत् परीक्षण नहीं किया था। अव्वल तो यह विज्ञापन विभाग के सामने भी नहीं लाया गया था। बीकन सॉफ्टवेयर की रचना खेल खेलने या फिर ऑनलाइन रेसिपी बॉक्स में नया नुस्खा जोड़ने के लिए की गई थी, इसलिए इसका इस्तेमाल साझीदार वेबसाइटों पर की गई खरीदारी की घोषणा के लिए भी संभव था। लिहाजा, फेसबुक ने इस सेवा के लिए कुल 44 साझीदार भी जुटा लिये थे। जब कोई उपभोक्ता नेटफ्लिक्स.कॉम पर कोई मूवी खरीदता था या जप्पोस.कॉम पर जूते, फिर फैनडांगो.कॉम पर मूवी टिकट तो वह उन वेबसाइटों को इन खरीदारियों की सूचना 'न्यूज फीड' के जरिए फेसबुक मित्रों को प्रसारित करने की अनुमति दे सकता था, यानी उपभोक्ता अपने मित्रों से उन उत्पादों की सिफारिश कर सकता था।

जाहिर है, इस सेवा में इरादतन गोपनीयता उल्लंघन की कोशिश नहीं की गई थी, क्योंकि सूचना प्रसारण की इजाजत स्वयं उपभोक्ता से माँगी जाती थी। लेकिन इस सॉफ्टवेयर संरचना में मूलभूत खामी थी, जिसके बारे में फेसबुक प्लेटफॉर्म विकास दल ने माथापच्ची करना जरूरी नहीं समझा था। असल में, इस सॉफ्टवेयर की अनुमति माँगने की प्रक्रिया साफतौर पर उपभोक्ता को धोखा देनेवाली नजर आ रही थी। इसमें उपभोक्ताओं से स्पष्ट रूप से मंजूरी नहीं माँगी जाती थी। हरेक खरीदारी के बाद बहुत थोड़े समय के लिए एक ड्रापडाउन ऑप्शन मेनू खुलती थी, जिसमें पूछा जाता था कि क्या आप सूचना नहीं भेजना चाहते; लेकिन जब तक कोई इसे समझ पाता था, यह गायब हो जाता था। यानी, यदि आपने तत्परता से इस विकल्प को खारिज नहीं किया तो सॉफ्टवेयर प्रणाली इसे आपकी मंजूरी समझकर आगे बढ़ जाती थी। इसे तकनीकी भाषा में ऑप्ट आउट मेनू (बाहर निकालनेवाली सूची) कहा जाता है, जो आमतौर पर उपभोक्ताओं को गुमराह करने लिए पेश किया जाता था। यहाँ पर ऑप्ट इन मेनू (चुनाव सूची) की जरूरत थी, जो बिना गायब हुए उपभोक्ताओं से विधिवत् इजाजत लेने के बाद ही बंद होती; लेकिन न्यूयॉर्क विज्ञापन सम्मेलन की तैयारी की आपाधापी में विज्ञापन विभाग ने 'फेसबुक बीकन' का उपभोक्ता परीक्षण नहीं किया था और जुकरबर्ग भी इस तरफ ध्यान नहीं दे सका था।

लिहाजा, फेसबुक बीकन के शुभारंभ के बाद बवाल मचना तय था। फेसबुक यूजर्स परेशान हो गए थे कि बिना इजाजत के गोपनीय खरीदारियों की सूचना उनके मित्रों तक पहुँचने लगी थी। अखबारों में फेसबुक यूजर्स की शिकायतें आम होने लगी थीं। सबसे दिलचस्प वाकया मैसाचुसेट्स के यूजर के साथ हुआ था। उसने ओवरस्टॉक.कॉम से हीरे की कीमती अँगूठी खरीदी थी, जो वह अपनी पत्नी को क्रिसमस के मौके पर आश्चर्य उपहार (सरप्राइज गिफ्ट) के रूप पेश करना चाहता था, लेकिन वह खबर उसकी पत्नी की न्यूज फीड पर प्रसारित हो गई थी। जाहिर है कि उसकी पत्नी को शक हुआ था और उसने त्वरित संवाद भेजकर पूछा था, यह अँगूठी किसके लिए है? सीन लेन नामक उस उपभोक्ता की शिकायत 'वाशिंगटन पोस्ट' ने प्रकाशित की थी। इसी तरह कुछ उपभोक्ताओं ने खरीदारी की गोपनीय सूचनाओं के प्रसारित होने के चलते प्रेमिका से अनबन होने की शिकायतें की थीं। कुल मिलाकर फेसबुक यूजर्स को फेसबुक बीकन उनकी गोपनीयता पर हमला करनेवाली तथा व्यक्तिगत सूचनाओं का दुरुपयोग करनेवाली सेवा महसूस होने लगी थी।

जल्द ही यह एक बड़े बवाल में बदल गया था; लेकिन न्यूज फीड विवाद की तरह ही जुकरबर्ग ने इसे भी काफी समय तक अनसुना किया था। इस बीच 20 नवंबर, 2007 को सार्वजनिक नीतियों की वकालत करनेवाले समूह मूवऑन.ऑर्ग ने फेसबुक बीकन के खिलाफ जन-विरोध मोरचा खोल दिया था। सन् 1998 में राष्ट्रपति बिल क्लिंटन के महाभियोग के जवाब में अमेरिकी प्रतिनिधि सभा द्वारा इस समूह का गठन किया गया था। मूवऑन.ऑर्ग ने नए स्वयं-सेवा सॉफ्टवेयर एप्लीकेशन का फेसबुक पर ही एक विरोध समूह बनाया था, जिसका सवाल था—क्या फेसबुक आपकी गोपनीयता पर हमला कर रहा है? दस दिनों के अंदर इस समूह में 50 हजार से अधिक यूजर्स शामिल हो गए थे, जो आगे बढ़कर 68 हजार तक पहुँच गए थे। हालाँकि विरोध करनेवालों की संख्या नगण्य थी, फिर भी मूवऑन.ऑर्ग के विरोध ने संचार माध्यमों का ज्यादा ध्यान आकर्षित किया था।

उस वक्त फेसबुक यूजर्स की कुल संख्या करीब 5.70 करोड़ थी, यानी फेसबुक बीकन के विरोधियों की संख्या 0.1 फीसदी से कुछ ज्यादा थी। याद रहे कि न्यूज फीड के विरोध में 10 फीसदी अधिक यूजर्स खड़े हो गए थे। इसका सबसे बड़ा कारण यह था कि माइक्रोसॉफ्ट सौदे के बाद संचार-माध्यमों ने फेसबुक की छोटी खबर को भी गंभीरता से लेना शुरू कर दिया था। दूसरी तरफ, दिसंबर की शुरुआत में मैसाचुसेट्स के प्रताड़ित यूजर सीन लेन ने कुछ अन्य प्रताड़ितों के साथ मिलकर कैलिफोर्निया के उत्तरी जिला न्यायालय में फेसबुक के खिलाफ गोपनीयता उल्लंघन का मामला बनाकर वर्ग

कारवाई मुकदमा (क्लास एक्शन लॉसूट) दायर कर दिया था। इस बीच, मूवऑन.ऑर्ग सहित कई अन्य लोगों ने अमेरिकी संघीय व्यापार आयोग (एफ.टी.सी.) में भी फेसबुक के खिलाफ औपचारिक शिकायतें दर्ज कराई थीं। लिहाजा, अब संचार माध्यमों ने भी फेसबुक के खिलाफ आसमान सिर पर उठा लिया था।

खैर, शुभारंभ के काफी दिनों बाद, 29 नवंबर, 2007 को फेसबुक ने 'बीकन सॉफ्टवेयर' में ऑप्ट इन सुविधा का समावेश किया था। कंपनी ने दावा किया था कि नई प्रणाली के जरिए उपभोक्ताओं की स्पष्ट मंजूरी के बिना किसी भी खरीद सूचना के प्रसारित होने की गुंजाइश को पूरी तरह से खत्म कर दिया गया था। फिर करीब एक सप्ताह बाद 5 दिसंबर, 2007 को खुद जुकरबर्ग ने 'बीकन पर विचार' शीर्षक से एक ब्लॉग लिखकर सार्वजनिक रूप से माफी माँगी थी।

"हमने बीकन के निर्माण में बहुत सी गलतियाँ की हैं, लेकिन हमने उससे भी ज्यादा उन्हें सँभालने में की। हमने इसे जारी कर बस, एक बुरा काम किया है और इसके लिए माफी चाहता हूँ।"

"जब हमने पहली बार बीकन के बारे में सोचा था तो हमारा लक्ष्य लोगों को अपने दोस्तों के साथ साइटों के आर-पार जानकारी साझा करने देने के लिए एक सरल उत्पाद का निर्माण करना था। इसे हलका रखना था, ताकि यह लोगों के रास्ते में न आए, जब वे वेब पर ब्राउज करें; लेकिन इतना ज्यादा स्पष्ट भी रखना था कि लोग, जो वे साझा करते थे, उसे आसानी से नियंत्रित करने में सक्षम हों। हम बीकन के बारे में उत्साहित थे, क्योंकि हम मानते थे कि लोग बहुत सी जानकारियाँ साझा करना चाहते थे। (जो) फेसबुक पर नहीं हैं और यदि हम सही संतुलन खोज पाएँ तो बीकन लोगों को अपने दोस्तों के साथ उस जानकारी को ज्यादा साझा करने का आसान व नियंत्रित तरीका देगा।

"लेकिन हम सही संतुलन चूक गए। ...हमने सही समाधान के बारे में फैसला करने में बहुत समय लगा दिया।"

"फेसबुक अब तक आंशिक रूप से सफल रहा है, क्योंकि यह लोगों को निमंत्रण देता है, वे क्या व कैसे जानकारी साझा करें। यही वह चीज है, जो फेसबुक की अच्छी उपयोगिता बनाता है और एक अच्छी सुविधा होने के क्रम में बीकन को भी ऐसा ही करने की जरूरत है। लोगों को, जो वे साझा करते हैं, उसका स्पष्ट रूप से चुनाव करने में सक्षम होने की जरूरत है और यदि वे इसका उपयोग नहीं करना चाहते हैं तो उन्हें बीकन को पूरी तरह बंद करने में सक्षम होने की जरूरत है। यह हमारे हाल के बदलावों के पीछे का दर्शन रहा है।"

21 सितंबर, 2009 को कठोर अदालती कारवाई से बचने के लिए फेसबुक को बीकन को पूरी तरह से बंद करने का ऐलान करना पड़ा था।

खैर, फेसबुक ने इस समस्या का तात्कालिक हल ढूँढ़ लिया था, लेकिन इस घटना से लोगों के मन में जो नकारात्मक धारणा बनी थी, उसे पूरी तरह मिटा पाने में फेसबुक को वर्षों लग गए थे। अभी भी उस दाग के निशान बाकी हैं, जो बीच-बीच में थोड़ी सी चूक पर सामने आ जाते हैं। अंततः 21 सितंबर, 2009 को कठोर अदालती कारवाई से बचने के लिए फेसबुक को बीकन को पूरी तरह से बंद करने का ऐलान करना पड़ा था। उसके बाद 23 अक्तूबर, 2009 को अदालत ने शिकायतकर्ताओं को मुकदमा निपटाने का सुझाव रखा था और निपटारा निधि (सेटलमेंट फंड) में फेसबुक को 95 लाख डॉलर की रकम जमा करनी पड़ी थी।

खैर, इससे काफी पहले कंपनी ने 10 मई, 2008 को 'फेसबुक कनेक्ट सेवा' की शुरुआत कर ली थी, जो 'फेसबुक बीकन' का परिष्कृत रूप ही थी। वैसे इस विवाद-बदनामी, जो भी हुई थी, इसके जरिए फेसबुक को जबरदस्त फायदा भी हुआ था। समाचार माध्यमों की नकारात्मक खबरों के चलते कुछ समय के लिए यूजर्स के पंजीकरण की रफ्तार थमी जरूर थी, लेकिन उसके बाद उसमें अप्रत्याशित वृद्धि दर्ज की गई थी। इस बढ़त ने फेसबुक की उपयोगिता को प्रमाणित किया था और वर्ष 2008 के मुकाबले 2009 में फेसबुक के राजस्व में तीन गुना से भी ज्यादा बढ़त हुई थी और फिर फेसबुक ने पीछे मुड़कर नहीं देखा। लीजिए, इन आँकड़ों पर गौर फरमाइए—

फेसबुक यूजर्स और राजस्व वृद्धि

वर्ष (31 दिसंबर तक)	मासिक सक्रिय उपयोगकर्ता (करोड़)	उपयोगकर्ता वृद्धि दर (%)	राजस्व (करोड़ डॉलर)	राजस्व वृद्धि दर (%)
2004	0.10	...	...	...
2005	0.60	600	...	...
2006	1.20	218	5.20	...
2007	5.80	483	15.00	188
2008	14.50	250	28.00	87
2009	36.00	248	77.50	177

2010	60.80	169	200.00	158
2011	84.50	139	371.10	86
2012	105.60	125	508.90	37
2013	122.80	116	787.20	55

स्रोत : फेसबुक आई.पी.ओ। दस्तावेज व संकलित

लेकिन फेसबुक की इस असाधारण विकास यात्रा में जुकरबर्ग को शेरिल सैंडबर्ग की अनुभवी कमान से भरपूर मदद मिली थी। सैंडबर्ग ने ऑनलाइन विज्ञापन क्षेत्र के अपने व्यापक अनुभव एवं कुशल नेतृत्व क्षमता से जुकरबर्ग के आदर्शवादी फेसबुक को न केवल धन पैदा करनेवाली चमत्कारी मशीन, बल्कि गूगल के समानांतर एक व्यापक व जीवंत इंटरनेट साम्राज्य में बदल दिया। चलिए, देखते हैं कि यह सब कैसे संभव हुआ।

शेरिल सैंडबर्ग की अनुभवी कमान—फेसबुक बीकन का विवाद थमने के बाद एक बार फिर से 'एस्सेल पार्टनर्स' के जिम ब्रेयर व जुकरबर्ग के बीच बहस छिड़ गई थी। ब्रेयर का कहना था कि अनुभव के अभाव में जुकरबर्ग ने माफी माँगने में खामख्वाह देरी की थी, जिससे फेसबुक की साख को काफी नुकसान पहुँचा था। उसका मानना था कि 23 वर्ष के सी.ई.ओ. जुकरबर्ग को अनुभवी कमान की जरूरत थी। मौजूदा सी.ओ.ओ. ओवेन वैन नट्टा भले ही सौदेबाजी में माहिर था, लेकिन वह अन्य मामलों में जुकरबर्ग की अपेक्षित मदद नहीं कर पा रहा था। उसने जुकरबर्ग को नया सी.ओ.ओ. ढूँढ़ने की सलाह दी थी, जो उसको फेसबुक जैसी—बड़ी लगातार बड़ी होती जा रही कंपनी की जटिलताओं से निपटने में उसकी पूरी मदद कर सके।

इस हकीकत को स्वीकार करने में जुकरबर्ग को थोड़ा वक्त जरूर लगा था, लेकिन दो सप्ताह के अंदर ही उसने ब्रेयर को आश्वस्त कर दिया था कि वह उसकी राय से सहमत था और उसी दिशा में आगे कदम बढ़ाने जा रहा था। संयोगवश, जुकरबर्ग को ऐसा सुयोग्य उम्मीदवार मिल गया था, जो उसके साथ तालमेल बनाए रखते हुए फेसबुक को अनुभवी नेतृत्व प्रदान कर पाने में सक्षम था। जनवरी 2008 में जुकरबर्ग ने सी.ओ.ओ. वैन नट्टा को भी साफ कर दिया था कि उसके स्थान पर किसी और को लाया जा रहा था।

असल में, दिसंबर के मध्य में डैन रोसेनवेइग (वर्ष 2002-06 तक याहू के सी.ओ.ओ.) द्वारा आयोजित एक क्रिसमस जलसे में जुकरबर्ग की मुलाकात शेरिल सैंडबर्ग से हो गई थी। उसने नवंबर 2001 से अब तक उपाध्यक्ष—वैश्विक ऑनलाइन

बिक्री व परिचालन के रूप में गूगल के अभूतपूर्व विश्वव्यापी विस्तार में अहम भूमिका अदा की थी। पहली मुलाकात में ही दोनों एक-दूसरे के साथ घुल-मिल गए थे और जलसे की भीड़ से दूर एक कोने में काफी देर तक बातचीत करते रहे थे। जुकरबर्ग उससे उभरती हुई इंटरनेट कंपनी के संचालन की चुनौतियों के बारे में पूछ रहा था। फिर दोनों इस मुद्दे पर आगे के विचार-विमर्श के लिए जल्द ही रात के खाने पर मिलने के लिए सहमत हो गए थे।

शेरिल सैंडबर्ग का जन्म 28 अगस्त, 1969 को वाशिंगटन डी.सी. के एक यहूदी अमेरिकी परिवार में हुआ था। उसके पिता जोएल सैंडवर्ग नेत्र रोग विशेषज्ञ (ओफ्थामोलॉजिस्ट) तथा एडेल यिनहॉर्न फ्रेंच साहित्य में पी-एच.डी. थे। शेरिल से छोटा एक भाई डेविड सैंडबर्ग (हार्वर्ड स्नातक व मियामी चिल्ड्रन्स हॉस्पिटल फाउंडेशन, मियामी, फ्लोरिडा में बाल रोग तंत्रिका शल्य चिकित्सक/पीडिया ट्रिक न्यूरोसर्जन) और बहन मिशेल (हार्वर्ड स्नातक व सांता क्लारा में बाल रोग विशेषज्ञ) हैं। शेरिल जब दो साल की थी, तभी उसका परिवार उपनगरीय शहर नॉर्थ मियामी बीच (फ्लोरिडा) में स्थानांतरित हो गया था। बच्चों की परवरिश के लिए उसकी माँ ने कॉलेज में पढ़ाना छोड़ दिया था। अपने वर्ग में हमेशा शीर्ष पर रहनेवाली शेरिल नॉर्थ मियामी बीच हाई स्कूल से बारहवीं के बाद सन् 1987 में हार्वर्ड विश्वविद्यालय में स्नातक अर्थशास्त्र के पाठ्यक्रम में दाखिल हुई थी। सन् 1991 में उसने अर्थशास्त्र में शीर्ष स्नातक छात्र को दिया जानेवाला जॉन एच. विलियम्स पुरस्कार हासिल किया था।

हार्वर्ड के तत्कालीन अर्थशास्त्र प्राध्यापक प्रो. लॉरेंस लैरी समर्स शेरिल के संरक्षक व शोध प्रबंध (थीसिस) सलाहकार थे, जो सन् 1991 में विश्व बैंक के मुख्य अर्थशास्त्री नियुक्त किए गए थे। समर्स ने अपनी पसंदीदा छात्रा शेरिल को अपना शोध सहायक (रिसर्च असिस्टेंट) नियुक्त किया था। अगले एक साल तक शेरिल ने भारत में विश्व बैंक की कुष्ठ रोग, एड्स व अंधापन संबंधी स्वास्थ्य परियोजनाओं में काम किया था। उसके बाद सन् 1992 में हार्वर्ड बिजनेस स्कूल में दाखिल हुई थी। सन् 1993 में 24 वर्ष की उम्र में शेरिल ने वाशिंगटन के व्यापारी ब्रायन क्राफ से शादी की थी, लेकिन साल भर में ही उनका तलाक हो गया था। 1995 में उच्चतम विशिष्टता के साथ एम.बी.ए. करने के बाद शेरिल ने लगभग एक वर्ष मैकिंजी ऐंड कंपनी में प्रबंधन सलाहकार के रूप में काम किया था। फिर वर्ष 1996 से 2001 तक राष्ट्रपति बिल क्लिंटन सरकार में यू.एस. सेक्रेटरी ऑफ ट्रेजरी रहे लैरी समर्स के कार्यालय में चीफ ऑफ स्टाफ के रूप में अपनी सेवाएँ दी थीं। 1997 के एशियाई वित्तीय संकट के दौरान शेरिल ने विकासशील देशों में कर्ज माफ करने के अमेरिकी सरकार के ट्रेजरी कार्य को सँभालने में महत्त्वपूर्ण भूमिका निभाई थी।

लेविंस्की सेक्स कांड के चलते 7 नवंबर, 2000 के अमेरिकी राष्ट्रपति चुनाव में डेमोक्रेटिक पार्टी के राष्ट्रपति उम्मीदवार अल गोर चुनाव हार गए थे और 20 जनवरी, 2001 को रिपब्लिकन पार्टी के जॉर्ज डब्ल्यू. बुश की सरकार बनी थी। उसके बाद समर्स सहित शेरिल को अपने पद से इस्तीफा देना पड़ा था। नवंबर 2001 में वह गूगल में शामिल हो गई थीं। वर्ष 2004 में शेरिल ने अपने हार्वर्ड के पुराने दोस्त डेविड गोल्डबर्ग (स्नातक इतिहास व सरकार, 1998) से शादी कर ली थी, जो उस वक्त याहू म्यूजिक का प्रमुख (अगस्त 2001 से अप्रैल 2007) था। दो साल तक 'बेंचमार्क कैपिटल' में काम करने के बाद अप्रैल 2009 में गोल्डबर्ग वेब-आधारित सर्वेक्षण समाधान-प्रदाता अग्रणी कंपनी सर्वेमंकी (पालो आल्टो) में सी.ई.ओ. नियुक्त हुआ था। इस बीच शेरिल दो बच्चों की माँ बन चुकी थी। वर्ष 2007 के अंत में जुकरबर्ग से पहली मुलाकात के वक्त वह वाशिंगटन पोस्ट कंपनी के उच्च पद पर जाने के बारे में विचार कर रही थी।

वैन नट्टा से उसकी विदाई की जटिल बातचीत के बीच जुकरबर्ग ने सी.ओ.ओ. पद के अन्य संभावित उम्मीदवारों से भी मिलना शुरू कर दिया था। उनमें डैन रोसेनवेइग भी शामिल था, जिसने वर्ष 2006 में याहू के सी.ओ.ओ. पद से त्यागपत्र देने के बाद न्यूयॉर्क की निजी निवेश कंपनी क्वाड्रेंगल ग्रुप के साझीदार के रूप में सिलिकॉन वैली शाखा की स्थापना की थी। याद रहे कि रोसेनवेइग का जन्म भी जुकरबर्ग के गृहनगर डोब्स फेरी में ही हुआ था। वर्ष 2005 से वह जुकरबर्ग का मित्र था और याहू द्वारा फेसबुक की खरीद कोशिश में उसने सी.ई.ओ. टेरी सेमेल के साथ सक्रिय भूमिका अदा की थी। फरवरी 2010 में रोसेनवेइग ने ऑनलाइन पाठ्य पुस्तक किराया सेवा कंपनी चेग्ग (सांता क्लारा) में अध्यक्ष व सी.ई.ओ. का पदभार सँभाला था।

इसके अलावा, जुकरबर्ग याहू के कार्यकारी उपाध्यक्ष नेटवर्क डिवीजन जेफरी जेफ वेनर के नाम पर भी विचार कर रहा था, जिसने याहू द्वारा इंकटोमी, अल्टा विस्टा व फास्ट के अधिग्रहण व एकीकरण में अहम भूमिका निभाई थी। याहू से पहले वह वार्नर ब्रदर्स ऑनलाइन के उपाध्यक्ष के अलावा सिलिकॉन वैली की प्रमुख उद्यम पूँजी कंपनियों—एस्सेल पार्टनर्स व ग्रेलॉक पार्टनर्स में एग्जीक्यूटिव-इन-रेजिडेंस की महत्त्वपूर्ण जिम्मेदारियाँ सँभाल चुका था। वह अपने फैसले व प्रबंधकीय चतुरता के लिए काफी चर्चित था।

लेकिन जुकरबर्ग को इन दोनों के अलावा शेरिल सैंडबर्ग ज्यादा बेहतर लगी थी। इस बीच सैंडबर्ग ने नौकरी परिवर्तन के बारे में प्रतिष्ठित निवेशक व संगीतकार रोजर मैकनॉमी से सलाह-मशवरा किया था। मैकनॉमी निजी निवेश कंपनी एलिवेशन पार्टनर्स (न्यूयॉर्क व सैन फ्रांसिस्को) के संस्थापक साझीदार हैं, जो खासतौर से बौद्धिक संपदा, जन-संचार

व मनोरंजन कंपनियों पर अपना ध्यान केंद्रित रखती है। निजी आई.वी. लीग शोध विश्वविद्यालय डार्टमाउथ कॉलेज के टक स्कूल ऑफ बिजनेस (हनोवर, न्यू हैंपशायर) से एम.बी.ए. के बाद मैकनॉमी ने सार्वजनिक स्वामित्व निवेश कंपनी टी रोवे प्राइस (बाल्टीमोर, मैरीलैंड) में वित्तीय विश्लेषक के रूप में लंबे समय तक कंपनी के सफलतम साझा कोष (म्यूचुअल फंड)— विज्ञान व प्रौद्योगिकी निधि का नेतृत्व किया था। गंभीर कारोबारी व्यवहार, संगीत-प्रेम, सामाजिक गतिविधियों में हिस्सेदारी एवं प्रौद्योगिकी पेशेवरों/उद्यमियों के विश्वस्त सलाहकार होने के चलते मैकनॉमी को सिलिकॉन वैली के ऋषि के रूप में जाना जाता है। पिछले कुछ समय से जुकरबर्ग भी मैकनॉमी से जुड़ गया था और कंपनी के आगे के विस्तार के बारे में अनौपचारिक सलाह-मशवरा कर रहा था। लिहाजा, मैकनॉमी को पता था कि जुकरबर्ग सी.ओ.ओ. पद के लिए उपयुक्त उम्मीदवार की तलाश कर रहा था। ऐसे में जब सैंडबर्ग ने मैकनॉमी से वाशिंगटन पोस्ट कंपनी में जाने के बारे में पूछा था तो उसने फेसबुक के पक्ष में ही अपनी राय दी थी।

जुकरबर्ग का अंतरंग सहायक तथा फेसबुक के आंतरिक बहालीकर्ता मैट कोहलर जरूर उसे पिछले साल भर से फेसबुक में आने का निमंत्रण दे रहा था। इस बीच जब भी उसकी मैट से मुलाकात हुई थी, हर बार वह एक ही सवाल करता था, "आप कब हमारे साथ काम करने आ रही हो?"

तब सैंडबर्ग को यह पता नहीं था कि मैकनॉमी जुकरबर्ग को भी सलाह दे रहा था। काफी इ-मेल आदान-प्रदान के बाद शेरिल ने जुकरबर्ग का निमंत्रण स्वीकार किया था। फेसबुक व गूगल की प्रतिस्पर्धा जग-जाहिर थी। ऐसे में गूगल के शीर्ष पदाधिकारी होने के नाते फेसबुक सी.ई.ओ. के साथ मुलाकात शेरिल के लिए मुश्किलें पैदा कर सकती थी। लिहाजा, दोनों सिलिकॉन वैली के एक साधारण रेस्तराँ में रात के खाने पर मिले थे। तब भी शेरिल को कतई पता नहीं था कि मैकनॉमी ने जुकरबर्ग से उसके बारे में सिफारिश की थी और जुकरबर्ग उसे अपनी कंपनी में शामिल करने के इरादे से यह मुलाकात कर रहा था। हाँ, जुकरबर्ग का अंतरंग सहायक तथा फेसबुक के आंतरिक बहालीकर्ता मैट कोहलर जरूर उसे पिछले साल भर से फेसबुक में आने का निमंत्रण दे रहा था। इस बीच जब भी उसकी मैट से मुलाकात हुई थी, हर बार वह एक ही सवाल करता था, "आप कब हमारे साथ काम करने आ रही हो?" लेकिन शेरिल ने मैट के निमंत्रण को कभी भी गंभीरता से नहीं लिया था।

इस मुलाकात में जुकरबर्ग ने साफ तौर पर शेरिल से नौकरी की पेशकश नहीं की थी और यूँ ही विभिन्न विषयों पर लंबे समय तक बातचीत करता रहा था। रेस्तराँ 10

बजे बंद हो चुका था, लेकिन जुकरबर्ग उठने का नाम ही नहीं ले रहा था। फिर जुकरबर्ग शेरिल के घर चला गया था और आधी रात तक बातचीत का सिलसिला जारी रखे रहा था। आखिरकार शेरिल दो छोटे बच्चों की माँ थी और उसे उनके साथ आमतौर पर 9.30 बजे सो जाना पड़ता था। अंत में शेरिल को एक प्रकार से जुकरबर्ग को जबरदस्ती घर से बाहर निकालना पड़ा था। उसके बाद दोनों के बीच इस तरह के रात के भोजन पर मुलाकातों का सिलसिला जारी रहा था। जुकरबर्ग किसी प्रकार की जल्दबाजी में नहीं था। वह शेरिल को हर लिहाज से परख लेना चाहता था, क्योंकि वह उसे अगले दस-बीस सालों के लिए बहाल करने के बारे में सोच रहा था।

बाद में शेरिल ने 'द फेसबुक इफेक्ट' के लेखक डेविड किर्कपैट्रिक को उन मुलाकातों के बारे में बताया था। उनके बीच 50 घंटे से ज्यादा की बातचीत हो चुकी थी। वह हर बार यों ही रात के खाने के बाद शेरिल के घर आ जाता था और देर रात तक उसे खोदता रहता था। हर बार शेरिल को जुकरबर्ग को अपने घर से जाने के लिए कहना पड़ता था। वह बस, शेरिल के बारे में सबकुछ जान लेना चाहता था। 23 वर्ष के जुकरबर्ग और 40 वर्ष की शेरिल के बीच एक अनोखी दोस्ती पनप रही थी।

गोल चेहरे व कंधे तक खुले बालोंवाली शेरिल एक सुरुचिपूर्ण और कुछ हद तक बिंदास महिला थी। जैसा कि हम पहले पढ़ चुके हैं, शेरिल गूगल में छह वर्षों से विश्वव्यापी विज्ञापन अभियान को नेतृत्व प्रदान करती आ रही थी और उससे पहले क्लिंटन सरकार में दिग्गज अर्थशास्त्री लैरी समर्स के साथ पाँच वर्षों तक उच्च रूपरेखावाली जिम्मेदारियाँ सँभाली थीं। शेरिल ने अपने स्नातक शोध-प्रबंध में पतियों के दुर्व्यवहार की शिकार महिलाओं की आर्थिक स्थिति पर गंभीर अध्ययन पेश किया था। लिहाजा, शेरिल स्वतंत्र दृष्टिकोण व पेशेवर सफलता हासिल करनेवाली प्रभावशाली महिला थी। इंटरनेट का मुद्रीकरण उसकी ताजा विशेषज्ञता थी। इसके अलावा, ज्वलंत सामाजिक-आर्थिक-राजनीतिक मुद्दों पर भी उसकी अच्छी-खासी पकड़ थी। कुल मिलाकर वह फेसबुक को नेतृत्व प्रदान करने और जुकरबर्ग के अभिभावक-सहायक की भूमिका के लिए बेजोड़ उम्मीदवार थी। हाँ, जुकरबर्ग के अनौपचारिक रहन-सहन के विपरीत वह शौकीन मिजाज महिला थी, जो हमेशा विलासितापूर्ण वेशभूषा में सजी-धजी रहती थी।

खैर, रात के खाने के इसी सिलसिले के बीच जुकरबर्ग ने शेरिल और उसके पति डेविड गोल्डबर्ग को अपनी प्रेमिका प्रिसिला चान से भी मिलवाया था और वे लोग पारिवारिक मित्रों की तरह एक-दूसरे के नजदीक आ गए थे। इस बीच, हार्वर्ड कनेक्शन (कनेक्टयू) बनाम फेसबुक का अदालती मामला नाजुक मोड़ पर आ गया था और

हार्वर्ड-केंद्रित पत्रिका 02138 ने दूसरे पक्ष के तथ्यों को आधार बनाकर फेसबुक के खिलाफ एकतरफा विस्फोटक खबर प्रकाशित कर दी थी। इससे यही साबित हो रहा था कि जुकरबर्ग एक बौद्धिक चोर था। जाहिर है कि इससे शेरिल के दिमाग में जुकरबर्ग के प्रति अविश्वास उभरा था। लेकिन रोजर मैकनॉमी ने जुकरबर्ग को ईमानदार बताकर उसकी आशंका दूर कर दी थी। इस घटना ने शेरिल को खोजी नजरिए में जुकरबर्ग को परखने का मौका दिया था। दोनों के बीच जितनी बातचीत होती गई थी, वे एक-दूसरे को गहराई से समझने लगे थे और शेरिल के मन में जुकरबर्ग के आदर्शवाद का सकारात्मक असर शुरू हो गया था।

असल में, शेरिल व जुकरबर्ग को एक-दूसरे के और नजदीक आने का मौका तब मिला था, जब दोनों ने वर्ल्ड इकोनॉमिक फोरम की वार्षिक बैठक (दावोस, स्विट्जरलैंड में 23-27 जनवरी, 2008) के लिए एक साथ उड़ान भरी थी। असल में, शेरिल अपने कुछ साथियों के साथ अपने सह-संस्थापकों लैरी पेज व सर्गेई ब्रिन के संयुक्त स्वामित्ववाले विशेष विमान गूगल वन में सैन फ्रांसिस्को (कैलिफोर्निया) से ज्यूरिख (स्विट्जरलैंड) जाने वाली थी और उसने जुकरबर्ग को भी इसी विमान में एक साथ उड़ान भरने के लिए आमंत्रित किया था। करीब 12 घंटे की इस उड़ान में जुकरबर्ग व शेरिल को गंभीर मंत्रणा करने का मौका मिला था। जाहिर है, दोनों के बीच हुई इतनी लंबी गुफ्तगू विमान में सफर कर रहे गूगल के अन्य पदाधिकारियों के ध्यान में आई होगी; लेकिन शेरिल को इस बात की शायद अब कोई चिंता नहीं रह गई थी। हालाँकि शेरिल ने अभी तक जुकरबर्ग को अपनी हामी नहीं दी थी, लेकिन फेसबुक की तरफ उसका झुकाव ज्यादा गहरा होता चला गया था।

खैर, इस यात्रा के बाद शेरिल ने इस बारे में अपने वाशिंगटन पोस्ट कंपनी के चेयरमैन व सी.ई.ओ. डोनाल्ड ग्राहम से भी राय माँगी थी। याद रहे कि ग्राहम खुद शेरिल को अपनी कंपनी में आमंत्रित कर रहा था। दोनों काफी पुराने दोस्त रहे थे। असल में वर्ष 2000 के अंत में जब लॉरेंस समर्स के साथ शेरिल ने भी अमेरिकी ट्रेजरी विभाग से इस्तीफा दिया था, तब न्यूयॉर्क टाइम्स, विश्वस्तरीय एच.आई.वी. रोकथाम संगठन इंटरनेशनल एड्स वैक्सीन इनीशिएटिव सहित ग्राहम ने भी उसे अपनी कंपनी 'वाशिंगटन पोस्ट' में आमंत्रित किया था। शेरिल ने अंततः गूगल का दामन थामने और सिलिकॉन वैली में अपने पुराने दोस्त डेविड गोल्डबर्ग (जो अगस्त 2001 में याहू म्यूजिक में महाप्रबंधक के रूप शामिल हुआ था) के आसपास रहने का फैसला किया था। लेकिन ग्राहम से शेरिल की पेशेवर नजदीकियाँ कायम रही थीं। जुकरबर्ग ने भी ग्राहम से शेरिल पर दबाव बनाने के लिए फोन किया था। एक बार फिर से ग्राहम को अपना बड़प्पन दिखाना था। वह खुद शेरिल

को अपनी कंपनी में लाना चाहता था, लेकिन शेरिल के भविष्य व पति-बच्चों सहित सिलिकॉन वैली में साथ बने रहने की सुविधा के मद्देनजर फेसबुक बेहतर विकल्प था। जाहिर है, ग्राहम ने वही किया, जो उसे करना चाहिए था और उसने फेसबुक के पक्ष में अपना समर्थन दे दिया था। यह शेरिल के लिए भगवान् द्वारा भेजी गई बड़ी राहत थी, क्योंकि वह खुद से ग्राहम के प्रस्ताव को कभी भी ठुकराना नहीं चाहती थी।

इसके अलावा, फेसबुक के सबसे बड़े हिस्सेदार एस्सेल पार्टनर्स के जिम ब्रेयर ने भी शेरिल से लंबी बातचीत की थी। ब्रेयर को भी इस बात की राहत थी कि सी.ओ.ओ. पद के अधिकांश उम्मीदवारों की तरह शेरिल ने निकट भविष्य में फेसबुक का सी.ई.ओ. बनने की कोई ख्वाहिश नहीं जाहिर की थी। ब्रेयर ने शेरिल से स्पष्ट कर दिया था कि जुकरबर्ग ही फेसबुक का दीर्घकालीन सी.ई.ओ. बना रहनेवाला था। तमाम वित्तीय व तकनीकी मामले भी वही नियंत्रित करता रहेगा। यानी फेसबुक का मुख्य वित्तीय अधिकारी (सी.एफ.ओ.) एवं मुख्य तकनीकी अधिकारी (सी.टी.ओ.) भी सीधे सी.ई.ओ. के मातहत ही काम करेगा; तो शेरिल के पास सी.ओ.ओ. के रूप में बिक्री, विपणन, व्यवसाय विकास, मानव संसाधन, सार्वजनिक नीति व जनसंपर्क, जो अपने आप में काफी थे।

ब्रेयर को जानकर खुशी हुई थी कि शेरिल को जुकरबर्ग के नीचे काम करने में कोई समस्या (ईगो प्रॉब्लम) नहीं थी। वह जानती थी कि फेसबुक का विश्वव्यापी विस्तार होना था और उसके पास एक नया गूगल बनाने का अवसर सामने था। आखिरकार विज्ञापन कारोबार ही शेरिल की असल विशेषज्ञता थी और उस मामले में उसे जुकरबर्ग से खुली आजादी मिलने जा रही थी। गूगल के समानांतर फेसबुक को इंटरनेट का दूसरा सबसे ताकतवर कारोबार बनाने के लिए बहुत कुछ किया जाना बाकी था। शेरिल को अगले कुछ सालों तक कुछ और सोचने की फुरसत कहाँ मिलने वाली थी। जुकरबर्ग से हुई अब तक की बातचीत से शेरिल को पक्का भरोसा हो गया था कि वह उसके काम में कभी टाँग नहीं अड़ाएगा और उसे पूरा सम्मान देगा। वह जुकरबर्ग से 17 साल वरिष्ठ थी और उसे युवा सी.ई.ओ. को सँभालना आता था। लैरी व सर्गेई भी तो उससे चार साल छोटे ही थे। गूगल व फेसबुक के दफ्तर के माहौल में कोई फर्क नहीं था। तो शेरिल के उसके फैसले में मैकनॉमी की स्वतंत्र सिफारिश के साथ-साथ हार्वर्ड-संबंध और अंततः ग्राहम-संबंध ने अहम भूमिकाएँ अदा की थीं।

□□□